SQ
Spirituelle Intelligenz

Danah Zohar/Dr. Ian Marshall

SQ
Spirituelle Intelligenz

Die notwendige Frage nach dem Sinn –
Wie das menschliche Gehirn Kreativität
entstehen lässt, Visionen und Werte
entwickelt und dem einzelnen Leben Sinn
verleiht

Aus dem Englischen von
Matthias Reiss

Scherz

INHALT

Im Gedenken an meinen Vater, Donald E. Logan,
Toledo (Ohio), 1919–1981

Dieses Buch ist in der Ichform geschrieben, sein Inhalt
ist jedoch das gemeinsame Produkt beider Autoren

Erster Teil
Was ist der S Q?

1 Einführung

Im frühen 20. Jahrhundert wurde der IQ zur viel beachteten Größe. Unsere verstandesmäßige – oder rationale – Intelligenz setzen wir ein, um logische oder strategische Probleme zu lösen. Um sie zu messen, entwickelten Psychologen Tests, deren Ergebnisse dazu dienten, Menschen zu sortieren – und zwar nach dem Grad ihrer Intelligenz (genannt Intelligenzquotient oder IQ), der, so meinte man, eine Aussage über ihre Fähigkeiten machen konnte. Je höher der IQ eines Menschen, lautete die Theorie, desto größer seine Intelligenz.

Mitte der neunziger Jahre stellte Daniel Goleman[1] wissenschaftliche Ergebnisse vieler Neurowissenschaftler und Psychologen allgemein verständlich zusammen und zeigte, dass die emotionale Intelligenz – abgekürzt EQ – von gleicher Bedeutung ist. Dank des EQ werden wir uns unserer eigenen Gefühle wie auch der Gefühle anderer bewusst. Er gibt uns die Empathie, das Mitgefühl, die Motivation und die Fähigkeit, angemessen auf Schmerz oder Freude zu reagieren. Wie Goleman aufgezeigt hat, ist der EQ eine grundlegende Voraussetzung für den effizienten Gebrauch des IQ. Sind die Hirnareale, mit deren Hilfe wir *fühlen*, geschädigt, *denken* wir weniger effektiv.

Jetzt, am Anfang des neuen Jahrhunderts, ergibt eine Fülle kürzlich vorgelegter, bisher nicht aufgearbeiteter Befunde, dass ein drittes «Q» existiert. Das Gesamtbild der menschlichen Intelligenz kann sich erst herausschälen, wenn wir die spirituelle Intelligenz – kurz SQ – erörtern. Mit SQ meine ich die Intelligenz, mit deren Hilfe wir Sinn- und Wertprobleme angehen und lösen; die Intelligenz, mit deren Hilfe wir unsere Handlungen und unser Leben in einen größeren, reichhaltigeren Sinnzusammenhang stellen; die Intelligenz, mit deren Hilfe wir abschätzen können, ob ein Handlungsablauf oder Lebensweg sinnvoller ist als ein anderer. Der SQ *ist das notwendige Fundament dafür, dass sowohl IQ als auch EQ wirkungsvoll funktionieren.* Es handelt sich um unsere *höchste* Intelligenz.

Howard Gardner stellt in seinem Buch *Multiple Intelligences* die These auf, dass es mindestens sieben verschiedene Arten von Intelligenz gibt, darunter die musikalische, die räumliche, die körperliche, aber auch die rationale und die emotionale Intelligenz. Ich dagegen vertrete hier die Auffassung, dass jede unserer vielleicht unendlich vielen Intelligenzen mit einem von drei grundlegenden neuronalen Systemen im Gehirn in Verbindung gebracht werden kann und dass alle Intelligenzen, die Gardner beschreibt, Varianten von IQ, EQ und SQ sowie der damit zusammenhängenden neuronalen Dispositionen sind.

Das Wörterbuch von Webster definiert Geist (englisch *spirit*) als «das belebende oder vitale Prinzip, jenes, das dem körperlichen Organismus im Unterschied zu seinen materiellen Bestandteilen Leben verleiht». Wir sind im Kern spirituelle Wesen, weil es uns drängt, «grundlegende» oder «letzte» Fragen zu stellen. Warum bin ich auf die Welt gekommen? Welchen Sinn hat mein Leben? Warum weitermachen, wenn ich müde bin, mich deprimiert oder erledigt fühle? Wozu das alles? Wir werden von der spezifisch menschlichen Sehnsucht getrieben, ja *bestimmt*, in dem, was wir tun und erfahren, Sinn und Wert zu finden. Ob es sich um die Familie, die Gemeinschaft, einen Fußballverein, unser Lebenswerk, unser religiöses Grundgerüst oder das Universum selbst handelt – wir sehnen uns danach, unser Leben in einem größeren, sinnstiftenden Zusammenhang zu sehen. Wir sehnen uns nach etwas, wonach wir streben können, etwas, das uns über uns selbst und den Augenblick hinausträgt und uns das Gefühl gibt, dass wir und unsere Handlungen von Wert sind. Einige Anthropologen und Neurobiologen sind der Ansicht, dass diese Sehnsucht nach Sinn und dem damit verbundenen evolutionären Nutzen die Menschen vor zwei Millionen Jahren von den Bäumen geholt hat. Dem Bedürfnis nach Sinn, sagen sie, entspringen die Vorstellungskraft des Menschen, die Entwicklung der Sprache und das außergewöhnliche Wachstum des menschlichen Gehirns.[2]

IQ und EQ, ob für sich genommen oder vereint, reichen nicht aus, um die menschliche Intelligenz in ihrer ganzen Komplexität oder den Reichtum der menschlichen Seele oder Vorstellungsgabe zu erklären. Computer haben einen hohen IQ: Sie kennen die Regeln und können sie fehlerfrei befolgen. Viele Tiere haben einen hohen EQ: Sie haben ein Gefühl für die Situation, in der sie sich befinden, und verstehen es, angemessen zu reagieren. Doch weder Computer noch Tiere stellen die Frage, *warum* die Regeln oder die Situation so sind, wie sie sind, und ob sie anders oder besser sein könnten. Sie funktionieren *innerhalb* von Grenzen, sie spielen ein «begrenztes Spiel». Den Menschen ermöglicht der SQ, kreativ zu sein, Regeln zu modifizieren und Situationen zu ändern. Es ermöglicht es uns, mit den Regeln zu spielen, ein «grenzenloses Spiel» zu spielen.[3] Dank des SQ sind wir in der Lage, unterscheiden zu können. Er gibt uns unseren Sinn für Moral, eine Fähigkeit, starre Regeln durch Mitgefühl und Verständnis zu lockern, und ebenso eine Fähigkeit zu erkennen, wo Mitgefühl und Verständnis ihre Grenzen haben. Wir setzen den SQ ein, wenn wir mit der Frage nach Gut und Böse ringen und uns nicht verwirklichte Möglichkeiten vorstellen – wenn wir träumen, etwas anstreben, eine missliche Situation überwinden wollen.

In der Hauptsache unterscheidet sich der SQ vom EQ durch seine transformative Kraft. Nach Daniel Golemans Definition gestattet mir die emotionale Intelligenz zu beurteilen, in welcher Situation ich bin, und mich dann angemessen zu verhalten. Was bedeutet, ich handele *innerhalb* der Grenzen, die die Situation vorgibt; ich akzeptiere, dass ich *mich* von der Situation leiten lasse. Meine spirituelle Intelligenz aber erlaubt es mir, zunächst einmal danach zu fragen, ob ich mich in dieser speziellen Situation befinden möchte oder ob es mir lieber wäre, sie zu verändern, eine bessere hervorzubringen. Was bedeutet, ich wirke auf die Grenzen, die die Situation vorgibt, ein; ich bin in der Lage, die *Situation* zu lenken.

Da der SQ, wie wir bei der Beschäftigung mit seinen neuronalen Grundlagen sehen werden, buchstäblich aus der Mitte des Gehirns heraus wirksam ist – aus den vereinheitlichenden neurologischen Funktionen heraus –, ist er letztlich die integrierende Kraft für *alle* unsere Intelligenzen. Er macht uns zu den vollständigen – verstandesmäßigen, emotionalen und spirituellen – Lebewesen, die wir sind.

Idealerweise arbeiten unsere drei grundlegenden Intelligenzen zusammen und unterstützen sich gegenseitig; die Beschaffenheit unseres Gehirns ermöglicht das. Aber jede einzelne Intelligenz – IQ, EQ und SQ – hat ihre eigenen Stärken, und sie *können* getrennt voneinander agieren. Das bedeutet, wir sind nicht zwangsläufig in allen drei Bereichen gleichzeitig gut oder schlecht. Wer einen hohen EQ hat, hat nicht automatisch auch einen hohen IQ oder SQ. Man kann einen hohen IQ haben, aber auch einen niedrigen EQ und SQ usw.

Drei psychische Prozesse

Die gesamte westliche Psychologie beruht auf zwei Prozessen. Durch den SQ wird ein dritter eingeführt, was eine Erweiterung der Psychologie als Wissenschaft und ein erweitertes Verständnis des menschlichen Selbst erforderlich macht.

Freud definierte die beiden grundlegenden psychischen Vorgänge ursprünglich als primär und sekundär. Der Primärvorgang hängt mit dem Es zusammen, mit den Trieben, dem Körper, den Emotionen und dem Unbewussten – der Sekundärvorgang mit dem Ich, dem bewussten rationalen Geist. Für Freud war der Sekundärvorgang der höher stehende und überlegene: «Wo Es war, soll Ich werden.» Nach Freud wurde von einigen die größere Bedeutung des Primärvorgangs betont. Aber alle Psychologie nach Freud, einschließlich der Kognitionswissenschaft, hat diese Struktur der zwei Prozesse beibehalten. Der Primärvorgang könnte (auf der Grundlage der «assoziativen neuronalen Verknüpfung» im Gehirn) als EQ bezeichnet werden, der Sekundärvorgang (auf der Grundlage der «seriellen neuronalen Verknüpfung» im Gehirn) als IQ.

Indem sie diese beiden Vorgänge zugrunde legt, lässt die westliche Psychologie im Zentrum des Selbst genau genommen eine Lücke. Der Primär- und der Sekundärvorgang wetteifern darum, die Kontrolle zu erlangen und zum Ausdruck zu kommen. Weder der Verstand noch die Emotionen können sich auf etwas berufen, das über sie hinausreicht. Sie haben keine gemeinsame Quelle, durch die sie integriert und transformiert werden könnten. Sie haben keine transpersonale Dimension. C. G. Jungs Begriffe des «Selbst» oder der «transzendenten Funktion» waren ein Versuch, diese Trennung zu überbrücken, aber die Neurologie war zu Jungs Zeiten (er starb 1961) nicht so weit fortgeschritten, dass sie ihm eine wissenschaftliche Grundlage für die Weiterentwicklung seiner Psychologie hätte bieten können.

Mit dem SQ (basierend auf dem dritten neuronalen System im Gehirn, den synchronen neuronalen Oszillationen, die die Daten über das gesamte Gehirn hinweg vereinheitlichen) wird erstmals ein brauchbarer Tertiärvorgang erkennbar. Er vereinheitlicht, integriert und bietet die Möglichkeit, Material, das aus den anderen beiden Vorgängen entsteht, zu transformieren. Er erleichtert den Dialog zwischen Verstand und Emotion, zwischen Geist und Körper. Er stellt einen Angelpunkt für Wachstum und Transformation dar. Er verschafft dem Selbst ein aktives, vereinheitlichendes, Sinn gebendes Zentrum.

Der Lotos des Selbst

Die Tatsache, dass der SQ einen Tertiärvorgang in die Psychologie einbringt, macht die Entwicklung eines neuen psychologischen Denkmodells für das Selbst und für die menschliche Persönlichkeit erforderlich. Frühere Modelle hatten zwei Schichten: die äußere, bewusste, rationale Persönlichkeit und die inneren, im Großen und Ganzen unbewussten Assoziationen, Motivationen, Neurosen usw. Der Tertiärvorgang führt eine dritte Schicht ein, einen Kern.

In diesem Buch wird das Selbst als Lotosblüte mit sechs Blättern dargestellt. Das äußere Stück der Blütenblätter – die äußere Schicht – stellt das Ich dar, verteilt auf die von vielen Psychologen anerkannten sechs möglichen Persönlichkeitstypen oder Funktionen. Dabei stütze ich mich im Wesentlichen auf drei ausführlich erforschte Quellen: J. F. Hollands Arbeit zur Karriereberatung und zu den sechs Persönlichkeitstypen, Jungs sechs Typen, wie sie im Myers-Briggs-Typenindikator zur Anwendung kommen (die Einstellungstypen Introversion und

Extraversion sowie die vier Funktionstypen Denken, Fühlen, Empfinden, Intuieren) und Cattells Arbeit zur Motivation. Wir würden jeder die Hauptaspekte unserer bewussten Persönlichkeit, auf die Blätter der Lotosblüte verteilt, wieder finden. Weiter innen haben die Blütenblätter ihre Primärvorgangsschicht, ihre unbewussten, teilweise körperlichen Assoziationen, Motivationen usw. Im tiefsten Bereich dieser unbewussten Schicht liegt das kollektive Unbewusste mit seinen Archetypen, wie Jung sie beschrieben hat. In der Mitte der Blüte befindet sich die Tertiärschicht, der Kern des Selbst, aus dem wir die Energie und das Potenzial zur Transformation schöpfen. Die sechs Blütenblätter des Lotos und seine Mitte entsprechen den sieben Chakras, wie sie im hinduistischen Kundalini-Joga dargestellt sind, ebenso wie vielen anderen mystischen und mythologischen Strukturen, die sich im Buddhismus, im antiken Griechenland, im jüdischen kabbalistischen Gedankengut und in den christlichen Mysterien finden.

Indem wir die Lotosblüte mit ihren sechs Blättern (Persönlichkeitstypen) als Modell verwenden, können wir sechs Wege zur spirituellen Verkümmerung und sechs Wege zur spirituellen Intelligenz erörtern. Damit hat der Leser einen Leitfaden, anhand dessen er seine Persönlichkeit erkennen kann, seine Stärken und Schwächen und den für ihn optimalen Weg zu Wachstum und Transformation.

SQ ist keine Frage der Religiosität

Das Thema, das die Menschen heute am stärksten beschäftigt, ist die Frage nach dem Sinn. Nach Ansicht vieler Autoren macht das Bedürfnis nach mehr Sinn die zentrale Krise unserer Zeit aus. Ich selbst spüre das, wenn ich auf Reisen gehe und vor Menschen aus aller Herren Ländern und Kulturen spreche. Wo auch immer ich bin, sobald Menschen sich auf einen Drink oder zu einem Essen treffen, kommt das Gespräch auf Gott, Sinn, Visionen, Werte, spirituelle Sehnsucht. Viele haben einen nie da gewesenen materiellen Wohlstand erreicht, doch sie spüren, dass sie «mehr» wollen. Viele sprechen von einer Leere «hier» und deuten dabei auf den Bereich oberhalb ihres Bauchnabels. Dieses «Mehr», das die Leere ausfüllen würde, hat nur in seltenen Fällen etwas mit traditioneller Religion zu tun. Genau genommen sehen die wenigsten Menschen, die spirituelle Erfüllung suchen, einen Zusammenhang zwischen ihrer Sehnsucht und einer traditionellen Religion.

Es besteht keine zwangsläufige Verbindung zwischen Religion und SQ. Für manche kann der SQ in der traditionellen Religion eine Ausdrucksform finden, aber Religiosität ist keine Garantie für einen hohen SQ. Viele Humanisten und Atheisten haben einen hohen SQ, viele aktiv und offensiv religiöse Menschen einen recht niedrigen. Untersuchungen, die der Psychologe Gordon Allport vor fünfzig Jahren anstellte, haben gezeigt, dass *außerhalb* der engen Grenzen der gängigen Religionsinstitutionen mehr Menschen religiöse Erfahrungen machen als innerhalb.

Die herkömmliche Religion besteht aus einer von außen auferlegten Reihe von Regeln und Glaubensvorstellungen. Sie wird von oben nach unten weitergegeben, von Priestern und Propheten und aus heiligen Büchern ererbt beziehungsweise innerhalb der Familie, der Tradition aufgenommen. Beim SQ, wie er hier beschrieben wird, handelt es sich um eine *innere*, angeborene Gabe des menschlichen Gehirns und der Psyche, die ihren Ursprung letztlich im Herzen des Universums hat. Es handelt sich um eine Kapazität, die sich über Millionen von Jahren entwickelt hat und die es dem Gehirn ermöglicht, in der Lösung von Problemen Sinn zu erkennen und ihn zu nutzen. Vor dem Hintergrund der rasanten Veränderungen, die die westliche Welt während der vergangenen drei Jahrhunderte durchlaufen hat, ringen die herkömmlichen Religionen darum, ihren Sinngehalt zu bewahren. An uns ist es nun, unseren angeborenen SQ einzusetzen; wir müssen neue Wege finden, einen neuen Ausdruck für Sinn, etwas, das uns *berührt* und von innen her leiten kann.

Spirituelle Intelligenz ist die Intelligenz der Seele. Es ist die Intelligenz, mit deren Hilfe wir uns selbst heilen und ein Ganzes aus uns machen. So viele von uns leben mit dem Gefühl schmerzlicher Zersplitterung. Wir sehnen uns nach etwas, das der Dichter T. S. Eliot «eine Art tieferer Vereinigung, tieferer Gemeinschaft»[4] genannt hat, doch finden wir dafür in unserem ichbezogenen Selbst oder in den gegebenen Symbolen und Institutionen unserer Kultur nur wenige Ressourcen. SQ beruht auf jenem innersten Teilbereich des Selbst, der mit einer Weisheit jenseits des Ichs oder des bewussten Denkens verbunden ist. Es handelt sich um die Intelligenz, mit deren Hilfe wir nicht nur bereits bestehende Werte erkennen, sondern auch kreativ neue Werte entdecken. Spirituelle Intelligenz ist nicht kulturabhängig oder wertgebunden. Sie *folgt* nicht aus bestehenden Werten, sondern *schafft* vielmehr überhaupt erst die Möglichkeit, Werte zu haben. Im Lauf der Geschichte hatte *jede* uns bekannte Kultur eine Reihe von Werten, wobei diese Werte im Einzelnen von Kultur zu Kultur differieren. Folglich ist der SQ etwas, das allen speziellen Werten und jeder gegebenen Kultur vorausgeht, ebenso wie er jeder religiösen Ausdrucksform, die er annehmen kann, vorausgeht. Der SQ ermöglicht Religion (macht sie vielleicht sogar erforderlich), aber er hängt nicht von ihr ab.

Der mystische Sufidichter Rumi aus dem 13. Jahrhundert mag dieses Verhältnis zwischen SQ, Werten und Religion im Sinn gehabt haben, als er die folgenden Worte sprach:

«Ich bin kein Christ, ich bin kein Jude, ich bin kein Zarathustra-Anhänger,
ich bin noch nicht einmal ein Moslem.
Ich gehöre weder zum Land noch zu irgendeinem bekannten oder unbekannten Meer.
Die Natur kann mich nicht besitzen noch einen Anspruch auf mich erheben,
das können auch Indien, China, Bulgarien nicht.
Mein Geburtsort ist die Ortlosigkeit,
mein Zeichen, kein Zeichen zu haben und zu geben.
Du sagst, dass du meinen Mund, meine Ohren, meine Nase siehst – sie sind nicht die meinigen.
Ich bin das Leben des Lebens.
Ich bin diese Katze, dieser Stein, niemand.

Ich habe die Dualität wie einen alten Spüllappen weggeworfen.
Ich verstehe und kenne alle Zeiten und Welten,
als eins, eins, immer eins.
Was muss ich also tun, damit ich dich dazu bekomme, anzuerkennen, wer hier spricht?
Erkenne es an und verändere alles!
Dies ist deine eigene Stimme als Echo von den Mauern Gottes.»[5]

Was ich als SQ oder spirituelle Intelligenz bezeichne, ist bei Rumi die Stimme, die von den Mauern Gottes widerhallt. Im weiteren Verlauf dieses Buchs werden wir sehen, dass da nur geringe Unterschiede bestehen.

Wissenschaftliche Belege für den SQ

SQ ist eine Fähigkeit, so alt wie die Menschheit, doch der Begriff wird in diesem Buch erstmals vollständig entwickelt. Bisher haben es die Naturwissenschaft und die wissenschaftliche Psychologie versäumt, den Sinn und seine Rolle in unserem Leben zu erörtern. Spirituelle Intelligenz war für die akademische Psychologie schwer zu handhaben, weil die bestehende Wissenschaft nicht dafür gerüstet ist, Dinge zu untersuchen, die nicht objektiv messbar sind.

In den neueren neurologischen, psychologischen und anthropologischen Untersuchungen zur menschlichen Intelligenz und in Untersuchungen zum menschlichen Denken und zu linguistischen Prozessen finden sich jedoch eine ganze Reihe Belege für den SQ. Wissenschaftler haben bereits den größten Teil der Grundlagenforschung geleistet, um die neuronale Verankerung des SQ im Gehirn offen zu legen, aber das herrschende IQ-Paradigma stand einer weiteren Überprüfung der eigenen Daten im Wege. Dieses Buch wird vier Forschungsstränge zusammenführen, die aufgrund der der gegenwärtigen Wissenschaft eigenen Spezialisierung bislang voneinander getrennt waren.
Erstens haben der Neuropsychologe Michael Persinger in

den frühen sechziger Jahren und in neuerer Zeit, 1997, der Neurologe Vilayanur Ramachandran und sein Team an der University of California Untersuchungen zur Existenz eines «Gottesflecks», des *God Spot*, im menschlichen Gehirn angestellt. Dieses «eingebaute» spirituelle Zentrum befindet sich unter neuronalen Verbindungen in den Temporallappen des Gehirns. Auf Bildern, die mit Hilfe der Positronen-Emissionstomographie erzeugt werden, flackern diese Gebiete auf, sobald die Versuchspersonen einer Erörterung spiritueller oder religiöser Themen ausgesetzt sind. Dabei variieren die Reaktionen je nach Kultur; westliche Menschen sprechen auf die Erwähnung «Gottes» an, Buddhisten und andere auf Symbole, die für sie von Bedeutung sind. Solche Aktivität in den Temporallappen ist über Jahre hinweg mit den mystischen Visionen von Epileptikern und LSD-Konsumenten in Zusammenhang gebracht worden; Ramachandran zeigt als Erster, dass sie auch bei normalen Menschen vorhanden ist. Der «God Spot» ist kein Beweis für die Existenz Gottes, aber er zeigt, dass das Gehirn sich dahin entwickelt hat, «letzte Fragen» zu stellen, eine Sensibilität für einen umfassenderen Sinn und Wert zu haben und sie zu nutzen.

Zweitens hat in den neunziger Jahren der österreichische Neurologe Wolf Singer zum «Bindungsproblem» gearbeitet und gezeigt, dass es im Gehirn einen Prozess gibt, dem die Aufgabe zukommt, zu vereinheitlichen und unserer Erfahrung einen Sinn zu geben – einen neuronalen Prozess, der unsere Erfahrungen buchstäblich «zusammenbindet». Vor Singers Arbeit über vereinheitlichende, synchrone neuronale Oszillationen über das gesamte Gehirn hinweg haben Neurologen und Kognitionswissenschaftler nur zwei Formen neuronaler Organisation im Gehirn anerkannt.

Auf einer dieser Formen, den seriellen Nervenverbindungen, basiert unser IQ.

Seriell miteinander verbundene Nervenbahnen gestatten es dem Gehirn, Regeln zu befolgen, Schritt für Schritt logisch und rational zu denken. Bei der zweiten Form, der Organisation in neuronalen Netzen, werden Bündel von bis zu 100 000 Neuronen willkürlich zu weiteren mächtigen Bündeln miteinander verknüpft. Diese neuronalen Netze sind die Grundlage des EQ, unserer emotionsgeleiteten, Muster erkennenden, Gewohnheiten aufbauenden Intelligenz. Es gibt sowohl serielle als auch parallele Computer, und sie können Unterschiedliches leisten, doch keine der beiden Arten von Rechnern vermag mit Sinn umzugehen. Bislang ist kein Computer in der Lage, die Frage nach dem «Warum» zu stellen. Singers Arbeit zu vereinheitlichenden neuronalen Oszillationen liefert den ersten Hinweis auf eine dritte Art des Denkens, ein Einheit stiftendes Denken und eine damit einhergehende dritte Art der Intelligenz, SQ, die sich mit solchen Fragen befassen kann.

Drittens hat Rodolfo Llinas Mitte der neunziger Jahre Singers Ansatz aufgegriffen und mit Forschungen über das Bewusstsein im Schlaf- und Wachzustand und die Bindung kognitiver Ereignisse im Gehirn weiterentwickelt, wobei eine neue MEG (magnetoenzephalographische)-Technologie große Fortschritte erlaubte. Diese Technologie ermöglicht es, die oszillierenden elektrischen Felder und die damit verbundenen magnetischen Felder im gesamten Schädel zu untersuchen.

Viertens hat der Harvard-Neurologe und biologische Anthropologe Terrance Deacon kürzlich eine neue Arbeit zu den Ursprüngen der menschlichen Sprache veröffentlicht (*The Symbolic Species*, 1997). Darin zeigt er, dass das Sprechen eine spezifisch menschliche, im Wesentlichen symbolische, bedeutungszentrierte Aktivität ist, die sich im Zuge der raschen Entwicklung der Stirnlappen des Gehirns herausgebildet hat. Weder (bislang entwickelte) Computer noch (mit seltenen und eingeschränkten Ausnahmen) höhere Menschenaffenarten können Sprache verwenden, weil ihnen zum Umgang mit Bedeutung die Kapazität der Stirnlappen fehlt. Dieses Buch wird zeigen, dass Deacons gesamtes Forschungsprogramm zur Evolution des symbolischen Vorstellungsvermögens und der Rolle, die es im Gehirn und in der sozialen Evolution spielt, die These von der Existenz jener Intelligenzbegabung untermauert, die wir SQ nennen.

Der Gebrauch des SQ

In der Begrifflichkeit der Evolutionstheorie zeigt die neurobiologische Arbeit Deacons zu Sprache und symbolischer Repräsentation, dass wir den SQ dazu genutzt haben, unser menschliches Gehirn wachsen zu lassen. Der SQ hat uns so «verdrahtet», dass wir die Menschen geworden sind, die wir heute sind, und er verleiht uns die Fähigkeit, uns «neu zu verdrahten» – die Fähigkeit zu Wachstum und Transformation, zur Weiterentwicklung unseres menschlichen Potenzials.

Wir gebrauchen den SQ, um kreativ zu sein. Wir bedienen uns seiner, wenn wir flexibel, visionär oder in kreativer Weise spontan sein müssen.

Wir nutzen den SQ, um mit existentiellen Problemen fertig zu werden – wenn wir uns in der Klemme fühlen, in alten Gewohnheiten oder Neurosen befangen sind, mit Krankheit und Trauer zu ringen haben. Der SQ macht uns bewusst, dass wir existentielle Probleme haben, und er befähigt uns, sie zu lösen – oder uns zumindest mit ihnen auszusöhnen. Er vermittelt uns ein «tiefes» Gespür für das, worum es in den Kämpfen des Lebens geht.

Der SQ ist unser Kompass «auf Messers Schneide». Die existentiellen Probleme, die uns am meisten herausfordern, eröffnen sich außerhalb des Erwarteten und Vertrauten, außerhalb der vorgegebenen Regeln, jenseits unserer Erfahrungen, jenseits dessen, womit umzugehen wir bereits gelernt haben. In der Chaostheorie ist von der Grenze zwischen Ordnung und Chaos die Rede, zwischen dem Gefühl, sicher zu wissen, worum es geht, und dem, sich völlig verirrt zu haben. Diese Grenze ist der Ort, an dem wir am kreativsten sein können. Der SQ, unser Gespür für Sinn und Wert, ist unsere Richtschnur an der Grenze zum Chaos. Der SQ ist unser Gewissen. (Im Hebräischen haben die Wörter für «Gewissen», «Kompass» und «verborgene innere Wahrheit der Seele» dieselbe Wurzel.)

Wir können den SQ benutzen, um in Fragen der Religion spirituell intelligenter zu werden. Der SQ lässt uns zum Kern der Dinge vordringen, zur Einheit hinter dem Unterschied, zu dem Potenzial jenseits einer aktuellen Ausdrucksform. Der SQ kann uns mit dem Sinn und dem spirituellen Kern jeder der großen Religionen in Berührung bringen. Ein Mensch mit hohem SQ kann jede Religion praktizieren, doch wird er es ohne Enge, Ausschließlichkeit, Bigotterie und Vorurteile tun. Und genauso kann ein Mensch mit hohem SQ ausgeprägte spirituelle Qualitäten haben, ohne in irgendeiner Weise religiös zu sein.

Der SQ gestattet es uns, das Intrapersonale und das Interpersonale miteinander zu vereinen, die Kluft zwischen dem Selbst und anderen zu überwinden. Daniel Goleman schreibt über intrapersonale – innerhalb des Selbst existierende – und interpersonale Emotionen – jene, die wir mit anderen gemeinsam haben oder die wir einsetzen, um zu anderen in Beziehung zu treten. Doch der EQ allein hilft uns nicht, die Kluft zu überbrücken. Wir brauchen den SQ, um zu verstehen, wer wir sind und was die Dinge für uns bedeuten und welchen Platz demzufolge andere und ihre Auffassung von den Dingen in unserer Welt einnehmen.

Wir setzen den SQ ein, um uns der entwickelten Persönlichkeit, die zu werden wir das Potenzial haben, immer weiter anzunähern. Jeder für sich bilden wir durch das Zusammenspiel von Erfahrung und Vision einen Charakter aus, eine Spannung zwischen dem, was wir tatsächlich tun, und den bedeutenderen und besseren Dingen, die wir tun könnten. Auf dem reinen Ego-Niveau sind wir selbstbezogen, selbstsüchtig, gierig nach materiellen Gütern usw. Doch wir haben transpersonale Visionen von dem, was gut, schön, vollkommen, großzügig, opferbereit und so fort ist. Der SQ hilft uns, über das unmittelbare Ego-Selbst hinauszuwachsen und uns jenen tieferen Schichten von Möglichkeiten zu nähern, die in uns schlummern. Er hilft uns, ein Leben mit einem tiefer empfundenen Sinn zu leben.

Schließlich können wir unseren SQ nutzen, wenn wir mit Fragen von Gut und Böse zu ringen haben, von Leben und Tod, den tiefsten Ursprüngen menschlichen Leidens und häufig der Verzweiflung. Zu oft versuchen wir, solche Probleme zu rationalisieren, weil wir andernfalls emotional in ihnen versinken oder von ihnen übermannt würden. Um in den vollen Besitz der spirituellen Intelligenz zu gelangen, müssen wir einmal mit der Hölle konfrontiert gewesen sein, einmal die Möglichkeit der Verzweiflung, des Schmerzes, des Leidens und des Verlusts kennen gelernt und uns damit ausgesöhnt haben. «Wenn man eins geworden ist mit einem Verlust», heißt es in dem als *Tao Te King* bekannten alten chinesischen Text, «wird der Verlust bereitwillig erlebt.» Wir müssen uns im tiefsten Innern nach einem Sinn gesehnt haben, der uns berührt, nach der Andeutung von etwas Unverbrauchtem, etwas Reinem, etwas Belebendem. Wenn wir eine solche Sehnsucht verspüren, dürfen wir hoffen, das zu finden, wonach wir uns sehnen, und vielleicht können wir die Früchte unserer kreativen Entdeckung mit anderen teilen. Der jüdische Mystiker Rabbi Abraham Heschel sagte im 20. Jahrhundert: «Wir sind Gott näher, wenn wir Fragen stellen, als wenn wir meinen, dass wir Antworten haben.»[6] Und im gleichen Sinn schrieb der französische Philosoph Blaise Pascal im 17. Jahrhundert: «Du würdest mich nicht suchen, wenn du mich nicht bereits gefunden hättest.»

SQ-Test

Zu den Anzeichen für einen hoch entwickelten SQ gehören:

- die Gabe, flexibel (aktiv und spontan anpassungsfähig) zu sein;
- ein hohes Maß an Selbstbewusstheit;
- eine Fähigkeit, sich Leid auszusetzen und es zu nutzen;
- eine Fähigkeit, sich Schmerz auszusetzen und ihn zu überwinden;
- die Eigenschaft, sich von Visionen und Werten inspirieren zu lassen;
- ein Widerwille, jemandem unnötig Schaden zuzufügen;
- eine Neigung, Zusammenhänge zwischen verschiedenartigen Dingen zu erkennen («holistisch» zu sein);
- eine ausgeprägte Neigung, Fragen zu stellen wie: «Warum?» oder: «Was wäre, wenn?» sowie nach grundlegenden Antworten zu suchen;
- das zu sein, was die Psychologen «feldunabhängig» nennen – die Begabung zu besitzen, gegen Konventionen anzuarbeiten.

Ein Mensch mit hohem SQ wird auch mit großer Wahrscheinlichkeit eine dienende Führungspersönlichkeit sein – jemand, der dafür verantwortlich ist, anderen höhere Visionen und Werte nahe zu bringen und ihnen zu zeigen, wie sie nutzbar zu machen sind; mit anderen Worten, jemand, der andere inspiriert. Dieses Buch wird Fragen stellen, anhand deren der Leser seinen eigenen SQ erfassen kann, und auf einige berühmte Persönlichkeiten mit hohem beziehungsweise niedrigem SQ zu sprechen kommen.

Zur Verbesserung des SQ

In der modernen Gesellschaft ist der kollektive SQ niedrig. Wir leben in einer spirituell indifferenten Kultur, die von Materialismus, Zweckdenken, enger Selbstbezogenheit, Sinnentleertheit und Mangel an Engagement gekennzeichnet ist. Doch als Individuen können wir so handeln, dass sich unser persönlicher SQ erhöht – ja, die Weiterentwicklung der Gesellschaft hängt sogar davon ab, dass es genügend Menschen gibt, die das tun. Allgemein können wir unseren SQ erhöhen, indem wir häufiger den Tertiärvorgang greifen lassen – unsere Neigung, nach dem Warum zu fragen; nach dem Zusammenhang zwischen den Dingen zu suchen; die Voraussetzungen, die wir hinsichtlich des Sinns hinter und in den Dingen machen, an den Tag zu bringen; reflektierter zu werden; ein bisschen über den Tellerrand hinaus zu blicken; Verantwortung zu übernehmen; uns unserer deutlicher bewusst zu werden; uns selbst gegenüber ehrlicher und mutiger zu werden.

Das Buch schließt mit einem Kapitel darüber, wie es möglich ist, in einer spirituell beschränkten Kultur spirituell intelligent zu sein. Die Kultur westlicher Provenienz, wo immer auf dem Erdball man sie vorfindet, ist geprägt von der unmittelbaren, materiellen, selbstsüchtigen Manipulation der Dinge, der Erfahrung und anderer Menschen. Wir missbrauchen unsere Beziehungen und unsere Umwelt, wie wir auch unsere ureigensten Vorstellungen von Sinn missbrauchen. Wir leiden unter einem schrecklichen Mangel an symbolischem Vorstellungsvermögen.

Wir nehmen von den menschlichen Qualitäten keine Notiz und konzentrieren uns auf immer hektischere Aktivitäten, auf Handlungen, die sich darauf richten, «etwas zu bekommen und es wieder wegzugeben». In furchtbarer Weise vernachlässigen wir das Wunderbare und das Heilige in uns selbst, in den anderen und in unserer Umwelt. Der amerikanische Dramatiker John Guare schreibt in *Six Degrees of Separation*: «Eine der größten Tragödien unserer Zeit ist der Tod der Vorstellungskraft. Denn was sonst ist Lähmung? Ich glaube, die Vorstellungskraft ist der von uns selbst hervorgebrachte Schlüssel zur realen Welt. Ein anderer Ausdruck für das, was uns vorrangig als einzigartige Wesen ausmacht. Sich selbst gegenüberzutreten. Das ist das Schwerste. Die Vorstellungskraft ist ein Geschenk Gottes, um den Akt der Selbstbetrachtung erträglich zu machen. Sie zeigt uns unsere Grenzen und wie wir über unsere Grenzen hinauswachsen können. Die Vorstellungskraft ist der Ort, an den wir alle zu gelangen suchen.»[7]

Durch einen kultivierten Gebrauch der spirituellen Intelligenz sowie durch die persönliche Ehrlichkeit und den persönlichen Mut, die eine solche Kultiviertheit voraussetzt, können wir wieder mit den tiefer liegenden Quellen und den tieferen Bedeutungen, die wir in uns tragen, in Verbindung treten; und wir können diese Verbindung dazu nutzen, einer Sache und einem Vorgang in viel umfassenderem Maße dienlich zu sein als uns selbst. In einem solchen Dienst können wir unser Heil finden. Und unser größtes Heil liegt vielleicht darin, unserem eigenen Vorstellungsvermögen dienlich zu sein.

2 DIE SINNKRISE

«[Der Mensch ist ein Wesen,] das letztlich und eigentlich
auf der Suche nach Sinn ist. Der Mensch ist immer schon
ausgerichtet und hingeordnet auf etwas, das nicht wieder
er selbst ist, sei es eben ein Sinn, den er erfüllt, oder anderes menschliches Sein, dem er begegnet. So oder so:
Menschsein weist immer schon über sich selbst hinaus,
und die Transzendenz ihrer selbst ist die Essenz menschlicher Existenz.»

Viktor Frankl
Der Mensch vor der Frage nach dem Sinn[1]

Schon Aristoteles sagte, dass das Ganze immer mehr ist als die
Summe seiner Teile. Das Ganze ist von einer Reichhaltigkeit,
einer Perspektive, einer Dimensionalität, über die die Teile nicht
verfügen. Deshalb ist das Ganze nicht einfach nur quantitativ
mehr, sondern es weist auch eine zusätzliche *Qualität* auf.
Hier hilft uns die Wissenschaft, das Spirituelle zu verstehen.
So, wie der Begriff in diesem Buch verwendet wird, bedeutet
«das Spirituelle zu erfahren», mit einem umfassenderen, tiefer
gehenden und reichhaltigeren Ganzen in Berührung zu kommen, das uns die gegenwärtige, begrenzte Situation aus einer
neuen Perspektive sehen lässt. Es bedeutet, ein Gefühl für
«etwas jenseits Liegendes», für «etwas mehr» zu haben, das unserer augenblicklichen Lage zusätzlichen Sinn und Wert verleiht. Dieses spirituelle «etwas mehr» kann ein größerer gesell-
schaftlicher Zusammenhang oder ein soziales Sinngefüge sein.
Es kann eine Wachheit für oder ein Einstimmen auf die mythologischen, archetypischen und religiösen Dimensionen unserer
Situation sein. Es kann ein Gefühl für grundsätzlichere Ebenen

von Wahrheit oder Schönheit sein. Und/oder es kann eine Einstimmung auf ein kosmisches Ganzheitsgefühl sein, ein Gefühl dafür, dass unsere Handlungen Teil eines umfassenderen universalen Vorgangs sind.

Auf welche Weise auch immer wir Spirituelles erfahren – fehlt es uns, ist unsere Sicht getrübt, empfinden wir unser Leben als flach und unsere Ziele als schrecklich begrenzt. Der Dichter William Blake schrieb: «Würden die Tore der Wahrnehmung gereinigt, erschiene uns alles, wie es ist: unendlich.»

Laut Viktor Frankl ist die Suche nach Sinn die Hauptantriebskraft in unserem Leben. Ebendiese Suche macht uns zu den spirituellen Wesen, die wir sind. Und wenn dieses Bedürfnis nach Sinn nicht befriedigt wird, beginnen wir, unser Leben als flach und leer zu empfinden. Bei einem Großteil von uns wird dieses Bedürfnis heute nicht befriedigt; die grundlegende Krise unserer Zeit ist eine spirituelle.

Vor kurzem erhielt ich eine E-Mail von einem schwedischen Manager in hoher Position; er fragte, ob wir uns bei meinem nächsten Besuch in Stockholm treffen könnten. Er müsse eine wesentliche Entscheidung darüber treffen, in welche Richtung es in seinem Leben künftig gehen solle, und hoffe, das mit mir besprechen zu können. Als wir uns dann trafen, war er nervös und angespannt und kam sofort auf den Punkt.

«Anders», so nenne ich ihn, erzählte mir, er sei Mitte dreißig. «Ich bin», sagte er, «hier in Schweden der höchste Manager einer weltweit tätigen Firma. Ich habe Geld, ich bin gesund, ich habe eine wunderbare Familie und genieße gesellschaftliches Ansehen. Ich nehme an, dass ich ‹Macht› habe. Aber ich bin mir nicht sicher, was ich mit meinem Leben anfangen möchte. Ich bin mir nicht sicher, ob ich mit dem Job, den ich jetzt habe, auf dem richtigen Weg bin.» Er erklärte, er sei sehr besorgt über den Zustand der Welt, insbesondere der Umwelt, und zwar auf der ganzen Erde, und den Niedergang der sozialen Gemeinschaft; er sei der Auffassung, die Menschen vermieden es, das tatsächliche Ausmaß der Probleme anzusprechen, die ihnen bevorstünden. Besonders großen Firmen wie der seinen müsse man vorwerfen, dass sie diese Probleme nicht angingen. «Ich möchte etwas dagegen tun», fuhr er fort, «ich möchte, wenn Sie so wollen, mein Leben darauf einrichten zu dienen, aber ich weiß nicht, wie. Ich möchte meinen vier Kindern ein Vorbild sein und habe Angst, daran zu scheitern – wahrscheinlich auch vor mir selbst zu scheitern.»

Anders beschrieb seine Unruhe als ein «spirituelles Problem» und sich selbst als jemanden, der eine «spirituelle Krise» durchmache. Das ist heute bei sensiblen jungen Menschen etwas Typisches. Als ich Anders' Geschichte am nächsten Tag im Rahmen eines Vortrags einer Gruppe von Managern erzählte, kamen hinterher vier der Zuhörer unabhängig voneinander zu mir und fragten: «Woher kannten Sie meine Geschichte?» Später am selben Tag wurde ich von einer Gruppe schwedischer Gymnasiasten interviewt, und sie stellten mir die gleiche Frage: «Wir möchten nützlich sein. Wir möchten die Welt verändern. Wir möchten den Mist, den Ihre Generation über uns ausgekippt hat, nicht wiederholen. Was können wir tun? Gliedern wir uns ins System ein, oder bleiben wir außen vor?» Das hat nichts mit Glauben oder Religion zu tun; diese jungen Leute sagen selbst, dass sie ein spirituelles Problem haben, denn sie fragen sich, wie sie ein sinnvolles Leben führen können. Sie sehnen sich danach, ihr Leben in einem umfassenderen Sinn- und Wertzusammenhang führen zu können. Sie wollen Sinn, haben aber das Gefühl, dass diesem Wollen in der heutigen Welt deutliche Grenzen gesetzt sind. Die Sinnsuche zeigt sich in so vielen Aspekten unseres Lebens. Worum geht es überhaupt in meinem Leben? Was bedeutet mein Beruf für mich? Diese Beziehung? Warum studiere ich und mache dieses Examen? Was heißt es, ich zu sein? Was bedeutet es, dass ich eines Tages sterben werde? Warum sollte ich mich für die eine oder andere Sache engagieren, für die eine oder andere Person – für irgendetwas? Zwei der zehn häufigsten Todesursachen in der westlichen Welt, Selbstmord und Alkoholismus, haben häufig mit dieser Art von Sinnkrise zu tun. In früheren Gesellschaften hätten Menschen solche Fragen nicht gestellt. Ihr Leben war kulturell in einem festen Rahmen verankert. Sie hatten lebendige Traditionen, lebendige Götter, lebendige Gemeinschaften, funktionierende Moralvorstellungen, Probleme, die sich innerhalb bekannter Grenzen bewegten, und fest umrissene Ziele. Doch wir modernen Menschen haben das verloren, was einige Philosophen die «Selbstverständlichkeiten» des Lebens nennen. Wir sind allein mit existentiellen oder spirituellen Problemen – und mit dem Bedürfnis, eine Art von Intelligenz zu entwickeln, die diesen Problemen gewachsen ist. Der IQ, die rationale Intelligenz, allein reicht nicht aus. Die *Gründe*, die Menschen dafür suchen, dass sie ihr Leben auf eine bestimmte Weise führen, sind keine rationalen, aber sie sind auch nicht rein emotionaler Natur. Es genügt den Menschen nicht, innerhalb des ihnen vorgegebenen Rahmens glücklich zu sein. Sie möchten den *Rahmen* in Frage stellen, den *Wert* der Art und Weise, wie sie ihr Leben führen, und streben nach einem neuen Wert, jenem schwer fassbaren «mehr». Und allein indem sie solche Fragen stellen, offenbaren sie ein Bedürfnis, ihre spirituelle Intelligenz zu nutzen.

Worin besteht dieses «mehr», und warum brauchen wir spirituelle Intelligenz, um es zu finden? Warum sehen wir die Sinnfrage als die Grundfrage unserer Zeit? Haben sich die Zeiten verändert, haben die Bedürfnisse der Menschen zugenommen, oder ist die Intelligenz selbst in ein neues Stadium der Evolution getreten? Dies sind nur einige der Fragen, über die wir dringend nachdenken müssen.

Für mich selbst war die Sinnfrage immer schon von brennendem Interesse, einfach weil nie ein offensichtlicher, *vorgegebener* Sinn existierte. Meine Eltern trennten sich, bevor ich drei wurde, und ließen sich scheiden, als ich fünf war. Weder meinen Vater noch die aus Polen eingewanderte Arbeiterfamilie, aus der er stammte, habe ich richtig kennen gelernt. Ich verbrachte meine frühen Jahre bei Großeltern, deren Leben fest in einer zeitlosen ländlichen Kultur und in einer herkömmlichen Religion verwurzelt war, doch für meine Mutter und ihre Altersgenossen waren das sinnentleerte Formen, an die man sich klammerte, um «bei den Nachbarn gut dazustehen». Meine Mutter brachte mir Regeln bei, an die sie sich nicht hielt, und nannte dafür Gründe, an die sie selbst nicht glaubte. Ich wuchs in einem Amerika auf, das im Zeichen des McCarthyismus stand und auf Vietnam zusteuerte. Die Politiker des Landes, die von Idealen und Werten sprachen und meine Helden waren, wurden ermordet: John F. Kennedy, Martin Luther King und Bobby Kennedy.

Wir waren eine Mittelschichtfamilie, doch mein Stiefvater wechselte von einem Arbeitsplatz zum nächsten und von einer außerehelichen Affäre zur nächsten, während meine hochintelligente Mutter Tabletten nahm, «damit ich nicht so viel grübeln muss». Später beging sie Selbstmord, um überhaupt nicht mehr denken zu müssen. In meiner späten Kindheit waren nur wenige enge Verwandte übrig geblieben; die meisten waren in andere Städte oder andere Bundesstaaten gezogen, und die Nachbarn waren ähnlich mobil. Ich war an sechs verschiedenen Schulen. Zunächst versuchte ich, in der Religion meiner Großeltern heimisch zu werden, dann in anderen; ich habe mein Leben lang bestehende Religionen erkundet und doch in keiner echte Befriedigung gefunden. Wie Anders habe ich während meines gesamten Erwachsenenlebens nach einem Sinn gesucht, einer Art zu leben oder einer Vision vom Leben, mit deren Hilfe ich mein Handeln, meine Mutterschaft und meine Arbeit in einen umfassenderen Rahmen hätte stellen können.

Meine Geschichte – das Auseinanderbrechen der Familie, der Gemeinschaft und der herkömmlichen Religion, der Verlust oder das Nichtvorhandensein von Helden – ist nicht atypisch. Unsere Zeit ist von solchen Phänomenen bestimmt, und unzählige junge Menschen suchen nach dem Sinn dahinter. Wir leben in einer Zeit, in der es keine klaren Zielvorstellungen gibt, keine klaren Regeln, keine klaren Werte, keine klar vorgegebene Art und Weise, erwachsen zu werden, keine klare Vorstellung von Verantwortung.

Uns fehlt für unser Leben ein Gesamtzusammenhang, ein natürliches Fließen von Sinn, dem wir uns anschließen können. In vielerlei Hinsicht ist die spirituelle Wüste eine Folge unseres hohen IQ. Mit Argumenten und Vernunft haben wir uns von der Natur und unseren Mitlebewesen entfernt und sind über die Religionen hinausgegangen. Unsere Technologie hat einen großen Sprung nach vorn getan, und dabei haben wir die herkömmliche Kultur und die in ihr verankerten Werte hinter uns gelassen. Unser IQ hat die Anzahl der Arbeitsstunden verringert, den Reichtum vermehrt, die Lebensdauer erhöht und zahllose Kinkerlitzchen erfunden, von denen einige drohen, sowohl uns selbst als auch unsere Umwelt zu zerstören. Aber wir haben noch keinen Weg gefunden zu klären, ob und warum das alles der Mühe wert ist.

Die heutige Kultur ist spirituell abgestumpft, nicht nur im Westen, sondern zunehmend auch in jenen asiatischen Ländern, die durch den Westen beeinflusst werden. Mit «spirituell abgestumpft» meine ich, dass wir unser Gefühl für grundlegende Werte verloren haben – jene, die mit der Erde und den Jahreszeiten zusammenhängen, mit dem Tag und seinen verrinnenden Stunden, mit den Hilfsmitteln und täglichen Ritualen unseres Lebens, mit dem Körper und seinen Veränderungen, mit der Sexualität, mit der Arbeit und ihren Früchten, mit den einzelnen Lebensphasen und dem Tod als natürlichem Abschluss. Wir sehen, nutzen und erleben nur das Unmittelbare, Sichtbare, Pragmatische. Für tiefer liegende Symbol- und Sinnebenen, die unsere Aktivitäten und uns selbst in einen größeren existentiellen Zusammenhang stellen, sind wir blind. Wir sind nicht farbenblind, sondern sinnblind. Wie sind wir so geworden?

Die fehlende Mitte

Während ich an diesem Buch schrieb, verbrachte unsere Familie jedes Jahr um Weihnachten einen Monat in Nepal. Diese magische Zeit in einer prämodernen hinduistischen und buddhistischen Kultur, die so reich an Farben, Klängen, Gerüchen und Sinn ist, hat uns alle stark beeinflußt. Ohne jeden Zweifel hat sie viele der Gedanken angeregt, die ich in diesem Buch zum Ausdruck bringe. Jung und romantisch, wie sie sind, waren unsere Kinder – Teenager – bereit, all ihren westlichen Reichtum und all ihre Annehmlichkeiten gegen nepalesische Armut einzutauschen. «Lasst uns nie mehr nach Hause zurückkehren!», baten sie am Ende eines jeden Aufenthalts in diesem Land. Meine eigenen Reaktionen und die meines Mannes waren vielschichtiger.

In der nepalesischen Gesellschaft gibt es Dinge, die uns zu Hause fehlen – die starken örtlichen Gemeinschaften und großen Familien, die in von der gesamten Kultur geteilten spirituellen Traditionen leben; die Spontaneität des täglichen Lebens mit seinen Erfordernissen; die Symbolträchtigkeit, die Kleidung, Essen, Leben und Sterben im ganz normalen Alltag haben; die Aufmerksamkeit und Ehrfurcht, mit der Gebrauchsgegenstände wie Essschalen oder Rikschas gestaltet und hergestellt werden; das einfache, sich wiederholende Muster des täglichen Lebens, der von den Jahreszeiten abhängenden Ernten und Feste. Aber wir wissen, dass es sich hierbei nicht um Eigenheiten unserer Kultur handelt. Nepal ist in hohem Grade spirituell (erfüllt von einem alles umfassenden Sinn), weil das tägliche Leben dort in einem kulturbedingten spirituellen Reichtum verwurzelt ist. Unsere Kultur ist nicht so und wird es aller Wahrscheinlichkeit nach auch nie sein.

Die wenigen überlebenden traditionellen Kulturen wie die Nepals gehören zu einem früheren Stadium des menschlichen Bewusstseins. Ich bezeichne sie als «assoziative Kulturen», weil ihre Gewohnheiten und Werte ihr Fundament in einem Denkstil haben, den ich «assoziatives Denken» nenne – ein an Gewohnheiten und Traditionen gebundenes Denken, das nach Anerkennung und Wiederholung vertrauter Muster strebt (im 3. Kapitel werden wir genauer darauf eingehen). Ich nenne sie auch Kulturen der «gesunden Mitte», weil ihre Stärken und Schwächen jene der mittleren Schicht des Selbst sind, der Schicht, die Freud als «Primärvorgang» und Ken Wilber als das «Präpersonale» bezeichnet haben und die ich neben den mythologischen Bildern und Jungs Archetypen des Unbewussten in der mittleren Schicht der Lotosblüte des Selbst einordne.

In dem Lotos-Bild, das ich das ganze Buch hindurch verwende, hat das Selbst eine (rationale) Ich-Peripherie, eine assoziative Mitte und ein Einheit stiftendes (spirituelles) Zentrum. Ein ausgewogenes, spirituell intelligentes Selbst braucht von jeder Schicht etwas. Aber in traditionellen Gesellschaften – jenen im Westen, die Descartes und dem im 17. Jahrhundert beginnenden Zeitalter der Vernunft vorangingen, und jenen in der sogenannten «unentwickelten Welt» wie Nepal – bleibt das Zentrum, die inspirierende, Energie verleihende, Sinn gebende, Einheit stiftende spirituelle Existenzebene in der mittleren Schicht erhalten. Die Traditionen der Gemeinschaft kapseln tiefere spirituelle Einsichten und Werte ein, sodass der Einzelne über seine

Kultur und deren Traditionen in Beziehung zum spirituellen Zentrum steht. Er muss nicht als Individuum direkt zum Zentrum in Beziehung treten.

Nur wenige der Handwerker beispielsweise, die im Mittelalter die großen Kathedralen Europas gebaut haben, wussten etwas von den Prinzipien der sakralen Architektur, aber sie haben sie, als sie ihr Handwerk erlernten, in sich aufgenommen. Nur wenige der mittelalterlichen Bauern mussten über den Sinn des Lebens oder über den Sinn ihrer Arbeit nachdenken, denn er war in den Notwendigkeiten und Traditionen des täglichen Lebens verankert. Ein junger Angehöriger eines traditionellen nigerianischen Stammes schilderte mir seine persönlichen Werte mit den Worten: «Sie werden mir von meinen Eltern vermittelt. Ich erweitere sie, aber im Kern ändern sie sich nicht.» Das gesamte Leben in diesen traditionellen Gesellschaften wurde oder wird weniger *bewusst* gelebt; die Menschen sind sich zumindest weniger *ihrer selbst bewusst*, als wir es sind. So, wie wir nicht bewusst über jede Bewegung nachdenken, wenn wir Auto oder Fahrrad fahren, verlassen sich die Menschen in Gesellschaften mit einer gesunden mittleren Schicht auf spirituelle Werte, Sinngefüge und soziale Gewohnheiten, die der ganzen Gemeinschaft zu eigen sind.

Für die meisten Menschen in den Städten der heutigen Welt existiert diese Gemeinschaft, an der jeder teilhat, einfach nicht. In der assoziativen mittleren Schicht sind wir erheblich unterversorgt. Wir haben nur wenige kollektive Traditionen, die über das Prosaische, über den Bereich des täglichen Lebens hinausweisen, Traditionen, die uns im tieferen Ursprung und Sinn unserer Gemeinschaft und unseres Lebens in ihr verankern würden. Wir haben nur wenige «Götter» und «Göttinnen», kollektive Helden, deren Leben eine grundsätzlichere Ebene menschlichen Potenzials und Strebens veranschaulichen und unserem eigenen einen Hauch von Würde verleihen könnte. Die Trauer, die nach dem Tod von Diana, Princess of Wales, weltweit einsetzte, hat das Ausmaß unseres Verlangens nach solchen Gestalten deutlich gemacht. Sie galt als ein Muster an Spontaneität, Wärme, Liebesfähigkeit und Verletzlichkeit – Eigenschaften, mit denen wir über ein kollektives Symbol, eine Ikone, in Berührung zu kommen trachten.

Da uns die gesunde assoziative Mitte fehlt, ist es uns überlassen, unseren eigenen Sinn zu finden oder zu erzeugen – oder einfach nur zu spüren, dass es uns an etwas mangelt. Zu oft haben wir versucht, diesen Mangel mit hochtrabender Wichtigtuerei um unser individuelles Selbst, unser Leben, unsere subjektiven Ambitionen und «Bedürfnisse» auszugleichen. Wir haben in der Ich-Schicht des Selbst nach Ressourcen gesucht, die es dort nicht gibt. Weil wir kein sinnhaltiges Zentrum haben, bleiben wir in der bruchstückhaften Peripherie des Lebens hängen, isoliert in den äußeren Blütenblättern des Lotos. In der Folge suchen wir viel zu oft Sinn in überspannten oder randständigen Aktivitäten wie Materialismus, Promiskuität, zielloser Rebellion, Gewalt, Drogenmissbrauch oder New-Age-Okkultismus.

Die Rolle der Wissenschaft

In der Folge der wissenschaftlichen Revolution im 17. Jahrhundert und des damit einhergehenden Vormarsches von Individualismus und Rationalismus haben sich im Westen die traditionelle Kultur und die Sinngebung und Wertvorstellungen, die in ihr konserviert waren, allmählich auseinander entwickelt. Das Denken Isaac Newtons und seiner Kollegen hat nicht nur die Technologie hervorgebracht, die die industrielle Revolution einläutete, sondern auch die religiösen Vorstellungen und den philosophischen Standpunkt, auf dem die Gesellschaft bis dahin basierte, ausgehöhlt. Die neue Technologie brachte viele Segnungen mit sich, aber sie hat auch viele Menschen vom Land in die Großstädte gelockt, Gemeinschaften und Familien auseinander gerissen, Traditionen und Handwerkskünste verdrängt und es den Menschen praktisch unmöglich gemacht, sich auf Gewohnheit und Wiederholung zu verlassen. Assoziativen Vorstellungen von Sinn und Werten wurde der Boden entzogen, auf dem sie gewachsen waren. Und die damit einhergehende philosophische Revolution hat die menschliche Seele entwurzelt.

Die zentralen Lehrsätze der Newtonschen Philosophie können in den Begriffen «Atomismus», «Determinismus» und

«Objektivität» zusammengefasst werden. Diese Begriffe mögen abstrakt und distanziert klingen, aber sie haben uns im Zentrum unserer Existenz getroffen.

«Atomismus» steht für die Auffassung, dass die Welt im Grund aus bruchstückhaften Partikeln besteht, die jeweils in Raum und Zeit isoliert voneinander existieren. Atome sind harte, undurchdringliche Gegenstände mit festen Grenzen: Sie können nicht ineinander übergehen, sondern stehen durch Aktion und Reaktion zueinander in Beziehung. Sie schubsen einander herum oder suchen nach Wegen, wie sie einander meiden können. John Locke, im 18. Jahrhundert der Begründer der liberalen Demokratie, betrachtete Atome als Modell für Individuen, die grundlegenden Einheiten einer Gesellschaft. Das gesellschaftliche Ganze, behauptete er, sei eine Illusion; die Rechte und Bedürfnisse des Individuums seien primär.

Der Newtonsche Determinismus lehrte, dass in der physikalischen Welt eherne Gesetze herrschen: die drei Bewegungsgesetze und das Gravitationsgesetz. In der physikalischen Welt ist alles vorhersagbar und somit letztlich kontrollierbar. Aus A folgt unter gleichen Bedingungen immer B, Überraschungen kann es nicht geben.

Obwohl die Mehrheit der Bevölkerung vielleicht wenig vom Newtonschen Determinismus weiß, ist die Auffassung, dass wir isolierte passive Opfer uns überlegener Kräfte sind, dass wir der Veränderung unserer Lebensumstände oder gar der Welt hilflos ausgeliefert sind, weit verbreitet. Wir sind besorgt, wissen aber nicht, wie wir Verantwortung übernehmen können. Ein Mann Anfang zwanzig erzählte mir: «Das verwirrende Auseinanderfallen der Welt überrollt mich, und ich bin immer weniger in der Lage, einen Sinn darin zu erkennen oder irgendetwas dagegen zu unternehmen. Ich bin Apathie und Depression verfallen.»

Die Newtonsche Objektivität oder der «Objektivismus», wie ich es lieber nenne, hat dieses Gefühl des Isoliertseins und der Hilflosigkeit verstärkt. Bei der Begründung seiner neuen wissenschaftlichen Methode zog Newton einen deutlichen Trennstrich zwischen dem Beobachter (dem Wissenschaftler) und dem, was er beobachtet. Die Welt wird in Subjekte und Objekte eingeteilt: Das Subjekt ist «hier drinnen», die Welt «da draußen». Der Newtonsche Wissenschaftler ist ein losgelöster Beobachter, der die Welt schlicht betrachtet, sie wiegt und misst und seine Experimente an ihr durchführt. Er manipuliert und kontrolliert die Natur.

Der heutige Durchschnittsmensch erfährt sich selbst nur als *in* der Welt seiend – nicht *als Teil von* ihr. In diesem Zusammenhang meint «die Welt» auch andere Menschen, sogar Vertraute, aber auch Institutionen, die Gesellschaft, Gegenstände, die Natur und die Umwelt. Die Newtonsche Aufspaltung in Beobachter und Beobachtetes hat in uns das Gefühl erzeugt, dass es uns nur darum gehen kann, das Bestmögliche für uns herauszuschlagen. So wissen wir nicht, wie wir Verantwortung übernehmen können, haben kaum ein Gefühl dafür, für wen oder für was wir verantwortlich sein könnten. Wir sind nicht Herr über unsere Beziehungen, wissen nicht, wie wir in den Besitz der uns möglichen Wirksamkeit gelangen sollen.

Schließlich ist der Kosmos, wie er in der Newtonschen Wissenschaft dargestellt wird, kalt, tot und mechanisch. In der Newtonschen Physik ist kein Platz für den Geist oder das Bewusstsein, kein Platz für irgendeinen Aspekt dessen, worum wir Menschen ringen. Paradoxerweise haben die Bio- und Sozialwissenschaften, die sich im 19. und 20. Jahrhundert entwickelten, diesen Mechanismus übernommen und Menschen – ihren Geist und ihren Körper – mit Hilfe ebendieses mechanischen Paradigmas dargestellt. Wir sind Geistmaschinen oder Genmaschinen; unser Körper ist eine Ansammlung von Teilen, unser Verhalten ist konditioniert und vorhersagbar, unsere Seele Trugbild einer archaischen religiösen Sprache, unser Denken lediglich die Aktivität von Zellen in unserem Gehirn. Wo finden wir in diesem Bild den Sinn unserer menschlichen Erfahrung?

«Sinnkrankheiten»[2]

Eine der verbreitetsten Arten, wie wir des Sinns beraubten Menschen nach Ganzheit streben, ist unsere zwanghafte Beschäftigung mit dem Thema Gesundheit. Die beiden englischen

Wörter «health» und «whole» haben denselben germanischen Ursprung; gesund sein heißt ganz sein. Und deshalb schnappen wir nach jeder Behandlungsmasche, jedem Vitaminkomplex und jeder Fitnesskur, die wir nur in unserem geschäftigen Leben unterbringen können. Doch die moderne Schulmedizin ist in starkem Maße an Newtonschen Vorstellungen ausgerichtet. Sie betrachtet den Körper als einen Mechanismus, eine gut geölte Genmaschine; Krankheiten gelten als etwas, das ausgelöscht oder «geheilt» werden muss, Altern und Tod als «Fehler» oder «Feinde» des Systems.

Immerhin beginnen einige Ärzte und andere medizinische Fachkräfte, in Krankheit etwas anderes zu sehen. Sie betrachten sie als einen Notruf des Körpers und der Person, die darin steckt; einen Ruf nach Aufmerksamkeit für etwas, das, wenn es die Aufmerksamkeit nicht bekommt, zu unwiderruflichem Schaden oder anhaltendem körperlichen, emotionalen und/ oder spirituellen Leid oder sogar zum Tod führen wird. Statt irgendeines chemischen Ungleichgewichts kann unsere Einstellung oder unser Lebensstil die Ursache des Problems sein. Jene Ärzte, Patienten, Wissenschaftler und Politiker, die im Juni 1999 in Großbritannien zu einer internationalen Tagung zusammenkamen, um diesen Überlegungen weiter nachzugehen, kamen zu dem Schluss, dass es sich bei einem Großteil unserer Leiden, selbst bei den chronischen, um «Sinnkrankheiten» handele. Krebs, Herzkrankheiten, Alzheimer und andere Formen der Demenz, denen möglicherweise Depression, Erschöpfung, Alkoholismus oder Drogenmissbrauch vorausgegangen sind, zeugen davon, dass die Krise der Sinnlosigkeit bis in die Zellen unseres Körpers vorgedrungen ist. Am Ende wird auch der Tod mit Schmerz und Schrecken erlebt, weil uns kein Sinnzusammenhang zur Verfügung steht, in den wir den natürlichen Abschluss des Lebens einbetten, weil wir keinen Weg kennen, wie wir gesegnet, friedvoll oder mit Würde sterben können.

Die Konferenzteilnehmer vertraten die Auffassung, dass die etablierten Kreise im Medizin- und Wissenschaftssystem die Häufigkeit von Sinnkrankheiten noch in die Höhe treiben, indem sie die komplexeren Ursprünge vieler Erkrankungen ignorieren. Das Medizin-Establishment bemächtige sich vielmehr der Krankheit, indem es danach strebe, «die ‹richtigen› Gene zu finden, das ‹richtige› Arzneimittel zu entwickeln, um die Störung abzublocken oder auszulöschen, wobei es übersieht, dass viele unserer Erkrankungen nicht primär körperlichen, sondern eher spirituellen und psychophysischen Ursprungs sind.»

Die drohende Auslöschung

Die Technologie des 20. Jahrhunderts hat eine weitere Sinnkrise heraufbeschworen. Zuvor kannten die Menschen Katastrophen und natürliche Verheerungen, aber als Art konnten wir immer davon ausgehen, dass das menschliche Leben oder das Leben allgemein Millionen von Jahren so weitergehen würde. Das spezielle Drama jeder Generation war Bestandteil eines größeren Prozesses, eingebettet in den Fluss der Zeit. Seit den vierziger Jahren des 20. Jahrhunderts aber leben wir mit der Aussicht auf Massenvernichtung durch einen Atomkrieg, und in den letzten Jahrzehnten ist die Bedrohung durch eine ökologische Katastrophe hinzugekommen.

Es wird in diesem Buch immer klarer werden, dass wir einen Rahmen oder Grenzen brauchen, damit Sinn einen Sinn *hat*. Wenn Grenzen verletzt werden, sind wir empört und handeln. Wenn es jedoch keine Grenzen mehr gibt, empfinden wir nur noch Grauen: Unsere Erfahrung verliert jeden Sinn, und wir können sie nicht verarbeiten. Die Tötungsmaschinerie der Nazis im Zweiten Weltkrieg hat im Hinblick auf das Ausmaß des Bösen, das Menschen einander anzutun bereit sind, alle Grenzen gesprengt, und infolgedessen waren wir nie imstande, die Dimensionen des Holocausts wirklich zu *begreifen* oder ihn zu bewältigen. Er liegt außerhalb dessen, was im Rahmen menschlicher Erwartungen und Wertvorstellungen möglich ist. Und noch viel mehr trifft das auf die reale Möglichkeit zu, dass *alles* Leben in absehbarer Zukunft enden wird.

Die meisten von uns denken über diese Dinge nicht viel nach, weil sie es nicht ertragen können. Aber Bedrohungen, die die ganze Erde auslöschen könnten, beeinflussen unser Denken und unser Verhalten, werfen uns auf unmittelbarere Anliegen zurück: «Lebe heute, vielleicht wird es nie ein Morgen geben.» Wir suchen Genuss und Befriedigung, als stünden wir an der Theke der Bar «Zur letzten Chance»; wir beuten unsere Mitmenschen aus und vergehen uns an der Erde, um uns die Bequemlichkeit und den Gewinn von heute zu sichern. Unser zeitlicher Rahmen schrumpft zusammen und damit der Sinn- und Wertzusammenhang, innerhalb dessen wir unser Leben leben.

Die Armut des westlichen Humanismus

Ein weiterer Grund dafür, dass wir uns so sehr mit unmittelbarem Genuss und unmittelbarer Befriedigung beschäftigen, liegt darin, dass wir die Fähigkeit verloren haben, uns vorzustellen, dass es noch irgendetwas anderes gibt. Während der letzten zwei- oder dreihundert Jahre war unser Horizont auf das Menschliche beschränkt, wodurch wir zunehmend in eine Selbstbezogenheit verfallen, die uns von umfassenderem Sinn und einer breiteren Perspektive abschneidet. Im 18. Jahrhundert haben die großen Denker der Aufklärung behauptet, der Mensch sei das Maß aller Dinge. Diese Auffassung verträgt sich gut mit dem biblischen Gedanken, dass Gott alle Dinge zu unserem Nutzen geschaffen hat. Die menschliche Selbstbezogenheit ist ein grundlegendes Dogma der westlichen Tradition. Aber die Aufklärung hat uns weiter in einen einengenden Humanismus getrieben, weil ihr Begriff des Menschlichen begrenzter war.

Von der aristotelischen Philosophie ausgehend definierten die Denker der Aufklärung den Menschen als rationales Wesen. Die Wurzeln des eigentlich Menschlichen liegen ihrer Auffassung nach in der Vernunft (in moderner Begrifflichkeit im IQ) und in den Produkten der Vernunft – Wissenschaft, Technologie, dem Logischen, dem Pragmatischen. Politische und Gesellschaftsphilosophen zogen sofort nach, indem sie den *Rechten* des Menschen Vorrang vor Dienst oder Pflicht gaben. Durch die allgemeine Ausbreitung des Newtonschen Denkens und durch die Landflucht in die großen Städte der Natur entfremdet, durch das langsame Absterben der westlichen religiösen

Traditionen Gott entfremdet, durch das reduktionistische wissenschaftliche Denken Zauber und Mysterium entfremdet, durch Freud und seine Nachfolger dazu ermutigt, das Ich und seine belanglosen Eitelkeiten als das wahre Selbst anzusehen, wurde der westliche Humanismus zu einer Mischung aus Eitelkeit und Verzweiflung. Wir sind die Besten, wir sind an der Spitze des Baumes der Evolution – aber was soll's? Im Fernen Osten ist der Humanismus die Grundlage für wahre Spiritualität. Buddhisten und Hindus kritisieren westliche Religionen dahingehend, dass sie nicht humanistisch genug seien, dass sie Götter über den Menschen stellten. Wenn ich versuche darzulegen, dass der Humanismus die eigentliche Wurzel unseres Problems ist, dann schütteln Asiaten ungläubig den Kopf. Das Missverständnis beruht darauf, dass sie eine höhere Form des Humanismus, der «Selbstbezogenheit» haben, die sich auf weitaus mehr gründet als auf Macht und Rationalität. In der herkömmlichen östlichen Bedeutung hat ein Humanist ein tiefes Empfinden für das Eingebundensein des Lebens und all seiner Unternehmungen. Er fühlt Verpflichtung und Verantwortung für die gesamte Welt und alles, was in ihr enthalten ist. Er ist sich darüber im Klaren, dass alles menschliche Streben, sei es nun im Geschäftsleben, in den Künsten oder in der Religion, Bestandteil des umfassenderen, reichhaltigeren Gefüges des Universums ist. Und die asiatischen Humanisten sind nicht arrogant. Ihre Sicht des wahren Selbst und dessen Ursprungs im tiefsten Grund des Seins erfüllt sie mit Demut und Dankbarkeit. Sie sind sich des Ursprungs, aus dem Selbst, Sinn und Werte entstehen, immer bewusst. In der Sprache dieses Buchs würde ich sagen, dass der westliche Humanismus nach 1800 spirituell indifferent und der asiatische spirituell intelligent ist.

Der Begriff der dienenden Führungspersönlichkeit

Trotz unseres materiellen Reichtums und unseres technologischen Fachwissens fehlt unserem Leben etwas Grundlegendes. Für manche könnte dies die Fähigkeit sein, einen Beruf in eine

Berufung zu verwandeln. Aber dieses Gefühl der Berufung findet man in der bestehenden Wertstruktur des Berufslebens nicht. Die meisten von uns werden es weder innerhalb der bestehenden Wertstruktur *eines einzelnen* Berufszweigs noch innerhalb der umfassenderen Kultur finden. Wir müssen also etwas für uns erfinden oder entdecken, das im Moment noch *jenseits* von allem ist, was die Kultur uns liefert. Wir müssen eine persönliche Verantwortung für Sinn übernehmen, uns einen neuen Zugang dazu schaffen und ihn in intelligenter Weise gebrauchen. In der Regel müssen wir das tun, indem wir die Situation, in der wir uns befinden – wie auch immer sie aussehen mag –, transformieren oder optimal nutzen.

Im Geschäftsleben und in den meisten anderen Lebensbereichen bringt die Idee von der dienenden Führungspersönlichkeit Dienstbarkeit und Sinnhaftigkeit zusammen. Der Begriff tauchte erstmals in den achtziger Jahren auf, in einer Veröffentlichung des Amerikaners Robert Greenleaf. Amerikanische Denker haben ihn so verwendet, dass er eine Führungspersönlichkeit meint, die ein Gefühl für Werte hat und ihren Führungsstil bewusst in den Dienst dieser Werte stellt. Doch insbesondere in der amerikanischen Wirtschaft versteht man unter Werten Dinge wie Begabung, Ausschöpfen des persönlichen Potenzials und anderen das Gleiche gewähren, Leistung, Qualität der Produkte und Dienstleistungen, Engagement für unaufhörliches Wachstum. Im Gegensatz dazu konzentrieren sich traditionelle östliche Wertvorstellungen – im Einklang mit dem Geist des östlichen Humanismus – auf Bereiche wie Mitgefühl, Demut, Dankbarkeit, Dienst an der Familie und Dienst am Grund des Seins selbst.

Im östlichen Sinne und in der Bedeutung, in der ich das Wort verwende, dient eine dienende Führungspersönlichkeit dem allerletzten Ursprung von Sinn und Wert. Sie steht im Einklang mit den grundlegenden Lebenskräften des Universums, und indem sie diesen dient, dient sie auf natürliche Weise auch ihren Kollegen, der Firma, der Gesellschaft und so weiter. Zu den großen Persönlichkeiten des 20. Jahrhunderts, die in diesem Sinne offensichtlich dienende Führungspersönlichkeiten sind oder waren, gehören Mahatma Gandhi, Mutter Teresa und Nelson Mandela. Sie alle waren oder sind großartige spirituelle Führungspersönlichkeiten und dien(t)en zugleich ihrer Gesellschaft. Jeder für sich haben sie «das Spiel» von Sinn, Moralität und Dienst aufgenommen. Der Dalai Lama ist ein weiteres Beispiel für solche Führungsqualitäten, und deshalb fühlen sich auch nicht nur die Tibeter und Buddhisten von ihm inspiriert, sondern große Teile der gesamten Menschheit.

Unser Lied singen

Vor einigen Jahren habe ich an einer UNESCO-Konferenz in Tiflis teilgenommen, Hauptstadt der durch einen Bürgerkrieg zerrissenen Republik Georgien, die früher zur Sowjetunion gehörte. Die Konferenz fand in einem modernen Hotel westlichen Stils statt, das zu der Zerstörung, der Verzweiflung und dem Hunger draußen in deutlichem Kontrast stand. Eines Abends wurden wir ins Theater der Stadt gebracht: Die Georgier wollten ihre reiche Kultur, die Überbleibsel ihrer stolzen und blühenden Geschichte vorführen.

Die Decke des Theaters war voller Risse und Brandflecken, von den Wänden war aufgrund der Bomben- und Mörserangriffe an vielen Stellen der Gips abgebröckelt. An die großartigen Kunstwerke, mit denen diese Wände einst dekoriert waren, erinnerten nur noch die helleren Flecken auf der verstaubten, abblätternden Wandfarbe. Das Licht war trüb, weil die beschädigten Generatoren nur spärlich Energie erzeugen konnten. Es gab keine Klimaanlage, und es war extrem heiß.

Die Orchestermusiker in ihren schlaffen weißen Hemden und schlecht sitzenden schwarzen Hosen spielten matt und mutlos. Sie konnten ihre Darbietung nicht über ihre eigene Depression und die der Stadt hinausheben. Das Publikum langweilte sich zunehmend, und viele, auch ich, schliefen ein; die Tortur schien ewig dauern zu wollen. Doch dann veränderte sich die Atmosphäre von einem Augenblick zum nächsten.

Ein elegant in eine Smokingjacke gekleideter Sänger trat auf: Zurab Sotkilava. Als von allen verehrter Georgier war er inzwischen der erste Tenor an Moskaus berühmter Bolschoi-Oper. Zu Ehren der UNESCO-Gäste trat er als Star an seinem

Geburtsort auf. Er füllte seine Lungen und brachte wundervolle Töne hervor, Verdi-Arien zunächst und dann traditionelle georgische Lieder.

Als er sang, erwachte das Theater zu neuem Leben. Diese Stimme schien nicht aus seinem Hals zu kommen, sondern von irgendeinem Ort in der georgischen Vergangenheit – genau genommen von irgendwo im kollektiven Pool des menschlichen Unbewussten, das sie mit dem Leiden und der Tragödie der georgischen Gegenwart zusammenbrachte. Diese Stimme war ein Kanal, der den mutlosen, niedergeschlagenen Orchestermusikern und ihrem Publikum aus jenen anderen Dimensionen Energie und Hoffnung zuführte. Seine Stimme war, kurz gesagt, seelenvoll. Es handelte sich um die Seele in Aktion, die ihre Rolle als Mittlerin aus den Tiefen spielte, um die Gegenwart in einen größeren und reichhaltigeren Zusammenhang zu stellen – ein wirkungsvolles Beispiel für spirituelle Intelligenz.

Dieser Auftritt des georgischen Tenors symbolisiert für mich, was jeder Einzelne von uns tun muss, um das Spiel von Sinn und Wert aufzunehmen. Jeder von uns muss «sein Lied singen». Wir alle müssen mit Hilfe unserer verborgensten Ressourcen und durch den Einsatz unserer spirituellen Intelligenz einen Zugang zur tiefsten Schicht unseres wahren Selbst finden und aus der Quelle der einzigartigen «Musik» schöpfen, die jeder Mensch hervorzubringen vermag.

Es ist keine einfache Aufgabe, den SQ zu nutzen. Wir haben viele unserer Fähigkeiten, zu Sinn zu gelangen, vergessen. Unsere Kultur ist sogar im Wortsinn spirituell stumm – wir besitzen keine angemessene Sprache, um den Reichtum der menschlichen Seele zum Ausdruck zu bringen. Wörter wie «Freude», «Liebe», «Mitgefühl» und «Anstand» spielen auf so viel mehr an, als wir artikulieren können. Unseren SQ nutzen heißt, unser menschliches Vorstellungsvermögen zu erweitern. Es heißt, unser Bewusstsein zu transformieren. Es heißt, tiefere Schichten unseres Selbst zu entdecken, als uns bislang bekannt sind. Es verlangt von uns, dass wir *im Selbst* Grund finden für einen Sinn, der über das Selbst hinausgeht. Für Menschen, die damit aufgewachsen sind, dass man «sich in fünf einfachen Schritten positiv verändern» kann, wird das keine leichte Aufgabe sein.

Zeit für Fragen

Ich hoffe, in den Grundzügen deutlich gemacht zu haben, was spirituelle Intelligenz ist und warum wir ihrer besonders heute so sehr bedürfen. Doch wir leben im Zeitalter der Wissenschaft, und wenn wir die Existenz des SQ gründlich belegen wollen, müssen wir uns fragen, wie es kommt, dass wir ihn haben, und wie er im menschlichen Gehirn wirkt. Was geht vor in unserem Gehirn, und was verleiht uns in diesem Prozess eine sinnbezogene Intelligenz? Warum und wie hat unser Gehirn die Fähigkeit, die Grenzen auszudehnen? Wie stellen wir unsere Erfahrungen in einen neuen Zusammenhang oder Rahmen? Welche Eigenart des Gehirns ist es, die unserem Geist Zugang zu Intelligenz und Bewusstsein verschafft, die jenseits des individuellen Gehirns und seiner neuronalen Strukturen liegen? Was könnte es in der Begrifflichkeit von Neurologie und Physik bedeuten, dass unser Selbst auf der Ego-Ebene Zugang findet zu einer Schicht von tieferem Wissen? Kurz: Warum sind wir biologisch im Gehirn dafür ausgerüstet, spirituelle Lebewesen zu sein? In den folgenden drei Kapiteln werde ich mich mit diesen Fragen beschäftigen und alle verfügbaren wissenschaftlichen Befunde, die dafür relevant sind, darlegen.

Zweiter Teil
Die wissenschaftlichen Belege für den SQ

3 DREI ARTEN DES DENKENS, DREI ARTEN VON INTELLIGENZ[1]

Unsere menschliche Intelligenz hat ihren Ursprung im genetischen Code; sie wurde im Verlauf der Evolution des Lebens auf diesem Planeten durch eine ganze Reihe von Faktoren beeinflusst: durch unsere Alltagserfahrung, unseren körperlichen und seelischen Gesundheitszustand, unsere Ernährung, den Umfang der körperlichen Beanspruchung, der wir ausgesetzt sind, durch die Art von Beziehungen, die wir zueinander entwickeln, und viele andere Größen. Aber in neurologischer Begrifflichkeit ausgedrückt wird alles, was auf die Intelligenz einwirkt, über das Gehirn und seine Nervenverzweigungen in den Körper übermittelt und gesteuert. Eine bestimmte Art neuronaler Struktur befähigt uns, rational, logisch und von Regeln geleitet zu denken. Sie stattet uns mit unserem IQ aus. Eine andere Struktur erlaubt es uns, assoziativ, von Gewohnheiten geleitet und Muster erkennend gefühlsbetont zu denken. Sie gibt uns unseren EQ. Eine dritte Struktur ermöglicht es uns, kreativ, von Einsicht geleitet, Regeln bildend und Regeln auflösend zu denken. Es handelt sich um das Denken, mit dessen Hilfe wir unser bisheriges Denken in einen neuen Rahmen stellen und transformieren. Das verleiht uns unseren SQ. Wenn wir vollständig verstehen wollen, was IQ, EQ und SQ sind, kommt es vor allem darauf an, die unterschiedlichen Denksysteme des Gehirns und ihre neuronale Struktur zu verstehen.

Das Gehirn ist das komplexeste Organ im ganzen Körper. Es bringt das Geheimnis des bewussten Denkens hervor, unser Bewusstsein von uns selbst und unserer Welt sowie unsere Fähigkeit, freie Entscheidungen darüber zu treffen, wie wir in die Welt eingreifen. Es erzeugt und strukturiert unsere Gedanken, befähigt uns, Emotionen zu haben, und vermittelt uns ein spirituelles Leben – unseren Sinn für Bedeutung und Wert sowie für die angemessenen Zusammenhänge, innerhalb derer wir unserer Erfahrung einen Sinn geben. Das Gehirn liefert uns Berührung, Sehen, Geruch und Sprache. Es ist der Speicher unserer Erinnerungen. Es kontrolliert den Herzschlag, die Transpiration und zahllose andere Körperfunktionen. Seine nach außen reichenden Nervenfasern verzweigen sich in jeden Bereich des Körpers. Sie bilden die Brücke zwischen unserem Innenleben und der Außenwelt. Zu alldem ist das Gehirn imstande, weil es komplex, flexibel, anpassungsfähig und selbstorganisierend ist.

Das unbegrenzte Wachstumsvermögen des Gehirns

Lange herrschte unter Wissenschaftlern die Auffassung vor, dass das Gehirn etwas «fest Verdrahtetes» ist. Wir kommen, so die Theorie, mit einer bestimmten Anzahl von Nervenzellen, die in bestimmter Weise miteinander verbunden sind, auf die Welt, und wenn wir älter werden, gerät dieses Netz nach und nach durcheinander. Es wurde angenommen, dass Menschen im Alter von achtzehn Jahren den Höhepunkt ihrer geistigen Leistungsfähigkeit erreichen und dass danach ein stetiger geistiger Abbau vonstatten geht. Heute wissen die Neurowissenschaftler, dass es anders ist. Es stimmt zwar, dass wir mit einer gewissen Zahl von Nervenzellen auf die Welt kommen und dass uns im Laufe der Jahre viele von ihnen abhanden kommen; ein Rentner hat weniger Nervenzellen als ein Baby. Aber im Verlauf unseres Lebens wachsen in uns neue Nerven*verbindungen* heran – oder zumindest ist diese Möglichkeit in uns angelegt.[2] Umgekehrt schrumpfen neuronale Systeme, die wenig genutzt werden, lösen sich auf oder werden für andere Zwecke eingesetzt.

Und es sind die Nervenverbindungen, die uns unsere Intelligenz verleihen. Der menschliche Säugling kommt mit dem lebensnotwendigen Bedarf auf die Welt – Nervenverbindungen, die erforderlich sind, um die Atmung, den Herzschlag, die Körpertemperatur usw. zu regulieren. Doch Säuglinge können keine Gesichter und Gegenstände erkennen, können weder Begriffe bilden noch verständliche Laute von sich geben. Diese Fähigkeiten entwickeln sich erst im Laufe der Zeit: Anhand der Erfahrungen, die mit der Welt gemacht werden, legt das Gehirn neue Nervenverbindungen fest. Je reichhaltiger und variationsreicher diese Erfahrungen sind, desto größer und komplexer ist das Labyrinth von Nervenverbindungen, das sich herausbildet. Aus diesem Grund können wir auch bei Kleinkindern die Intelligenz und sogar die Körperkoordination fördern, indem wir ihnen häufige und vielfältige Stimulierung anbieten – helle farbige Gegenstände zum Anschauen, unterschiedliche Töne und Stimmen zum Hören, eine breite Vielfalt von Dingen zum Schmecken und Riechen, Berührung – zum Beispiel über den Rücken streichen – und emotionale Wärme. Mit zunehmender Reife schaffen neue Nervenverbindungen bei Kindern die Voraussetzung für Sprache und Begriffsbildung; diese Verbindungen speichern die Fakten und Erfahrungen im Gedächtnis ab, wodurch es uns möglich wird, zu lesen, zu schreiben und allgemein zu lernen. Es gibt *keine bestimmbare Grenze* für die Anzahl und die Komplexität der Nervenverbindungen, die sich bei einem Kind bilden können.

Wäre eine hoch komplexe Kultur wie die unsere beständig, hätten die meisten von uns im Alter von achtzehn Jahren für den Rest des Lebens genug Nervenverbindungen gebildet. Wir hätten ein Gesamtbild von der Welt und ihrer Vielfalt in uns erzeugt. Wir hätten geistige Gewohnheiten und emotionale Muster sowie Muster für Reaktionen auf Menschen und Situationen entwickelt. Kurz: Wir hätten unseren grundlegenden, tief sitzenden und überwiegend unbewussten Satz an Vorannahmen und Werten «verdrahtet» – also festgelegt, was wir als selbstverständlich voraussetzen.

Doch unsere Kultur ist nicht beständig. Dafür gibt es zu viel raschen Wandel, zu viel Vieldeutigkeit und Ungewissheit; wir können nicht davon ausgehen, dass wir mit den Verschaltungsdiagrammen unserer ersten achtzehn Jahre für den Rest des Lebens zurechtkommen. Wir müssen jene dritte Art des Denkens einsetzen, bei der es darum geht, kreativ Regeln zu bilden und Regeln zu brechen; deshalb *verdrahten* wir auf dem Weg durchs Leben unser Gehirn ständig *neu* (wie dies geschieht, werden wir weiter unten in diesem Kapitel erklären). Sich stärker auf jene Gehirnstrukturen zu verlassen, die uns unseren SQ liefern, kostet allerdings weit mehr Energie.

Eine kurze Geschichte des Gehirns

Von Natur aus ist das Gehirn eher konservativ. In seinen komplexen Strukturen schleppt es die ganze lange Geschichte der Evolution des Lebens auf diesem Planeten mit sich. Sein Aufbau ähnelt den sich schlängelnden Nebenstraßen und wild verschachtelten, einander überlagernden Bauten einer Großstadt – eine Schicht Jahrhunderte zurückliegender Geschichte auf der anderen; eins wurde auf dem anderen errichtet, und alles passt irgendwie zusammen.

Auf dem einfachsten Niveau der Organisation unseres Körpers, dem Teil, der der untersten Schicht der antiken Stadt entspricht, finden wir Strukturen, die denen einzelliger Lebewesen, etwa der Amöbe, gleichen. Sie haben kein Nervensystem; jegliche sensorische Koordination und alle motorischen Reflexe dieser Lebewesen gehen innerhalb einer einzigen Zelle vor sich. Wenn unsere weißen Blutkörperchen in der Blutbahn Abfall aufsammeln und Bakterien fressen, verhalten sie sich ganz ähnlich wie die Amöbe im Teich. Einfache vielzellige Lebewesen wie etwa die Qualle besitzen zwar auch noch kein Nervensystem, aber sie verfügen über ein Netz von Nervenfasern, die die Kommunikation zwischen den Zellen ermöglichen, sodass das Tier in koordinierter Weise reagieren kann. In unserem Körper bilden die Nervenzellen im Darm ein ähnliches Netz; es koordiniert die Peristaltik – die Muskelkontraktionen, die den Nahrungsbrei vorwärts schieben. Höher entwickelte Lebewesen bilden ein entsprechend komplexeres Zentralnervensystem aus.

Mit der Evolution der Säugetiere entstand das Vorderhirn – zunächst das primitive Vorderhirn der niederen Säugetiere, in dem vorwiegend Instinkte und Emotionen den Ton angeben – und dann die Hirnhemisphären mit all ihren ausgeklügelten Rechenfähigkeiten, die «kleinen grauen Zellen», die die meisten von uns mit dem menschlichen Geist gleichsetzen. Die präfrontalen Lappen der Großhirnrinde haben sich zuletzt entwickelt, und sie sind ausschlaggebend für die rationalen Fähigkeiten des Ichs. Doch Trunkenheit, die Einnahme von Beruhigungsmitteln, große Belastungen, heftige Emotionen oder eine Schädigung des oberen Vorderhirns haben eine Regression auf primitive, spontanere, weniger berechnende Verhaltensweisen zur Folge, vergleichbar denen, die man bei niederen Lebewesen antrifft. Trotz der im Laufe der Entwicklung fortschreitenden Zentralisierung des Nervensystems und seiner wachsenden Komplexität bleiben die primitiveren Nervennetze auch beim Menschen sowohl im nun erweiterten Gehirn als auch im ganzen Körper erhalten.

Unsere westliche Modellvorstellung vom «Denken» ist nicht angemessen. Denken ist nicht nur ein Vorgang im Gehirn, nicht nur eine Sache des IQ. Wir denken nicht lediglich mit unserem «Kopf», sondern auch mit unseren Emotionen und unserem Körper (EQ) sowie mit unserem Geist, unseren Visionen, unseren Hoffnungen, unserem Gefühl für Sinn und Wert (SQ). Wir denken mit Hilfe all der komplexen Nervennetze, die mit unserem gesamten Organismus verwoben sind; sie sind ein Bestandteil unserer Intelligenz. Dass wir Dinge sagen wie: «Er denkt mit dem Bauch» oder: «Sie denkt mit dem Herzen», zeigt, dass dieses Wissen in unseren alltäglichen Sprachgebrauch eingegangen ist. Viele Menschen sagen, sie hätten ein «Gefühl für die Situation»; manchmal wird dieses Gefühl so plastisch dargestellt, als sei es mit Händen zu greifen.

Lassen Sie uns einen genaueren Blick auf die neuronale Verdrahtung werfen, die die Grundlage aller drei Arten von Intelligenz darstellt. Wir beginnen mit der Nervenzelle selbst, dem Grundbaustein für alle neuronalen Prozesse.

Die Nervenzelle

Das menschliche Gehirn besteht aus zwischen 10 000 000 000 und 100 000 000 000 Nervenzellen. Es gibt etwa 100 verschiedene Arten solcher Zellen, und die Hälfte von ihnen befindet sich in dem am höchsten entwickelten Teil des Gehirns, der Großhirnrinde. Eine typische Nervenzelle ähnelt von der Form her einem Baum mit «Wurzeln» (Dendriten), einem «Stamm» (Zellkörper), «Ästen» (Axone) und «Zweigen» (Axonendigungen). In jeder Nervenzelle gehen an den Dendriten sensorische Signale ein; die Dendriten können sie hemmen oder weiterleiten. Diese

Signale, die auf dem Weg zum Ziel immer schwächer werden, wandern zum Zellkörper. Wenn zu einem vorgegebenen Zeitpunkt genügend Reize am Zellkörper eintreffen, sendet er stoßartig ein Aktionspotenzial an seine Axone aus. Das Aktionspotenzial pflanzt sich wie bei einer durchgebrannten Sicherung fort, bis es die Axonendigungen erreicht. Diese Axonendigungen bilden wiederum Synapsen (Verbindungen) mit den Dendriten anderer benachbarter Nervenzellen aus.

Eine Pyramidenzelle in der Großhirnrinde hat zwischen 1000 und 10 000 Synapsen, die direkt mit vielen anderen Nervenzellen in Austausch treten, meist mit solchen, die sich nahebei in der Großhirnrinde befinden. Die meisten Nervenzellen arbeiten mit Hilfe chemischer Signale. Die Axonendigung einer Nervenzelle sondert einen winzigen Tropfen einer Substanz ab, die als Botenstoff bezeichnet wird; dieser wiederum hemmt oder erregt den Dendriten, mit dem er in Kontakt steht. Es sind über ein Dutzend solcher Botenstoffe bekannt, die in den unterschiedlichen Gehirnsystemen zum Einsatz kommen und unsere geistigen und emotionalen Fähigkeiten oder Zustände beeinflussen.

Noradrenalin beispielsweise stimuliert das gesamte Gehirn. Ein Mangel daran kann zu einer Depression führen, ein Überschuss eine Manie entstehen lassen. Acetylcholin lässt die äußere Schicht der Großhirnrinde in Aktion treten und ermöglicht die Art zusammenhängender neuronaler Oszillationen, auf die das Bewusstsein zurückgeführt wird. Ein Mangel an Acetylcholin bringt diese Oszillationen durcheinander und wird als mögliche Ursache der Alzheimerkrankheit diskutiert. Serotonin stimuliert spezielle Systeme im Gehirn; auch hier soll ein Mangel Depressionen fördern. Das bekannte Antidepressivum Fluctin wirkt so, dass es den Serotoninspiegel in die Höhe schnellen lässt. Sind sowohl der Serotonin- als auch der Acetylcholinspiegel zu niedrig, sind die Symptome der Alzheimerkrankheit stärker ausgeprägt. Ein vierter, umfassend wirkender Botenstoff, Dopamin, stimuliert ebenfalls spezielle Systeme im Gehirn. Bei einer Depression herrscht in bestimmten Bereichen oft auch ein Mangel an Dopamin; bei einer Schizophrenie ist in anderen Bereichen viel zu viel davon vorhanden. Fast alle Medikamente, die die geistigen Funktionen beeinflussen – Beruhigungsmittel,

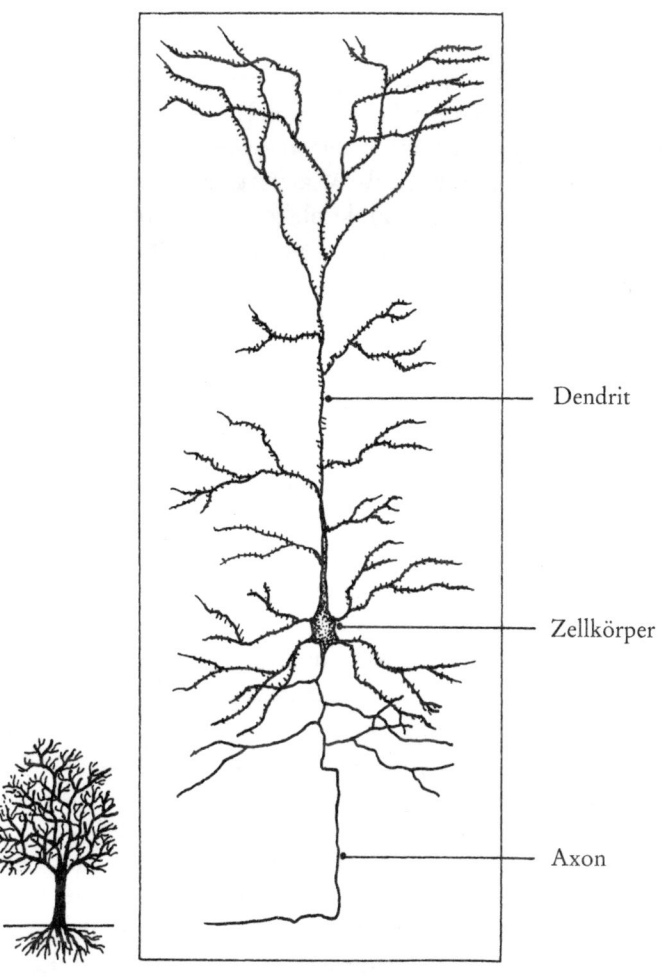

Dendrit

Zellkörper

Axon

Eine einzelne Nervenzelle
Pyramidenzelle der Großhirnrinde

Stimulanzien, Opiate, Antidepressiva usw. –, entfalten ihre Wirkung dadurch, dass sie die vorhandene Menge eines oder mehrerer Botenstoffe steuern.

Die Nervenzellen arbeiten, vergleichbar den elektronischen Bausteinen in einer Telefonanlage oder einem Computer, als signalgebende Einheiten. Aktionspotenziale haben bei diesem Vorgang eine vermittelnde Funktion. Doch die Dendriten selbst erfüllen ihre Aufgabe auf raffiniertere Weise. Die meisten Dendriten lösen bei Stimulierung keine Aktionspotenziale aus. Sie nehmen stattdessen mit Hilfe elektrischer Felder Einfluss auf benachbarte Teile der gleichen Nervenzelle oder unmittelbar daneben liegende Nervenzellen und kehren anschließend in den Normalzustand zurück. Systeme von Nervenzellen, die miteinander in Wechselwirkung stehen, können an den Dendriten oszillierende elektrische Felder hervorbringen.

Serielles Denken – der IQ des Gehirns

Die vereinfachte Vorstellung vom «Denken» als etwas Linearem, Logischem und Leidenschaftslosem ist nicht falsch – es ist eben nur nicht die ganze Wahrheit. Diese Vorstellung geht auf die formale aristotelische Logik und auf die Arithmetik zurück: «Wenn x, dann y» oder «2 + 2 = 4». Die Menschen sind in dieser Art des Denkens sehr gut, darin lassen sie alle niederen Tiere hinter sich. Computer können das sogar noch besser. Das Gehirn ist aufgrund einer charakteristischen Art neuronaler Verdrahtung, genannt *Nervenbahnen*, dazu imstande.

Nervenbahnen ähneln einer Serie hintereinander geschalteter Telefonkabel. Das Axon einer Nervenzelle oder einer Gruppe von Nervenzellen stimuliert die Dendriten der nächsten Zelle oder Gruppe, und ein elektrochemisches Signal passiert die Kette der miteinander verbundenen Nervenzellen, die mit einem oder mehreren Gedanken beschäftigt sind. Die einzelnen Nervenzellen in der Kette sind entweder an- oder ausgeschaltet, und wenn irgendein Teil der Kette beschädigt oder ausgeschaltet wird, funktioniert die gesamte Kette nicht mehr – wie bei einer seriell geschalteten Lichterkette am Weihnachtsbaum.

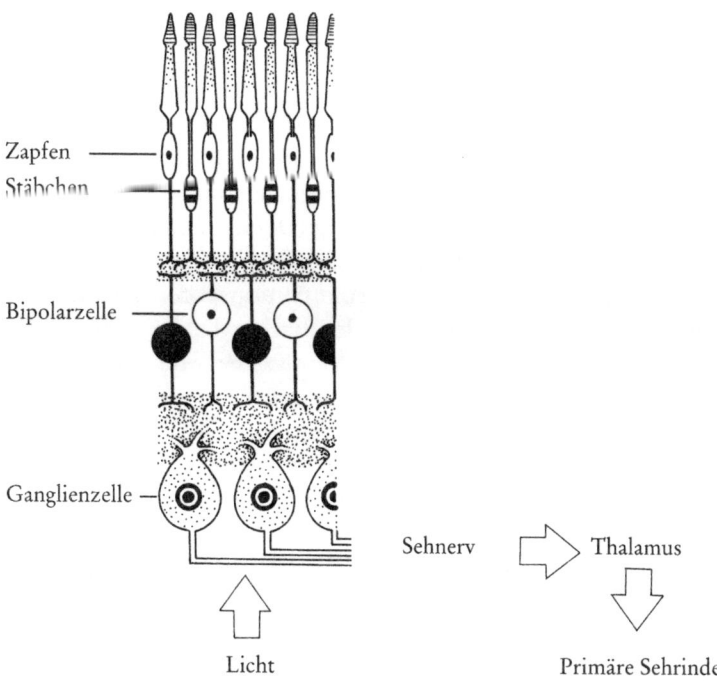

Zapfen

Stäbchen

Bipolarzelle

Ganglienzelle

Sehnerv ⟹ Thalamus

⬆ ⬇

Licht Primäre Sehrinde

Nervenbahnen in der Netzhaut des Auges und im Sehnerv
Die Nervenzellen der Netzhaut sind untereinander wie Telefonkabel in serieller Weise
verbunden. Diese Art der Verdrahtung setzt sich bis zum Thalamus und der primären
Sehrinde fort.

Nervenbahnen lernen (sind verdrahtet) nach einem festen
Programm, dessen Regeln nach der formalen Logik ausgerichtet
sind. Das Lernen erfolgt also schrittweise und regelgeleitet.
Wenn wir Kinder auffordern, Multiplikationstabellen auswen-
dig zu lernen, bringen wir sie dazu, ihr Gehirn für die serielle
Verarbeitung zu verdrahten. Das schult die Denkweise, die für
die Lösung rationaler Probleme und zur Erfüllung festgelegter
Aufgaben von Nutzen ist. Sie ist zielorientiert und an Lösungs-
wegen ausgerichtet; wir setzen sie ein, um mit den Regeln der
Grammatik oder mit denen eines Spiels zurechtzukommen. Sie
ist rational und logisch: «Wenn ich das und das tue, wird sich

daraus eine bestimmte Konsequenz ergeben.» Die Befähigung zum seriellen Denken ist die Art geistiger Kapazität, die in Standard-IQ-Tests abgefragt wird.[3]

Die Nervenbahnen und Schaltkreise, die für das serielle Denken erforderlich sind, finden sich auch an anderen Stellen im Körper und bei den niederen Tieren. Einfache serielle Schaltungen im Hirnstamm und im Rückenmark, die nach einem festen Programm ablaufen, sind die Grundlage für den Kniesehnenreflex, die Regulierung der Körpertemperatur und des Blutdrucks sowie für ähnlich geartete einfache Funktionen. Auf diesem Niveau funktioniert die serielle Verdrahtung der Nervenzellen wie die Thermostatsteuerung einer Zentralheizung. Konditionierte Reflexe sind fast ebenso simpel.

Serielles Denken oder serielle Verarbeitung setzt eine präzise Verdrahtung von einem Punkt zum andern voraus. Es gibt Darstellungen von Nervenbahnen, bei denen beispielsweise jeder einzelne Punkt auf der Netzhaut des Auges mit einem Punkt im Thalamus und dann punktweise, wenn man die Kette der optischen Verarbeitung weiterverfolgt, mit der Sehrinde im Großhirn verbunden ist. Andere Sinnesorgane wie Geruch-, Hör- und Tastsinn bedienen sich anderer Nervenbahnen.

Das instinkthafte Verhalten der niederen Tiere lässt sich zu großen Teilen durch serielle Verarbeitung erklären. Einen Instinkt kann man sich als ein festes Programm vorstellen, vergleichbar etwa der Prägung bei Enten und anderen Vögeln, wo der gerade geschlüpfte Vogel den ersten mit der Brutpflege verbundenen Gegenstand oder das erste betreuende Lebewesen, dem er begegnet, als «Mutter» erkennt und dann bei dieser Gleichsetzung bleibt. Manche übermäßig rationalen Menschen (und viele Bürokraten!) können in gleicher Weise auf der Stufe einer programmierten Denkweise stehen bleiben, indem sie es als schwierig empfinden, flexibel mit Regeln umzugehen oder neue Regeln zu erlernen.

Serielles Denken hat große Ähnlichkeit mit der seriellen Verarbeitung, die viele Computer leisten. Und tatsächlich hat die Kognitionswissenschaft wegen dieser Ähnlichkeit eine Zeit lang dazu geneigt, das Pferd beim Schwanz aufzuzäumen und das *menschliche* Denken in Begriffen der Informationsverarbeitung durch *Rechner* zu erklären.[4] In einem seriell arbeitenden

Computer werden die Daten als ein Feld von «Bits» dargestellt, beispielsweise als Punkte auf einem Magnetband oder als elektrische Ladungen, die für Informationen stehen. Diese Informationen werden nach bestimmten Regeln (nach dem «Programm») verändert. Doch Computer denken nicht. Sie können nicht fragen, ob das Programm, das sie abarbeiten, gut ist und ob es ein besseres gibt. Und sie können nicht anders als im Programm vorgegeben auf Daten reagieren oder sie ändern – sie können nicht kreativ lernen. Für das menschliche Denken brauchen wir eine umfassendere Modellvorstellung, die die Potenz des Bewusstseins einschließt. Darauf werden wir etwas später noch eingehen, wenn wir gesehen haben, wie die verschiedenen Nervensysteme im Gehirn des Menschen zusammenarbeiten.

Ein Großteil des Denkens, wie wir es in unserer Kultur im Alltag praktisch einsetzen, ist von der Art des seriellen Denkens oder des IQ. Kopfrechnen ist ein einfaches Beispiel dafür. Die Auswertungsphase eines beliebigen Projekts besteht darin, ein Problem oder eine Situation in die einfachsten logischen Bestandteile zu zerlegen und dann die Kausalbeziehungen, die sich daraus ergeben, zu benennen. Jedes strategische Vorgehen setzt einen Schlachtplan voraus und eine rationale Beschreibung dessen, was getan werden muss, um ihn schrittweise auszuführen. In der Wirtschaft wird unter dem Schlagwort «management by objectives» (an Zielvorstellungen orientiertes Führen) angenommen, dass es am besten ist, klare Ziele zu definieren und zu ihrer Erreichung eine logische Abfolge von Handlungsschritten auszuarbeiten. Serielle Computer gehen beim Schachspielen ähnlich vor: Sie werten alle möglichen Folgen aus, die sich aus einer Konstellation ergeben könnten, und berechnen dann schrittweise den besten Zug.

Der Vorteil des seriellen Denkens, der IQ-Intelligenz, liegt darin, dass es genau, klar und zuverlässig ist. Doch zugleich ist diese Denkweise genauso linear und deterministisch wie jene, die der Newtonschen Physik zugrunde liegt: Aus A folgt immer B. Diese Denkweise lässt keine Nuancen und keine Zweideutigkeit zu: Sie bedeutet ein striktes Entweder-oder. Im Rahmen einer vorgegebenen Regelmenge ist die serielle Verarbeitung beim Denken sehr effektiv, aber sie versagt, sobald jemand ein anderes Ziel vorgibt – so, wie ein Computer an einer Aufgabe scheitert, die in seinem Programm nicht vorgesehen ist.

Hält man sich an das Bild, das der amerikanische Philosoph James Carse entworfen hat, dann ist serielles Denken ein «begrenztes Spiel». Es funktioniert nur innerhalb bestimmter Grenzen.[5] Müssen wir den Horizont nach neuen Möglichkeiten absuchen oder mit unerwarteten Ereignissen umgehen, nützt es uns nichts. Lassen Sie uns deshalb einen Blick auf das erste der beiden anderen Nervensysteme werfen, die mit der seriellen Verarbeitung kooperieren und deren Fähigkeiten beträchtlich verbessern.

Assoziatives Denken – der EQ des Gehirns

Diese Denkweise hilft uns, Assoziationen zu bilden etwa zwischen Hunger und Nahrung, die dieses Bedürfnis stillen wird; zwischen Zuhause und Bequemlichkeit; zwischen Mutter und Liebe; zwischen einem bellenden Hund und Gefahr; zwischen der Farbe Rot und Emotionen wie Aufregung oder Angst vor Gefahr. Assoziatives Denken liegt einem Großteil unserer rein emotionalen Intelligenz zugrunde – der Verbindung zwischen einer Emotion und einer anderen, zwischen Emotionen und Körpergefühlen, zwischen Emotionen und der Umwelt. Es befähigt uns auch, Muster wie etwa Gesichter oder Gerüche zu erkennen und Fertigkeiten wie etwa Fahrrad- oder Autofahren zu erlernen. Es ist ein «Denken» mit dem Herzen *und* dem Körper. EQ, worunter wir uns normalerweise unsere «emotionale Intelligenz» vorstellen, ist auch eine Körperintelligenz. Es ist die Art von Intelligenz, die ein begabter Sportler oder ein Pianist, der intensiv geübt hat, mit hohem Wirkungsgrad einsetzt.

Die Hirnstrukturen, die unser assoziatives Denken ermöglichen, sind als *neuronale Netze* bekannt. Jedes einzelne dieser Netze erhält Bündel von bis zu 100 000 Nervenzellen, und jede Nervenzelle in einem Bündel kann mit bis zu 1000 anderen verbunden sein. Im Unterschied zur exakten Verdrahtung der Nervenbahnen wirkt hier jede Nervenzelle auf viele andere zugleich ein, und diese wirken wiederum auf sie ein.

oberflächliche Schichten der Großhirnrinde

Großhirnrinde

tiefere Schichten der Großhirnrinde

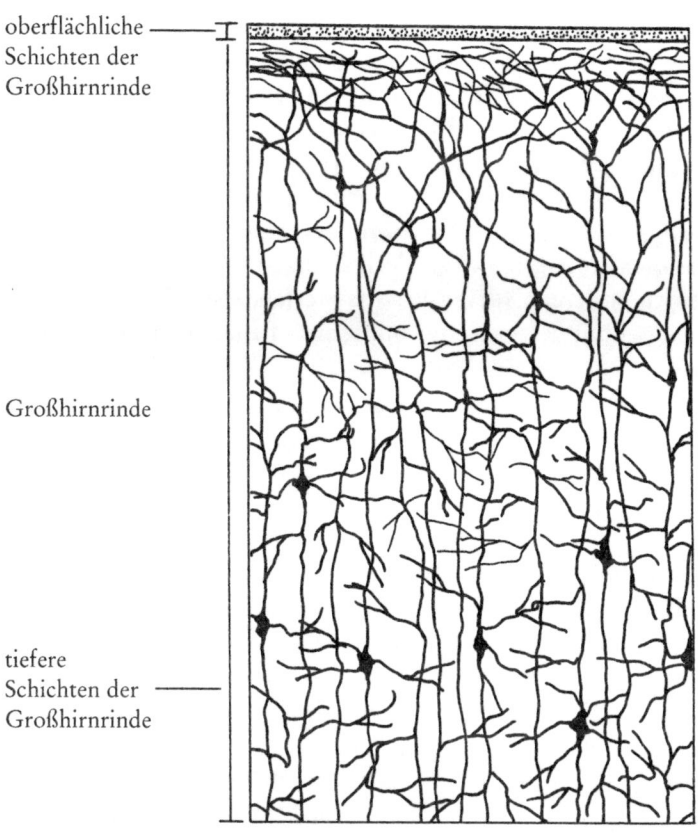

Neuronales Netz
Es zeigt in vereinfachter Form die Pyramidenzellen der Großhirnrinde.

Auf der einfachsten Ebene ist assoziatives Denken bei einer konditionierten Reaktion zu beobachten, wie sie aus den Hundeexperimenten des russischen Wissenschaftlers Pawlow bekannt ist. Nachdem Futter und eine Glocke zusammen dargeboten wurden, lernen die Tiere, beim Erklingen der Glocke Speichel abzusondern. Neuronale Netze ermöglichen das Erlernen viel komplexerer Assoziationsmuster. Der Lern-Input erfolgt über einige der Elemente des neuronalen Netzes, der Verhaltens-Output über andere; wieder andere Elemente nehmen eine vermittelnde Stellung ein. Ein einzelnes Element in einem Netz wird aktiviert, wenn eine ausreichend große Anzahl seiner Inputs auf einmal «feuert». Die Stärke der Verbindungen zwischen den Elementen wird durch Erfahrung verändert, was es, wie wir später sehen werden, dem System ermöglicht zu lernen.

Neuronale Netze im Gehirn sind mit anderen neuronalen Netzen im Gehirn und solchen im Körper verbunden. Jene im Hirnstamm, dem ältesten Teil des Gehirns, werden als «Formatio reticularis» bezeichnet (im Lateinischen bedeutet «reticulum» Netz und «formatio» Gebilde); sie verarbeiten die eingehenden Sinnesinformationen und die damit verbundenen motorischen Anweisungen, beispielsweise Gehen oder Schlucken. Die Anweisungen kommen also von höheren Hirnstrukturen, werden aber von niederen Hirnstrukturen, zum Beispiel der Formatio reticularis oder dem Rückenmark, koordiniert. Der am höchsten entwickelte Bestandteil der Formatio reticularis im Thalamus ist in der Lage, zu einem Zeitpunkt nur einen bestimmten Teil des Gehirns zu erregen; dadurch sind wir zu selektiver Aufmerksamkeit fähig. So schläft eine Mutter möglicherweise bei schwerem Verkehrslärm, wacht jedoch bei einem viel schwächeren Geräusch auf, das von ihrem Baby kommt.

Im Unterschied zu seriellen Nervenbahnen, die regelgeleitet oder programmabhängig und deshalb nicht lernfähig sind, haben neuronale Netze die Fähigkeit, sich in der Auseinandersetzung mit der Erfahrung neu zu verdrahten. Jedesmal, wenn man ein Muster sieht, werden die Verbindungen in dem neuronalen Netz, das dieses Muster erkennt, stärker, bis das Erkennen ganz automatisch erfolgt. Ändert sich das Muster, wird sich auch die Fähigkeit, es wahrzunehmen, langsam verändern, bis sich das Gehirn so verdrahtet hat, dass es das neue Muster erkennen kann. Im neuronalen Netz können die Verbindungen zwischen den einzelnen Nervenzellen unterschiedliche Stärken aufweisen, und jedes beliebige Element des Netzes hat die Möglichkeit, die anderen Elemente zu bahnen oder zu hemmen. Lernen verändert die Stärke der Verbindungen: Neuronale Elemente, die gemeinsam feuern, werden in der Regel allmählich stärker miteinander verbunden.[6]

Wenn man zum Beispiel Auto fahren lernt, vollzieht man jede Bewegung von Händen und Füßen wohl bedacht und überlegt, die Kontrolle über den Wagen aber ist nur mittelmäßig. Mit jeder Übungsstunde wird die Koordination zwischen Händen, Füßen und Gehirn stärker im neuronalen Netz verdrahtet, bis man schließlich nicht mehr (mit dem Kopf) ans Fahren *denkt*, es sei denn, es tritt eine Gefahrensituation auf.

Alles assoziative Lernen erfolgt durch Versuch und Irrtum. Lernt eine Ratte, ein Labyrinth zu durchlaufen, richtet sie sich dabei nicht nach Regeln, sondern sie *probiert* es einfach. Wenn ein Versuch in die Irre führt, wird keine neuronale Verbindung geschaffen; wenn sie aber Erfolg hat, festigt das Gehirn diese Verbindung. Diese Art des Lernens basiert in hohem Maße auf Erfahrungen: Je häufiger ich eine Fertigkeit erfolgreich anwende, desto stärker werde ich das nächste Mal dazu neigen, es auf die gleiche Weise zu tun. Assoziatives Lernen ist auch *stillschweigendes* Lernen – ich lerne die Fertigkeit, kann aber keine Regeln nennen, anhand derer ich sie erlernt habe, und normalerweise auch nicht beschreiben, wie ich es gemacht habe. Fahrrad fahren lernen wir nicht dadurch, dass wir eine Gebrauchsanweisung lesen. Neuronale Netze sind nicht mit unseren sprachlichen Fähigkeiten verbunden, damit, ob wir etwas in Begriffen ausdrücken können oder nicht. Sie bilden sich schlicht aus Erfahrungen. Wir spüren unsere Fähigkeiten, wir handeln entsprechend unseren Fähigkeiten, aber wir denken nicht darüber nach und sprechen auch nicht darüber. Wir entwickeln unsere Fähigkeiten weiter, weil uns daraus ein Gefühl der Befriedigung oder des Belohntwerdens erwächst oder weil es uns hilft, Schmerzen zu vermeiden.

Die assoziativen neuronalen Netze des Gehirns decken mehr ab als das Netz, das wir bereitwillig mit Emotionen gleichsetzen, aber es lässt sich leicht erkennen, wie unser emotionales Leben zum assoziativen Muster passt und dass es zum großen Teil auf diesen neuronalen Netzen beruht. Das limbische System, der Ort, wo die Kontrolle über die Emotionen schwerpunktmäßig vor sich geht, enthält sowohl serielle neuronale Bahnen als auch assoziative neuronale Netze. Einige Emotionen, wie die Angst vor Schlangen, sind angeboren und wahrscheinlich in der seriellen Verdrahtung innerhalb des limbischen Systems verankert. Doch die meisten Emotionen beruhen auf Versuch und Irrtum, auf der allmählich stärker werdenden assoziativen Verknüpfung einer Reaktion mit einem bestimmten Reiz. Und sie haben durchaus etwas mit Gewohnheiten zu tun. Hat man erst einmal gelernt, bei einem vorgegebenen Reiz Ärger zu empfinden, fällt es beim nächsten Mal schwer, anders zu reagieren. Viele therapeutische Schulen basieren darauf, dass sie Menschen helfen, sich eine seit langem bestehende, aber unangemessene emotionale Assoziation abzugewöhnen.

Wie auch andere Aspekte der assoziativen Intelligenz sind Emotionen nicht in unmittelbarem Sinne verbal. Wir haben Schwierigkeiten, über sie zu sprechen – zumindest mit einem Mindestmaß an Genauigkeit –, und wir sind gewiss nicht in dem Sinne «rational», dass wir uns Regeln oder Vorhersagen unterwerfen. Emotionen reagieren auf unvollständiges Datenmaterial oft in unvorhersagbarer Weise.

In ähnlicher Weise können beim Erkennen von Mustern alle Bestandteile der Daten aus einem vorgegebenen Muster in Wechselwirkung miteinander treten. Einige Teile können fehlen oder sich von denen des ursprünglich erlernten Musters unterscheiden, doch was herauskommt, ist die «beste Anpassung an die Daten». Von daher ist die assoziative Intelligenz in der Lage, mit nicht eindeutigen Situationen, aber auch mit «Näherungswerten» umzugehen.[7] Emotionen decken einen breiteren Erfahrungsbereich ab als der Verstand, aber sie sind oft auch weniger genau.

Gedächtnis im Sinne von An und Aus (also im Sinne von gespeichert oder nicht gespeichert) wird durch eine präzise neuronale Verdrahtung in einem Teil des Gehirns ermöglicht, der als Hippocampus bezeichnet wird. Dieses Gedächtnis kann im Alter einem Abbauprozess unterliegen. Aber wir besitzen auch ein langsameres System des Langzeitgedächtnisses, das auf assoziativen neuronalen Netzen beruht und sich überall im Gehirn befindet. Dieses Gedächtnissystem kann neue Dinge wie Körperfertigkeiten und die Erinnerung an Gesichter allmählich erlernen, auch wenn unser Gedächtnis für Ereignisse der jüngsten Vergangenheit schlechter wird. Es ist schwierig, einem älteren

Menschen neue seriell verdrahtete Fertigkeiten beizubringen, aber wir können uns in jedem Alter neue motorische Fertigkeiten aneignen, auch wenn es eher langsam vorangeht. Schwimmen oder das Auswendiglernen eines Lieds sind zwei Beispiele hierfür. Noch einmal: Viele unserer emotionalen Reaktionen werden im System des Langzeitgedächtnisses gespeichert, weil im Laufe der Zeit die assoziative Grundlage dafür geschaffen wurde.

Die beiden Gedächtnissysteme weisen nicht nur eine unterschiedliche neuronale Verdrahtung auf, sondern auch eine unterschiedliche Biochemie. Die biochemischen Lernmechanismen, die sich an den Synapsen (den Verbindungsknoten zwischen den Nerven) finden, verändern sich beim assoziativen Gedächtnis langsam und allmählich; jedesmal, wenn zwei Nervenzellen zusammen feuern, wird die Verbindung durch Wiederholung stärker. Im Gegensatz dazu beruht der biochemische Lernmechanismus im Kurzzeitgedächtnis auf einem An-aus-Signal.[8]

Wie bei der seriellen Berechnung im Gehirn gibt es auch für die assoziative oder parallele Berechnung im Gehirn eine Computeranalogie, die unter der Bezeichnung neuronale Netze oder Parallelprozessoren bekannt geworden ist. Wie die neuronalen Netze im Gehirn bestehen die Prozessoren aus einer großen Anzahl komplexer, miteinander verbundener Computerbausteine. Wie im Gehirn wird eine Verbindung zwischen diesen Elementen jedesmal, wenn sie feuert, stärker, sodass der Computer langsam ein neues Verhalten «lernt». Darin unterscheiden sich diese Rechner von den seriellen Prozessoren, die nicht lernfähig sind, sondern nur neu programmiert werden können. Parallelprozessoren lernen – langsam – von der Umwelt und verändern ihre innere Verdrahtung.

Im Vergleich zu einem seriellen Rechner, der versagt, wenn auch nur eine Verbindung in seiner Kommunikation blockiert ist, ist ein Parallelrechner robuster. Auch wenn er leicht beschädigt ist, kann er noch mit einer guten Leistung aufwarten, weil parallele Verbindungen die Aufgabe der beschädigten Nachbarn übernehmen. Da beim Menschen täglich Gehirnzellen absterben, ist es eindeutig von Vorteil, dass wir parallele Fähigkeiten haben!

Während serielle Prozessoren eine «Sprache» haben, eine Symbolmenge, die ihre Berechnungen steuert, sind Parallelprozessoren «stumm». Sie gehen stattdessen nach Versuch und Irrtum vor. Solche Computer werden dazu eingesetzt, Handschriften zu erkennen, Postleitzahlen zu lesen, Geschmacks- oder Geruchsnuancen zu unterscheiden sowie Gesichter zu «erkennen». Sie werden auch dazu genutzt, anhand einer bruchstückhaften Beschreibung des Gesichts oder des Erscheinungsbildes einer Person ein Phantombild zu erzeugen.

Die Vorzüge des assoziativen Denkens bestehen darin, dass es dabei zu einem Austausch mit der Erfahrung kommt und dass durch Experimentieren gelernt werden kann. Mit Hilfe einer gänzlich neuen Erfahrung kann dieses Denken sich auf seinem Weg vorantasten. Auch kann es mit Nuancen und Mehrdeutigkeiten umgehen – wenn wir bis zu achtzig Prozent eines vorgegebenen Musters entfernen, kann das Gehirn das, was übrig geblieben ist, immer noch erkennen. Ein Parallelprozessor kann eine Postleitzahl immer erkennen, auch wenn sie in millionenfach unterschiedlicher Handschrift geschrieben ist. Nachteilig an dieser Art des Denkens ist, dass es nur langsam erlernt wird, ungenau ist und dazu neigt, an Gewohnheiten und Traditionen zu hängen. Wir *können* eine Fertigkeit oder eine Emotion neu erlernen, aber das kostet Zeit und viel Mühe. Und weil assoziatives Denken still vor sich geht, haben wir Schwierigkeiten, uns mit anderen darüber auszutauschen. Wir können nicht einfach eine Formel aufschreiben und eine andere Person bitten, diese Aufgabe zu erledigen; wir müssen eine Fähigkeit ganz auf uns allein gestellt und auf unsere eigene Weise erlernen. Es gibt keine zwei Gehirne, die identische neuronale Verbindungen aufweisen.

Also gibt es auch keine zwei Menschen, die das gleiche Gefühlsleben haben. Ich kann die Emotion eines anderen Menschen erkennen, ich kann mich in ihn hineinversetzen, aber ich *habe* das Gefühl nicht.

Das Zusammenwirken von IQ und EQ

Das menschliche Gehirn ist weitaus komplexer als jeder Computer. Da sind zum einen die offensichtlichen Unterschiede: Das Gehirn besteht aus einer riesigen Zellmasse, während Computer aus Silikonchips zusammengebaut werden. Und dann wäre noch die Tatsache zu erwähnen, dass das Gehirn sich über Millionen von Jahren hinweg auf komplexe Weise *entwickelt* hat, wohingegen Computer von Menschen *entworfen* werden, womit bestimmte Ziele verbunden sind. Hinzu kommt, dass innerhalb des Gehirns unterschiedliche Denksysteme zusammenarbeiten. Das Gehirn besteht nicht aus voneinander getrennten «Intelligenz»-Modulen oder einem System mit serieller Verarbeitung neben einem System mit assoziativer Verarbeitung. Die beiden Systeme treten miteinander in Wechselwirkung und verbessern sich gegenseitig; sie verleihen uns eine Art von Intelligenz, die kein System allein hervorbringen könnte. IQ und EQ unterstützen einander.

1993 beschrieben Seymour und Norwood Untersuchungen, die sie an Schachspielern durchgeführt hatten, um herauszufinden, welche Art des Denkens ihren Strategien zugrunde lag.[9] Schachmeistern und schlechten Schachspielern wurde kurz eine Reihe von Spielkonstellationen gezeigt, darunter einige gängige und andere, die nahezu «unsinnig» waren. Beide Gruppen wurden dann gebeten, diese Konstellationen noch einmal aufzubauen. Den Schachmeistern fiel es viel leichter, die gängigen Varianten zu rekonstruieren, als den schlechten Spielern, doch beim Wiederaufbau absurder Spielstellungen zeigten beide Gruppen ähnliche Ergebnisse. Man fand heraus, dass der Unterschied folgender war: Die Experten setzten assoziatives Denken *und* serielles Denken ein, während die schlechten Schachspieler sich auf serielles Denken beschränkten.

Ein Schachgroßmeister hat, wie sich zeigt, im Laufe der Jahre assoziative Muster für an die 50 000 häufig vorkommende Konstellationen gebildet. Wenn er also beim Spielen mit einem Problem konfrontiert wird, berechnet er nicht seriell die Folgen jedes möglichen Zugs. Er erkennt die Erfolg versprechenden Züge sofort und konzentriert seine seriellen (rationalen) Analysen ausschließlich auf diese. Im Vergleich dazu analysiert ein schlechter Spieler jeden möglichen Zug und verschwendet auf diese Weise viel Zeit und Energie.

Auf der allgemeinsten Ebene stimmen Psychologen darin überein, dass das menschliche Gehirn über eine leistungsstarke Gruppe assoziativer Prozessoren sowie über einen leistungsschwächeren seriellen Prozessor verfügt, der sich selektiv auf den einen oder anderen von ihnen konzentriert. Ein Bild dafür ist der Suchscheinwerfer, der etwas vor einem dunklen Hintergrund hervortreten lässt.[10] Alles, worauf sich die Aufmerksamkeit nicht konzentriert, wird innerhalb weniger Sekunden ausgeblendet, wobei es jedoch eine kurzfristige unterschwellige Wirkung gehabt haben kann (wie etwa unterschwellige Werbung). Beispielsweise können sich die meisten Menschen an eine siebenstellige Telefonnummer ein paar Sekunden lang erinnern. Die Erinnerung hält länger vor, wenn wir die Nummer noch einmal leise für uns wiederholen, doch sie geht verloren, wenn wir gestört werden. Die Existenz dieses kurzfristigen «Arbeitsgedächtnisses» ist durch eine Vielzahl von Untersuchungsergebnissen belegt.

Das Arbeitsgedächtnis ist ein grundlegendes Merkmal des seriellen Denkens beim Menschen. Es stellt eine Art mentalen Notizblock dafür dar, an welcher Stelle innerhalb einer beliebigen seriellen Aufgabe wie etwa Kochen, Lesen oder Argumentieren wir uns gerade befinden. Gibt es für das Denken an irgendeinem Verzweigungspunkt während dieses seriellen Denkprozesses viele Alternativen, erlaubt uns das Arbeitsgedächtnis, uns der Möglichkeiten ausreichend lange bewusst zu bleiben, um uns zwischen ihnen entscheiden zu können.

Das Gedächtnis, bei dem wir uns aller relevanten Alternativen bei der Auswahl einer Reaktion vollständig bewusst sind, ist eine Funktion der präfrontalen Großhirnrinde. Menschen, bei denen dieser Bereich geschädigt ist, etwa bei der Alzheimerkrankheit oder auch infolge eines Hirnschlags oder einer Hirnverletzung, weisen Anzeichen für eine Beeinträchtigung des Arbeitsgedächtnisses auf; außerdem haben sie Schwierigkeiten, aufmerksam zu bleiben und Begriffe zu bilden oder sie flexibel anzuwenden.

Gibt es in unserem Bewusstsein nur eine Möglichkeit, erfolgt unsere geistige Reaktion automatisch. Das Aufmerksamkeitssystem zeigt weniger Aktivität, und das Bewusstsein verringert sich. In ähnlicher Weise kann eine einfache manuelle Aktivität wie Autofahren zu etwas Programmiertem werden, sodass dafür kaum noch bewusste Aufmerksamkeit erforderlich ist. Darauf geht auch unser periodisch auftretender Hunger nach neuartigen Erfahrungen und nach Herausforderungen zurück – nach etwas, das neue Entscheidungen und mehr Bewusstsein voraussetzt.

Das Aufmerksamkeitssystem, wie es hier beschrieben wird, ist eng verwandt mit Freuds Begriff vom Ich. Es weist im Vergleich zum assoziativen Hintergrund ein verstärktes Maß an Bewusstsein auf. Dieses System kann Möglichkeiten, Abstraktionen und rationale Argumente verarbeiten – durch und durch ein wichtiger Bestandteil der Zivilisation.

Ein weiteres beeindruckendes Beispiel dafür, wie das Serielle und das Assoziative zusammenwirken, um die Intelligenz zu steigern, liefern die Untersuchungen, die Dr. Antonio Damasio an hirngeschädigten Patienten vorgenommen hat. In einem berühmten Fall, den Damasio in seinem Buch *Descartes' Irrtum* erörtert und Daniel Goleman in *Emotionale Intelligenz* noch einmal besonders hervorhebt, litt ein Patient namens Elliot aufgrund einer begrenzten Hirnschädigung am Stirnlappen, die eine *emotionale* Beeinträchtigung verursacht hatte, auch unter einer Beeinträchtigung der *rationalen* Denkfähigkeiten.[11] Keines der Hirnareale, die etwas mit dem Fällen rationaler Entscheidungen oder dem IQ zu tun haben, war von seinem Tumor betroffen, und bei Intelligenztests hatte er weiterhin hohe Werte. Sein Gedächtnis war gut, all seine rationalen Fähigkeiten und sein Wissen nach wie vor intakt. Doch seine Verletzung hatte «flache» emotionale Reaktionen zur Folge, was seine Fähigkeiten, rationale Entscheidungen zu treffen, beeinflusste. Das Zusammenspiel von IQ und EQ war durcheinander geraten, und dadurch war Elliot der «gesunde Menschenverstand» abhanden gekommen.

Sowohl die Schachexperimente als auch Damasios Beobachtungen sind anschauliche Beispiele für eine Koordination zwischen serieller und assoziativer Verarbeitung, zwischen IQ und EQ, die zumindest teilweise durch die vorliegenden formalen Modelle vom Denken erklärt werden kann. Doch der Mensch verfügt über weitere offenkundige geistige Fähigkeiten, die nach wie vor vom Schleier des Geheimnisvollen umgeben sind. Das Gehirn hat eine weitere Art von Intelligenz, für die die Kognitionswissenschaft noch keine Erklärung bereithält. Lassen Sie uns einen Blick darauf und auf die neurologischen Experimente werfen, die zur Aufklärung der Funktionsweise dieser weiteren Form von Intelligenz beitragen.

Einheit stiftende Intelligenz – der SQ des Gehirns

Wir haben gesehen, dass Computer sowohl das serielle als auch das assoziative Denken nachbilden können. PCs können etwas, das dem seriellen Denken sehr nahe kommt, schneller und genauer als Menschen. Computer mit neuronalen Netzen können einen Teilbereich unserer assoziativen Denkfähigkeiten nachahmen, und diese Maschinen werden mit der Weiterentwicklung der Technologie sicherlich immer besser. Aber es gibt sehr viele Aspekte des geistigen Lebens und der Intelligenz des Menschen, die kein bislang gebauter oder ersonnener Computer nachbilden kann. Es handelt sich dabei um Begabungen, die in diesem Buch als «spirituelle Intelligenz» bezeichnet werden – jene Intelligenz, mit der wir einer Sache einen Sinn verleihen, etwas in einen Zusammenhang stellen und etwas von einem Zustand in einen anderen überführen.

Im Unterschied zu Maschinen sind Menschen bewusste Wesen. Wir sind uns unserer Erfahrung bewusst, und wir sind uns der Tatsache bewusst, dass wir Bewusstsein haben. Wir reagieren auf diese Erfahrung mit Schmerz oder Lachen, mit einem Gefühl der Sorge oder mit Humor. Wir lachen über Witze, und wir haben Zahnschmerzen. Obwohl wir über die Regeln, die wir erlernen, «programmiert» sind und über ein Leben lang anhaltende Assoziationen tief sitzende Gewohnheiten ausgebildet haben, behalten wir unseren freien Willen. Wenn wir bereit sind, Engagement und Energie einzusetzen, können wir diese

Regeln und Gewohnheiten durchbrechen. Computer funktionieren immer im Rahmen von Programmen, *innerhalb von Grenzen*. Sie spielen etwas, das wir als begrenztes Spiel bezeichnet haben. Menschen dagegen können unbegrenzte Spieler sein. Wir können uns ein neues Ziel setzen – wir können *mit den Grenzen* spielen.

All das können wir, weil uns eine Art von Denken gegeben ist, die kreativ, von Einsicht geleitet und intuitiv ist. Wir *lernen* eine Sprache mit unseren seriellen und assoziativen Denksystemen, aber wir *erfinden* eine Sprache mit Hilfe eines dritten Denksystems. Wir *verstehen* gängige oder vorgegebene Situationen und Verhaltensmuster und -regeln mit Hilfe der ersten beiden Arten von Denken, aber wir *schaffen* neue mit Hilfe dieser dritten Art.

Und wir Menschen sind Geschöpfe, die auf Sinn aus sind. Erteilt man einem Computer einen programmierten Befehl, so fragt er nicht: «Warum soll ich das tun?» oder: «Was bedeutet das?» Er führt den Befehl aus. Menschen dagegen stellen sich oft solche Fragen und erfüllen ihre Aufgabe in der Regel wirkungsvoller, wenn sie gute Antworten erhalten haben. Computer können die *Syntax* einer Sprache manipulieren – sie können die korrekte grammatische (also regelgeleitete) Anordnung von Wörtern herausfinden und umsetzen. Aber nur Menschen verstehen die *Semantik*, die Bedeutung einer Anordnung von Wörtern, und deshalb besitzen sie die Fähigkeit, so etwas wie eine Metapher zu entschlüsseln.

Was all diese weiter gehenden Fähigkeiten des Menschen gemeinsam haben, ist ein Sinn für Einheit, wenn wir eine Situation erfassen oder darauf reagieren. Verstehen ist im Kern etwas Ganzheitliches – eine Fähigkeit, den Gesamtzusammenhang zu begreifen, durch den die Bestandteile miteinander verbunden sind. Den Schizophrenen mangelt es an diesem Verständnis des Zusammenhangs; sie können ihre Erfahrungen nicht zu einem Ganzen vereinigen und deswegen nicht angemessen darauf reagieren. Wir bezeichnen diese Fähigkeit in diesem Buch als «Einheit stiftendes Denken». Sie ist ein wesentliches Merkmal des Bewusstseins – und der Schlüssel zum Verständnis der neurologischen Grundlage des SQ.

Viele der riesig großen Zahl von Nervenzellen im Gehirn des Menschen sind über serielle Ketten und Schaltkreise miteinander verbunden, viele hängen in neuronalen Netzen mit bis zu 10 000 anderen Nervenzellen eng zusammen. Doch es gibt keine physische neuronale Verbindung, die sämtliche Nervenzellen im Gehirn oder gar all die unterschiedlichen Ketten oder Module aus Nervenzellen miteinander verknüpfen würde. Naturwissenschaftlich ausgedrückt, besteht das Gehirn aus vielen unabhängigen «Expertensystemen», von denen einige Farben verarbeiten, andere Töne, wieder andere Berührungsempfindungen usw. Wenn ich mich in dem Zimmer umsehe, in dem ich gerade arbeite, werden diese Expertensysteme mit Millionen Mosaiksteinchen von Wahrnehmungsdaten bombardiert – optischen, akustischen, taktilen, thermischen und so fort. Doch mein Bewusstsein sieht das Zimmer als Ganzes: Ich habe ein einheitliches Wahrnehmungsfeld. Wie das möglich ist, ist immer noch ein Geheimnis, in Neurologie, Psychologie und Philosophie als «Bindungsproblem» bekannt. Wie verbindet mein Gehirn die disparaten Wahrnehmungserfahrungen zu einem Gesamteindruck?

Wenn ich mich in meinem Zimmer umschaue, kann ich viele verschiedene Gegenstände unterscheiden – meinen Schreibtisch, den Computer, den CD-Player, Bilder an den Wänden, die Kaffeetasse neben mir. Und das ist ein weiterer Bestandteil des Bindungsproblems. Es gibt in meinem Gehirn keine zentrale CD-Player-Nervenzelle, kein Kaffeetassen-Nervenmodell, das diese Unterscheidungsfähigkeit erklären könnte. Doch das war Gegenstand umfangreicher Forschungen und kann jetzt zumindest partiell als erklärt gelten.

Eine Forschergruppe unter der Leitung von Wolf Singer und Charles Gray in Frankfurt hat Nervenzellen in verschiedenen Teilen des Gehirns eines Säugetiers mit Elektroden verbunden. Alle Gehirnteile senden ständig elektroenzephalographische Signale aus, die mit Hilfe von Elektroden abgelesen werden können und auf verschiedenen Frequenzen oszillieren. Die Gruppe um Singer fand heraus, dass, wenn ich ein Objekt wie die Kaffeetasse wahrnehme, die Nervenzellen in jedem Bereich meines Gehirns, der an dieser Wahrnehmung beteiligt ist, im Gleichklang auf einer Frequenz zwischen 35 und 45 Hertz oszillieren (35 bis 45 Zyklen pro Sekunde). Die synchronen Oszillationen vereinen meine verschiedenen, genau zu ortenden Wahrnehmungsreaktionen auf die Tasse – darauf, dass sie rund ist, auf ihre Farbe, ihre Größe usw. – zu einem Ganzen und lassen mich einen einzigen kompakten Gegenstand erfahren.[12]

Wenn man jene Bereiche meines Gehirns, die den CD-Player wahrnehmen, mit Elektroden verbindet, wird sich zeigen, dass sie ebenfalls im Gleichklang oszillieren – aber auf einer etwas anderen Frequenz (wenn auch immer noch im Bereich zwischen 35 und 45 Hertz) als jene Nervenzellen, die mit der Wahrnehmung der Kaffeetasse beschäftigt sind. Und so ließe sich das für alle Gegenstände in meinem Zimmer fortführen.

Die Forschergruppe um Singer ist bislang nur so weit gekommen, neuronale Oszillationen zur einheitlichen Wahrnehmung einzelner Gegenstände zu untersuchen. Doch neurologische Untersuchungen, die an meditierenden Menschen durchgeführt worden sind, bestätigen und erweitern diese Erkenntnisse über die Wahrnehmung. Bei Praktiken wie der buddhistischen Vipassana-Meditation, dem Raja-Joga oder der Transzendentalen Meditation fand man mit physiologischen Hilfsmitteln heraus, dass sie den Blutdruck senken und den Stoffwechsel verlangsamen; dies ist ein Hinweis darauf, dass es sich hier um ein wirksames Mittel gegen Stress handelt. Aber es wurden mittels EEG auch die Hirnströme von Meditierenden untersucht[13], und praktischerweise können meditierende Menschen ihre Erfahrungen beschreiben.

Bei ostasiatischen Entspannungstechniken sitzt der Meditierende zunächst mindestens 20 Minuten aufrecht in einem ruhigen Zimmer. Er oder sie konzentriert sich auf die Atmung oder einen Laut, der als Mantra bezeichnet wird, oder ein Objekt, zum Beispiel eine Kerzenflamme. Weil es keine Ablenkung gibt, wird der Geist ruhig, der Meditierende entspannt sich. In dieser Phase werden die Auswirkungen auf Blutdruck und Stoffwechsel registriert. In den EEG-Mustern sind zusammenhängende Alpha-Hirnströme zu sehen, die für Entspannung im Wachzustand charakteristisch sind.

In der zweiten, tieferen Phase kommt der Meditierende in einen Bewusstseinszustand, in dem er wach ist, aber leer in Bezug auf spezielle Gedanken oder Inhalte. Er kann sich in dieser Phase auch bestimmter tiefer Einsichten bewusst sein. EEG-Untersuchungen während dieser Phase der Übung zeigen in weiten Bereichen des Gehirns zunehmend übereinstimmende Hirnströme auf verschiedenen Frequenzen (einschließlich der auf 40 Hertz). Was die Meditierenden, wie sie beschreiben, als ein Übergehen der Bewusstseinsinhalte in eine Einheit erleben, geht mit einer Einheit neuronaler Oszillationen einher.

Bis vor kurzem gab es keine wissenschaftlichen Untersuchungen zum Ausmaß und zur Rolle der neuronalen Oszillationen auf 40 Hertz beim Einheit stiftenden Denken, die über die Arbeit von Singer, Gray und anderen sowie die Meditationsstudien hinausgegangen wären. Doch im Laufe der neunziger Jahre tauchten in den wissenschaftlichen Zeitschriften nach und nach neue Befunde auf. Eine neue, als Magneto-Enzephalographie bezeichnete Technologie wurde entwickelt, die eine genauere und umfassendere (auf das gesamte Gehirn bezogene) Untersuchung dieser Oszillationen und der Rolle erlaubt, die sie im Rahmen der menschlichen Intelligenz spielen. Wie wir im 4. Kapitel, das ganz dieser neuen Forschungsrichtung gewidmet ist, sehen werden, gibt es inzwischen eine ganze Reihe von Belegen dafür, dass synchrone neuronale Oszillationen im Bereich von 40 Hertz:

- bei der bewussten Informationsverarbeitung zwischen seriellen und parallelen neuronalen Systemen im Gehirn vermitteln, was die Art von Koordinierung ermöglicht, die in den Schachexperimenten sichtbar gemacht oder durch Damasios Arbeit zum Zusammenhang zwischen IQ und EQ veranschaulicht worden ist;
- am ehesten die Grundlage für Bewusstsein überhaupt und jegliche einheitliche bewusste Erfahrung darstellen, einschließlich der Wahrnehmung von Gegenständen, der Wahrnehmung von Sinn und der Fähigkeit, unsere Erfahrung in einen Rahmen zu stellen und diesen Rahmen zu verändern;
- die neuronale Grundlage für jene höhere, Einheit stiftende Intelligenz sind, die wir in diesem Buch als «SQ» oder als «spirituelle Intelligenz» bezeichnen.

Drei psychische Prozesse

In der Psychologie Sigmund Freuds werden zwei grundlegende Prozesse zur Sichtung und Integration psychischer Informationen beschrieben:

- der Primärvorgang oder das Es, das im Grunde das Unbewusste ist – die Welt des Schlafs, des Traums, der unbewussten Motive und der Versprecher, der verdrängten Erinnerungen usw.;
- der Sekundärvorgang oder das Ich, das im Großen und Ganzen logisch, rational und linear ist. Neurologisch können wir diese beiden Vorgänge als vom parallelen bzw. assoziativen Denken (beim Primärvorgang) und vom seriellen Denken (beim Sekundärvorgang) untermauert betrachten;
- doch von der Struktur des Gehirns her wissen wir, dass es eine dritte Art des Denkens gibt, das Einheit stiftende Denken, das die neurologische Grundlage für das zu sein scheint, was ich den «Tertiärvorgang» nenne.

Viele, die sich eingehender mit Religion beschäftigen, aber auch viele humanistisch und transpersonal ausgerichtete Psychologen haben drei psychische Vorgänge beschrieben. Ken Wilber zum Beispiel bezeichnet sie als das Präpersonale (das Instinktive), das Personale (Phänomene auf dem Niveau des Ichs) und das Transpersonale (man geht über das beschränkte Ich hinaus und dringt zum Kern seiner Existenz vor).[14] Es scheint gute Gründe dafür zu geben, diese drei Vorgänge mit den drei Arten neuronaler Denkstrukturen im Gehirn und somit mit seinen drei Arten von Intelligenz zu verknüpfen. Dies wird durch eine einfache Darstellung unseres geistigen Lebens veranschaulicht, die auf die drei Schichten des Selbst zurückgeht; dabei ist jeder der konzentrischen Kreise ein anderer psychischer Vorgang. Im dritten Teil dieses Buches werde ich unter der Überschrift «Der Lotos des Selbst» auf diesen Gedanken ausführlicher eingehen.

In unserer technologiegeleiteten westlichen Kultur kommt die Schicht des Rationalen, des IQ, sehr oft zum Einsatz – vielleicht zu oft –, um mit der öffentlichen Welt von geschriebenen Texten, Zeitplänen und einer linearen oder zielorientierten

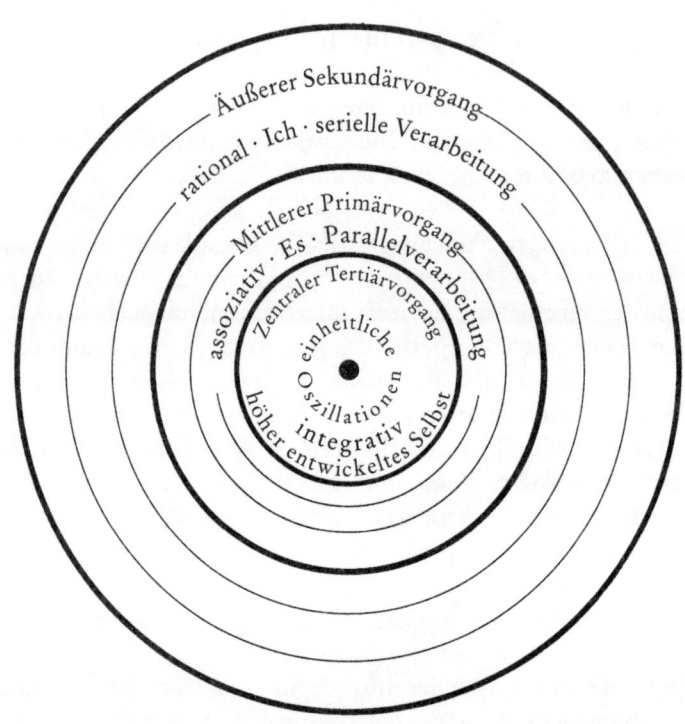

Drei psychische Prozesse
Jeder der drei konzentrischen Kreise steht für einen anderen psychologischen Vorgang.

Planung wirkungsvoll zu interagieren. Zu Hause in unserem Privatleben können wir uns in einem gemischt rational-assoziativen Modus (IQ–EQ) entspannen, wobei unterschiedliche Seiten unserer Persönlichkeit zum Ausdruck kommen können. Sowohl unsere Emotionen als auch unsere Träume sind eher assoziativ und mit der mittleren Schicht unseres Selbst verknüpft. Darüber hinaus gibt es den Tiefschlaf, Zustände, die in tiefer Meditation erreicht werden, oder einen Vorgang, der ausgelöst wird, wenn wir kreativ sein müssen. Aus der dritten Schicht heraus, aus dem tiefen Zentrum des Selbst (SQ), geschieht es, dass die Oberflächenerscheinungen in einen größeren Zusammenhang gestellt und miteinander in Einklang gebracht werden. Dieser Tertiärvorgang wird mit Spiritualität und spiritueller Intelligenz im weitesten Sinne verbunden.

Hyperdenken, der Tertiärvorgang und der SQ

Auf dem einfachsten neurologischen Niveau habe ich SQ als eine Fähigkeit beschrieben, unsere Erfahrung in einen neuen Rahmen oder einen neuen Zusammenhang zu stellen, also als eine Fähigkeit, unser Verständnis der Erfahrung zu transformieren. Es gibt eine mathematische Theorie, bekannt geworden unter dem Schlagwort Hyperraum, die auf dem grundlegendsten Niveau eine Erklärung dafür bietet. Im Kern besagt sie, dass der Raum nicht nur drei oder gar vier Dimensionen hat, sondern «n» Dimensionen, von denen jede eine neue Sichtweise auf die vorangegangene bietet. In seinem Buch *Im Hyperraum* führt der Physiker Michio Kaku das Beispiel einer Goldfischfamilie an, die in einem Goldfischglas umherschwimmt. Aus ihrer momentanen Perspektive heraus haben die Fische keine Vorstellung davon, dass sie sich innerhalb eines Glases befinden oder dass es mit einer Flüssigkeit gefüllt ist, die wir Wasser nennen würden. Das Glas und das Wasser sind ihre Welt, und sie nehmen sie als selbstverständlich gegeben an.

Doch dann macht in Kakus Beispiel einer der Fische plötzlich einen großen Sprung, der ihn über die Wasseroberfläche seines Glases hinaus katapultiert. «Oh», ruft er aus, «von da komme ich also?» Er sieht das Goldfischglas und seine Mitgoldfische und das Wasser aus dieser anderen Perspektive und erkennt, dass er aus einer Welt der Goldfischgläser und des Wassers kommt. Er hat seine ursprüngliche Situation in einen neuen Rahmen eingeordnet und seine Sicht der Realität einer Transformation unterzogen.

Durch solche kleinen Wahrnehmungserfahrungen ist es dem SQ nahezu täglich möglich, etwas in einen neuen Rahmen zu stellen und es von einem Zustand in einen anderen zu überführen. Wann immer wir uns die Welt von neuem anschauen, sehen wir Objekte in neuen Beziehungen – zueinander und zu ihrer Umgebung. Allerdings handelt es sich dabei nur um die grundlegendste Dimension einer Intelligenz und der dazugehörigen neuronalen Vorgänge, die in komplexerer Form unser Leben auf allen Ebenen beeinflusst und transformiert. Der sich erweiternde Horizont des Goldfischs mag darauf beschränkt sein, dass der Fisch sein Glas und die Mitgoldfische in einem umfassenderen Zusammenhang sieht. Bei uns Menschen verändern vielschichtigere Variationen der gleichen neuronalen Vorgänge den *Sinn* und den existentiellen Kern unseres Lebens.

In seinem Buch *Das tibetische Buch vom Leben und vom Sterben* beispielsweise beschreibt Sogyal Rinpoche, welch tiefgehende Wirkung auf sein Bewusstsein und welch «unermesslichen Konsequenzen» für sein Leben es hatte, dass er in einem Augenblick der Einsicht das wahre Wesen des Zeitlichen begriffen hatte. Was er hier über seine Erkenntnis des Zeitlichen sagt, ließe sich auf jede Einsicht anwenden, zu der man über den SQ oder über einen psychischen Tertiärvorgang gelangt.

> «Es ist, als hätten wir unser ganzes Leben in einem Flugzeug verbracht, auf dem Weg durch dunkle Wolken und Turbulenzen, und plötzlich erhöben wir uns über all das und schwebten im klaren grenzenlosen Himmel. Inspiriert und belebt durch diesen Aufstieg in eine neue Dimension von Freiheit entdecken wir eine Tiefe des Friedens, der Freude und des Vertrauens in uns, die uns mit Staunen erfüllt ... Wenn dieses neue Gewahrsein lebendig und nahezu dauerhaft geworden ist, tritt etwas ein, das die Upanischaden ‹eine Wende im Angelpunkt des Bewusstseins› nennen, eine persönliche, jenseits aller Begriffe liegende Offenbarung dessen, was wir sind, warum wir hier sind und wie wir handeln sollten. Dies gipfelt letztlich in nichts weniger als einem neuen Leben, einer Neugeburt, man könnte fast sagen: ‹einer Wiederauferstehung›.» [15]

Diese Vorstellung von einer Auferstehung ist die Erfahrungsdimension unserer spirituellen Intelligenz. Es handelt sich nicht nur um einen Zustand unseres Geistes, sondern um eine Art des *Wissens*, eine Art des *Seins*, die unser Verständnis und unser Leben einer vollständigen Transformation unterwirft.

4 Mehr zu den neuronalen Oszillationen auf 40 Hz, zum Bewusstsein und zum SQ

«Heutige Bewusstseinstheorien sollten die Rolle sensorischer Inputs bei der Bestimmung ablaufender kognitiver Ereignisse weniger stark betonen. Stattdessen favorisieren wir die Sichtweise, dass es sich beim Nervensystem im Wesentlichen um ein geschlossenes System handelt, das oszillatorische Zustände erzeugt, die auf den intrinsischen Membraneigenschaften seiner grundlegenden Nervenzellen und ihrem Verbindungsnetz beruhen. Diese oszillatorischen Zustände formen die Rechenereignisse, die von sensorischen Reizen hervorgerufen werden.»

Dennis Pare und Rodolfo Llinas
Neuropsychologia[1]

Diese wenigen hoch theoretischen und stark komprimierten Sätze stellen für 2000 Jahre westlichen Philosophierens über das Wesen des Geistes und für die letzten 100 Jahre der Theorieentwicklung in der Kognitionswissenschaft und in der Neurobiologie eine Herausforderung dar. Seit Platon waren wir der Auffassung, dass Bewusstsein «Bewusstsein *von* etwas» ist. Man hat uns gelehrt, dass der Geist eine unbeschriebene Tafel sei (oder eine Ansammlung von Nervenzellen), die durch eine Stimulierung von Seiten der Außenwelt in Bewegung komme. Nach John Locke, dem Philosophen des 17. Jahrhunderts, gehen alle Vorstellungen auf Sensation oder Reflexion zurück. Man könne sich den Geist, heißt es bei ihm, als ein weißes Blatt Papier denken, frei von jeglichem Wesen, ohne jede Vorstellung.[2] Eine verwandte Sichtweise veranlasste 1994 den Nobelpreisträger Francis Crick, die folgende «erstaunliche Hypothese» aufzustellen: «Sie, Ihre Freuden und Leiden, Ihre Erinnerungen und Ihre Ziele, Ihr Gefühl für Ihre Identität und Ihren freien Willen sind in Wahrheit nicht mehr als das Verhalten einer riesigen Ansammlung von Nervenzellen und dazugehörigen Molekülen.»[3] Für Neurowissenschaftler wie Crick zählt nichts als Verhalten – ob es sich nun um das Verhalten isolierter Nervenzellen handelt oder um das des ganzen Individuums. Bewusstsein ist nur eine Nebenwirkung von Verhalten, etwas, das der Wissenschaftler ignorieren kann.

Die erst kürzlich von Pare und Llinas durchgeführten Untersuchungen zu neuronalen Oszillationen im Gehirn auf einer Frequenz von 40 Hz zeigen im Gegensatz dazu, dass es sich beim Bewusstsein um eine immanente Eigenschaft des Gehirns handelt. Bewusstsein *existiert* an und für sich, wobei es durch Stimulierung von Seiten der Außenwelt oder von innerhalb des Körpers moduliert werden kann. Der Auffassung, die buddhistische Denker während der zurückliegenden 2000 Jahre vom Bewusstsein hatten, oder jener westlicher Idealisten wie Kant, Hegel und Schopenhauer näher kommend, zeigt die Forschung von Pare und Llinas, wie wir sehen werden, dass zumindest alle Säugetiere über dieses immanente Bewusstsein verfügen und dass Bewusstsein an sich ein transzendenter Prozess ist – das heißt, unser Bewusstsein bringt uns mit einer Realität in Berührung, die viel tiefer und reichhaltiger ist als die bloße Verknüpfung und Vibration einiger weniger Nervenzellen.

Die neuronale Grundlage der Transzendenz

Transzendenz ist vielleicht die wesentlichste Eigenschaft des Spirituellen. Theologen und viele religiöse Menschen meinen mit «transzendent» gewöhnlich etwas, das jenseits der physikalischen Welt liegt; hier ist damit etwas weniger Anspruchsvolles und gleichzeitig etwas Grundlegenderes gemeint. Das Transzendente ist meiner Auffassung nach das, was uns über etwas hinausträgt – über den Augenblick, unsere momentane Freude oder unser momentanes Leiden, unser momentanes Selbst. Es trägt uns über die Begrenzungen unseres Selbst und unserer

Erfahrung hinaus und stellt diese in einen größeren Zusammenhang. Das Transzendente vermittelt uns einen Vorgeschmack vom Außergewöhnlichen, Unendlichen in uns oder in der Welt, die uns umgibt. Viele, die das Transzendente erleben, nennen es «Gott»; manche sagen, sie hätten eine mystische Erfahrung gemacht; wieder andere empfinden es vermittelt über die Schönheit einer Blume, das Lächeln eines Kindes oder über ein Musikstück.

Es sind für gewöhnlich solche Transzendenzerfahrungen – die Psychologen sagen, mehr als 70 Prozent aller Menschen hätten sie gemacht[4] –, die in uns einen Widerwillen dagegen aufkommen lassen, so etwas wie Cricks «erstaunliche Hypothese» zu akzeptieren. Das Verhalten von Nervenzellen und Molekülen ist so begrenzt; Menschen können das Unendliche erfahren und tun es auch. Diese Fähigkeit, einen Zugang zu unserer Erfahrung eines höheren Sinns und Werts zu finden und sie auch zu nutzen, ist die Grundlage für das, was wir mit SQ meinen. Viele hätten gern eine wissenschaftliche Begründung dafür, aber eine solche Begründung darf jene Qualitäten, die uns und unserer Erfahrung eigen sind und uns vor allen Dingen das Gefühl geben, Menschen zu sein, nicht mindern oder wegerklären.

Ein einfaches Beispiel für ein Transzendenzphänomen in der Natur, das den von Pare und Llinas beschriebenen neuronalen Oszillationszuständen entspricht, ist ein ruhiger und durchscheinender Ozean, auf dem sich Wellen gebildet haben. Das Wasser im Ozean ist in jeder Welle, es ist das Wesen jeder Welle, doch wenn wir hinschauen, sehen wir nur Wellen. *Wären* wir die Wellen, würden wir uns nur gegenseitig sehen und nicht den Ozean, auch wenn wir vielleicht den Ozean tief in uns spüren würden. Das Universum selbst kann als solch ein ruhiger und durchscheinender Ozean von Energie betrachtet werden, und alle existierenden Dinge und Wesen als Wellen darauf. Dies wird in der raffiniertesten der bisher entwickelten physikalischen Theorien des Universums beschrieben – der Quantenfeldtheorie.

Dieser Theorie zufolge bestehen das Universum und all seine Einzelteile aus Energie in unterschiedlichen Anregungszuständen. Menschen, Tische, Stühle, Bäume, Sternenstaub und so weiter sind *Muster dynamischer Energie* vor dem Hintergrund (dem Quantenvakuum) noch nicht angeregter Energie, die – weil sie noch nicht angeregt ist – keine *Eigenschaften* hat, die wir direkt sehen, anfassen oder messen könnten. Jede derartige Eigenschaft wäre eine Anregung (Welle) des Vakuums, nicht das Vakuum (der Ozean) selbst. Das Quantenvakuum ist nahezu transzendent im Hinblick auf seine Eigenschaften, transzendent im Hinblick auf Existenz. Doch auch die Existenz weist eine geringfügige Sensibilität für die Transzendenzdimension auf; dies zeigt sich an etwas, das die Physiker «Casimir-Effekt» nennen: Stellt man zwei Metallplatten sehr nahe beieinander auf, ziehen sie sich wegen des leichten Drucks, den das Quantenvakuum auf beide ausübt, gegenseitig an.

Die Art von Transzendenz, die durch das Quantenvakuum veranschaulicht wird, ähnelt dem, was in vielen taoistischen, hinduistischen und buddhistischen Texten als das Tao oder das Leere (*Sunyata*) beschrieben wird. In den Worten des *Tao Te King*:

> «Wir schauen es / doch sehen es nicht.
> Es ist unsichtbar.
> Wir hören es / doch horchen es nicht.
> Es ist unhorchbar.
> Wir fassen es / doch erfassen es nicht.
> Es ist unerfassbar.
> Dies Dreifache ist das untrennbar Einfache.
> Es ist das Undurchdringliche und doch das Lichte.
> Es flutet und ebbt /
> Aus All ins Nichts.
> Gestaltung des Gestaltlosen.
> Erscheinung des Erscheinungslosen.
> Es ist das Fließende / Unnambare.
> Man geht ihm entgegen und sieht nicht Anfang.
> Man folgt ihm nach und sieht nicht Ende.
> Es ist der Kreislauf der Wiederkehr des Ewigen.»

Aber obwohl die Weisen des Ostens der Meinung waren, sie könnten nichts über das Leere sagen, sie könnten das Tao nicht *begreifen*, meinten sie doch, dass diejenigen, die Meditation praktizierten, es in einem Zustand der Erleuchtung oder einer Vorstufe der Erleuchtung *erfahren* könnten. Eine derartige Erfahrung ist, wenn Sie so wollen, eine spirituelle Variante des Casimir-Effekts in der Physik.

Anregungen des Quantenvakuums sind wie Gitarrensaiten, die gezupft worden sind; solche Saiten vibrieren oder oszillieren. Diese Analogie führt zurück zum Gehirn, dessen Nervenzellen bei Stimulierung oszillieren. Die Arbeit von Wolf Singer und Charles Gray zum «Bindungsproblem» (siehe S. 72f) hat gezeigt, dass im gesamten Gehirn Bündel von Nervenzellen simultan auf ähnlichen Frequenzen um die 40 Hz oszillieren, wenn sie an der Wahrnehmung ein und desselben Gegenstands beteiligt sind. Die Forscher konnten darlegen, dass dies unseren Wahrnehmungen Einheitlichkeit verleiht. Auf dem neuronalen Niveau kann diese Einheitlichkeit als eine transzendente Dimension der Aktivität einzelner Nervenzellen beschrieben werden. Gäbe es sie nicht, würde die Welt für uns aus sinnlosen Bruchstücken bestehen.

Kehren wir zum Bild des Ozeans zurück, dann sind solche einheitlichen Oszillationen der Ozean des Hintergrundbewusstseins, während spezielle Wahrnehmungen, Gedanken, Emotionen usw. die Wellen auf dem Ozean sind – Modulationen der grundlegenden oszillatorischen Aktivität. So hat zumindest jeder einzelne Gedanke oder jede einzelne Emotion gegenüber dem umfassenderen oszillierenden Hintergrund eine transzendente Dimension.

Das allgemeine Bild neuronaler Oszillationen

Es gibt im Gehirn Wellen und Oszillationen der verschiedensten Art und auf allen möglichen Frequenzen, wie EEG-Ausdrucke von Hirnwellenmustern deutlich gezeigt haben.

Art	Frequenz	Wann und wo beobachtet	Was sie bedeuten
Delta	0,5–3,5 Hz	Tiefschlaf oder Koma. Auch im Gehirn von Säuglingen häufig festzustellen	Das Gehirn tut nichts, was man aufzeichnen könnte
Theta	3,5–7 Hz	Tiefschlaf. Bei Kindern im Alter von 3 bis 6 Jahren	Episodisch werden Informationen von einem Teil des Gehirns zum nächsten weitergeleitet – vom Hippocampus zur dauerhaften Speicherung in die Großhirnrinde
Alpha	7–13 Hz	Zustand entspannter Wachheit	
Beta	13–30 Hz	Konzentrierte geistige Arbeit	
Gamma	ca. 40 Hz	Bewusstes Gehirn, wach oder während des Traumschlafs	Von Singer und Gray der Eigenschaftsbindung der Wahrnehmung zugeordnet
	ca. 200 Hz	Kürzlich im Hippocampus entdeckt	Funktion bislang unbekannt

Tabelle 1: Was unterschiedliche Hirnstromwellenmuster bedeuten

Es ist Neurowissenschaftlern gelungen, einige dieser Wellenmuster mit geistiger Aktivität oder Wachheit in Zusammenhang zu bringen (siehe Tabelle 1). Von all diesen unterschiedlichen neuronalen Oszillationen weiß man, dass sie mit elektrischen Feldern im Gehirn in Verbindung stehen, die erzeugt werden, wenn viele Dendriten zusammen oszillieren, aber nicht eigentlich feuern. Solche Oszillationen sind etwas deutlich anderes als die Aktionspotenziale, die am Axon der Nervenzelle entlangschießen; sie sind eine andere Art der Kommunikation des Gehirns mit sich selbst.

Bis vor kurzem konnte man nur wenig mehr über Eigenart, Funktion und Ausmaß der neuronalen Oszillationen herausfinden, weil als Technologie zu deren Beobachtung nur das EEG-Gerät zur Verfügung stand. Die elektrischen Felder im Gehirn sind sehr schwach, und das elektrisch leitende Gehirn selbst und der Schädel bilden eine Barriere zwischen ihnen und den Elektroden, die auf der Kopfhaut angebracht werden. Man konnte von daher lediglich grobe und begrenzte Informationen herausfiltern. (Nur während eines notwendigen chirurgischen Eingriffs können Elektroden auf dem oder im Gehirn angebracht werden.) Selbst Singer und Gray mussten so arbeiten, dass Oszillationen an bestimmten Nervenzellen mit Hilfe einzelner Elektroden erfasst wurden; ihre Untersuchungen waren also begrenzt. Die Messungen reichten aus, um in Verbindung mit einem einzelnen (visuellen) Wahrnehmungsakt die Existenz von simultanen Oszillationen an verschiedenen Punkten im Gehirn zu belegen, aber das Ausmaß dieser Oszillationen an Hunderten von Punkten gleichzeitig konnten sie nicht in einem großen Bild wiedergeben. Die Ergebnisse sind interessant, können aber weder eine das gesamte Gehirn umfassende Aktivität wie das Bewusstsein erklären noch eine umfassende transzendente Dimension unseres kognitiven Lebens veranschaulichen. Noch 1994 tat Francis Crick die beträchtliche Bedeutung der 40-Hz-Oszillationen mit den Worten ab: «Alles in allem ist es schwer zu glauben, dass unser lebendiges Bild von der Welt tatsächlich vollständig von den Aktivitäten der Nervenzellen abhängt, die so ‹verrauscht› und so schwer zu beobachten sind.»[5]

Magneto-Enzephalographie (MEG)

Ergänzend zum EEG (Elektro-Enzephalogramm) hat die Magneto-Enzephalographie viele neue Erkenntnisse über die Funktionsweise des Gehirns ermöglicht. Während beim EEG die vom Gehirn erzeugte elektrische Energie Gegenstand der Messung ist, wird bei der MEG die damit verbundene magnetische Aktivität gemessen. Weil das Gehirn, der Schädel und die Kopfhaut magnetische Felder nicht abschwächen, gibt es hier keine Barrieren. Diese Technologie wurde in den späten achtziger Jahren entwickelt, doch die ersten Geräte konnten nur kleine Bereiche des Gehirns gleichzeitig erfassen. Dank der Entwicklung einer MEG für den gesamten Schädel waren die Neurowissenschaftler schließlich imstande, sich ein Bild von der neuronalen Oszillationsaktivität im gesamten Gehirn und tief in dessen Innerem zu machen.[6]

Inzwischen haben MEG-Studien über viele komplexe Oszillationsrhythmen des Gehirns Unmengen von Informationen hervorgebracht, über ihr Ausmaß, ihre Funktion und ihren Zusammenhang mit Dingen wie Körperbewegungen, der visuellen Vorstellungsgabe, akustisch gegebenen Anweisungen und dem Konzentrationsvermögen. Für unsere Zwecke – die Suche nach der mit dem Bewusstsein und dem SQ verbundenen neuronalen Aktivität – sind vor allem die Informationen von Belang, die von den 40-Hz-Oszillationen hervorgebracht werden.

40-Hz-Oszillationen

Ein Großteil der Untersuchungen zu Eigenart und Funktion der 40-Hz-Oszillationen im gesamten Gehirn wurde von Rodolfo Llinas und seinen Kollegen an der New York University School of Medicine durchgeführt. Llinas hat sich bei seiner Arbeit immer von dem Drang leiten lassen, das «Leib-Seele-Problem» zu begreifen. «Für einen Neurowissenschaftler», sagt er, «ist das einzige Thema, das anzugehen wirklich wichtig ist, die Frage, in welcher Wechselbeziehung Gehirn und Geist zueinander stehen.»[7] Llinas' Ergebnisse werfen ein neues Licht auf das, was Singer und Gray zu einheitlichen neuronalen Oszillationen und deren Rolle bei der Lösung des «Bindungsproblems» herausgefunden haben.[8]

MEG-Studien haben gezeigt, dass die relativ schnellen 40-Hz-Oszillationen überall im Gehirn ablaufen, in unterschiedlichen Systemen und auf unterschiedlichen Niveaus. In peripheren Bereichen des Gehirns findet man sie etwa in der Netzhaut des Auges[9] und im Riechkolben[10]. Man findet sie auch im Thalamus, im Retikulumkern des Thalamus und in der Großhirnrinde; sie sind praktisch überall in der Großhirnrinde anzutreffen, und sie bewegen sich in Wellen von vorn nach hinten. Hier in der Großhirnrinde setzen sie sich aus zwei Bestandteilen zusammen. In der äußersten Schicht der Großhirnrinde verhalten sie sich wie ein ruhig dahinfließender Strom und ermöglichen, wie vermutet wird, die räumlich-zeitliche Bindung einer speziellen kognitiven oder Wahrnehmungserfahrung.

Tiefer in der Großhirnrinde, wo die sensorischen Signale eingehen, verhalten sich die deutlicher abgegrenzten 40-Hz-Wellen wie gekräuselte «Wellen» auf dem «Teich» ruhig fließender Oszillationen. Von diesen abgegrenzten Oszillationen nimmt man an, dass sie es ermöglichen, den *Inhalt* einer gegebenen kognitiven oder Wahrnehmungserfahrung zu erschließen.[11]

Sowohl die lokalen als auch generalisierteren Oszillationen übersteigen insofern die Fähigkeiten jeder einzelnen Nervenzelle oder örtlich beschränkten Gruppe von Nervenzellen, als sie über das gesamte Gehirn hinweg kommunizieren und die geistige und die Wahrnehmungsverarbeitung miteinander vergleichen. Anders ausgedrückt stellen sie die Aktivität einer einzelnen stimulierten Nervenzelle in einen umfassenderen, sinnvolleren Zusammenhang (das sind die Anfänge des SQ). Diese Oszillationen finden sich in allen Säugetiergehirnen; man hat sie auch bei einigen Vögeln und bei Wanderheuschrecken festgestellt, wobei die Gehirne dieser Tiere noch nicht ausreichend erforscht sind, um sagen zu können, ob diese Oszillationen bei ihnen die gleiche Bedeutung haben wie bei Säugetieren.

Llinas' neueste Untersuchungen haben gezeigt, dass 40-Hz-Oszillationen sowohl bei vollständiger Wachheit als auch beim Träumen oder im REM-Schlaf vorhanden sind (REM: «rapid eye movements» für schnelle Augenbewegungen, die wahrscheinlich der «Handlung» des Traums folgen). Was sich daraus sowohl für das Wesen des Bewusstseins im Allgemeinen als auch für das Verständnis der neuronalen Grundlagen unserer spirituellen Intelligenz folgern lässt, ist ungeheuerlich. Erstens zeigen diese Forschungsergebnisse, dass das Vorhandensein von Bewusstsein (Geist) im Gehirn mit dem Vorkommen von 40-Hz-Oszillationen zusammenhängt; eine derartige Aktivität verschwindet, wenn das Gehirn im Koma oder in einer Narkose ist, und sie geht nur ganz leicht vonstatten, wenn es sich in einem tiefen traumlosen Schlaf befindet. Zweitens belegen sie, dass die Aktivität von 40-Hz-Oszillationen im Zustand des «Träumens» oder des REM-Schlafs vollständig vorhanden ist, *obwohl* das Gehirn im REM-Zustand *nicht* für äußere Wahrnehmungsreize empfänglich ist. Und schlicht darin bestand, wie Llinas zeigte, der Unterschied zwischen dem wachen und dem träumenden Gehirn: ob das Gehirn für äußere sensorische Reize empfänglich war oder nicht.[12] Das träumende Gehirn ist auch von den meisten Muskelaktivitäten und rationalen Ich-Gedanken abgekoppelt. Genau diese Entdeckung hat Llinas und seine Kollegen zu der Schlussfolgerung geführt, dass Bewusstsein oder Geist weniger ein Nebenprodukt der sensorischen Erfahrung ist, als vielmehr ein *immanenter* Zustand des Gehirns.

Wenn wir träumen, «schaltet» das Gehirn die Außenwelt «ab» und richtet seine Aufmerksamkeit auf die eigenen inneren Vorgänge. Llinas behauptet, dass das auch auf «Tagträume», Trance und halluzinatorische Zustände zutrifft – der Geist richtet seine Aufmerksamkeit stärker auf seine eigenen inneren Vorgänge als auf die Außenwelt.

Worauf geht der Geist also zurück? Woran liegt es, dass wir Vorstellungen haben und Bedeutungen in Erwägung ziehen können? Wie entstehen die 40-Hz-Oszillationen im Gehirn? Was löst sie aus? Um Fragen dieser Art beantworten zu können, müssen wir zunächst die Rolle der als Thalamus bezeichneten Gehirnregion und ihre Beziehung zur Großhirnrinde genauer betrachten.

Der Thalamus ist Bestandteil des primitiven Vorderhirns. Er ist hauptsächlich mit den eingehenden Sinneseindrücken beschäftigt, zu Teilen aber auch mit Emotionen und Bewegungen. Er ist bei niederen Wirbeltieren wie Fischen und Reptilien vorhanden. Beim Menschen befindet er sich oben auf dem Rückenmark, inzwischen umgeben von den Gehirnwindungen der in neuerer Zeit entstandenen Großhirnrinde. Damit ist er ziemlich genau in der Mitte des Gehirns angesiedelt und stellt eine Art Hauptrelaisstation oder Schaltzentrum dar.

Noch in den späten achtziger Jahren nahm man an, dass es die Aufgabe des Thalamus sei, die von außen kommenden sensorischen Signale an die Großhirnrinde weiterzugeben, wo sie dann entweder seriell oder parallel verarbeitet werden können. Llinas und seine Kollegen haben entdeckt, dass es sich anders verhält. Ihrer Auffassung nach machen jene Bahnen vom Thalamus zur Großhirnrinde, die sensorische Reize weiterleiten, nur 20 bis 28 Prozent der Synapsen aus, durch die der Thalamus und die Großhirnrinde insgesamt miteinander verbunden sind.

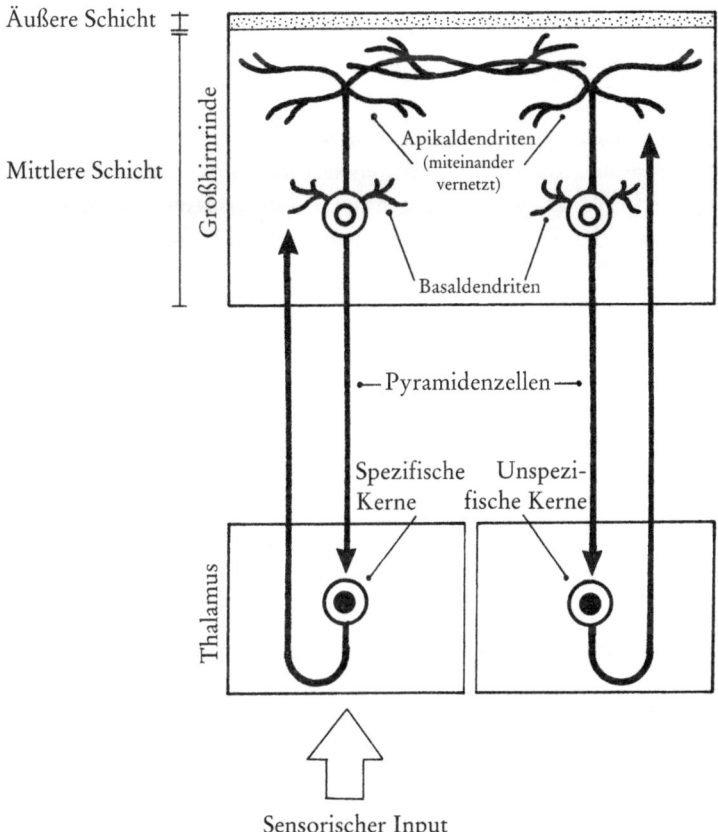

Äußere Schicht

Mittlere Schicht

Großhirnrinde

Apikaldendriten
(miteinander
vernetzt)

Basaldendriten

◄— Pyramidenzellen —►

Spezifische
Kerne

Unspezi-
fische Kerne

Thalamus

Sensorischer Input

Sensorischer Input

Auf eine an die lokalen Gegebenheiten angepasste Weise wird der sensorische Input über den Thalamus an die mittleren Schichten der Großhirnrinde geleitet.

Die wellenartige Aktivität in Schicht 1 der Großhirnrinde (in den Apikaldendriten) wird durch Rückmeldeschleifen zu den nichtspezifischen Thalamuskernen aufrechterhalten.

Offensichtlich, schließen die Forscher daraus, dient der Großteil der Verbindungen zwischen dem Thalamus und der Großhirnrinde einem anderen Zweck.

Und dieser andere Zweck besteht nach Llinas' und Pares Auffassung darin, einen Rückkopplungskreislauf zwischen den nichtspezifischen Bereichen des Thalamus und der Großhirnrinde zu bilden, mit dessen Hilfe sich intrinsisch oszillierende Nervenzellen durch Selbstorganisation auf die oszillatorische Aktivität von 40 Hertz im gesamten Gehirn ausrichten können. Diese oszillatorische Aktivität im gesamten Gehirn ermöglicht sowohl die zeitliche Bindung als auch den Inhalt unserer kognitiven Erfahrungen, mit anderen Worten das Funktionieren des bewussten Geistes: «Bewusstsein ist kein Nebenprodukt sensorischer Signale, sondern es wird vielmehr durch sensorische Signale intrinsisch hervorgebracht und moduliert (oder in einen Zusammenhang gestellt).»[13] Das Gehirn wurde, kurz gesagt, dazu *entwickelt*, bewusst zu sein und eine transzendente Dimension zu haben.

Um auf unser Hauptthema SQ zurückzukommen: Die 40-Hz-Oszillationen sind das, was man als das neuronale Substrat des SQ bezeichnen könnte. So, wie die linearen oder seriellen Nervenbahnen eine rationale, logische Datenverarbeitung (IQ) und wie parallele neuronale Netze die vorbewusste und unbewusste assoziative Datenverarbeitung (EQ) ermöglichen, stellen die im gesamten Gehirn stattfindenden 40-Hz-Oszillationen ein Hilfsmittel dar, durch das unsere Erfahrung gebündelt und in den Rahmen eines umfassenderen Sinns gestellt werden kann (SQ).

Das ist alles schön und gut, aber wir sprechen immer noch lediglich über Nervenzellen und deren oszillatorische Aktivität. Ist das wirklich alles, worauf unser Geist zurückgeht? Beginnt es wirklich damit, dass einzelne Nervenzellen vibrieren und dann durch einheitliche Oszillationen im ganzen Gehirn komplex werden? Wenn das so wäre, hätte dann nicht ein reduktionistischer Neurowissenschaftler wie Francis Crick Recht? Wären «wir» dann nichts weiter als eine Ansammlung klimpernder Nervenzellen? Oder reichen «wir» tiefer? Was *verursacht* die neuronalen Oszillationen? Können wir davon ausgehen, dass der bewusste Geist etwas Primäres, etwas Grundlegenderes ist als die neuronale Maschinerie des Gehirns? Philosophen, Psychologen, Naturwissenschaftler und Theologen diskutieren unaufhörlich über diese Fragen.

Im breiten Spektrum der Bücher und Forschungsbeiträge, die sich damit beschäftigen, schälen sich vier Standpunkte heraus. Der amerikanische Philosoph David Chalmers hat sie zusammengefasst und das Gewicht der Befunde, auf die sie sich jeweils stützen, bewertet.[14] Hier ein kurzer Überblick über die vier Möglichkeiten und im Anschluss meine Überlegungen dazu, welche mir am wahrscheinlichsten vorkommt und wie sie funktionieren könnte.

Worauf geht der bewusste Geist zurück?

Die erste mögliche Erklärung ist als *dualistische Position* bekannt. Dualisten argumentieren so, dass es zwei grundsätzlich verschiedene Realitäten oder Arten von Stoff im Universum gibt: Die eine ist materiell und gehorcht den Gesetzen der bekannten Physik; die andere ist das Bewusstsein, und das ist unabhängig von der Physik. Der Philosoph René Descartes aus dem 17. Jahrhundert ist der bekannteste Dualist: «Ich weiß», sagte er, «dass ich einen Geist habe. Ich weiß, dass ich einen Leib habe. Und ich weiß, dass beide völlig verschieden voneinander sind.»[15] Für Descartes waren Leib und Seele «zufällig» im Gehirn an der Zirbeldrüse miteinander verbunden. Wäre er unser Zeitgenosse und über die Arbeiten zu den 40-Hz-Oszillationen im Bilde, würde er zweifellos sagen, dass Leib und Seele sich zufällig in den Oszillationen treffen.

Descartes zog die Existenz einer unsterblichen Seele und ihrer Intelligenz nicht in Zweifel. Für den Ursprung beider hielt er Gott. In Descartes' Augen war sogar *jede* Intelligenz «spirituelle Intelligenz», denn er glaubte daran, dass unsere Intelligenz aus «klaren und eindeutigen Ideen» bestehe, die Gott der Seele eingegeben habe.

Es gibt im 20. Jahrhundert selbst in naturwissenschaftlichen Kreisen viele hoch geachtete Dualisten. Der Nobelpreisträger

Sir John Eccles schrieb zusammen mit dem Philosophen Karl Popper das Buch *Das Ich und sein Gehirn*, worin sie die These aufstellten, dass die Materie aus Atomen und der Geist aus «Psychonen», Elementarteilchen des Bewusstseins, bestehe. Doch die allermeisten wissenschaftsorientierten Menschen lehnen den Dualismus heute als wissenschaftlichen oder philosophischen Unsinn ab. Wägt man Meinungen und Befunde sorgsam ab, so deutet alles darauf hin, dass das Bewusstsein, wenn es denn so etwas überhaupt gibt, auf irgendeine Weise seinen Ursprung in ebenjenen grundlegenden physikalischen Gesetzen haben muss, die auch die Existenz aller anderen Dinge ermöglichen.

Existiert so etwas wie Bewusstsein? Zieht irgendjemand dies ernsthaft in Zweifel? Ja – das ist im Wesentlichen die Position der Denker, die als *eliminative Materialisten* bekannt sind. Der bekannteste unter ihnen ist heute der Philosoph Daniel Dennett, der in seinem Buch *Consciousness Explained* das Bewusstsein im Grunde *weg*interpretiert. Für Dennett und geistesverwandte Denker gibt es nur das Gehirn mit seinen Nervenzellen, ihrer Struktur und ihrer Funktion. Ähnlich den Behavioristen früherer Jahrzehnte, etwa J. B. Watson, hält er etwas anderes gar nicht für diskussionswürdig – genau genommen meint er, man könne nur darüber diskutieren. Gibt es 40-Hz-Oszillationen im gesamten Gehirn, dann ist das gut so. Wir können die Frage aufwerfen, welche Rolle sie bei der Wahrnehmung und bei der sonstigen Informationsverarbeitung spielen. Wir können fragen, welches Verhalten sie hervorbringen. Und wir können die Frage stellen, welche Nervenzellen oszillieren, wenn wir welches Objekt sehen. Aber das, was wir als «Bewusstsein» bezeichnen, ist nichts als eine Schimäre. Die eliminativen Materialisten betrachten es als Zeitverschwendung, über solche Begriffe zu diskutieren.

Dennetts Kritiker haben angemerkt, er solle doch, wenn er schon selbst nicht bewusst sei, anderen Menschen die Möglichkeit zugestehen, dass sie es sein könnten. Sehr viele Neurowissenschaftler erfahren sich selbst als bewusst und möchten das Phänomen begreifen. Francis Crick beispielsweise gehört zu denen, die akzeptieren, dass es erklärt werden muss. Gleichzeitig verdeutlicht jedoch seine «erstaunliche Hypothese», dass er und andere, die seiner Auffassung sind, meinen, der Geist sei vollständig innerhalb der momentanen materialistischen Wissenschaft erklärbar. Die Vertreter dieser Richtung werden als *weiche Materialisten* bezeichnet. Was immer Bewusstsein sei, sagen sie, es werde eines Tages vollständig als ein Phänomen erklärt sein, das aus der Struktur und Funktion der Nervenzellen entsteht. Sie begnügen sich mit Entdeckungen wie der der 40-Hz-Oszillationen. Über das Gehirn und seine Kapazität hinaus gibt es ihrer Auffassung nach keinen so genannten «menschlichen Geist». Jemand wie Crick könnte einräumen, dass es eine «Einheit stiftende Intelligenz» gibt, die durch einheitliche neuronale Oszillationen ermöglicht wird, und er könnte auch einen Zusammenhang zwischen diesem Phänomen und «Sinn» in der eingeschränkten Bedeutung[16] herstellen. Aber es ist höchst unwahrscheinlich, dass er es gutheißen würde, diese Bedeutung von Sinn mit einer Bezeichnung wie «spirituelle Intelligenz» zu versehen.

Dann gibt es jene, die weit über den heutigen Materialismus hinausgehen, indem sie nahe legen, dass Materie einen *Doppelaspekt* hat – dass Geist und Materie zwei Seiten derselben Medaille sind. Diese Leute werden gelegentlich als *Eigenschaftsdualisten* bezeichnet, weil sie der Ansicht sind, dass demselben grundlegenden Stoff im Universum, was immer er auch sei, die dualen Eigenschaften von sowohl Geist als auch Materie zukommen. Hinsichtlich der Beziehung zwischen den 40-Hz-Oszillationen und dem Bewusstsein würden sie sagen, die Materie, aus der sich die Nervenzellen zusammensetzen, erwerbe die Eigenschaft des Bewusstseins, wenn diese Nervenzellen einheitlich oszillieren. In diesem Fall wird Bewusstsein als eine emergente Eigenschaft neuronaler Oszillationen angesehen. Es *unterscheidet sich* von reinen Oszillationen, die ja ein eigenes Phänomen sind, doch ihm geht nichts voraus. Es ist eine Eigenschaft, die *aus* der Art und Weise *entsteht*, wie die Nervenzellen bisweilen miteinander verbunden werden.

Auf Fragen wie: «Was ist die *Ursache* der Oszillationen?» oder: «Woher kommt das Bewusstsein?» würden die Vertreter dieser Theorie antworten, dass die Oszillationen eben einfach oszillieren, uns aber, wenn das der Fall ist, als eine neue Eigenschaft, die mit diesem System verknüpft ist, das Bewusstsein zuwächst. Kritiker dieser Theorie fühlen sich an das Kaninchen erinnert, das aus dem Zylinder gezaubert wird.

Wie verhält es sich dann mit «Transzendenz» und mit dem «menschlichen Geist»? Erklärungen des Bewusstseins mit Hilfe des Doppelaspekts lassen nach unserer Auffassung nur eine schwache Art von Transzendenz zu und einen menschlichen Geist oder eine Seele, die in etwa dem «kollektiven Unbewussten» bei dem Psychologen C. G. Jung ähnelt: Wir haben eine Dimension unseres seelischen Lebens mit anderen Lebewesen gemeinsam. Aus dieser Sicht ist Bewusstsein eine Eigenschaft, die sich emergent zusammen mit dem Gehirn oder möglicherweise sogar mit dem Leben oder zumindest mit dem Säugetiergehirn entwickelt, in dem zuverlässig 40-Hz-Oszillationen festgestellt worden sind. Wir Menschen sind dann zumindest die Kinder des Lebens auf diesem Planeten oder allerwenigstens des Säugetierlebens; deshalb bestehen wir nicht nur aus Nervenzellen oder gar nur aus unserem beschränkten Ich-Selbst. Unser Bewusstsein oder zumindest manche Aspekte unserer Intelligenz sind in einen umfassenderen Zusammenhang eingebettet. Die transzendente Intelligenz, die wir als «spirituelle Intelligenz» bezeichnen, hat in diesem Fall ihre Wurzeln in einem umfassenderen Strom des Lebens außerhalb von uns selbst.

David Chalmers schreibt dazu, die Doppelaspekttheorien ergäben durchaus einen Sinn, ließen ihn aber doch unbefriedigt, und mit dieser Auffassung steht er nicht allein da. Er drückt es so aus: «Wir erwarten, dass ein fundamentales Gesetz etwas Fundamentales behandelt.» Wenn Bewusstsein eine fundamentale Eigenschaft des «Urstoffs» ist, warum entwickelt es sich dann nur zusammen mit Gehirnen oder mit Ansammlungen oszillierender Nervenzellen? «Warum nicht zusammen mit Telefonen?», fragt er ironisch.[17]

Chalmers spricht, sich dem Philosophen Bertrand Russell anschließend, von etwas Grundsätzlicherem. Er legt nahe, dass etwas, das er *Protobewusstsein* nennt, *eine fundamentale Eigenschaft* jeder Materie wie etwa Masse, Ladung, Eigendrehimpuls und Ort sei. Nach dieser Auffassung ist das Protobewusstsein

ein natürlicher Bestandteil der grundlegenden physikalischen Gesetze, denen das Universum unterliegt, und es ist seit dem Anfang der Zeit vorhanden. Alles, was existiert – Elementarteilchen wie Mesonen und Quarks, Atome, Steine, Sterne, Baumstämme usw. –, besitzt Protobewusstsein.

Auch andere Wissenschaftler waren dieser Auffassung. Der Biologe Julian Huxley schrieb: «... alle Realität besteht dann, wie [der Philosoph] Whitehead es ausdrückte, aus Ereignissen. Die Ereignisse, auf die wir von außen blicken, sind Materie; von innen erfahren sind sie Geist.»[18] Wenige Jahre zuvor hatte Jung geschrieben: «Da Psyche und Materie in einer und derselben Welt enthalten sind, überdies miteinander in beständiger Berührung stehen und schließlich beide auf unanschaulichen transzendentalen Faktoren beruhen, so besteht nicht nur die Möglichkeit, sondern sogar auch eine gewisse Wahrscheinlichkeit, dass Materie und Psyche zwei verschiedene Aspekte einer und derselben Sache sind.»[19] Dann enthalten *einige* Strukturen wie das Gehirn alles, was notwendig ist, um sämtliche Mosaiksteinchen von Protobewusstsein zu einem voll entwickelten Bewusstsein zu vereinen. Im Einklang mit der neuesten neurowissenschaftlichen Forschung würde ich sagen, die einheitlichen 40-Hz-Oszillationen weisen diese notwendigen Merkmale auf.

Die Auffassung, dass das Protobewusstsein eine grundlegende Eigenschaft jeder Materie sei, ist eine abgeschwächte Form des *Panpsychismus*, einer Denkrichtung, die von hinduistischen und buddhistischen sowie von einigen westlichen Philosophen wie Alfred North Whitehead vertreten wird. Sie besagt, dass das Bewusstsein das Universum und all seine Bestandteile durchdringt. Alle panpsychistischen Theorien darüber, woher das Bewusstsein kommt, führen im Hinblick auf den Geist und seine spirituelle Intelligenz zu einer starken Form von Transzendenz. Wären neuronale Oszillationen im Gehirn eine Variante einer grundlegenden Eigenschaft, die das ganze Universum durchdringt, dann hätte unser menschlicher SQ seine Wurzeln nicht nur im Leben, sondern im Herzen des Universums. Wir wären dann nicht nur Kinder des Lebens, sondern, gewichtiger noch, Kinder des Kosmos.

Schreibt man dem SQ eine derart ausgeprägte Transzendenz

als Eigenschaft zu, eröffnen sich natürlich aufregende Aussichten. Es würde bedeuten, dass ein grundlegender Aspekt der menschlichen Intelligenz uns Zugang zum Grund des Seins verschafft, zu den grundlegenden Gesetzen und Prinzipien der Existenz, wie es die hinduistischen und buddhistischen Denker immer behauptet haben. Der Geist hat in diesem Fall seinen Ursprung im Zentrum der Dinge. Der Aspekt der Intelligenz, der unser SQ ist, transzendiert das reine Ich, das reine Gehirn, das reine «Klimpern der Nervenzellen» und wird zum Ausdruck von etwas, das die meisten westlichen Menschen bislang für gewöhnlich «Gott» genannt haben.

Es ist wichtig zu erkennen, dass es sich hier nicht um eine materialistische oder reduktionistische Sichtweise handelt. Im Materialismus bringt die Materie den Geist hervor. In dieser Version der Doppelaspekttheorie entwickeln sich sowohl Geist als auch Materie emergent aus etwas noch Grundlegenderem, das beides oder nichts von beidem ist. Um diese Sichtweise vollständig zu beschreiben, müsste man zeigen, dass sowohl die materiellen als auch die geistigen Aspekte eines Systems kausale Eigenschaften besitzen. Das würde den Rahmen dieses Buchs sprengen, aber die Begründung dafür ist in einer von Ian Marshalls spezielleren Veröffentlichungen dargelegt.[20]

Ich teile die Auffassung vom Protobewusstsein. Es ergibt für mich keinen Sinn, dass das Bewusstsein willkürlich irgendwo «aus dem Nichts» auftauchen soll. Entsprechend erscheint mir die Annahme, dass Dinge wie Atome oder Steine in gleicher Weise bewusstseinsbegabte Wesen sind wie wir, als zu restriktiv. Die Ansicht, dass «seelenloser Materie» eine schwache Form von Protobewusstsein zukomme, aus der nur in bestimmten Strukturen wie dem Gehirn ein voll entwickeltes Bewusstsein entstehe, könnte die goldene Mitte sein. Sie hat einen Anklang von Glaubwürdigkeit. Doch auch bei solch einer Theorie fehlt ein Glied in der Gedankenkette. Wir müssen immer noch behaupten, dass es ein Phänomen im Gehirn gibt, das die Brücke von der protobewussten seelenlosen Materie zu den einzelnen Nervenzellen und dann zu den vollständig bewussten, einheitlichen neuronalen Oszillationen bildet. Dazu müssen wir meiner Überzeugung nach einen Blick auf die Quantenphänomene im

Gehirn werfen. Sie könnten diese Brücke darstellen und zeigen, warum Gehirne das haben, was nötig ist, um ein vollständiges Bewusstsein entstehen zu lassen.

Hat das Gehirn eine Quantendimension?

Die Quantentheorie war einer von vier wichtigen neuen naturwissenschaftlichen Ansätzen im 20. Jahrhundert. Sie wurde zunächst formuliert, um das Verhalten der winzigen Mikrowelt innerhalb des Atoms zu beschreiben, doch heute wissen wir, dass das von ihr beschriebene physikalische Verhalten auch auf viel größere Strukturen anwendbar ist. Laserstrahlen und Neutronensterne beruhen auf Quantenvorgängen. Silikonchips funktionieren nach Quantenprinzipien. Genau genommen ist die Technologie, mit der wir das neue Jahrtausend beginnen, zu großen Teilen Quantentechnologie. Es wird sogar zur Entwicklung von Quantencomputern geforscht, die sehr schnell sein und anders «denken» können werden als die herkömmlichen.

Die Quantentheorie beschreibt ein physikalisches Verhalten, das nicht genau festgelegt und «holistisch» ist. Und dieser Quantenholismus ist für uns interessant. Holismus bedeutet in diesem Zusammenhang, dass viele einzelne Teile eines Quantensystems derart miteinander verbunden sind, dass sie sich wie ein einziges einheitliches Teil verhalten. Die Grenzen der einzelnen Photonen (Lichtpartikel) beispielsweise in einem Laserstrahl überlappen einander so stark, dass der Strahl sich so verhält, als wäre nur ein einziges riesiges Photon vorhanden. Aus diesem Grunde ist Laserlicht so konzentriert.

Es gibt eine bestimmte Klasse von Quantenstrukturen, die diese Eigenschaft eines extremen Quantenholismus aufweisen. Sie sind als Bose-Einstein-Kondensate bekannt, nach Einstein und dem indischen Physiker Bose. Laserstrahlen, Supraflüssigkeiten und Supraleiter sind fast perfekte Bose-Einstein-Kondensate. Fände man eine Quantenstruktur dieser Art im Gehirn, dann würde sie es allen Nervenzellen – oder einer großen Anzahl einzelner Nervenzellen – ermöglichen, sich so synchron zu verhalten, als handle es sich um eine einzelne Zelle.

Eine solche Quantenaktivität würde die besondere Einheitlichkeit des Bewusstseins erklären.[21] Sie würde auch erklären, auf welche Weise viele voneinander getrennte protobewusste Teilchen sich vereinen könnten, sodass ein einziges Feld bewusster Erfahrung aus ihnen wird.

Quantentheorien des Bewusstseins sind in den dreißiger Jahren entstanden und gehen auf den Biologen J. B. S. Haldane zurück.[22] In den fünfziger Jahren beobachtete der Physiker David Bohm, dass «Quantenprozesse und unsere eigenen inneren Erfahrungen und Denkprozesse gut miteinander vergleichbar» sind.[23] Die meisten interessanten modernen Theorien haben sich darauf konzentriert, irgendwo in den neuronalen Strukturen nach Quanteneinheitlichkeit (oder Quantenkohärenz) zu suchen – in der Zellflüssigkeit der Nervenzelle[24], in den neuronalen Mikrotubuli[25] oder in der speziellen Aktivität der neuronalen Membrane[26][27][28]. Doch bei all diesen Theorien geht es um die Mikroaktivität innerhalb einer *einzelnen* Nervenzelle. Sowohl das Bindungsproblem als auch neuere MEG-Studien zu den 40-Hz-Oszillationen verdeutlichen, dass die Einheitlichkeit, die für das Bewusstsein von Bedeutung ist, eine Einheitlichkeit *sehr vieler unterschiedlicher* Nervenzellen ist. Also stellt sich die Frage: Könnte es eine Quanteneinheitlichkeit großen Ausmaßes auf der Ebene des *gesamten Gehirns* geben?

Lassen Sie uns zunächst danach fragen, woran es liegt, dass eine einzelne Nervenzelle oszilliert. Man weiß, dass dies auf eine rhythmische elektrische Aktivität in der Membran der Nervenzelle zurückgeht, die sich mit der Feder einer Pendeltür vergleichen ließe. Auf der gesamten Membran der Nervenzelle befinden sich Kanäle, durch die geladene Atomteilchen (oder Ionen) hindurchströmen können, wenn sie chemisch oder elektrisch stimuliert werden. Diese Kanäle sind als Ionenkanäle bekannt. Weil die Ionen elektrisch geladen sind, erzeugen sie elektrische Felder, wenn sie durch die Kanäle strömen, und dadurch werden in der Nervenzelle selbst elektrische Oszillationen aufgebaut. Bei dem das gesamte Gehirn umfassenden elektrischen Feld, in dem man auf die einheitlichen 40-Hz-Oszillationen stößt, handelt es sich um ein kollektives Phänomen dieser Oszillationen auf der Ebene der einzelnen Nervenzelle.

Die interessante Frage lautet hier, ob es sich bei diesem elektrischen Feld um ein quantenelektrisches Feld handelt, bei dem die 40-Hz-Oszillationen einheitliche Quantenoszillationen sind.

Michael Green von der City University of New York stellte kürzlich die These auf, dass die Aktivität in den Ionenkanälen der Nervenzellen durch ein «Quantentunnel»-Phänomen ausgelöst wird.[29] (Zu einem Quantentunnel kommt es, wenn ein Teilchen einen Tunnel durch die Energiebarriere treibt, indem es sich in eine Welle verwandelt und auf der anderen Seite wieder als Teilchen austritt.) Diese Erklärung passt am besten zu den Ergebnissen der Experimente. Deshalb gibt es sehr wahrscheinlich eine Quantenaktivität im einzelnen Ionenkanal. Benachbarte Kanäle im selben Dendriten liegen möglicherweise nahe genug beieinander, dass die elektrischen Felder des Gehirns ihre Aktivität in Quanteneinheitlichkeit verwandeln können.

Auf der nächsthöheren Stufe stellen die Pyramidenzellen der Großhirnrinde – das sind 60 bis 70 Prozent aller Nervenzellen der Großhirnrinde – einen rätselhaften Spezialfall dar.[30] Sie weisen nicht nur eine, sondern zwei Gruppen von Dendriten auf. Die Basaldendriten in den mittleren Schichten der Großhirnrinde bekommen auf dem üblichen Weg lokalisierte sensorische Signale. Aber es gibt auch Apikaldendriten auf der Oberfläche der Großhirnrinde, die zu weit vom Zellkörper entfernt sind, als dass sie die Nervenzelle zum Feuern veranlassen könnten; es sei denn, sie werden alle auf einmal stimuliert. Die Apikaldendriten sind eng verflochten, sodass ihre elektrischen Felder miteinander in Wechselwirkung treten. Dieser anatomische Aufbau scheint wie dafür geschaffen, in den am weitesten außen gelegenen Schichten der Großhirnrinde ein wellenähnliches Verhalten zu erzeugen, sodass die «vielen Stimmen» gesonderter neuronaler Oszillationen sich zur einzigen Stimme eines «Chors» vereinigen. Genau das haben Llinas und seine Kollegen beobachtet, und bislang konnte niemand einen anderen guten Grund für die Existenz von Apikaldendriten angeben. Zudem lässt jedes Medikament, das diese wellenähnliche Aktivität zum Verschwinden bringt, auch das Bewusstsein schwinden.

Dies ist ein überzeugendes Argument für die Schlussfolgerung, dass einheitliche Oszillationen in der äußeren Schicht der Großhirnrinde eine notwendige Bedingung für Bewusstsein darstellen. Doch sind die Oszillationen Quantenoszillationen? Vereinen sich die einzelnen Quantentunneleffekte in den Myriaden von Ionenkanälen zu einem einzigen holistischen Quantenereignis? (Analog treiben Elektronen in den «Josephson Junctions», wie sie in manchen sehr fortgeschrittenen elektronischen Geräten zur Anwendung kommen, nicht einzeln, sondern in Paaren einen Tunnel durch die Barriere.) Um das nachweisen zu können, sind komplexe Berechnungen und Experimente erforderlich, die noch nicht durchgeführt worden sind. Damit dem elektrischen Feld im gesamten Gehirn die Eigenschaft des Quantenholismus oder der Quanteneinheitlichkeit zugesprochen werden kann, braucht nur ein Prozent der gesamten elektrischen Aktivität kohärent zu sein. Supraleiter weisen die typischen Quanteneigenschaften auf, und trotzdem ist in einem Supraleiter nur eins von 10 000 Elektronen kohärent.[31]

Was bedeutet das alles?

Die Vorstellung, dass das Gehirn zu einer dritten Art von Denken befähigt ist und dass es von daher eine dritte Intelligenz gibt, die originär mit Sinn zusammenhängt, ist radikal neu. Sie trotzt der Kognitionswissenschaft des 20. Jahrhunderts, die den Geist im Wesentlichen als eine Rechenmaschine betrachtet. Es gibt noch keine nichtakademische Literatur zu den Forschungsergebnissen, die die in diesem Buch aufgestellte Behauptung, dass der SQ existiert, stützen; es gibt noch nicht einmal eine wissenschaftliche Veröffentlichung, in der *alle* relevanten Ergebnisse zusammengeführt würden. Was lässt sich also in einfachen Worten aus dieser ganzen Neurologie und Quantenphysik folgern? Was besagen sie zum Ursprung des SQ, zum Ausmaß der transzendenten Dimension, die er unserer Erfahrung hinzufügt?

Die hier beschriebene experimentelle Forschung hat Folgendes gezeigt:

- Es gibt überall im Gehirn 40-Hz-Oszillationen.
- Diese Oszillationen scheinen notwendigerweise mit der Möglichkeit von Bewusstsein im Gehirn verbunden zu sein.
- Diese Oszillationen «binden» einzelne kognitive und Wahrnehmungsereignisse zu einem umfassenderen, sinnvolleren Ganzen.
- Sowohl die Ionenkanalaktivität, die die Oszillationen erzeugt, als auch die Quanteneinheitlichkeit der Oszillationen auf der Ebene vieler Nervenzellen können eine Quantendimension haben.

Aus alldem habe ich geschlossen, dass die 40-Hz-Oszillationen die neuronale Grundlage für den SQ darstellen, eine dritte Intelligenz, die unsere Handlungen und Erfahrungen in einen umfassenderen Sinn- und Wertzusammenhang stellt, sie also wirkungsvoller macht. Alles, was darüber hinaus in diesem Kapitel erörtert wurde, lässt sich in zwei Fragen zusammenfassen: Woher kommt das Bewusstsein? Und darauf aufbauend: Worauf geht Sinn zurück? Beides hängt eng mit zwei weiteren Fragen zusammen: Welchen Platz im Universum haben wir als bewusste Menschen? Und wie tief sind unsere Wurzeln?

Die erste mögliche Antwort auf die Frage, woher das Bewusstsein kommt, lautet, dass es seinen Ursprung im Gehirn hat oder zumindest im Gehirn der Säugetiere; sie alle haben 40-Hz-Oszillationen. Ich lehne diese eingeschränkte Auffassung ab, weil sie nicht sehr viel erklärt. Sie besagt lediglich, dass das Bewusstsein mit den Säugetieren unvermittelt als neue Eigenschaft des Universums auftaucht.

Die zweite Möglichkeit wäre, dass das Bewusstsein seinen Ursprung im Gehirn hat, weil die Nervenzellen Protobewusstsein (Vorbewusstsein, das in einigen Konstellationen bewusst werden kann) besitzen. Hier nehme ich an, dass die 40-Hz-Oszillationen die notwendige Voraussetzung dafür sind, dass die vorbewussten Mosaiksteinchen zu Bewusstsein verbunden werden. Ist dies der Fall, haben wir Menschen, da es sich bei Nervenzellen um einzelne Zellen handelt, unsere Wurzeln möglicherweise in allem anderen einzelligen Leben auf diesem Planeten. Dann hat unsere spirituelle Intelligenz ihre Wurzeln im Leben selbst und ist biologischen und evolutionären Ursprungs, wobei das Leben selbst vielleicht nur ein Zufall im Universum ist und somit ohne Sinn und Zweck außerhalb seiner selbst. Ich halte dies für *möglicherweise* wahr, aber unwahrscheinlich. Es handelt sich um das gleiche Problem wie bei der Annahme, dass Bewusstsein erst mit dem Gehirn einsetzt, nur auf einem primäreren Niveau, nämlich dem der Zelle. Warum sollte Protobewusstsein erst mit den Nervenzellen einsetzen? Hat es wirklich keine Wurzeln in der grundlegenden Physik?

Nachdem ich alle Hauptargumente gegeneinander abgewogen habe, habe ich mich für die überzeugendere Auffassung entschieden, dass Protobewusstsein ebenso wie Masse, Ladung, Eigendrehimpuls und Ort eine grundlegende Eigenschaft des materiellen Universums ist. Weiterhin habe ich die These akzeptiert, dass alles ein gewisses Maß an Protobewusstsein aufweist, dass aber nur bestimmte spezielle Strukturen wie das Gehirn das besitzen, was erforderlich ist, um ein voll entwickeltes Bewusstsein hervorzubringen. In diesem Fall haben wir Menschen unsere Wurzeln im Ursprung des Universums selbst. Unsere spirituelle Intelligenz verankert uns im Kosmos; das Leben hat Sinn und Zweck im umfassenderen Zusammenhang des kosmischen Evolutionsprozesses.

Wie passt nun die Quantenphysik dazu? Und hat es weitere Folgen, wenn sich zeigt, dass der SQ eine Fähigkeit ist, die mit Quantenphänomenen im Gehirn zu tun hat?

Wir brauchen die Quantenphysik, wenn wir der Frage nachgehen, weshalb das Gehirn die spezielle Fähigkeit besitzt, protobewusste Mosaiksteinchen in ein voll entwickeltes Bewusstsein zu verwandeln. Unser Bewusstsein ist ein besonders stark vereinheitlichtes Phänomen. Alle einzelnen Nervenzellen, die an einer bewussten Erfahrung beteiligt sind, oszillieren einheitlich auf 40 Hz. Das heißt, die Zellen verhalten sich wie einzelne Stimmen, die in einem Chor zu einer Stimme werden. Kein uns bekanntes klassisches Phänomen kann diese Art von Kohärenz hervorbringen, aber in Quantenprozessen ist sie die Regel. Wenn das Quantentunnel-Phänomen, wie man es für die Ionenkanalaktivität annimmt, durch große Nähe zwischen den (auf kurze Entfernung) starken elektrischen Feldern des Gehirns einheitlich werden kann, dann gibt es einen Mechanismus, der einzelne neuronale protobewusste Mosaiksteinchen zu einem multineuronalen, das ganze Gehirn umfassenden, voll ausgebildeten Bewusstsein bindet.

Fast alles, was ich in den weiteren Teilen dieses Buchs über spirituelle Intelligenz zu sagen habe, ist unabhängig davon, ob das Protobewusstsein nun mit den Nervenzellen oder mit Elementarteilchen einsetzt – das heißt, ob der Geist nun eine Quantendimension hat oder nicht. Auf jeden Fall verleiht unser SQ dem Geist eine transzendente Qualität, die uns zumindest im sonstigen Leben auf diesem Planeten verankert. Das «Zentrum» des Selbst hat seine Wurzeln in etwas, das von der Tiefe her Jungs «kollektivem Unbewussten» entspricht. Wir sind nicht allein. Unsere Intelligenz isoliert uns weder innerhalb des engen Bereichs der Ich-Erfahrung noch innerhalb der Erfahrung der menschlichen Art. Es gibt einen umfassenderen Sinn- und Wertzusammenhang, in den wir die menschliche Erfahrung stellen können. Allerdings werden die Aussichten weitaus mächtiger und aufregender, wenn der SQ tatsächlich eine Quantendimension *hat*.

Zu Beginn dieses Kapitels habe ich vom Quantenvakuum gesprochen – dem energetischen Hintergrundzustand des Universums, der Quelle all dessen, was existiert. Ich habe ausgeführt, dass das Vakuum die höchste transzendente Realität darstellt, die sich innerhalb der Physik beschreiben lässt. Es ist der ruhige, stille «Ozean», auf dem die Existenz in Form von «Wellen» (Energieoszillationen) in Erscheinung tritt. Das Erste, was aus dem Vakuum auftaucht, ist ein Energiefeld, das als Higgs-Feld[32] bekannt ist. Es ist voller sehr schneller, einheitlicher Energieoszillationen, die den Ursprung aller Felder und Elementarteilchen im Universum darstellen; es ist ein riesiges Bose-Einstein-Kondensat. Wenn Protobewusstsein eine grundlegende Eigenschaft des Universums ist, dann gibt es im Higgs-Feld Protobewusstsein, und das Quantenvakuum kommt dem sehr nahe, was Mystiker als den «immanenten Gott», den Gott in allem, bezeichnet haben. In diesem Fall haben die neuronalen 40-Hz-Oszillationen, die auf unser menschliches Bewusstsein und auf unsere spirituelle Intelligenz hinauslaufen, ihre Wurzeln in nichts weniger als Gott. Gott ist das wahre Zentrum des Selbst. Und Sinn hat seine Ursprünge im letzten Sinn allen Daseins.

5 DER «GOD SPOT» IM GEHIRN

In einer Nebenstraße eines Armenviertels von Pôrto Alegre in Brasilien drängen sechzig bis siebzig Menschen in ein baufälliges kleines Holzhaus mit Wellblechdach. Sie sind unterschiedlichen Alters und gehören unterschiedlichen ethnischen Gruppen an, Kinder und alte Leute, Schwarze, Weiße, Braune, die meisten von ihnen arm. Ein Großteil der Männer trägt farbenfrohe Umhänge oder Capes, darüber mehrere Lagen Halsketten. Die Frauen sind wie zu einer Hochzeitsfeier gekleidet; sie sind in lange feierliche Kleider aus Taft oder Seide gehüllt. Sobald die Leute in den Hauptraum des Hauses kommen, werfen sie sich vor einem Altar zu Boden, wobei sie eine ganze Vielfalt afrikanischer und indianischer Totemfiguren in den Händen halten, Statuen des Jesuskindes, Maria in verschiedenen Farben, Bilder und Statuen von Heiligen, aber auch frische Nahrungsmittel aller Art. Der Altar ist von Kerzen und blinkenden Lichterketten erleuchtet. Einige Frauen zittern und müssen gestützt werden.

Die Leute haben sich zu einer *Um-banga*-Zeremonie versammelt, die einem «weißen» Voodoo-Ritual vergleichbar ist. Sie sind hergekommen, um mit den Geistern Kontakt aufzunehmen, von ihnen besessen zu werden. Ein Mann tritt auf und beginnt, in einem gleichförmigen, hypnotischen Rhythmus die Trommel zu schlagen. Die Menschen bilden einen Kreis, der in Bewegung ist; ihre Köpfe und Körper bewegen sich im Takt der Trommel hin und her. Die ganze Nacht durch tanzen und singen sie, als habe ein Geist von ihnen Besitz ergriffen. Dabei zittern sie heftig, verlieren offensichtlich das Bewusstsein, geben seltsame Töne von sich und fallen hin und wieder auf eine Weise zu Boden, dass es aussieht, als hätten sie einen epileptischen Anfall.

In einem Vorort von Minneapolis kommen siebzig bis achtzig junge Amerikaner, überwiegend aus der Mittelschicht, an einem Ort zusammen, der aussieht wie ein Rockclub. Sie halten die Zeremonie einer christlichen Gemeinschaft ab, die man als Zungenredner bezeichnet. Laute Musik dröhnt, und stroboskopische Lichtblitze erfüllen den Raum mit einem schaurig blinkenden Licht. «Jesus lebt! Jesus errettet uns!», hämmert es aus einem riesigen Lautsprecher. Mehrere Personen schwanken vor und zurück, recken den Kopf ekstatisch zur Decke, sprechen in unbekannten Sprachen. Ein Mann schreit: «Ich bin voller böser Geister!», fällt zu Boden und windet sich wie eine Schlange. Andere stehen um ihn herum und rufen: «Verschwindet! Ihr seid hier nicht erwünscht!» Sie versuchen, dem Mann die Geister auszutreiben.

Im nördlichen Hinterland Nepals versammeln sich tibetische Mönche in einem Kloster, um das jährlich stattfindende Mani-Rimdu-Fest zu feiern. Sie sind zusammengekommen, um den Geist des Tanchi Panchan, des Gottes des Tanzes, anzurufen. Sie verbrennen bildliche Darstellungen der bösen Gottheiten, die sich ihnen in den Weg stellen, und bilden ein Mandala, einen magischen Kreis, in dem der Gott des Tanzes verweilen kann. Dann treten sie selbst in das Mandala ein und werden eins mit ihrem Gott. «Herr», singen sie, «ergreife meinen Körper, meine Sprache und meine Seele. Lass mich ganz aufrichtig in seinem magischen Mandala verweilen ... Mein Herz, das Herz dieses Körpers, ist zum Gott des Tanzes geworden.»

Seit den Anfängen der überlieferten Geschichte haben Menschen in allen Kulturen direkt mit ihrem Gott beziehungsweise ihren Göttern sowie mit bösen und freundlichen Geistern kommuniziert. In den frühen neunziger Jahren hat der kanadische Neuropsychologe Michael Persinger Gott zum ersten Mal direkt erfahren. Dr. Persinger ist nicht religiös, und zu dem Zeitpunkt, als er diese Erfahrung machte, arbeitete er im Labor der Laurentian University. Aber es waren außergewöhnliche Kräfte im Spiel. Dr. Persinger hatte sich einen den gesamten Schädel umgreifenden magnetischen Stimulator aufgesetzt, ein Gerät, das ein kräftig und schnell fluktuierendes Magnetfeld auf ausgewählte Bereiche des Gehirngewebes ausstrahlt. Wird dieses Gerät dazu benutzt, einzelne Bereiche der motorischen Großhirnrinde zu stimulieren, zucken bestimmte Muskeln oder Glieder bewegen sich unwillkürlich. Werden Bereiche der optischen Großhirnrinde stimuliert, können selbst Menschen, die von Geburt an blind sind, erleben, wie es ist zu «sehen». Im Fall von Dr. Persinger war dieses Gerät so eingestellt, dass Gewebe in seinen Temporallappen stimuliert wurde, jenem Teil des Gehirns, der sich unmittelbar hinter der Schläfe befindet. Er sah «Gott».[1]

Das «Gottesmodul»

Es ist seit Jahrzehnten bekannt, dass Menschen, die zu epileptischen Anfällen in den Temporallappen des Gehirns neigen, eine außergewöhnlich starke Tendenz zu tiefen spirituellen Erlebnissen haben. Professor V. S. Ramachandran, Leiter des Center for Brain and Cognition an der University of California in San Diego, hat während seines gesamten Berufslebens mit epileptisch veranlagten Patienten gearbeitet. Sie erzählten ihm nach Anfällen immer wieder Dinge wie: «Da war ein göttliches Licht, das alle Dinge erleuchtet», «Es gibt eine letzte Wahrheit, jenseits der Reichweite des normalen Denkens, das viel zu sehr ins hektische Alltagsleben verstrickt ist, um von der Schönheit und Größe all dessen Notiz zu nehmen», oder: «Doktor, plötzlich war alles kristallklar. Es gab keinen Zweifel mehr.» Der Patient, der die zuletzt erwähnte Empfindung hatte, berichtete, er habe «eine Verzückung erlebt, neben der alles andere verblasste. In der Verzückung war eine Klarheit, eine Ahnung des Göttlichen – keine Begriffe, keine Grenzen, nur ein Einswerden mit dem Schöpfer.»[2]

Es ist bekannt, dass Epilepsie mit höheren Stößen elektrischer Aktivität in den entsprechenden Hirnarealen einhergeht, als normal ist; deshalb sind die intensiven spirituellen Erlebnisse, die Patienten mit einer Temporallappenepilepsie haben, schon seit längerem mit erhöhter Temporallappenaktivität in Verbindung gebracht worden. Was bei Persingers Versuchen hinzukam, waren mehr oder weniger kontrollierte Bedingungen. Nachdem er entdeckt hatte, dass er die Temporallappen künstlich mit Magnetfeldaktivität stimulieren konnte, war er in der Lage, einzelne Verbindungen zu unterschiedlichen Arten mystischer Erfahrung, Körperaustrittserfahrungen, Nachtod-Erfahrungen, UFO-Erfahrungen usw. herauszugreifen und zu untersuchen – und zwar unter Laborbedingungen. In der großen Mehrheit der Fälle ruft eine Stimulierung der Temporallappen eine oder mehrere dieser Erfahrungen hervor.[3][4]

Eine Kollegin von Persinger, Peggy Ann Wright vom Lesley College in Cambridge (Massachusetts), hat einen ähnlichen Zusammenhang zwischen erhöhter Temporallappenaktivität und so genannten schamanistischen Erfahrungen untersucht[5] – das sind Seelenwanderungen in entfernte Erfahrungsbereiche, bei denen es darum geht, mit den Geistern der Lebenden und der Toten zu kommunizieren und Anweisungen zur Heilung mit zurückzubringen. Die Arbeit von Wright hat auch gezeigt, dass das rhythmische Trommeln, wie es in einer breiten Vielfalt spiritueller Rituale vorkommt, die Temporallappen und die angrenzenden Bereiche des limbischen Systems erregt.

Persinger hat sich, wie wir gesehen haben, auf jene Erfahrungen konzentriert, die durch eine künstliche Stimulierung der Temporallappen «erzeugt» werden. Im Jahre 1997 unternahmen V. S. Ramachandran und seine Kollegen einen weiteren Schritt, um den Zusammenhang zwischen Temporallappenaktivität und spirituellen Erfahrungen zu untersuchen – diesmal mit «normalen» Menschen unter normalen Bedingungen. An den Schläfen «normaler» Probanden und epileptischer Patienten wurden EEG-Elektroden angebracht. Die Forscher fanden heraus, dass bei nicht von Epilepsie betroffenen Menschen, wenn sie beschwörend religiösen oder spirituellen Formeln beziehungsweise Themen ausgesetzt sind, die Temporallappenaktivität auf ein Niveau ansteigt, das dem von Epileptikern während eines Krampfanfalles ähnelt.[6] Sie schlossen daraus: «Es könnte einen speziellen neuronalen Mechanismus in den Temporallappen geben, der Religion zum Gegenstand hat. Das Phänomen des religiösen Glaubens könnte im Gehirn ‹verdrahtet› sein.»

Die Temporallappen hängen eng mit dem limbischen System, dem Emotions- und Gedächtniszentrum des Gehirns, zusammen. Zwei entscheidende Bestandteile des limbischen Systems sind der Mandelkern (Amygdala), eine kleine mandelförmige

Struktur in der Mitte des limbischen Systems, und der Hippocampus, der für das Aufzeichnen von Erfahrungen im Gedächtnis eine wesentliche Rolle spielt. Persingers Untersuchung[7] hat gezeigt, dass es zu einer gesteigerten Aktivität in den Temporallappen kommt, wenn diese Emotionszentren im Gehirn stimuliert werden. Umgekehrt hat eine erhöhte Temporallappenaktivität starke Auswirkungen auf die Emotionen. Die Beteiligung des für das Gedächtnis wichtigen Hippocampus bedeutet, dass die meisten spirituellen Erfahrungen in den Temporallappen, obwohl sie nur wenige Sekunden andauern, einen starken und anhaltenden Einfluss auf das gesamte Leben eines Menschen haben können – sie werden oft als «das Leben transformierend» beschrieben. Die Tatsache, dass das limbische System daran beteiligt ist, ist auch ein Hinweis auf die Bedeutung des emotionalen Faktors, der bei religiöser oder spiritueller *Erfahrung* im Spiel ist – im Gegensatz zum *Glauben*, der eine sehr verstandesmäßige Angelegenheit sein kann.

Neurobiologen wie Persinger und Ramachandran haben die Region der Temporallappen, die etwas mit religiöser oder spiritueller Erfahrung zu tun hat, unlängst zum «God Spot» oder «Gottesmodul» ernannt. Die meisten deuten an, dass der God Spot im Gehirn sich entwickelt habe, um einem evolutionären Ziel zu dienen, fügen jedoch eilig hinzu, diese Tatsache könne keinesfalls beweisen – oder widerlegen –, dass Gott existiert oder ob Menschen tatsächlich mit ihm kommunizieren. Was beweist sie also?

Ist der «God Spot» nur ein neurologischer Trick der Natur – weil es ihr oder der Gesellschaft von Nutzen ist, wenn die Menschen an einen Gott glauben? Haben sich seit Tausenden von Jahren Rituale und Symbole herausgebildet, sind Gedichte geschrieben, Leben der Religion geweiht, Kriege gekämpft und Kathedralen erbaut worden, nur weil es in einigen Teilen des Gehirns eine fehlgeleitete elektrische Aktivität gibt? Ist die machtvolle Bekehrung des heiligen Paulus auf der Straße nach Damaskus nicht mehr als die Nebenwirkung eines epileptischen Krampfanfalls? Oder ist der «God Spot» ein maßgeblicher Bestandteil unserer umfassenderen spirituellen Intelligenz, und erlaubt die Natur es unserem Gehirn mittels der

Temporallappenaktivität, seine Rolle in unserem tiefen Wissen über uns selbst und über das uns umgebende Universum zu spielen?

Als der Psychologe William James von der Harvard University zu Beginn des zwanzigsten Jahrhunderts sein klassisches Werk *Die Vielfalt religiöser Erfahrung* schrieb, wusste er natürlich nichts von künftigen Forschungen zum «God Spot». Aber er wusste, dass epileptische Anfälle und eine Neigung zu bestimmten Formen des Wahnsinns Erfahrungen auslösen, die anderen, in Berichten festgehaltenen spirituellen Erfahrungen sehr ähnlich sind. Er war der Auffassung, dass «gewisse materialistische Mediziner», wie er sie nannte, diese Tatsache nutzen könnten, um die Bedeutsamkeit solcher Erfahrungen herunterzuspielen. Und er warf den Materialisten vor, «einfältig» zu sein, weil sie zwischen zwei sehr wichtigen, aber ganz verschiedenen Fragen nicht unterscheiden können: Worin bestehen Wesen und Ursprung spiritueller Erfahrung? Und worin liegt ihr Sinn beziehungsweise ihre Bedeutung? Er vertrat die Auffassung, dass das Gehirn bei den meisten seelischen Erfahrungen eine wesentliche Rolle spielt, betonte jedoch, das heiße nicht, dass alle derartigen Erfahrungen als «bloße Neurologie»[8] abgetan werden könnten. Wissenschaftler können beispielsweise, indem sie die für optische Wahrnehmung zuständige Region der Großhirnrinde stimulieren, simulierte «Seherlebnisse» erzeugen, doch das ist noch kein Beleg dafür, dass die optische Wahrnehmung selbst eine Halluzination ist.

Angesichts der neueren neurologischen Befunde scheint klar, dass der «God Spot» bei der spirituellen Erfahrung eine wesentliche biologische Rolle spielt. Die Arbeiten von Persinger und Ramachandran und die anderer Neurologen und Psychologen, die das Verhältnis zwischen «God-Spot»-Aktivität einerseits und Wahnsinn und Kreativität andererseits untersucht haben, bestätigen den Zusammenhang zwischen einer Stimulierung der Temporallappen oder des limbischen Areals und vielerlei «abnormen» oder «außergewöhnlichen» Erfahrungen. Um jedoch die Rolle des «God Spot» und die Erfahrungen, die er erzeugt oder vermittelt, vollständig beurteilen zu können, müssen wir uns einige jener Erfahrungen genauer ansehen: den Wahnsinn und die

Krankheit, mit denen sie oft in Zusammenhang gebracht werden; die positive Rolle, die sie beim Lösen von Problemen, für die Vorstellungskraft und die Kreativität spielen.

Die vielfältigen Arten spiritueller Erfahrung

In seinem Klassiker *Mysticism* berichtet F. C. Happold, wie eines Abends, als er allein in seinem Studentenzimmer in Peterhouse (Cambridge) saß, Christus zu ihm kam. Happold ist kein Epileptiker und hat nie einen Nervenzusammenbruch erlitten; also handelt es sich bei dem, was er erlebt hat, um die Erfahrung eines «normalen» Menschen.

«Da war nur das Zimmer mit seinem schäbigen Mobiliar, dem Feuer im Kamin und der Tischlampe mit dem roten Schirm. Aber das Zimmer war erfüllt von der Gegenwart eines unsichtbaren Wesens, das wie Licht oder Wärme auf seltsame Weise sowohl um mich herum als auch in mir war. Überwältigend ergriff jemand, der nicht ich selbst war, Besitz von mir, und dennoch hatte ich das Gefühl, mehr ich selbst zu sein als je zuvor. Ich war von einem intensiven Glücksgefühl und einer nahezu unerträglichen Freude erfüllt, wie ich sie nie zuvor erfahren hatte und seitdem nie wieder erfahren habe. Und über allem lag ein tiefes Gefühl des Friedens, der Sicherheit und der Gewissheit... Ich erkannte, dass wir nicht einsame Atome in einem kalten, unfreundlichen, gleichgültigen Universum sind, sondern über einen Rhythmus miteinander in Verbindung stehen, dessen wir uns vielleicht nicht bewusst sind und den wir nicht kennen, dem wir uns aber voller Vertrauen und vorbehaltlos fügen können.» [9]

In *Die Vielfalt religiöser Erfahrung* berichtet William James über eine stürmische Erfahrung eines Psychologenkollegen, die dennoch ähnlich friedvolle Folgen hatte. Der Mann hatte den Abend mit guten Freunden verbracht; sie hatten zusammen gegessen und lyrische sowie philosophische Texte gelesen und darüber diskutiert. Auch dieser Mann war völlig «normal»

«Wir gingen um Mitternacht auseinander. Ich hatte zu meiner Unterkunft eine lange Fahrt vor mir. Mein Geist, noch unter dem Einfluss der Gedanken, Bilder und Emotionen, die das Lesen und Diskutieren ausgelöst hatten, war ruhig und friedvoll. Ich befand mich in einem Zustand stiller, sogar passiver Freude; in Wahrheit dachte ich nicht, sondern ließ die Gedanken, Bilder und Emotionen wie von selbst durch meinen Geist fließen. Ganz plötzlich, ohne irgendeine Vorwarnung, war ich in eine flammenfarbene Wolke gehüllt. Einen Augenblick lang dachte ich an ein Feuer, einen riesigen Großbrand, irgendwo in der Nähe; im nächsten Moment wusste ich, dass dieses Feuer in mir war. Unmittelbar danach kam ein Gefühl der Hochstimmung, eine ungeheure Freude über mich, begleitet von einer geistigen Erleuchtung, die überhaupt nicht zu beschreiben ist. Unter anderem kam ich nicht nur zu der Auffassung, sondern *sah*, dass das Universum sich nicht aus toter Materie zusammensetzt, sondern im Gegenteil lebendig anwesend ist; ich wurde mir in mir selbst des ewigen Lebens bewusst.»[10]

Die Erfahrungen, auf die sowohl Happold als auch James Bezug nehmen, sind religiöser Natur; sie gehen mit dem Gefühl einher, dass etwas oder jemand zugegen ist. Doch persönliche spirituelle Erfahrungen sind oft von der Religion abgespalten und beruhen stattdessen auf Liebe oder einer grundlegenden inneren Verpflichtung oder Einsicht.

Derartige Erfahrungen sind, ob nun religiöser Natur oder diffuseren Ursprungs, recht verbreitet. In den westlichen Kulturen hatten nach Erhebungen 30 bis 40 Prozent der Bevölkerung bei mindestens einer Gelegenheit Gefühle wie etwa starke Euphorie und Wohlbefinden; sie gingen mit tiefen Einsichten einher, die die Menschen ihr Leben mit neuen Augen sehen ließen, mit dem Gefühl, dass alles um sie her lebendig und bewusst ist; mit dem Gefühl der leitenden oder tröstenden Gegenwart von etwas oder mit dem Gefühl, mit dem ganzen Dasein eins zu sein. Bei mehr in die Tiefe gehenden Erhebungsverfahren wie etwa persönlich geführten Interviews steigt diese Zahl in manchen Umfragen auf 60 bis 70 Prozent an.[11]

1990 führte das Alastair Hardy Research Center an der Oxford University eine sorgfältige Untersuchung über spirituelle Erfahrung durch.[12] Das Team wertete die Antworten von mehr als 5000 Versuchspersonen aus, die auf eine in den Zeitungen veröffentlichte Frage reagiert hatten: «Waren Sie sich je der Anwesenheit von etwas Unsichtbarem oder einer Kraft bewusst, ob Sie sie nun als Gott bezeichnen oder nicht, die sich von unserem Alltagsselbst unterscheidet?» In einem weiteren Fragebogen wurden die Probanden gebeten, ihre Erfahrungen in eigenen Worten zu schildern. Die Antworten enthielten Beschreibungen wie etwa die folgenden:

«Gefühl der Hochstimmung, die in keinem Zusammenhang mit irgendeinem Ereignis steht. Das Gefühl, dass Probleme winzig und völlig unwichtig sind – eine andere Perspektive. Das Gefühl, dass ich besser verstehe – besser in der Lage bin, mit dem Leben zurechtzukommen. Belebt, verjüngt, rückt die Dinge zurecht.
Ein Gefühl, so klein zu sein, dass alles, was ich erfahre und denke, vergleichsweise wirklich trivial ist. Ein Gefühl, kurz vor einer umfassenden Harmonie zu sein und nicht zu wissen, wie man weiterkommt. Ein Gefühl des Friedens und der Ruhe – und zugleich eine kaum zurückgehaltene unverbildete Emotion. Extreme Emotion.
Seit mein Großvater 1977 gestorben ist, habe ich ihn bei mehreren Gelegenheiten gesehen oder bin mir seiner Gegenwart bewusst gewesen. Er flößt mir Trost, Sicherheit und Vertrauen ein, vor allem weil er nur erscheint, wenn es mir nicht gut geht, wenn ich ängstlich bin oder Sorgen habe.»

In einigen Antworten werden Erfahrungen der speziell religiösen Art beschrieben, wie etwa Happold sie hatte:

«Ich habe bei vielen Gelegenheiten das Gefühl gehabt, Gott sei da. Beim ersten Mal (ich war fünfzehn, es war in einem Gottesdienst) fühlte ich mich im körperlichen Sinne betrunken (ich war es nicht) und konnte kaum gehen. Bei anderen Gelegenheiten hatte ich nur ein überwältigendes Gefühl von Frieden und Liebe und vergaß oft die Zeit.»[13]

In dieser Untersuchung antworteten nahezu siebzig Prozent der Befragten positiv. Aufgrund der detaillierten Beschreibungen, die sie lieferten, konnte die Forschungsgruppe zwei grundlegende Arten spiritueller Erfahrung unterscheiden: die «mystische» und die «numinose».

Menschen mit numinosen Erfahrungen hatten das Gefühl, dass ein leitendes, übernatürliches Wesen zugegen war – wie etwa Jesus oder die Jungfrau Maria –, das sie rief und ihnen riet, einen bestimmten Weg im Leben einzuhalten. Die meisten jener Menschen hatten einen religiösen Hintergrund. Diejenigen, die einen agnostischen oder atheistischen Hintergrund hatten, berichteten eher über Erlebnisse mit übersinnlicher Wahrnehmung, wie etwa Telepathie oder Vorahnung künftiger Ereignisse, oder über Erfahrungen mit einem veränderten Bewusstseinszustand, zum Beispiel, dass sie während einer Operation oder nach einem Unfall über ihrem eigenen Körper schwebten – so genannte Körperaustrittserfahrungen.

Die Befragten berichteten über das Gefühl, einen grundlegenden Sinn zu erkennen, zu tiefer Einsicht zu gelangen, über ein außerordentliches Wohlbefinden, eine Euphorie oder ein alles umfassendes Gefühl für die Einheit in allen Dingen. Erfahrungen dieser Art haben zwar selten einen speziellen religiösen Inhalt, werden aber in vielen Untersuchungen mit einer größeren Fähigkeit zu Kreativität in Verbindung gebracht. Beide Arten von Erfahrungen sind bekannte Begleiterscheinungen einer gesteigerten Aktivität in den Temporallappen oder im «God Spot» des Gehirns; doch gerade numinose Erfahrungen kommen häufiger im Zusammenhang mit Wahnsinn vor.[14]

Wahnsinn und der «God Spot»

Sowohl schizophrene als auch manisch-depressive Patienten haben Visionen, hören Stimmen, fühlen die Anwesenheit von etwas Unsichtbarem und empfangen Anweisungen, von denen sie sicher sind, dass sie sie befolgen müssen. Eine erhöhte Aktivität in den Temporallappen oder im «God Spot» ist ein Merkmal dieser Art von Krankheit.

Einige Skeptiker behaupten, alle diese Erfahrungen deuteten auf einen vorhandenen oder beginnenden Wahnsinn hin, doch Psychologen, die auf die Erforschung der Zusammenhänge zwischen spiritueller Erfahrung und seelischer Erkrankung spezialisiert sind, stimmen dem nicht zu. Ramachandran beispielsweise hat gezeigt, dass seelisch Gesunde eine erhöhte Temporallappenaktivität aufweisen, wenn sie mit spirituellen Wörtern oder Themen konfrontiert werden.

Andere Forscher haben festgestellt, dass es zwischen den Erfahrungen «normaler» Menschen und denen seelisch Kranker wichtige Unterschiede gibt. Michael Jackson hat an der Oxford University eine Doktorarbeit über dieses Thema geschrieben.[15] Obwohl er zu der Schlussfolgerung kommt, dass es zwischen den Erfahrungen psychotischer Patienten und denen «normaler» Menschen Ähnlichkeiten gibt, beobachtet er Folgendes: «Im Allgemeinen waren bei den Beschreibungen, die die klinische Gruppe lieferte, die der psychotischen Patienten wirrer, negativer und bizarrer, sowohl in der Art und Weise, wie sie dargebracht wurden, als auch im Hinblick auf ihren Inhalt.»[16] Er führt ein anschauliches Beispiel für eine typisch negative schizophrene Erfahrung an. Die Patientin berichtete:

«Ich wachte eines Nachts auf, und die Gardinen waren leicht zurückgezogen. Ich sah das Mondlicht hereinfallen und war mir der Anwesenheit eines übernatürlichen Wesens bewusst. Ich zog die Gardinen schnell zu, doch das ehrfurchtgebietende Wesen war immer noch da. Es war wie ein pulsierendes Lebewesen überall um mich herum. Es setzte mich unter Druck, ich holte schnell meine Leinwand hervor und malte die Erfahrung; am folgenden Tag drängte es mich, mein Zimmer gegen diese Strahlen und Einflüsse zu schützen, indem ich es mit Alufolie auskleidete.»[17]

In vielen ähnlichen Fällen war die Erfahrung, die psychotische Patienten gemacht hatten, eher verwirrend als beruhigend oder inspirierend. Psychotiker neigen, wie Jackson berichtet, eher dazu, von ihren Erfahrungen überwältigt zu werden, als «normale» Menschen «und hatten für längere Zeitspannen, in denen sie ihre Wahnideen in seltsamem Verhalten ausagierten, den Kontakt zur Realität, wie sie nach allgemeiner Übereinkunft besteht, verloren.»[18] Im Unterschied zu den seelisch Gesunden bereitete es den Psychotikern Schwierigkeiten, ihre spirituellen Erfahrungen in ihr Alltagsleben zu integrieren, weshalb es ihnen kaum möglich war, auf Dauer einen Nutzen daraus zu ziehen.

Es wurde auch die Häufigkeit der beiden Arten von Erfahrung untersucht, wobei sich zeigte: Numinose Erfahrungen waren unter Psychotikern weiter verbreitet, während mystische Erfahrungen mit etwa derselben Häufigkeit in beiden Gruppen auftraten. Gefragt nach den folgenden Arten numinoser Erfahrung:

• das Gefühl, von jemandem außerhalb der eigenen Person gesteuert zu werden,
• das Gefühl, eine andere Realitätsebene erreicht zu haben,
• das Gefühl, dass ein übernatürliches Wesen anwesend ist,
• der Eindruck, jedes Zeitgefühl verloren zu haben,

sagten fast zweimal so viele Psychotiker wie seelisch Gesunde, sie hätten diese Erfahrungen gemacht.

Fragte man sie dagegen nach Gefühlen eher mystischer Art wie etwa:

• überrascht zu sein von der Intensität der Emotionen,
• den Eindruck zu haben, dass alles um einen her lebendig und bewusst ist,
• das Gefühl, sich mit der Umgebung in einer Art Harmonie zu befinden,
• das Gefühl, zu lieben oder geliebt zu werden,
• sich in einem ungewöhnlich friedvollen oder heiteren Geisteszustand zu befinden,

antworteten gleich viele Probanden aus beiden Gruppen positiv – in beiden Gruppen hatten zwischen 56 und 70 Prozent solche Erfahrungen gemacht. Auch bei einer Untersuchung an 115 australischen Universitätsstudenten wurde kein Zusammenhang zwischen mystischer Erfahrung und Introversion, Neurosen und Psychosen gefunden.[19]

Dennoch sahen Jackson und viele andere noch keinen ausreichenden Zusammenhang zwischen wahnhaften Erfahrungen und «normaler» spiritueller Erfahrung, um dieser Frage gründlicher nachzugehen. Bereits 1902 bemerkte William James, dass «Menschen, die in ihrem spirituellen Leben tief gehend sind», einen besseren Zugang zu den Inhalten ihres Unbewussten haben als andere: «Das Tor zu diesem Bereich scheint [ihnen] ungewöhnlich weit offen zu stehen.»[20] Ein anderer Wissenschaftler, der sich mit mystischen Erfahrungen beschäftigt hat, beobachtete im frühen 20. Jahrhundert, dass Mystiker «außergewöhnlich bewegliche Schwellen» haben. Damit ist gemeint, dass sie bei sehr geringer Anstrengung und einer minimalen Abweichung von den normalen Umständen die Möglichkeit haben, ihre unterschwelligen Kräfte hervortreten und das seelische Feld besetzen zu lassen. Ein Mensch mit «beweglicher Schwelle» kann ein Genie, ein Wahnsinniger oder ein Heiliger werden; es hängt alles von der Eigenart der hervortretenden Kräfte ab.[21]

Psychologische Untersuchungen aus den siebziger Jahren haben viel mehr über diese «bewegliche Schwelle» zum Vorschein gebracht und erklärt, warum viele Nichtpsychotiker einige Erfahrungen mit Schizophrenen und Manisch-Depressiven gemeinsam haben. Bei dieser Forschung geht es um die «schizoide» oder «schizotypische» Persönlichkeit: Menschen, die bestimmte Arten der Abweichung vom Normalen oder Anzeichen für eine beginnende seelische Erkrankung aufweisen. Das Erkennen der «schizotypischen Persönlichkeitsstörung» hat das Verständnis der menschlichen Seele und ihrer Abweichungen um eine Differenziertheit bereichert, die zuvor nicht möglich war.

Seit dem späten 19. Jahrhundert, als die Psychiatrie sich etablierte, wird von der Mehrheit der Experten auf diesem Gebiet die Auffassung vertreten, dass seelische Krankheit sich grundlegend von seelischer Gesundheit unterscheidet und dass es sich bei den seelisch Kranken um Menschen handelt, mit denen wir Übrigen wenig gemeinsam haben. Dagegen zeigen die neueren Untersuchungen zur schizoiden Persönlichkeit, dass es eine Skala seelischer Gesundheit von vollständig normal über schizotypisch bis hin zu klinischem Wahnsinn gibt. Nach Professor Gordon Claridge von der Oxford University weisen 60 bis 70 Prozent der erwachsenen Bevölkerung in den westlichen Ländern einige schizoptypische Merkmale auf.[22]

Doch nur ein Prozent wird als schizophren eingestuft und ein ähnlich kleiner Prozentsatz im klinischen Sinne als manisch-depressiv. Die meisten anderen haben nur ein paar kleine seltsame Angewohnheiten.

Verschiedene wichtige wissenschaftliche Untersuchungen haben eindeutig einen Zusammenhang zwischen schizotypischer Persönlichkeit und einer Neigung zu bestimmten Arten von religiöser Erfahrung festgestellt. Auch scheint es, wie wir sehen werden, eindeutig einen Vorteil für die Menschheit mit sich zu bringen, wenn man ein wenig schizotypisch ist. Deswegen ist es wichtig, dass wir die Merkmale erkennen, anhand derer sich dieser seelische Zustand bestimmen lässt. Wie ausgeprägt er jeweils ist, hängt davon ab, wo auf der Skala zwischen normal und psychotisch sich ein Individuum befindet.

Den meisten Untersuchungen zufolge weist eine schizotypische Persönlichkeit in einem bestimmten Maß die folgenden Züge auf:

- *Magische Ideation*, was so viel bedeutet wie eine Neigung zu meinen, dass die eigenen Gedanken eine physische Kraft haben oder wahr werden können (wenn ich jemandem Unglück wünsche und es tritt ein, zu meinen, dass ich es ausgelöst habe); auch eine Neigung, im Zusammentreffen allem Anschein nach unzusammenhängender Ereignisse eine Bedeutung zu sehen (wie etwa zwischen schwarzen Katzen und Unglück) – oder in weltlichen Objekten wie Kristallen, Knochen beziehungsweise allem, was als Talisman dienen könnte. Ob eine solche magische Ideation als schizotypisch oder normal gilt, ist kulturabhängig; in vielen Gesellschaften sind Assoziationen dieser Art allgemein akzeptiert.
- *Empfänglichkeit für Ablenkung.* Der in hohem Maße schizotypische Dichter Rainer Maria Rilke hat seine Empfänglich-

keit für Ablenkung folgendermaßen beschrieben: «Ist da ein Geräusch, gebe ich mich selbst auf und bin dieses Geräusch.»[23] Ein schwer schizophrener Patient gab diesen Kommentar ab: «Ich richte meine Aufmerksamkeit auf alles zugleich, und deshalb richte ich meine Aufmerksamkeit auf nichts.»[24]

- *Eine Neigung, sich Phantasien oder Tagträumen hinzugeben* und nicht zwischen Phantasie und Wirklichkeit zu unterscheiden.
- *Ungenauigkeit beim Denken* oder «Ausrutscher beim Denken». Die Gedanken des Einzelnen sind nicht den normalen, durch die Logik gesetzten Einschränkungen oder Begrenzungen unterworfen; deshalb stellt er oder sie zwischen Phänomenen Verbindungen her, die andere nicht herstellen können.
- *Impulsive Nonkonformität*, anders ausgedrückt: rein impulsives Handeln, manchmal seltsame Sprache, merkwürdiges Verhalten und exzentrische Kleidung.
- *Ungewöhnliche Erfahrungen* etwa optischer oder akustischer Art in Verbindung mit spirituellen Erfahrungen, wie sie in diesem Kapitel beschrieben worden sind.
- *Introversion*: eine Vorliebe für die eigene Person und einsame Betätigungen.
- *Soziale Anhedonie*, auch als «Mangel an integrativer Freude» bekannt: eine verminderte Fähigkeit, Spaß an sozialen Zusammenkünften zu haben; dies geht gewöhnlich mit einer Neigung einher, sich von solchen Zusammenkünften zurückzuziehen. Körperliche Anhedonie ist eine verminderte Freude an sensorischer Erfahrung.
- *Ambivalenz*: Der Einzelne ist nicht imstande, sich zu entscheiden, weil er den Wert oder die Möglichkeiten einer jeden der Alternativen erkennen kann.

Die meisten dieser Wesenszüge sind alltägliche Merkmale im Seelenleben von Kindern, bei Erwachsenen jedoch gehen sie in der Regel mit einer exzentrischen Persönlichkeit einher und können ein Anzeichen für eine beginnende Geisteskrankheit sein. Es gibt gesicherte Belege dafür, dass zwischen diesen Zügen und Zuständen wie Epilepsie und Dyslexie ein Zusammenhang besteht.[25] Doch sie gehen auch mit erhöhter Aktivität im Temporallappen oder im «God Spot» einher und scheinen daher in unserem Gehirn fest verdrahtet zu sein. Warum? Warum ist eine Gehirnaktivität, die in vielen Fällen zu Leiden und Funktionsstörungen führen kann, normaler Bestandteil unseres neurobiologischen Erbes? Diese Frage müssen wir angehen, bevor wir beurteilen können, ob die Temporallappenaktivität, die gewöhnlich mit spiritueller *Erfahrung* verbunden ist, für unsere spirituelle *Intelligenz* insgesamt eine nützliche Rolle spielt.

Warum haben wir den «God Spot»?

Im Jahre 1992 veröffentlichte Felix Post im *British Journal of Psychiatry* eine Untersuchung zur Persönlichkeitsstruktur von 291 Männern, die während der letzten 150 Jahre weltweiten Ruhm erlangt hatten. Dazu gehörten Staatsmänner, Intellektuelle, Wissenschaftler, Künstler, Schriftsteller und Komponisten, die meisten allgemein bekannt: Einstein, Faraday, Darwin; Lenin, Roosevelt, Hitler, Ben-Gurion, Woodrow Wilson; Ravel, Dvořák, Gershwin, Wagner; Klee, Monet, Matisse, Van Gogh; Freud, Jung, Emerson, Buber, Heidegger; Tschechow, Dickens, Faulkner, Dostojewski, Tolstoi und andere. Im Wesentlichen zielte die Untersuchung darauf, herauszufinden, welche Korrelationen zwischen kreativer Größe und seelischer Instabilität bestanden.[26] Posts Ergebnisse waren bemerkenswert.

Auf der Grundlage zuverlässiger Quellen, darunter medizinische Akten und Berichte aus erster und zweiter Hand, präsentierte er die folgenden Statistiken:

Beruf	Anteil derer, die unter seelischer Instabilität litten
Wissenschaftler	42,2%
Komponisten	61,6%
Staatsmänner	63,0%
Intellektuelle	74,0%
Künstler	75,0%
Schriftsteller	90,0%

Das Ausmaß der seelischen Instabilität reichte von gelegentlich über isolierte Episoden bis hin zu anhaltenden schweren Problemen, die zu einer Unterbrechung der Arbeit führen konnten, und zu gravierenden Vorkommnissen, die eine professionelle Behandlung im Krankenhaus erforderlich machten. Zu den Problemen gehörten Alkoholismus, Depression, manische Depression, psychosexuelle Störungen, Zwangshandlungen, antisoziales oder theatralisches Verhalten und Beinahe-Schizophrenie.

Die US-amerikanische Psychiaterin Kay Redfield Jamison, die selbst ihr Leben lang unter einer manisch-depressiven Erkrankung litt, hat eine ähnliche Untersuchung über die Zusammenhänge zwischen manischer Depression und der Künstlerpersönlichkeit durchgeführt.[27] Auf ihrer langen Liste jener Menschen, die bis zu einem gewissen Grad von der Krankheit betroffen waren, stehen unter anderem William Blake, Lord Byron, Rupert Brooke, Dylan Thomas, Gerard Manley Hopkins, Sylvia Plath, Virginia Woolf, Joseph Conrad, F. Scott Fitzgerald, Ernest Hemingway, Hermann Hesse. Viele von ihnen verbrachten lange Zeit in Verwahrungsanstalten für seelisch Kranke und psychiatrischen Krankenhäusern; viele von ihnen, vor allem Dichter, begingen Selbstmord.[28] Jamison beginnt ihr Buch mit einer Verneigung vor diesen ungestümen Kollegen, indem sie Stephen Spender zitiert, einen Dichter, der nicht in ihrer Liste erscheint:

«Ich denke ständig an jene, die wahrhaft groß waren.
Die sich im Mutterleib an die Geschichte der Seele erinnerten,
durch die Korridore des Lichts, wo die Stunden Sonnen sind,
endlos und singend. Deren wunderschönes Ziel
darin bestand, dass ihre Lippen, noch vom Feuer berührt,
vom Geist sprechen sollten, der von Kopf bis Fuß in Lied gekleidet ist.
Und die von den Frühlingszweigen die Wünsche horteten,
die wie Blüten über ihre Körper fielen.

Nahe dem Schnee, nahe der Sonne, in den höchsten Feldern
siehe, wie diese Namen vom wogenden Gras gefeiert werden
und von Streifen weißer Wolken
und dem Flüstern des Winds im lauschenden Himmel.
Die Namen jener, die in ihrem Leben um ihr Leben kämpften,
die in ihrem Herzen das Zentrum des Feuers mit sich trugen.
Als Sonnenkinder reisten sie eine kleine Weile Richtung Sonne
und hinterließen lebendige Luft, die das Zeichen ihrer Ehre
trug.»

Solch «vornehmer Wahnsinn» hat, wie Spenders Gedicht verdeutlicht, sowohl großes Leid als auch große Kreativität hervorgebracht. Doch viele der kreativen, künstlerischen Persönlichkeiten haben nicht bedauert, dass sie diesen Preis zahlen
mussten, und einige waren sogar dankbar für ihr ungewöhnli-
ches Temperament. Früh in seiner beruflichen Entwicklung er-
litt Jung, kurz nachdem er mit Freud gebrochen hatte, so etwas
wie einen schizophrenen Schub, der ihm sieben Jahre lang zu
schaffen machte; noch Jahrzehnte später schrieb er: «Heute
kann ich sagen, dass ich nie den Kontakt zu meinen ursprünglichen Erfahrungen verloren habe. All meine Arbeiten, meine
ganze kreative Fähigkeit ging auf diese anfänglichen Phantasien
und Träume zurück, die 1912, also fast vor 50 Jahren, einsetzten.
Alles, was ich später erreicht habe, war bereits in ihnen enthalten.» [29]

Im selben Sinne schrieb Rilke über die Phasen seiner Border-
line-Schizophrenie: «Es mag bei jeder Bedeutung notwendig
sein, dass sie sich auflöst wie eine Wolke und niederfällt wie Regen, notwendig, das heißt, etwas wie geistige Auflösung oder
Sterben zu überdauern, um in der Lage zu sein, etwas auf andere
Weise zu sehen.» [30]

R. D. Laing ging es in vielen seiner Arbeiten der sechziger
Jahre darum, die positiven Nebenwirkungen schizophrener
Störungen bei seinen Patienten hervorzuheben. Allerdings hat
Posts Untersuchung gezeigt, dass es zwischen Kreativität oder
hoher Leistung und einer voll entwickelten langfristigen Geis-

teskrankheit nur eine geringe Korrelation gibt. Viele von denen, die eine Borderline-Störung hatten oder nur schizotypisch waren, als sie den Höhepunkt ihrer Schaffenskraft erreicht hatten, brachten, als ihre Geisteskrankheit erst einmal von ihnen Besitz ergriffen hatte, überhaupt keine sinnvollen Ergebnisse mehr hervor. Eine Geisteskrankheit kann unproduktiv, einschränkend und erstickend sein, sie zu erleben ein Albtraum. Und obwohl man die meisten kreativen Menschen in gewisser Weise für verrückt halten kann, trifft es umgekehrt nicht in ähnlicher Weise zu, dass verrückte Menschen kreativ sind.

Der britische Psychologe J. H. Brod beschäftigte sich detailliert damit, welche besonderen schizotypischen – im Gegensatz zu rein psychotischen – Eigenschaften vermutlich für Kreativität von Nutzen sind.[31] Die meisten von ihm benannten Merkmale, die mit den auf S. 118–119 aufgelisteten Wesenszügen zusammenhängen, entsprechen dem gesunden Menschenverstand. So korreliert die schizotypische Ungenauigkeit beim Denken mit einer hohen Testleistung bei Wortflüssigkeit und Flexibilität des Denkens sowie bei der Originalität im Finden assoziativer oder anspielungsreicher Verbindungen zwischen Gedanken oder Ereignissen. Diese «übermäßige Inklusion» verhilft der schizotypischen Persönlichkeit zu einer umfassenderen und ungewöhnlicheren Vielfalt des Denkens. In ähnlicher Weise korreliert eine Neigung zu magischer Ideation sowie zu Phantasien und Tagträumereien stark mit der Fähigkeit, sich Dinge vorzustellen, die nicht existieren; Figuren zu schaffen, die nie gelebt haben; Bilder zu sehen, die zu neuen Begriffen oder Vorstellungen führen; allgemein die Dinge aus einem unkonventionellen Blickwinkel zu sehen. Die Neigung zu ungewöhnlichen Erfahrungen kann den Einzelnen mit lebendigeren Farben und Emotionen oder mit Aspekten der Realität konfrontieren, die in der Alltagserfahrung kaum eine Rolle spielen. Sowohl der Apostel Paulus als auch Mutter Teresa haben bei ihrem Tun ausgiebig von ihren spirituellen Visionen Gebrauch gemacht. Die Neigung, sich leicht ablenken zu lassen, kann hinderlich sein, doch sie kann auch dazu führen, dass man seine Aufmerksamkeit einer breiteren Vielfalt von Dingen widmet. Und Ambivalenz – auch wenn sie Hamlet lähmte – ist verknüpft mit einer ausgeprägten Fähigkeit, die Vorteile vieler unterschiedlicher Optionen oder Möglichkeiten zugleich zu sehen.

Schizotypische Veranlagung und die Fähigkeit, Probleme zu lösen

Wir haben gesehen, dass eines der Kriterien für Intelligenz darin besteht, dass sie uns hilft, Probleme zu lösen. Diese Fähigkeit ist auch ein Merkmal von Kreativität, vor allem im wissenschaftlichen oder politischen Bereich, deshalb überrascht es nicht, dass manche Wissenschaftler die Tatsache, dass jemand schizotypische Züge hat, mit einer besonderen Fähigkeit, Probleme zu lösen, in Verbindung bringen. Michael Jackson weist darauf hin, dass solche Erfahrungen besonders hilfreich sein können, wenn es darauf ankommt, kreativ mit existentiellen Problemen umzugehen – mit «Lebensproblemen» wie etwa einem Trauerfall oder einer schweren Krankheit, bei denen weniger eine Veränderung der Tatsachen als vielmehr eine Veränderung der Sichtweise oder der Einstellung gefragt ist:

> «Eine verbreitete spirituelle Erfahrung im Zusammenhang mit einem Trauerfall ist es, dass man sich eine Zeit lang der Gegenwart des Verstorbenen bewusst ist, sei es über eine unmittelbare sensorische Wahrnehmung, sei es weniger greifbar, schlicht über das Gefühl, dass derjenige da ist. Solche Erfahrungen spenden Menschen, die mit einem Verlust konfrontiert sind, in einem emotional unmittelbareren Sinne Trost, als er über eine vergleichsweise kühle kognitive Verarbeitung gegeben wäre.» [32]

Jackson führt den Fall von Sean an, einem jungen Mann, der gerade eine Familie gegründet hatte und von seinem Arzt gesagt bekam, dass er möglicherweise Multiple Sklerose habe. Diese vorläufige Diagnose stürzte den Mann in Verzweiflung und beeinträchtigte allgemein sein Leben und seine Beziehungen. Er stammte aus einer stabilen Mittelschichtfamilie ohne religiösen Hintergrund und bekannte sich zu einem streitbaren Atheismus. Doch eines Tages, einige Wochen nachdem seine Krise eingesetzt hatte, ging er spazieren und hörte eine Stimme, die seinen Namen rief. «Sean», sagte die Stimme, «nichts von alledem ist von Belang. Du wirst immer alles haben, was du brauchst.» Dann «belehrte» ihn die Stimme über den vergänglichen Charakter des Daseins und darüber, wie er eine friedliche Einstellung entwickeln könne, die ihm helfen werde, die Ereignisse eher anzunehmen, als sie abzuwehren. Einige Minuten später erlebte Sean Folgendes: «Meine eigenen Gedanken kehrten allmählich zurück, und alle Sorgen waren wie weggeblasen.» Während der nächsten neun Monate sprach die Stimme mehrmals zu ihm, transformierte seine Sicht der Dinge und ermöglichte es ihm, mit seinen Problemen auf wirksame und friedvolle Weise fertig zu werden.[33]

Solche Perspektivwechsel sind nicht nur für die Lösung existentieller Probleme von Bedeutung. Denken Sie an die Geschichte von dem Traum, den der Chemiker Kekulé von einer Schlange hatte, die sich in den eigenen Schwanz biss – daraufhin hat er den Benzolring entdeckt. Und bekanntermaßen bemerkte Einstein, dass wir Probleme nicht im Rahmen des Denkens lösen können, das sie hauptsächlich verursacht hat; diese Relativitätstheorie war im 20. Jahrhundert einer der großen Perspektivwechsel. Manche Kommentatoren sind der Auffassung, dass die der schizotypischen Persönlichkeit eigenen Assoziationen zur Lösung von Problemen der menschlichen Art einen evolutionären Vorteil verschaffen, dass wir dank ihrer flexibler, adaptiver und kreativer werden. Stimmt dies, dann könnte das sehr geringe Vorkommen der Schizophrenie beziehungsweise der manisch-depressiven Erkrankung einfach der Preis sein, den die Menschheit dafür bezahlt, dass das Schizotypische viel weiter verbreitet ist.

«God-Spot»-Erfahrungen und SQ

Die große Frage, um die es bisher in diesem Buch ging, lautet, ob die «God-Spot»-Aktivität unsere spirituelle Intelligenz positiv beeinflusst. Die Antwort lautet sowohl ja als auch nein. Der

«God Spot» trägt sicherlich zu unserer spirituellen *Erfahrung* und zu den Mythen bildenden beziehungsweise bewusstseinserweiternden Erfahrungen bei. Wie beim Träumen und im Seelenleben eines Kindes verschafft er uns Zugang zur vor- beziehungsweise unbewussten Seele und zu symbolreichen assoziativen Gedankenketten. Doch 60 bis 70 Prozent von uns erleben eine bestimmte spürbar höhere «God-Spot»-Aktivität (wir haben schizotypische Persönlichkeitszüge), wohingegen nur sehr wenige von uns beispielsweise große Literatur oder Kunstwerke schaffen oder Paradigmen durchbrechende Probleme lösen.

Allein ein Gefühl für das Spirituelle ist keine Garantie dafür, dass wir es kreativ für unser Leben nutzen können. Einen hohen SQ zu haben bedeutet, das Spirituelle nutzen zu können, um einen umfassenderen Sinnzusammenhang zu erkennen und dadurch ein reichhaltigeres und sinnvolleres Leben zu führen; es bedeutet auch, ein Gefühl für Ganzheit, Ziel und Richtung der eigenen Person zu bekommen. Eine Erfahrung des Spirituellen allein kann auch Verwirrung, Desorientierung oder eine undefinierbare Sehnsucht zur Folge haben. Daraus kann Wahnsinn erwachsen oder ein Hang zu selbstzerstörerischem Verhalten wie Drogenmissbrauch, Alkoholismus oder sinnloser Konsumsucht. Anders ausgedrückt: Eine nur flüchtige Erfahrung des Spirituellen kann sogar zu einem Verlust an Perspektive führen. Haben wir einmal anders oder weiter geschaut, kann uns unser normales Leben so düster erscheinen, dass wir uns eher zurückziehen, als uns weiterzuentwickeln.

Der «God Spot» ist ein isoliertes Modul des neuronalen Netzes in den Temporallappen. Wie andere isolierte Module im Gehirn – unser Sprachzentrum, unser Rhythmuszentrum usw. – verleiht er uns eine besondere Fähigkeit, aber diese muss in andere integriert werden. Vielleicht erkennen wir Gott, aber wir können ihn nicht in unser Leben einfügen. Spirituelle Intelligenz dagegen beruht auf dem integrierenden, das gesamte Gehirn umfassenden Phänomen der 40-Hz-Oszillationen.

Daraus muss gefolgert werden, dass der «God Spot» eine möglicherweise notwendige, aber keine hinreichende Bedingung für den SQ ist. Bei denjenigen, die im Hinblick auf den SQ hohe Werte haben, würde man erwarten, dass sie auch bei der «God-Spot»-Aktivität oder bei der Schizotypie hohe Werte haben, aber es ist nicht gesichert, dass hohe «God-Spot»-Aktivität einen hohen SQ gewährleistet. Um den zu erreichen, muss, wie wir in den folgenden Kapiteln sehen werden, das gesamte Gehirn, das gesamte Selbst, das gesamte Leben zu einer Einheit werden. Die besonderen Einsichten und Fähigkeiten, zu denen uns der «God Spot» verhilft, müssen mit dem allgemeinen Gewebe unserer Emotionen, Motivationen und unseres Potenzials verflochten sein; sie müssen mit dem Zentrum des Selbst und seiner besonderen Art von Wissen in einen Dialog treten.

Dritter Teil
Ein neues Modell des Selbst

ZWISCHENSPIEL:
EINE KURZE GESCHICHTE DER MENSCHHEIT

Woher kommen wir? Wo liegt unser zeitlicher Ursprung? Wie
groß ist die Geschichte, deren Bestandteil wir sind? Worin sind
wir verwurzelt? Wie lange werden wir Bestand haben? Wo liegen die äußersten Begrenzungen unserer menschlichen Existenz? Was ist die Quelle unserer Intelligenz, unserer Vorliebe,
Fragen wie diese zu stellen? Es ist unmöglich, eingehend über
spirituelle Intelligenz nachzudenken, ohne solche Fragen zu
stellen. In den Kapiteln 6 bis 9 werde ich ein Modell des Selbst
entwickeln, das, so zumindest ist es beabsichtigt, umfassender
und tiefer gehend ist als alle Modelle, die bisher aufgestellt wurden. Dafür ist es allerdings unerlässlich, über den Stellenwert
des Selbst innerhalb der sich entfaltenden Schöpfungsgeschichte nachzudenken. Was ich hier darstelle, besteht aus einigen
kurzen mythologischen und wissenschaftlichen Skizzen, durch
die das menschliche Sein und die menschliche Intelligenz in einen größeren Zusammenhang gerückt werden.

Seit Beginn der überlieferten Geschichte hatte jede Kultur
ihre eigene Variante der Schöpfungsgeschichte, eine Geschichte, in der Fragen wie die oben aufgeworfenen berührt werden.
Diese Geschichten sind Teil dessen, wie wir uns selbst erkennen
und wie wir unser Dasein bewerten. Viele Ethnologen haben in
den Schöpfungsmythen unterschiedlicher Völker starke Ge-
meinsamkeiten ausgemacht; es scheint, als habe das menschliche Bewusstsein seine Geschichte mit den unterschiedlichen
Stimmen vieler Zivilisationen selbst erzählt. Ian Marshall hat
vier dieser Stimmen in einem kleinen Stück zusammengetragen,
das öffentlich aufgeführt wurde und hier als Vorspiel zum Lotos
des Selbst stehen soll.

Am Anfang
Ein Stück für vier Stimmen

Die Stimmen

J.-C. Jüdisch-christlich/esoterisch
P. Physiker
G. Griechisch (antik)
Ö. Östlich: taoistisch, hinduistisch, buddhistisch

1. Chaos

J.-C.: «Am Anfang schuf Gott Himmel und Erde. Und die Erde war wüst und leer, und es war finster auf der Tiefe; und der Geist Gottes schwebte auf dem Wasser.»

Erstes Buch Mose, 1:1-2

G.: «Am Anfang war Chaos, riesig und dunkel...» Das Leere, aus dem alle Formen entstehen und in das sie zurückkehren. So sagen wir es im antiken Griechenland.

Hesiod, Theogonie

Ö.: In den buddhistischen Ländern nennen wir es Sunyata, die Leere. «Zu sagen, es existiere, ist falsch. Zu sagen, es existiere nicht, ist genauso falsch. Es ist am besten, man sagt überhaupt nichts darüber.»

P.: Bevor es irgendetwas Greifbares gab, gab es das Quantenvakuum – ein Meer aller Möglichkeiten, aber nichts Tatsächliches. Es gab keine Materie, keinen Raum, keine Zeit, aber etwas, was wir nicht beschreiben können. An den Rändern der Existenz flackerten mögliche Welten auf, doch keine hatte genügend Energie, um zu überleben. Das ist die Geschichte, die wir Naturwissenschaftler erzählen.

Ö.: «Das Wesen, das begriffen werden kann, ist nicht das Wesen des Unbegreiflichen. Der Name, der gesagt werden kann, ist nicht der Name des Namenlosen. Unnambar ist das All-Eine, ist Innen. Unnambar ist das All-Viele, ist Außen.»

Tao Te King, 1

2. Gaia

P.: Dann geschah etwas Unumkehrbares. Eine mögliche Welt, eine zufällige Masse geliehener Energie nutzte ihren kurzen Augenblick und entwickelte eine Struktur. Im Handumdrehen war sie ihren Ursprüngen entronnen. Vor Raum und Zeit war die Struktur noch zirkulär, geschlossen, ohne Anfang oder Ende. Auf unsere unbeholfene Weise bezeichnen wir diese Struktur als «Superstring».

G.: Sie sprechen von der vollbusigen Gaia, der Mutter aller Dinge. Sie war in sich selbst vollkommen, ein Uroboros, eine Schlange, die sich selbst in den Schwanz beißt, Alpha und Omega.

J.-C.: «Und Gott sprach: ‹Es werde Licht!› und es ward Licht. Und Gott sah, dass das Licht gut war. Da schied Gott das Licht von der Finsternis.»

Erstes Buch Mose, 1:3-4

Ö.: «Ein Sein ist unendsam. Das war vor Beginnens Anbeginn. Alles durchdrängend, dennoch unerdringbar. Tränkende Mutter der Schöpfung.»

Tao Te King, 25

3. Polarität

G.: Gaia war die Mutter von Uranos, dem großen Himmelsbogen, «den sie nach ihrem Vorbild in einer solchen Größe schuf, dass er sie völlig bedeckte.»

Hesiod, *Theogonie*

J.-C.: «Da machte Gott die Feste und schied das Wasser unter der Feste von dem Wasser über der Feste.»

Erstes Buch Mose, 1:7

P.: Das Uruniversum wurde zweigeteilt in seinem Sein. Das eine blieb Masse und Energie. Das andere wurde, wie Einstein uns gezeigt hat, Raum/Zeit und Schwerkraft. Die beiden Daseinsformen standen miteinander im Gleichgewicht, waren aneinander gekoppelt und befanden sich nun außerhalb der Reichweite des Chaos. Jetzt fing das Universum an zu wachsen.

Ö.: «Ruhe schuf Bewegung, Bewegung schuf Befruchtung, Befruchtung schuf Frucht. Frucht schuf Vielheit.»

Tao Te King, 42

4. Materie und Kräfte

G.: Uranos und Gaia hatten viele Söhne und Töchter. Doch Uranos war ein Tyrann, der seine Kinder ins Gefängnis warf. Chronos, der Jüngste, kastrierte seinen Vater und herrschte an seiner Stelle. Seine Schwester Rhea wurde seine Gemahlin, und sie hatten wiederum Kinder.

P.: Die Schwerkraft war zu stark. Nichts konnte ihrer Gewalt entkommen. Das Universum wäre schon bald in sich zusammengebrochen, wäre im Chaos versunken und hätte aufgehört zu existieren. Aber die erste Manifestation des Quantenvakuums, das Higgs-Feld, hatte eine hintergründig wirkende Kraft. Blitzartig blähte sich die Welt riesig auf, und die Schwerkraft wurde schwächer. Das Higgs-Feld, Chronos, wie Sie es genannt haben, war die Grundlage für alles, was sich nun entwickelte.

G.: Wir erinnern uns vor allem an Zeus und Aphrodite, die Herrscher über die Kräfte, und an Ares und Hermes, die Herrscher über die Formen.

P.: Wir haben diese Formen und Kräfte nach Leuten aus unseren Reihen benannt: Bose und Fermi. Die Prinzipien waren die gleichen.

J.-C.: Wir erkannten ihre Symbole später in den sieben sichtbaren Planeten: Jupiter und Venus, Mars und Merkur, Sonne, Mond und Saturn. In unserer okkulten Tradition haben wir sie auf dem Baum des Lebens angesiedelt.

Ö.: Wir erkannten die Energien, die im menschlichen Körper zum Ausdruck kommen, in den sieben Chakren.

5. Sterne

G.: Als die Welt älter wurde, wurde Chronos wiederum von seinen Kindern gestürzt. Nun beherrschte Zeus den Himmel mit seinen Donnerschlägen.

P.: Das Universum war vom Donner kosmischer Strahlung beherrscht. Es konnte sich keine feste Materie bilden. Alles war glühendes Plasma, wie es bei den Sternen auch heute wieder der Fall ist.

Ö.: Im alten Indien bezeichneten wir das als die Epoche von Agni, dem Feuergott. Sie sollten sich in Erinnerung rufen, dass Materie vier Zustände hat: feste Erde, flüssiges Wasser, gasförmige Luft und glühendes Plasma. Agni ist der älteste der Götter der Elemente.

P.: Die Welt kühlte sich weiter ab, und nach 300 000 Jahren wurde die Materie nicht mehr von kosmischer Strahlung verwüstet. Andere Prinzipien konnten sich durchsetzen. Friedlich konnten sich Galaxien und Sterne bilden. Doch ein leises Flüstern dieser frühen Zeit ist auch heute noch zu hören.

J.-C.: Die Sternbilder entstanden, Muster glühenden Feuers vor dem dunklen Himmelsbogen. Heute sehen wir sie als einen Kreis der Zwölf: Widder, Stier und die anderen bis hin zu den Fischen. Der Sonnengott besucht seine Gebiete eines nach dem anderen. Der Jahreszyklus ist wie jeder Lebenszyklus. Wie wir werden Sterne geboren, sie leben, und sie sterben. Die Zeit hatte begonnen.

Ö.: In Indien erwiesen wir dem Zyklus von Geburt, Leben und Tod durch drei Götter die Ehre: Brahma, Vishnu und Shiva. Alles, was lebt, unterliegt ihrer Herrschaft.

6. Elemente

P.: Die ersten Sterne bestanden ganz aus Feuer, die kälteren Gaswolken zwischen ihnen aus Luft. Doch innerhalb der Sterne reiften schwerere Elemente heran. Starb ein Stern, wurden diese Elemente in den Weltraum verstreut. Aus dieser Asche entstanden neue Sterne, die jetzt feste, aus allen vier alten Elementen zusammengesetzte Planeten haben konnten.

Alle: Erde mein Körper
Wasser mein Blut
Luft mein Atem
Feuer mein Geist

Gemeindelied von Findhorn

J.-C.: Alle sieben Daseinsebenen zwischen Uranos und Gaia, Geist und Materie, waren nun geschaffen. Eine andere Phase der Evolution konnte beginnen.

134

7. Leben

P.:   Dies war der Wendepunkt. Die feste Erde hatte sich entwickelt. Inzwischen war das Universum fester und starrer geworden und hatte sich immer stärker in Teile aufgespalten. Aus dieser kälteren, toten Materie konnten komplexere und feinere Strukturen gebildet werden: zunächst Felsen, Wasser, Kristalle und chemische Verbindungen, dann lebendige Geschöpfe und schließlich Lebewesen mit einer Seele. Der lange, langsame Weg des Daseins zurück zu seinem Ursprung hatte begonnen.

Alle: Jedes neue Leben ist ein neuer Stern, eine Sonne in ihrem eigenen Königreich. Die Elemente fließen um dieses Leben herum und durch es hindurch. Sie halten sich an sein Schema wie Planeten und Kometen. Es erzeugt neue Stoffe, Nahrung für künftige Generationen. Deshalb ehren wir alles Leben und seine Rhythmen.

8. Seele

G.:   Im Rahmen unserer geistigen und kulturellen Umwälzung fingen wir an, nicht nur die sichtbare Welt um uns herum zu verstehen und zum Ausdruck zu bringen, sondern auch die Stadien der Vergangenheit. Denn alle vergangenen Zeiten leben noch. Die Prinzipien, die wir Uranos und Gaia, Saturn und Jupiter nannten, existieren noch. Wir sind immer noch Masse und Energie in Raum und Zeit. Die Evolution hat das, was vorher vorhanden war, nicht ersetzt, sondern darauf aufgebaut. In unseren Künsten und Wissenschaften, in unseren Religionen und Mythologien, in unseren Bemühungen, auf die richtige Weise zu leben, ist der aktive Geist des Himmelsgottes in der Erdgottheit auf eine neue Weise Fleisch geworden.

Ö.:   Zwischen dem Tao des Himmels und dem Tao der Erde ist eine weitere Brücke entstanden: das Tao der Menschheit, eine Möglichkeit, mit beidem in Harmonie zu leben. «Gleicht nicht das Unermessliche einem Blasebalg? Seine Leere ermöglicht Fülle. Schnell erschöpft sind die Wogen der Liebe und des Hasses. Nie erschöpft sich die innere Meeresruhe.»   *Tao Te King, 5*

J.-C.: Am sechsten Tag schuf Gott den Menschen und erschuf ihn nach seinem Ebenbild. Das Werk des Himmels wird auf Erden nun von bewussten Wesen getan. Wie im Himmel, also auch auf Erden. Wir haben überall Analogien gefunden. Uranos und Gaia, unsere eigenen männlichen und weiblichen Energien. Die sieben wandernden Planeten an unserem Himmel, die sieben Chakren in unserem Körper, die sieben Formen und Kräfte aus Chronos' Zeit.

P.: Die Kräfte und Teilchen, aus denen die Sterne und dann die Planeten entstanden sind, haben auch unseren Körper entstehen lassen. Manche meinen, unser Geist und unsere Seele folgten genau denselben Rhythmen. Wir sind Mikrokosmen.

Alle: Wir sind aus Sternenstaub entstanden. Diejenigen, die verstehen und guten Mutes sind, können diese transformierenden Energien in unserem täglichen Leben wecken. In unserem Ende liegt unser Anfang.

Ende

In diesem einfachen, sich entfaltenden Schema der kosmischen Evolution, die die wahre Geschichte der Menschheit ist, zeichnen sich bereits die Umrisse des Lotos des Selbst ab.

Die Kosmische Spirale

Eine Darstellung der Geschichte des Universums vom großen Knall bis zur Evolution des höherern Bewusstseins beim Menschen. Die Entwicklungsstufen des Bewusstseins werden als Analogie zu den Entwicklungsstufen von Materie und Kraft gesehen.

Das G. U. T.-Zeitalter war im ersten Bruchteil einer Sekunde nach dem großen Knall. Raum-Zeit, Materie und Kraft existierten getrennt voneinander, doch nur in rudimentärer Form.

Das Quark-Zeitalter fand im nächsten Bruchteil einer Sekunde statt. Raum-Zeit hatte sich aufgebläht, G. U. T.-Materie hatte sich zu unterschiedlichen Arten von Teilchen entwickelt, und aus G. U. T.-Kraft waren zwei unterschiedliche Arten von Kraft geworden. Das Endergebnis dieses Zeitalters waren die Teilchen und Kräfte, die wir heute beobachten können.

Das Atomzeitalter begann drei Minuten nach dem großen Knall und dauert bis heute an. Atome, Milchstraßen, Sterne und Planeten haben sich nach und nach aus Kombinationen von Teilchen und Kräften geformt, die jetzt existierten.

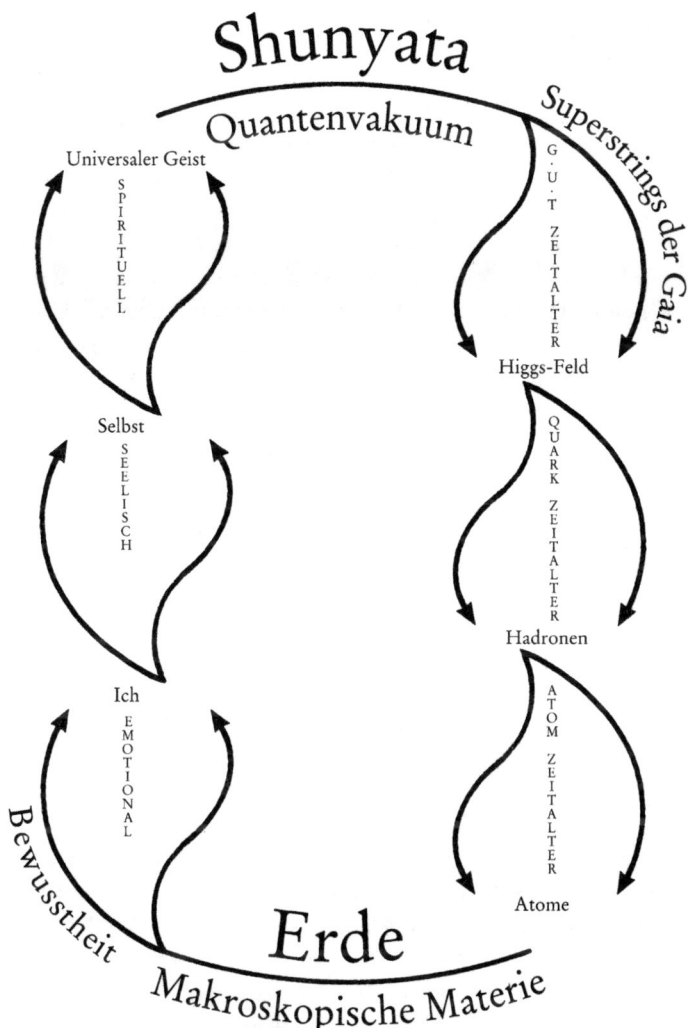

Shunyata

Quantenvakuum

Superstrings der Gaia

Universaler Geist

SPIRITUELL

G · U · T
ZEITALTER

Higgs-Feld

Selbst

SEELISCH

QUARK
ZEITALTER

Hadronen

Ich

EMOTIONAL

ATOM
ZEITALTER

Atome

Bewusstheit

Erde

Makroskopische Materie

6 Der Lotos des Selbst: Ein Modell

«Im Buddhismus ist der Lotos Symbol für das durch den
Schlamm der Welt des Samsara und durch das Nichtwissen (Avidya) im Grunde unbefleckt bleibende Wahre-
Wesen des Menschen, das durch die Erleuchtung (Bodhi)
verwirklicht wird. Oft ist die Lotosblüte ein Symbol der
Welt mit dem Stengel als Weltachse. Ikonographisch ist
sie eine Form des Thronsitzes des Buddha. Die Lotosblüte ist auch ein Kennzeichen des Avalokiteshvara. In
der Reines-Land-Schule ist sie Sinnbild der Lehre des
Buddha.»

Lexikon der östlichen Weisheiten, O. W. Barth, S. 221

Dunkelheit und Schlamm entspringend und zum Sonnenlicht
hin blühend, erfasst der Lotos Himmel und Erde. Hindu-Phi-
losophen sehen in ihm das höchste Symbol der spirituellen Erfüllung, durch das sich die Reise des Selbst von der Dunkelheit
zum Licht zurückverfolgen lässt. Für Buddhisten symbolisiert
er die Buddha-Natur, die sich im Herzen aller Menschen befindet. Der Lotos steht für die Reinheit und Vortrefflichkeit, die
die Essenz des menschlichen Unterfangens sind, für den Ursprung jeder Manifestation, die verschlungen im menschlichen
Wesen liegt. In einigen frühen taoistischen Geheimgesellschaf-
ten symbolisiert er eine «innere Alchemie», den Pfad der inneren Wandlung. Er steht für das Tao des Menschen, das seinen
Sitz zwischen dem Tao des Himmels und dem Tao der Erde hat.
Ich verwende den Lotos in diesem Buch als das Symbol für das
Selbst, das spirituell intelligent sein könnte.

Eine Beschreibung unserer spirituellen Intelligenz setzt ein
detaillierteres Modell des Selbst voraus, als bisherige Denkrich-

tungen anbieten. Spirituelle Intelligenz steht im Wesentlichen für eine dynamische Ganzheit des Selbst, in der das Selbst mit sich und der Gesamtheit der Schöpfung eins ist. Ich glaube, dieses umfassendere Modell des Selbst lässt sich nur darstellen, indem die Einsichten der modernen westlichen Psychologie mit denen der östlichen Philosophien und vielen Erkenntnissen der Wissenschaft des 20. Jahrhunderts verbunden werden.

Der Lotos ist selbst ein mächtiges Symbol einer solchen Integration. In asiatischen Philosophien ist der Lotos das höchste Symbol der Ganzheit. Alle große westliche Spiritualität galt dem Ziel, eine Art von Ganzheit zu erreichen. Die Psychologie nennt es «Integrität». In den besten wissenschaftlichen Ansätzen des 20. Jahrhunderts geht es um Ganzheit («Holismus»), sei es nun die Ganzheit der physikalischen Wirklichkeit, sei es die engere Verknüpfung von Leib und Seele oder der holistische Charakter der neuronalen Oszillationen, die das menschliche Bewusstsein stützen. Den Lotos als das höchste Symbol für das spirituell intelligente Selbst zu verwenden liegt nahe, wenn es darum geht, die großen östlichen und westlichen Vorstellungen vom Selbst mit den neuesten Einsichten der Wissenschaft zusammenzuführen.

Der Lotos ist auch wegen seiner einfachen physischen Struktur ein angemessenes Symbol für das spirituell intelligente Selbst. In den vorangegangenen Kapiteln haben wir gesehen, dass es drei grundlegende menschliche Intelligenzen gibt (die rationale, die emotionale und die spirituelle), drei Arten des Denkens (das serielle, das assoziative und das Einheit stiftende), drei grundlegende Arten des Wissens (das primäre, das sekundäre und das tertiäre) und drei Ebenen des Selbst (ein Zentrum – transpersonal, eine Mitte – assoziativ und interpersonal, eine Peripherie – das persönliche Ich). Das spirituell intelligente Selbst vereint alle drei. Der Lotos hat ein Zentrum: seine Knospe. Die östlichen Philosophien nennen sie «Das Juwel im Herzen des Lotos» (*Om mani padme hum*). Die Blütenblätter wiederum haben ein volles, abgerundetes Zentrum und eine spitzer zulaufende Peripherie. Und jeder Lotos hat eine bestimmte Anzahl unterscheidbarer Blütenblätter, seien es nun vier, sechs oder «tausend», wie im Scheitel-Chakra des Hinduismus.

Das Selbst hat, so nehmen wir an, eine Quelle, einen Ursprung in der Geschichte und in der Entwicklung des Universums sowie einen Ausgangspunkt in seiner eigenen Geschichte. Physisch beginnen wir als Sternenstaub, der sich aus dem Quantenvakuum entwickelt hat. Auch spirituell können wir als Protobewusstsein beginnen, das mit diesem Sternenstaub in Verbindung gebracht wird. Als Kinder haben wir zunächst ein unschuldiges, wenig differenziertes Bewusstsein. Der Stengel des Lotos hat seinen Ursprung im undifferenzierten Urschlamm des ursprünglichen Seins – eine Spiegelung des menschlichen Ursprungs in einer undifferenzierten Urganzheit. Das Selbst *ist* zugleich eine Quelle – die Quelle für die Weiterentwicklung von Sinn und Wert und sogar – der Quantenphysik zufolge – eine Quelle der manifesten physikalischen Realität. In der asiatischen spirituellen Mythologie ist der Lotos die Quelle aller Manifestationen.

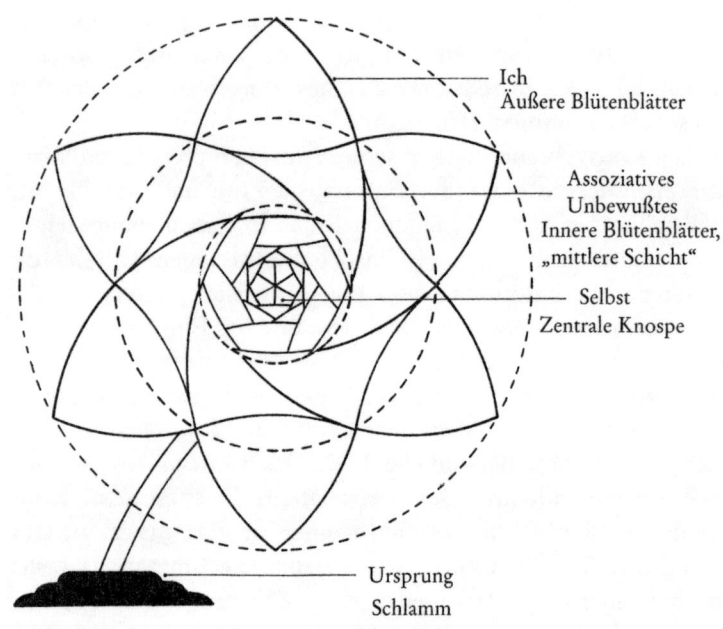

Ich
Äußere Blütenblätter

Assoziatives
Unbewußtes
Innere Blütenblätter,
„mittlere Schicht"

Selbst
Zentrale Knospe

Ursprung
Schlamm

Der grundlegende Lotos des Selbst

Im Lotos des Selbst, wie er hier entwickelt wird, gehen wir vom Äußeren zum Inneren, vom Letzten zum Ersten, weil dies die Art und Weise des Selbstverständnisses in der modernen westlichen Kultur ist. Wir kennen uns zunächst aus der Perspektive des bewussten Ichs, aus der Peripherie des Selbst. Dieses Ich-Selbst ist in seinem Zugang zu Erfahrungen im Wesentlichen rational, was mit den seriellen Nervenbahnen und Programmen im Gehirn zusammenhängt. Ich platziere das Ich-Selbst an den Rand der Lotosblütenblätter.

Als Nächstes werden wir des persönlichen und kollektiven Unbewussten gewahr, jenes riesigen Reservoirs an Motiven, Energien, Bildern, Assoziationen und Archetypen, die das Denken, die Persönlichkeit und das Verhalten von «innen» her beeinflussen. Hier handelt es sich um die assoziative «Mitte» des Selbst, um den Teil unserer Seele, der mit parallelen neuronalen Netzwerken im Gehirn zusammenhängt. Diese Mitte erfüllt ihre Funktion hauptsächlich mit Hilfe des Körpers und der Emotion. Ich platziere das assoziative Unbewusste in den inneren Bereich der Lotosblütenblätter.

Jene etwa 50 Prozent aller westlichen Menschen, die eine mystische Erfahrung des Einswerdens gemacht haben – das Gefühl, mit der Wirklichkeit eins zu sein, kennen –, waren sich des Zentrums des Selbst vielleicht für kurze Zeit bewusst. Aber wir alle haben, ob bewusst oder nicht, mit dem Zentrum des Selbst Kontakt, wenn wir zu einer neuen Einsicht gelangen, das Leben in einem umfassenderen Zusammenhang sehen oder Fragen nach dem höchsten Wesen stellen. Dieses Zentrum hängt mit den synchronen 40-Hz-Oszillationen im gesamten Gehirn zusammen und ist in seiner Funktion im Wesentlichen Einheit stiftend und integrativ. Ich platziere das Zentrum des Selbst ins Zentrum des Lotos: in die Knospe.

Und schließlich gibt es gemäß allen östlichen Traditionen und gemäß den großen mystischen Traditionen des Westens jenen Aspekt des Selbst, der jenseits jeglicher Form ist. Das ist der Ursprung, Gott, Dasein – in unterschiedlichen Traditionen führt er unterschiedliche Namen. Doch in allen Traditionen ist die sich jenseits der Bewusstheit befindende Quelle des Selbst sowohl das Fundament des Seins selbst, der Ursprung jeglicher

Manifestation, als auch die letzte Quelle der Energie, die zur bewussten und unbewussten Seele wird. In der Wissenschaft des 20. Jahrhunderts wird diese Quelle sowohl des Daseins als auch des Selbst mit dem Quantenvakuum in Verbindung gebracht, mit dem ruhigen Grundenergiezustand des Universums. Im Lotos des Selbst stelle ich das als den Urschlamm dar, aus dem heraus die Wurzeln und der Stengel des Lotos wachsen.

Der Lotos des Selbst sieht aus wie eine Art Mandala und soll auch so verwendet werden. Mandalas sind jene hinduistisch-buddhistischen Karten der Seele und des Kosmos, die den Meditierenden, wenn er mit dem Zentrum in Kontakt kommt, durch die vielen Schichten des Seins und der Erfahrung zur Erleuchtung führen. Unser «Mandala» soll uns helfen, umfassenderes Wissen über das Selbst in allen drei Schichten zu erlangen und diese zu einer seelischen Ganzheit zu vereinen, die ich als spirituelle Intelligenz bezeichne. In den Kapiteln 7 bis 9 werde ich die Karte der Seele vorstellen und die Persönlichkeitstypen der Ich-Schicht, einige der wesentlichen unbewussten Motive, Energien und Archetypen der Mitte des Selbst und schließlich das Zentrum darin verzeichnen.

Der hier dargestellte Lotos bietet Raum für zahlreiche Einzelheiten aus einer breiten Vielfalt von Traditionen – aus den vielen Schulen der westlichen Psychologie, aus dem kabbalistischen Baum des Lebens, aus der griechischen Mythologie, den astrologischen und alchimistischen Traditionen, den tibetanischen Bardos, den hinduistischen Chakren, den Sakramenten der Christenheit und vieles mehr. Leser, die sich für diese Zusammenhänge interessieren, sollten einen Blick auf S. 324 im Anhang werfen.

7 Der Lotos des Selbst I: Die Ich-Schicht

Beim Ich handelt es sich um die am spätesten entwickelte, rationalste Schicht des Selbst. Es steht in Verbindung mit den seriellen Nervenbahnen und Programmen des Gehirns, jenem neuronalen System, das für das logische, rationale Denken und das bewusste zielorientierte oder strategische Denken zuständig ist. Genau genommen handelt es sich um eine Gruppe von Bewältigungsmechanismen und -strategien, mit denen das Selbst der Welt gegenübertritt. Wenn ich in der Kindheit schädigende emotionale Erfahrungen gemacht habe, wird mich mein Ich vor einer weiteren Schädigung schützen, indem es für Beziehungen zu Erwachsenen Strategien entwickelt, die verhindern, dass der Kindheitsschmerz sich wiederholt. Wenn in der Kindheit sehr viel von mir erwartet wurde, wird mein Ich Strategien ausbilden, um diesen hohen Erwartungen gerecht zu werden – oder gegen derartige Anforderungen zu rebellieren. Mein Ich ist die Maske, die ich der Welt (und sehr oft mir selbst) zeige; die Rolle, die ich auf der Bühne des Lebens spiele. Das Ich ist der Bestandteil meines Selbst, über den ich mich am leichtesten und am bereitwilligsten mit der Person identifiziere, von der ich meine, dass sie ich ist.

Die westliche Kultur wird vom Ich beherrscht. Hier werden förmliche Beziehungen und die Rollen, die wir im öffentlichen Leben spielen, besonders betont. Großer Wert wird dabei auf das isolierte Individuum gelegt, das ständig rationale Entscheidungen fällen muss. Deshalb leben die meisten von uns westlichen Menschen von der Peripherie unseres Selbst – in der irrigen Annahme, sie mache das ganze Selbst aus.

Jeder von uns ist einzigartig. Es gibt keine zwei Gehirne, keine zwei Sätze von Fingerabdrücken, die identisch wären. Wir alle haben uns in der Auseinandersetzung mit der eigenen einzigartigen Erfahrung ein eigenes Schicksal geschnitzt. Und doch gilt in großen Teilen der westlichen Psychologie als anerkannt, dass man die Menschen auf dem Ich-Niveau des Selbst in vier bis sechzehn Persönlichkeitstypen unterteilen kann. Diese Typen – introvertiert, extravertiert, realistisch, neurotisch, künstlerisch, unternehmerisch usw. – können mit Hilfe von Tests weiter differenziert werden, was der objektiv und wissenschaftlich ausgerichteten westlichen Psychologie entgegenkommt.

Ich habe mich entschieden, für die Ich-Peripherie unserer Lotosblütenblätter die sechs Persönlichkeitstypen zu übernehmen, die der amerikanische Psychologe J. L. Holland identifiziert hat. Er veröffentlichte den Holland-Test 1958 zum ersten Mal und beschrieb ihn ausführlich in seinem Klassiker *Making Vocational Choices: A Theory of Vocational Personalities and Work Environments*. Bei diesem Test handelt es sich um den weltweit am weitesten verbreiteten Berufsberatungstest. Ihm liegt folgende Annahme zugrunde: Es gibt sechs Persönlichkeitstypen, und jeder von ihnen kann mit einer Reihe von Berufen in Verbindung gebracht werden, für die er am besten geeignet ist. Hollands Persönlichkeitstypen beruhen auf den Interessen und Fähigkeiten der einzelnen Personen. Im Laufe der Jahre haben Millionen von Menschen in vielen Kulturen als Studenten oder Stellenbewerber den Holland-Test absolviert; außerdem war er Gegenstand Hunderter wissenschaftlicher Beiträge. Obwohl er in seiner Beschreibung der sechs Persönlichkeitstypen geringfügig von anderen bekannten Tests – wie dem auf Jung zurückgehenden Verfahren von Myers-Briggs – abweicht, können Hollands Kategorien leicht so angepasst werden, dass sie nahezu allen anderen entsprechen.

Holland stellt Fragen wie «Hätten Sie Spaß daran, Krankenschwester, Lehrer, Schlosser etc. zu sein?» Ein umfangreicher Fundus an wissenschaftlichen Arbeiten hat wiederholt die folgenden sechs Persönlichkeitstypen ergeben:

• der Konventionelle
• der Soziale
• der Forschende

- der Künstlerische
- der Realistische
- der Unternehmerische

Die Persönlichkeitstypen werden paarweise als Gegensätze aufgelistet, sodass sich zeigt, dass ein künstlerischer Mensch ganz andere Interessen, Vorlieben und Fähigkeiten hat als ein konventioneller, eine realistische Persönlichkeit andere Eigenschaften als eine soziale usw. Doch im Unterschied zu einigen anderen Persönlichkeitstests ist der von Holland flexibel; er lässt es zu, dass ein einzelner Mensch hohe Werte für zwei, drei oder vier unterschiedliche Wesenszüge hat, unter denen einige sogar im Widerspruch zueinander stehen können. Als Künstlerin kann ich unpraktisch und impulsiv sein, doch in meiner konventionellen Rolle als professionell ausgebildete Referentin im Wirtschaftssektor kann ich effektiv und planvoll vorgehen. Ein Wissenschaftler kann vorsichtig und genau sein (ein forschender Typ) und doch Spaß am Klettern (unternehmerisch) und am Feiern (sozial) haben.

Tatsächlich werden wir sehen, dass die Neigung, Wesenszüge aus unterschiedlichen Kategorien (die den Lotosblütenblättern entsprechen) an den Tag zu legen, ein Zeichen für persönliche Reife und für einen hohen SQ ist. Ein sehr unreifer Mensch hat möglicherweise nur einen einzigen Ich-Stil (ein einziges Lotosblütenblatt) entwickelt, während ein zur Gänze erleuchteter (spirituell hochintelligenter) Mensch in sehr ausgewogenem Maße Eigenschaften aller sechs Persönlichkeitstypen aufweisen würde. Bei dem Lotos, wie er hier dargestellt ist, handelt es sich um eine Art «Karte», mit deren Hilfe wir uns an den unterschiedlichen Ich-Wesenszügen entlang zu einer ausgewogeneren Persönlichkeit vorarbeiten können. Besonders in dieser Hinsicht ähnelt der Lotos des Selbst einem östlichen Mandala.

Im 13. Kapitel kann jeder Leser, jede Leserin testen, welchem Persönlichkeitstyp – oder welchen Typen – er oder sie am nächsten kommt. Hier nun eine Zusammenfassung der hervorstechenden Merkmale, die mit jedem einzelnen Typus (mit den einzelnen äußeren Blütenblättern) verbunden sind. Die Blütenblätter und ihre Entsprechungen in der Persönlichkeit werden in einer

Anordnung beschrieben, die der aufsteigenden Reihenfolge der hinduistischen Chakren entspricht: Energiemustern, die sich in der unbewussten mittleren Schicht des Selbst finden, welche bei richtiger Nutzung helfen kann, Wesenszüge auf dem Ich-Niveau zu wechseln. Die Chakren werde ich im 8. Kapitel erörtern.

Erstes Blütenblatt:
Die konventionelle Persönlichkeit

Nur zehn bis 15 Prozent der Menschen[1] erfüllen Hollands Kriterien für den vorwiegend konventionellen Typ, wenngleich er bei vielen anderen an zweiter oder dritter Stelle rangiert. Konventionelle Persönlichkeiten sind sorgsam, konformistisch und planvoll. Sie sind effektiv und gewissenhaft, können aber auch abwehrend und unflexibel sein. Sie neigen zu Hemmungen, wollen nie schocken oder aus der Masse hervortreten. Sie sind gehorsam, ordentlich, beharrlich, praktisch denkend und sparsam, können aber auch spröde und phantasielos sein. Diejenigen, die sich an Konventionen halten, sind das genaue Gegenteil des eher künstlerischen Persönlichkeitstyps. Zu den Berufsbildern, die Holland als dem konventionellen Persönlichkeitstyp angemessen vorschlägt, gehören Empfangsdame, Sekretärin, Verwaltungsangestellter, Angestellter eines Rechenzentrums und Buchhalter.

Zweites Blütenblatt:
Die soziale Persönlichkeit

Soziale Persönlichkeiten bilden die größte Gruppe: 30 Prozent der Menschen gehören in diese Kategorie, darunter mehr Frauen als Männer. Soziale Persönlichkeitstypen mögen, wie sich denken lässt, Menschen, und es macht ihnen Spaß, sich unter sie zu mischen. Sie sind freundlich, großzügig, hilfsbereit und höflich. Sozialen Persönlichkeiten fällt es leicht, anderen Mitgefühl entgegenzubringen, und sie können sehr überzeugend sein. Sie sind geduldig und empfinden es als eine Selbstverständlichkeit, mit anderen zusammenzuarbeiten. Holland beschreibt sie auch als idealistisch, verantwortungsbewusst, taktvoll und warmherzig. Sie sind gute Lehrer für jede Klassenstufe. Therapeuten, Fürsorger und Berater gehören diesem Persönlichkeitstyp gewöhnlich an, ebenso viele Unternehmensberater. Außerdem sind soziale Persönlichkeiten natürliche und liebevolle Hausmänner bzw. Hausfrauen.

Drittes Blütenblatt:
Die forschende Persönlichkeit

Der forschende Persönlichkeitstyp macht weitere zehn bis 15 Prozent der Bevölkerung aus. Diese Menschen haben eine Leidenschaft für Ideen, und sie gehen ihnen gern auf den Grund. Bei ihnen handelt es sich um den rationalsten Persönlichkeitstyp von allen, um den Archetyp des Intellektuellen. Sie sind analytisch, vielschichtig, neugierig und genau; sie können sowohl Menschen als auch Ideen gegenüber einen recht kritischen Standpunkt einnehmen. Während soziale Persönlichkeitstypen Menschenmengen lieben, brauchen forschende Persönlichkeiten Zeiten des Alleinseins. Sie sind introspektiv, zurückhaltend und bescheiden. Vorsichtig und reserviert, sind sie bemüht, sich nicht zu Emotionen hinreißen zu lassen. Sie sind zutiefst unabhängig, wodurch sie sich auch unbeliebt machen. Menschen vom forschenden Persönlichkeitstyp sind besonders häufig Wissenschaftler, Arzt, Übersetzer, Architekt und Forscher. Viele Intellektuelle haben einen beträchtlichen Anteil des forschenden Typs in ihrer Persönlichkeit. Hochschullehrer, vor allem jene, die sich auf die Forschung spezialisieren, sind gute Repräsentanten dieses Typs.

Viertes Blütenblatt:
Die künstlerische Persönlichkeit

Das genaue Gegenteil des konventionellen Typs und oft im Streit mit dem forschenden Typ (manchmal innerhalb derselben Persönlichkeit), machen Menschen des künstlerischen Persönlichkeitstyps etwa zehn bis 15 Prozent der Bevölkerung aus. Sie sind kompliziert, häufig unordentlich, emotional, impulsiv und unpraktisch. Der für sie typische Idealismus kann sie leicht mitreißen – so wie es Don Quijote mit den Windmühlen ergeht. Ebenso wie der forschende Typ ist der künstlerische Typ unabhängig und introspektiv, hat aber keine Schwierigkeiten damit, seine Vorstellungen prononciert zum Ausdruck zu bringen. Zutiefst nonkonformistisch und originell, ist der künstlerische Typ intuitiv, sensibel und offen, was ihm zu großer Beliebtheit verhelfen kann. Auf Menschen dieses Typs trifft man offenkundig unter Schriftstellern, Musikern und Künstlern, doch sie sind auch gute Journalisten, Designer, Kunstkritiker und Schauspieler.

Fünftes Blütenblatt:
Die realistische Persönlichkeit

Die realistische Persönlichkeit ist bodenständig und sachlich; sie macht keine überflüssigen Worte. Diese nüchternen, materialistischen, sehr praktischen Menschen machen etwa 20 Prozent der Bevölkerung aus; mehrheitlich handelt es sich um Männer. Sie mögen allzu vertrauliche Beziehungen nicht, scheuen soziale Gruppen und tun nur selten vornehm. Diese Menschen sind natürlich und ursprünglich. Wenn sie sprechen, dann tun sie das offen, aber sie neigen zum Konformismus und können unflexibel sein. Sie sind nicht für ihre originellen Einsichten bekannt, aber sie sind beharrlich und geizig. Hier handelt es sich um den einzigen von Hollands Persönlichkeitstypen, der als «normal» beschrieben wird. Realistische Persönlichkeiten ziehen praktische Berufe vor, und am engsten arbeiten viele von ihnen mit einer Maschine zusammen. Sie sind besonders häufig Fahrer, Pilot, Schlosser, Koch, Bauer und Ingenieur. Sie verkörpern zwar das genaue Gegenteil des sozialen Persönlichkeitstyps, führen aber mit sozialen Persönlichkeiten oft eine gute Ehe – die beiden Typen ergänzen einander.

Sechstes Blütenblatt:
Die unternehmerische Persönlichkeit

Diese sehr selbstbewussten und aus sich herausgehenden Menschen machen die verbleibenden zehn bis 15 Prozent der Bevölkerung aus. Sie sind auf Gewinn orientiert, liebenswürdig und ehrgeizig, können aber auch dominierend sein. Abenteuerlustig und voller Energie, suchen sie das Aufregende. Sie flirten gern und können zu exhibitionistischen Extremen neigen. Menschen vom unternehmerischen Persönlichkeitstyp sind gewöhnlich sehr optimistisch, bereit, alles auszuprobieren, und erwecken in dem Maße Vertrauen, wie sie selbst Zutrauen zu sich haben. Sie sind sehr gesellig und reden gern. Es überrascht nicht, dass ein hoher Prozentsatz an Politikern von diesem Typ ist. Das Gleiche trifft auf Verkäufer, leitende Angestellte, Manager und kleine Geschäftsleute zu. Der unternehmerische Typ ist auch bei der Polizei und beim Militär vertreten.

Das Wachsen und das Ausbalancieren unserer Persönlichkeit

Größtenteils passt Hollands Persönlichkeitstypologie gut zu dem Schema, das ich für den Lotos des Selbst vorschlage. Es muss jedoch betont werden, dass der Durchschnittsmensch eine Mischung aus zwei oder mehreren Typen ist; das hat Holland selbst erkannt. Idealerweise wird unsere Persönlichkeit im Verlauf unseres spirituell intelligenten Lebens wachsen, sodass sich ein Gleichgewicht aus allen sechs Persönlichkeitstypen bildet. Führt der Durchschnittsmensch den Holland-Test einmal als junger Erwachsener und später als reifer Erwachsener noch einmal durch, dann sind die Ergebnisse in der Regel dieselben. Anders ausgedrückt: Die meisten Menschen ändern sich hinsichtlich ihres Ich-Niveaus in ihrem Erwachsenenleben nicht wesentlich. Doch ich möchte mich in diesem Buch auf die wenigen Menschen konzentrieren, bei denen sich etwas verändert hat – und auf die These, dass sich mehr Menschen ändern könnten, wenn die spirituelle Intelligenz in der Allgemeinbevölkerung angehoben würde. Die meisten Wesenszüge bei Erwachsenen sind in etwa zur Hälfte angeboren und zur Hälfte erworben. Aus uns kann nicht alles werden, was wir gern wären, aber es gibt vieles, was wir verändern können, wenn wir es nur wirklich wollen.

Im frühen Jugendalter sind die meisten von uns damit beschäftigt, Strategien dafür zu entwickeln, wie wir die Umwelt und Beziehungen zu anderen Menschen mit unserer bestehenden Ich-Persönlichkeit in Einklang bringen können. Später jedoch, klassischerweise während der Midlife-Crisis, suchen viele Menschen nach Wegen, ihre Persönlichkeit weiter wachsen zu lassen und in ein Gleichgewicht zu bringen. Jung hat diesen Prozess der Weiterentwicklung als «Individuation» bezeichnet und mit der spirituellen Dimension des Lebens in Verbindung gebracht. Dabei handelt es sich natürlich um das Ziel der spirituellen Intelligenz.

Das System von Myers-Briggs

Hollands Gruppe von sechs Persönlichkeitstypen lässt sich mit einem anderen sehr populären System vergleichen. 1921 beschrieb Jung sechs Stile der Ich-Aktivität als drei Gegensatzpaare: Introversion versus Extraversion, Denken versus Fühlen, Empfinden versus Intuieren. Eine Kombination aus diesen Stilen wird normalerweise zur Gewohnheit; man könnte also beispielsweise ein extravertierter Gefühltyp sein, dessen andere Seite introvertiertes Intuieren ist. Jungs Arbeit wurde zur Grundlage für den sehr beliebten Myers-Briggs-Typenindikator; er kommt heute im Geschäftsleben und im Bildungssystem bei über einer Million Menschen jährlich zur Anwendung.

Die von Jung nahe gelegten allgemeinen Beziehungen zwischen diesen Persönlichkeitstypen sind in Frage gestellt worden. Beispielsweise können Menschen entweder denken oder fühlen oder beides oder keines von beidem – das hängt ganz vom Kontext ab. Aber die grundlegenden Begriffe sind nach wie vor nützlich. Bestimmte Kombinationen lassen sich auf dem Lotos des Selbst sehr gut abbilden. So entspricht Jungs extravertiertes Fühlen dem sozialen Typ von Holland und Hollands künstlerischer Typ entspricht dem introvertierten Wahrnehmen (introvertiertes Empfinden in Verbindung mit introvertiertem Intuieren).

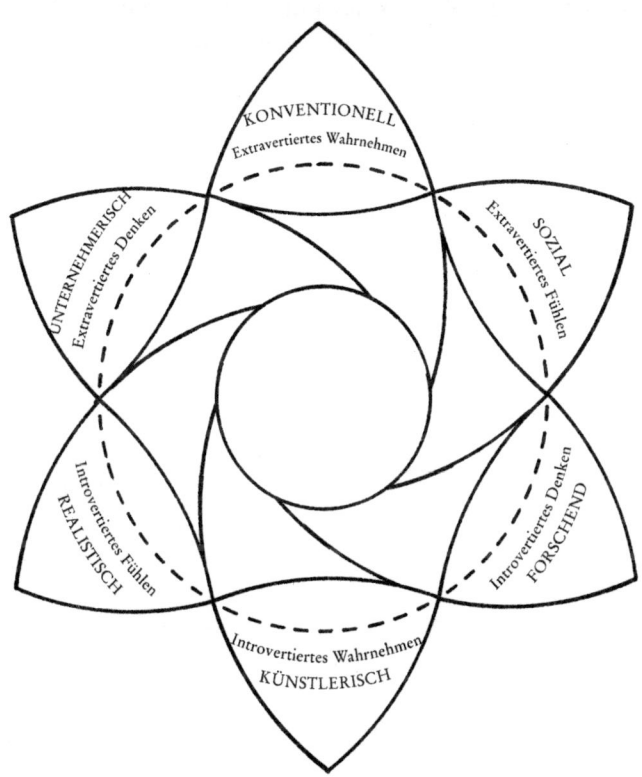

Der Lotos des Selbst I

In der obenstehenden Abbildung beziehen sich die Begriffe jeweils von außen nach innen auf:

- *Hollands Persönlichkeitstypen*
- *Jungs Persönlichkeitstypen*

8 DER LOTOS DES SELBST II:
DIE ASSOZIATIVE MITTE

Die breite mittlere Schicht des Lotos ist das assoziative Unbewusste, der riesige Speicher für Bilder, Beziehungen, Muster, Symbole und Archetypen, die unser Verhalten und unsere Körpersprache beherrschen, unsere Träume gestalten, unsere Familie und Gemeinschaft zusammenhalten und uns, ohne auf einen rationalen Gedanken Bezug zu nehmen, ein Gefühl von Sinn in unserem Leben vermitteln. Hier handelt es sich um den Teil des Selbst, über den Fähigkeiten und Muster in unserem Körper und in den neuronalen Netzen des Gehirns verankert sind. Wie Freud richtig erkannte, als er sein Es beschrieb, schäumt das Unbewusste vor einer Energie, die ihrer eigenen Logik folgt. Das bewusste Ich bildet im Gegensatz dazu deutlichere Konturen aus.

Wie kommen nun das Bewusste und das Unbewusste zusammen? Wie übermitteln sie einander Informationen, und wie verhandeln sie über Strategien? Was geschieht im Grenzbereich zwischen beiden, und welchen Einfluss hat dies auf die spirituelle Intelligenz?

Motivation – die Grenze zwischen Bewusstem und Unbewusstem

Das entscheidende Bindeglied zwischen Bewusstem und Unbewusstem ist die Motivation. Im Lotos des Selbst ordne ich Motive und die Einstellungen hinter ihnen zwischen der Ich-Peripherie der Lotosblütenblätter und der assoziativen Mitte an; sie reichen in beide Bereiche hinein. Bei der Ich-Peripherie geht es um den IQ und darum, wie wir Situationen wahrnehmen. Bei der assoziativen Mitte geht es um den EQ und darum, wie und was wir in Bezug auf Situationen empfinden. Wo beide sich treffen, liegen die Motive – was wir an Situationen *ändern* wollen. Da ein wichtiger Aspekt des SQ darin besteht, zu fragen, ob wir Situationen verändern wollen und wenn ja, wie, können unsere Motive dafür, etwas zu tun, damit zusammenhängen, ob wir unseren SQ auch nutzen. Tatsächlich ist das Vorhandensein eines halben Dutzends unterschiedlicher Motive ein Hauptgrund dafür, dass dem Ich ein halbes Dutzend Wege zur Verfügung stehen, mit der Welt in Beziehung zu treten (die sechs Blütenblätter des Lotos).

Warum möchte der Künstler etwas Neues hervorbringen? Warum möchte der unternehmerische Persönlichkeitstyp einen hohen Berg erklimmen oder eine verwegene Idee äußern? Warum muss der forschende Persönlichkeitstyp unbedingt etwas *wissen*? Die Motive sind das, was uns *bewegt*; sie kanalisieren die Energie, die in Emotionen latent vorhanden ist, in die Ich-Persönlichkeit und in die daraus folgenden Handlungen. Motive, Emotionen, Bewegung (engl. movement) – all diese Wörter haben denselben Ursprung, und bei allen geht es um die Kanalisierung unserer psychischen Energie oder Libido, wie Freud sie nannte. Zu erkennen, welche Motive vorhanden sind und wie sie wirken, ist von entscheidender Bedeutung, wenn wir verstehen wollen, wie wir die Art und Weise, auf die wir die Energie des Selbst kanalisieren, verändern und erweitern können – mit anderen Worten: Wenn wir unseren SQ nutzen wollen, müssen wir unsere Motive verstehen.

Die meisten westlichen Psychologen stimmen darin überein, dass Motive eine Mischung aus dem Bewussten und dem Unbewussten sind. Ein Künstler ist sich bis zu einem bestimmten Grad im Klaren darüber, warum er ein bestimmtes Bild malen muss, kennt aber die tiefen Kräfte in seinem Unbewussten, die ihn drängen, ein nie gesehenes Phantasiebild zu entwickeln, nicht. Ein Politiker ist sich teilweise bewusst, warum er eine bestimmte Sache vorantreibt, weiß aber nicht vollständig, woher die Leidenschaft für sein Engagement kommt. Wir werden uns selbst zumindest teilweise immer Fremde bleiben, weil wir zu jeder Zeit mehr sind als unser bewusstes Selbst.

Weiterhin unterscheiden Psychologen zwischen Motiven

und Trieben – jenen Kräften, die uns hauptsächlich durch den Instinkt in Bewegung bringen. Den Fortpflanzungstrieb haben wir mit allen niederen Tieren gemeinsam, doch für die Motivation zu elterlicher Fürsorge sind evolutionär fortgeschrittene Anlagen Voraussetzung. Die Verteidigung des eigenen Territoriums ist ein weiterer Trieb, den man bei den meisten Tieren findet, Selbstbehauptung dagegen ist ein Motiv, das man vor allem bei Menschen und höheren Menschenaffen antrifft. Motive sind stärker *psychologisch* und umfassender, sie setzen voraus, dass ein bestimmtes Maß an freiem Willen vorhanden ist; sie haben mehr mit einer echten Entscheidung zu tun, weil sie auf vielfältige Weise befriedigt werden können. Mein Territorium kann ich nur verteidigen, indem ich andere wegdränge, aber meinen Drang, mich zu behaupten, kann ich befriedigen, indem ich laut rede, mir mit den Ellbogen den Weg bahne, Untergebenen Befehle erteile usw. Bei den Menschen ersetzen die Motive wahrscheinlich die verlorenen Triebe.

Folgt man den Persönlichkeitstheoretikern, so gruppieren sich bestimmte Motive um bestimmte Persönlichkeitstypen. Es existiert keine Übereinstimmung darüber, wie viele grundlegende Motive es gibt und welche mit welchen Persönlichkeitstypen zusammenhängen. Der amerikanische Motivationspsychologe R. B. Cattell ist einer der Großen innerhalb der westlichen Psychologie und ein tragender Pfeiler der Tradition, die Persönlichkeit mit Hilfe von Tests zu erfassen. Bei seiner Arbeit handelt es sich vielleicht um die umfassendste, die empirisch fundierteste und die am meisten erprobte. Wie Hollands Instrumente zur Berufsberatung werden auch die von Cattell zur Motivation[1] weltweit verwendet. Zu seinen Schlussfolgerungen kam er über eine Vielfalt von Testverfahren sowohl für bewusste als auch für unbewusste Motive – Aussagen über bewusste Vorlieben, Reaktionen in einem «Lügendetektor»-ähnlichen Verfahren, Erhebungen der Menge an Zeit und Energie, die für bestimmte Aktivitäten eingesetzt wird, usw.

Während Freud beim Menschen nur zwei grundlegende Motive sah, Sexualität und Aggression, beschreibt Cattell etwa zwölf. Ich bin allerdings der Auffassung, dass einige von ihnen, wie etwa Hunger, besser als Triebe oder Instinkte betrachtet werden sollten; weitere, wie etwa Narzissmus, halte ich für negative Formen eines positiveren Motivs; und wieder andere, wie etwa Loyalität im Beruf, könnten als erlernte Verhaltensweisen beschrieben werden. Deshalb habe ich nur sechs von Cattells Motivationskategorien als die grundlegenden herangezogen; einige habe ich neu benannt und neu eingeordnet. Sie hängen mit fünf von Hollands sechs Persönlichkeitstypen zusammen und von daher auch mit fünf der sechs Lotosblütenblätter und mit dem Zentrum des Lotos. Die verbleibenden Motive sind:

- Geselligkeit
- (elterliche) Fürsorge
- Neugier
- Kreativität
- Konstruktivität
- Selbstbehauptung

Welche Eigenschaften Cattell als weitere gesonderte Motive aufführt, habe ich angedeutet.

Geselligkeit wird mit dem konventionellen Persönlichkeitstyp in Verbindung gebracht. Sie bedeutet, dass ein Mensch von einem Interesse angetrieben wird, mit anderen zusammen zu sein, sich in eine Gruppe einzufügen, an sportlichen Aktivitäten teilzunehmen oder sich diese anzusehen sowie Spaß an fast jeglicher Art von Gruppenaktivität zu haben. Diejenigen, bei denen Geselligkeit das Hauptmotiv ist, haben wenig Interesse daran, zu rebellieren oder allein zu sein. Zu negativen Schattenformen dieses Motivs gehören Rückzug und Narzissmus – eine übermäßige Beschäftigung mit sich selbst und eine Unfähigkeit, Beziehungen aufzubauen (Cattell).

Fürsorge (elterliche) wird mit dem sozialen Persönlichkeitstyp und dem zweiten Lotosblütenblatt in Verbindung gebracht. Die Motivation zur Fürsorge bedeutet, von dem Bedürfnis getrieben zu sein, Liebe zu geben oder zu fühlen, dass man geliebt wird. In Cattells Schema ist dieses Motiv mit Gefühlen elterlicher Fürsorge verbunden. In seiner entwickelteren Form wird es auch damit in Zusammenhang gebracht, dass man Notleidenden hilft und in umfassenderer Weise gute Taten vollbringen möchte. Zu den negativen oder Schattenformen von Fürsorge gehören Ärger (Cattell) und Hass.

Neugier wird mit dem forschenden Persönlichkeitstyp und dem dritten Lotosblütenblatt in Verbindung gebracht. Sie bedeutet die Motivation, etwas zu erkunden (Cattell), sich für Literatur, Musik, für die Künste allgemein, die Wissenschaft, Ideen, Reisen, Naturkunde usw. zu interessieren. Zu den negativen oder Schattenformen zählen Angst (Cattell), Rückzug und Apathie.

Kreativität hängt eindeutig mit dem künstlerischen Persönlichkeitstyp und dem vierten Lotosblütenblatt zusammen. Sie bedeutet, von dem Wunsch getrieben zu sein, etwas nie da Gewesenes zu schaffen, etwas Neues auf eine neue Weise zu sagen, anders als der Norm entsprechend zu leben, sich nach dem noch nicht Gesehenen oder noch nicht zum Ausdruck Gebrachten zu sehnen, vom Unmöglichen zu träumen. Negative oder Schattenformen von Kreativität sind Destruktivität oder Nihilismus. Das Kreativitätsmotiv tritt bei Cattell nur im Bereich der Sexualität in Erscheinung, doch in seinen und in vielen anderen psychologischen Untersuchungen findet es sich als Kreativität, Lebenstrieb oder schwärmerisches Gefühl. Es ist bei zehn bis 15 Prozent der Bevölkerung das vorherrschende Motiv, und es ist aufgrund der Eigenart unseres Bewusstseins und der Art und Weise, wie unser Gehirn wächst, bei allen Menschen vorhanden.

Konstruktivität wird mit dem realistischen Persönlichkeitstyp und dem fünften Lotosblütenblatt in Verbindung gebracht. Sie bedeutet, dass es einem Menschen Freude bereitet, mit technischen Geräten zu spielen, Dinge aufzubauen und sie zu reparieren. Menschen, die von diesem Motiv getrieben werden, haben oft ein reiches Innenleben und starke Gefühle, aber es bereitet ihnen Schwierigkeiten, diese in Worte zu fassen. Bevor die Zeit der Massenproduktion anbrach, konnten diese Menschen ihren Gefühlen in der Töpferei, im Herstellen von Möbeln und in anderen Handwerken Ausdruck verleihen. In der ausgeprägteren Form folgt der realistische Typ dem erlernten Motivationsmuster, das Cattell als «Selbstsentiment» bezeichnet. Hier werden Selbstkontrolle, Selbstachtung, der gute Staatsbürger und die Interessen der Gemeinschaft betont.

Selbstbehauptung wird mit dem unternehmerischen Persönlichkeitstyp und dem sechsten Lotosblütenblatt in Verbindung gebracht. Sie bedeutet, dass man getrieben ist von dem Interesse an einem hohen Einkommen, einem guten Ruf, Konkurrenzfähigkeit, einem guten Auskommen der Familie, beruflichem Erfolg und an politischen Dingen (zur Verbesserung der eigenen Position). Ist dieses Motiv weiter entwickelt, ist dieser Persönlichkeitstyp nach wie vor an Unabhängigkeit und Führung interessiert, dabei aber stärker von dem Wunsch motiviert, der Gemeinschaft zu dienen, oder sogar seinen transpersonalen Interessen. Schattenformen der Selbstbehauptung sind Abschieben von Verantwortung, Selbsterniedrigung oder Machtmissbrauch aus persönlichen Motiven.

Cattell führt ein weiteres Motiv an, das er «religiös» nennt. Ich erkenne es als zentrales Motiv an, bezeichne es aber aufgrund der damit einhergehenden Erfahrungen als Vereinheitlichung. Cattell brachte es mit dem Gefühl in Verbindung, mit Gott in Kontakt zu sein, beziehungsweise mit einem Prinzip, das einem Menschen in seinen Kämpfen Sinn und Hilfe gibt, sowie mit einem Interesse an der institutionalisierten Religion. Dieses Motiv scheint jedoch nicht mit einem einzelnen Persönlichkeitstyp oder einer Einzelaktivität verknüpft zu sein, sondern vielmehr eine potenzielle Triebkraft im Leben aller Persönlichkeitstypen darzustellen; es handelt sich um ein Motiv, das eindeutig damit verbunden ist, in allem, was wir tun, Sinn und Wert zu suchen. Deshalb platziere ich es nicht auf einem Lotosblütenblatt, sondern im Zentrum des Selbst.

Das assoziative Unbewusste: Die mittlere Schicht des Lotos

In der Mitte des Selbst befinden sich die Gewohnheiten, Assoziationen und Traditionen des alltäglichen Lebens, das persönliche Unbewusste, Freuds Es. Hier finden sich auch die Erzählungen und Bilder unserer Religionen und Mythologien sowie die inneren Rhythmen unserer Kultur. Man trifft hier auf die Dramen, die sich in unseren nächtlichen Träumen abspielen, und auf die seelischen Vorbilder für unser Verhalten bei Tage. Es ist der Ort, von dem aus jeder Einzelne in Weisheit und Wahnsinn eintaucht, die jenseits des Ichs liegen, der Ort, an dem jeder Einzelne von uns die albtraumhafte Welt des Schizophrenen und die erhabene Ekstase des Propheten kennt. Hier sprechen wir mit den Göttern, Göttinnen und Helden, mit allen Dämonen der Unterwelt; hier haben die Energien, aus denen sich die Motivation bildet, ihre ersten Wurzeln im Entfaltungsprozess des Selbst.

Die Mitte ist der Bereich des Selbst, den zuerst Freud in seinen Studien zu Neurosen und Träumen dargestellt hat und der dann von Jung und anderen erweitert wurde, die, um das Unbewusste zu dokumentieren, Studien an psychotischen Patienten mit der Erforschung primitiver Völker verbanden, mit den Erzählungen in den großen Mythologien, den Bildern und Symbolen, die die Menschheit während der gesamten überlieferten Geschichte hatte. In dieser riesigen Menge von Material finden sich wiederkehrende Muster, Bilder und Symbole; das deutet auf eine universale Struktur der unbewussten Psyche hin, die Jung als das kollektive Unbewusste bezeichnete.

Was sind das für Muster und Archetypen, die in unterschiedlichen Kulturen immer wiederkehren? In welcher Beziehung stehen sie zur Ich-Schicht der Persönlichkeit? Welche Archetypen hängen mit welchen Persönlichkeitstypen zusammen? Welche Energien sind mit der oben skizzierten Gruppe grundlegender persönlicher Motive verbunden? Und welche Struktur haben diese tief reichenden psychischen Energien? Warum sind sie universal?

Was die äußere Ich-Schicht des Selbst angeht, bin ich auf mich gestellt. Das Ich kann sich nicht selbst reparieren oder transformieren: Dazu braucht es die Ressourcen der tieferen Schichten des Unbewussten. Doch selbst hier, im tiefen Unbewussten, haben die Symbole und Bilder der westlichen Tradition etwas Statisches. Was treibt sie? Wie führt der Kontakt mit ihnen dem Selbst Energien zu? Wie geht, kurz gesagt, die Transformation vor sich?

Diese Fragen bringen uns an den Punkt im Lotos, an dem die Chakren des hinduistischen Kundalini-Joga eingeführt werden

müssen. Es gibt im Westen keine Entsprechung zur «Lotoslei-
ter», der schlangenförmigen transformierenden Energie, einer
Gruppe von sieben entscheidenden Stellen im Körper, die für
die Stadien der seelischen Entwicklung im Prozess des Seins
und Werdens stehen. Wenn wir die Chakren in unseren Lotos
integrieren, finden wir eine dynamische Energie, die ein Ursta-
dium der bekannteren persönlichen Motivation darstellt. Ich
sagte bereits, dass Motive, weil sie bewusst werden und sich verändern und deshalb zur persönlichen Transformation beitragen
können, für die Ausbildung unserer spirituellen Intelligenz eine
wichtige Rolle spielen. Das trifft in noch viel größerem Maße
auf die Chakren zu: In der hinduistischen Tradition liegt der
Schlüssel zur persönlichen Transformation darin, sich an den
Chakren emporzuarbeiten.

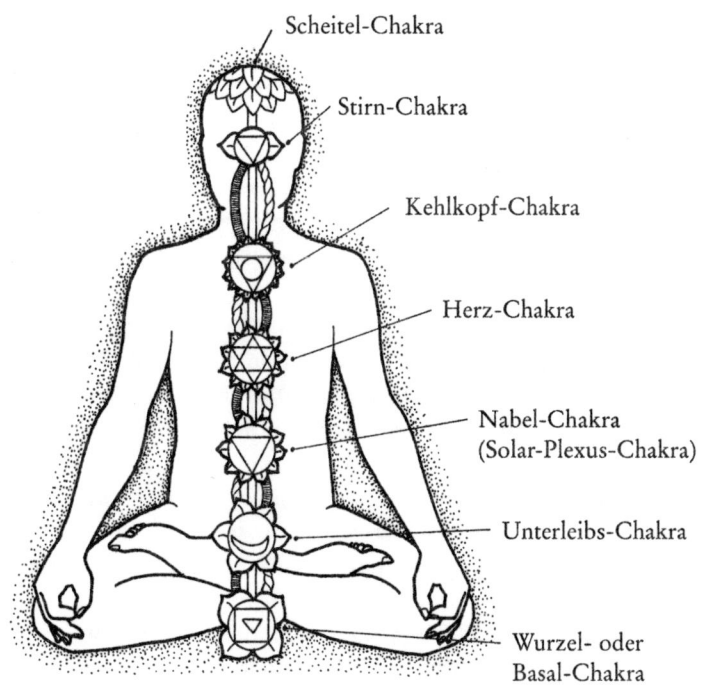

Die Chakren

Diese hinduistischen Energiepunkte finden ihre nahezu exakte Entsprechung im psychischen Inhalt der statischeren westlichen Strukturen, wie sie von Cattell abgeleitet wurden, und den verschiedenen Archetypen und Planetengöttern, die meiner Beschreibung nach das Unbewusste formen. Dass diese Entsprechung existiert, bestärkt mich in der Auffassung, dass das Selbst universale Strukturen und Energien enthält, die konstitutiv für den Menschen sind und mit denen wir arbeiten müssen, wenn wir uns der Herausforderung stellen, unsere spirituelle Intelligenz zu verbessern.

An dieser Stelle möchte ich mich mit der mittleren Schicht der einzelnen Lotosblütenblätter in der Weise befassen, dass ich das psychische Material und die psychische Energie zusammenfasse, die jene Bereiche des Unbewussten formen, die mit den einzelnen Persönlichkeitstypen des Ich-Niveaus verbunden sind. Aus der ungeheuren Fülle an Bildern und Symbolen aus vielen Kulturen lassen sich bestimmte Grundmuster herausdestillieren, die unter verschiedenen Namen und in unterschiedlichen Formen immer wieder auftauchen.

Die tieferen Wurzeln der konventionellen Persönlichkeit

Die Wissenschaft der Antike, die griechische und römische Mythologie und die frühe babylonische und ägyptische Mythologie verwendeten eine psychologische Struktur mit sieben Bestandteilen, die von den damals beobachtbaren sieben Planeten abgeleitet war. Die Physik der Antike ging davon aus, dass physikalische Körper zur Ruhe kommen, sobald sie nicht mehr von einem lebendigen Wesen angestoßen werden; demzufolge glaubte man, bei den Planeten, diesen sieben «Wanderern», handle es sich um Götter oder die Behausungen von Göttern. In der Vorstellungswelt der Antike verband man die Götter mit psychischen Eigenschaften und Persönlichkeitstypen von Menschen. Diese Assoziation hat bis heute Bestand und zeigt sich in unserer Faszination für Astrologie und in Ausdrücken wie mondsüchtig (Mond), martialisch (Mars) oder venerische

Krankheit (Venus). In ähnlicher Weise hängen Jungs Archetypen des kollektiven Unbewussten eng mit den Zügen der Planetengötter zusammen. Außerdem zeigt sich ein – wenn auch von den Schöpfern dieser Systeme nicht beabsichtigter – Zusammenhang zwischen den Planetengöttern, Cattells Motivationsschema und den hinduistischen Chakren.

Der konventionelle Persönlichkeitstyp und das mit ihm verbundene Motiv der Geselligkeit haben ihre unbewussten Wurzeln in den Eigenschaften, die mit Saturn in Zusammenhang gebracht werden. Saturn, älter als die Götter des Olymps und ein sich sehr langsam bewegender Planet, steht für Beständigkeit, Form, Struktur, Gleichgewicht – alles, was vernünftig, normal und vorhersagbar ist. Der konventionelle Persönlichkeitstyp ist das, was die Gesellschaft zusammenhält. Für Jung ist der damit verbundene Archetyp des kollektiven Unbewussten der Volksstamm, der durch die so genannte «participation mystique», die primitive Identifizierung und Verschmelzung des Einzelnen mit der Gruppe, zusammengehalten wird. Etwas davon braucht selbst der unabhängigste Erwachsene; ansonsten wären wir nicht in der Lage, uns überhaupt einer Gruppe zugehörig zu fühlen.

Hinsichtlich seiner tiefsten Energiequelle wird der konventionelle Typ mit dem ersten der hinduistischen Chakren in Verbindung gebracht, dem Wurzel-Chakra, das sich zwischen dem After und den Genitalien befindet. Dieses Chakra tritt als Lotos mit vier Blütenblättern in Erscheinung und wird mit dem Elefanten in Zusammenhang gebracht, der die Stärke, Festigkeit und Solidität der Erde symbolisiert. Aber wie die Autorität in Sachen Mythen und Mythologie, Joseph Campbell, sagt, ist «der Elefant auch eine Wolke, die dazu verdammt ist, auf der Erde zu gehen, sodass er aufstiege, wenn man ihn aus diesem Zustand befreien würde.»[2] Das Wurzel-Chakra steht für spirituelle Energie in ihrer untersten Form: schwunglos, reaktiv, ohne einen ausdrücklichen Impuls, sich zu erweitern. Bewusstsein muss auf diesem Niveau wachgerufen werden, um zu höheren Dingen emporzusteigen. Einige Autoren bringen das Wurzel-Chakra mit der Säuglingszeit und dem Bedürfnis nach Sicherheit und Unterstützung in Verbindung, die die Grundlage für eine stabile Weiterentwicklung darstellen. Caroline Myss[3] sieht einen Zusammenhang zwischen dem Wurzel-Chakra und dem christlichen Sakrament der Taufe, der Einführung des Kindes in die menschliche Gemeinschaft.

Die tieferen Wurzeln der sozialen Persönlichkeit

Der soziale Persönlichkeitstyp und sein Hauptmotiv, die Fürsorge, wird mit Venus in Verbindung gebracht. Sie ist die römische Göttin der Liebe, die Entsprechung zur griechischen Aphrodite. Venus nährt und beschützt, beflügelt aber auch die Leidenschaft von Paaren. Jungs Archetyp der «großen Mutter» steht ebenfalls für diese nährenden und beschützenden Eigenschaften.

Was seine tiefste Energiequelle betrifft, wird der soziale Typ mit dem zweiten oder dem Unterleibs-Chakra, direkt oberhalb der Genitalien, in Verbindung gebracht. Als zinnoberroter Lotos mit sechs Blütenblättern wird dieses Chakra mit Wasser verknüpft. Die Urenergie ist hier Sexualität und Elternschaft; sie kommt entweder unmittelbar in Geschlechtsverkehr, Fruchtbarkeit und Heirat zum Ausdruck oder wird in weiter reichenden helfenden Aktivitäten sublimiert. Einige Autoren assoziieren mit diesem Chakra alle aus dem Bauch kommenden Gefühle gegenüber Sexualpartnern und engen Verwandten, einschließlich Einfühlung und Pflege. Entstellungen dieser Chakra-Energie können eine pathologische Sexbesessenheit zur Folge haben.

Die tieferen Wurzeln der forschenden Persönlichkeit

Die forschende Persönlichkeit mit ihrem Hauptmotiv, der Neugier, wird mit dem römischen Merkur (dem griechischen Hermes) in Zusammenhang gebracht, jenem jugendlichen Götterboten, der den Menschen die Botschaften von Jupiter (Zeus) überbrachte. Außerdem führte Merkur die Seelen in die Unterwelt (Quelle tieferen Wissens) und gelegentlich auch wieder zurück. Er war ein kindähnlicher und wechselhafter Gott, leicht zu verbinden mit dem Jungschen Archetyp des ewigen Kindes, das auch ein Führer der Seele ist.

In Bezug auf ihre tiefste Energiequelle wird die forschende Persönlichkeit mit dem dritten oder dem Nabel-Chakra in Verbindung gebracht. Dieses Chakra, als Lotos mit zehn Blütenblättern dargestellt, wird mit glühender Hitze und Licht, mit dem Ziel, die Welt zu beherrschen und sie in einen selbst zu verwandeln, sowie mit Macht assoziiert. Sein Symbol ist ein weißes Dreieck, das Feuer enthält und an den Seiten Hakenkreuzsymbole trägt. Energie wird hier mit unserem Streben nach Unabhängigkeit und Selbstbewusstsein verbunden. Wie bei Freuds Latenzzeit treten hier emotionale und sexuelle Themen in den Hintergrund zugunsten von Intellekt und Selbstbehauptung, von Leistung und Eroberung.

Die tieferen Wurzeln der künstlerischen Persönlichkeit

Der künstlerische Persönlichkeitstyp mit seinem Motiv der Kreativität und seinem Bedürfnis, die bestehende Wirklichkeit zu transformieren, wird mit dem immer wieder sich verändernden Mond (Diana in der römischen, Artemis in der griechischen Mythologie) in Verbindung gebracht. Der Mond, der in der Dunkelheit scheint, symbolisiert Intuition und Wissen in den Tiefen des Unbewussten. Er steht für die Kräfte der Dunkelheit, die ihrerseits immer mit Kreativität, mit den in der Unterwelt zu findenden Schätzen, mit dem Magischen und der Transformation verbunden werden. Der künstlerische Typ bezieht seine Kreativität aus der Tiefe seiner selbst, von jenseits seines bewussten Ichs, aus der Wissensquelle, die jenseits von Rationalität und Logik liegt. Im antiken Griechenland wurde der Mond mit kreativen und ekstatischen Riten verknüpft, mit wilden Tänzen und Erkenntnis durch freies Spiel der Emotionen. Der damit zusammenhängende Jungsche Archetyp ist die Priesterin oder weise Frau, teils Zauberin, teils Hexe, Wächterin über Tod und Wiedergeburt (die Mondphasen) und damit über die Transformation. Jung und andere haben diesen Archetyp auch mit dem Schamanen in Verbindung gebracht, dem weisen Mann oder der weisen Frau, der oder die sich zwischen den unterschiedlichen Welten des Bewusstseins bewegt, um geplagten Seelen Heilung und Transformation zu bringen.

Die tiefe Quelle psychischer Energie der künstlerischen Persönlichkeit wird mit dem vierten oder dem Herz-Chakra in Zusammenhang gebracht. Folgt man Joseph Campbell und den von ihm angeführten hinduistischen Quellen, haben die ersten drei Chakren etwas mit dem Leben in der Alltagswelt zu tun – sie gehören zur Gemeinschaft, zu Sexualität und Elternschaft sowie zum Erwerb persönlichen Wissens und persönlicher Macht. Mit Hilfe der Energie des Herz-Chakras aber schaffen wir den Übergang zur Beschäftigung mit höheren Dingen. Das Herz-Chakra wird als Lotos mit zwölf Blütenblättern dargestellt und steht mit dem Element Luft in Verbindung; hier begegnen sich Gedanken und Gefühle, erleben wir Offenheit gegenüber anderen und gegenüber neuen Dingen, erfahren wir einen stärker werdenden Sinn für Schönheit und einen ausgeprägten Idealismus. Caroline Myss sieht einen Zusammenhang zwischen dem christlichen Sakrament der Ehe und diesem Chakra.

Die tieferen Wurzeln der realistischen Persönlichkeit

Die realistische Persönlichkeit, die sich vom Kampf und von materiellen Gütern angezogen fühlt, kann mit dem römischen Mars (dem griechischen Ares), dem Kriegsgott, in Verbindung gebracht werden. Wie der realistische Typ ist Mars nicht besonders vergeistigt oder mitfühlend, legt aber Beharrlichkeit und großen Mut an den Tag. Der damit einhergehende Jungsche Archetyp ist der des Helden, der gegen die Kräfte der Dunkelheit (den Schatten) ankämpft, um für sich und andere einen Schatz zu gewinnen.

Die tiefere psychische Energie des realistischen Persönlichkeitstyps ist im fünften oder dem Kehlkopf-Chakra begründet. Dieses Chakra ist mit dem Kampf darum betraut, die Kräfte und Energien der ersten vier Chakren zu ordnen, damit das höhere Ziel, die kontemplative Erleuchtung, angestrebt werden kann. Das Kehlkopf-Chakra, dargestellt als Lotos mit sechzehn rauchig-roten Blütenblättern, wird mit dem hinduistischen Gott Shiva in seiner zwitterhaften Gestalt verbunden; er ist in ein Tigerfell gehüllt und schwenkt seinen Dreizack, eine Kampfaxt, ein Schwert und einen Blitz. Einige Autoren sehen einen Zusammenhang zwischen dem fünften Chakra und der raueren Wirklichkeit des Erwachsenenlebens sowie dem Willen, Schwierigkeiten durchzustehen.

Die tieferen Wurzeln der unternehmerischen Persönlichkeit

Die unternehmerische Persönlichkeit mit ihrem Hauptmotiv der Selbstbehauptung kann mit dem römischen Jupiter (dem griechischen Zeus), dem großen Vaterkönig der Götter und der Menschheit, in Verbindung gebracht werden. Jupiter war der Gott des Himmels, der Stürme und des fruchtbaren Regens. Er war mächtig und erfinderisch, aber auch launisch und manchmal tyrannisch. Wie viele Politiker liebte er es, große Pläne mit oft katastrophalen Folgen zu schmieden. Der entsprechende Jungsche Archetyp ist der große Vater, das Symbol für Führerschaft und Autorität.

Die grundlegende psychische Energie, aus der sich der unternehmerische Typ nährt, ist die des sechsten oder des Stirn-Chakras. Es befindet sich über und zwischen den Augenbrauen und wird als Lotos mit zwei rein weißen Blütenblättern beschrieben. Die sechsköpfige Göttin Hakini sitzt auf dem weißen Lotos und bietet Furcht vertreibende und Segen bringende Zeichen dar. Joseph Campbell verweist auf Hindu-Gelehrte, die sagen, jene, die die Stufe dieses Chakras erreicht haben, seien vollständig von Visionen des Göttlichen vereinnahmt. Andere Gelehrte sehen eher einen Zusammenhang zwischen dem Stirn-Chakra und Weisheit sowie Reifung, deren Herausforderungen oft während einer Midlife-Crisis zutage treten. In diesem Stadium hat der Einzelne weltlichen Erfolg erreicht und sucht nun durch eingehendere Beschäftigung mit den Symbolen und Bedeutungsgestalten seiner Kultur den Sinn des Lebens zu finden und zum Ausdruck zu bringen. Caroline Myss verbindet dieses Chakra mit dem christlichen Sakrament der Priesterweihe.

Je tiefer wir zum Zentrum des Selbst vordringen, desto mehr verschwimmen und entfallen die Unterscheidungen und Grenzen. Die einzelnen Persönlichkeitstypen fangen an, sich immer stärker aus unserem gemeinsamen psychischen Erbe zu nähren – jener tieferen Schicht, die Jung das kollektive Unbewusste, das gemeinsame unbewusste Gedächtnis unserer Art, nennt. Hier sehen wir all die Planetengötter, Archetypen und Chakren durch unsere Träume und unbewussten Assoziationen in unsere Persönlichkeit und unser Handeln aufsteigen. Auf der Karte des Selbst verzeichne ich die Chakren als Energie spendende Kräfte, die diese tiefste mittlere Schicht des Unbewussten mit dem Ursprung und dem Zentrum des Selbst, mit dem Herzen oder der Knospe des Lotos, verbinden. Lassen Sie uns jetzt einen Blick auf das Zentrum werfen, auf den Ort, an dem die vielen Kräfte, Energien, Symbole und Strukturen des Selbst ihren Ausgangspunkt haben.

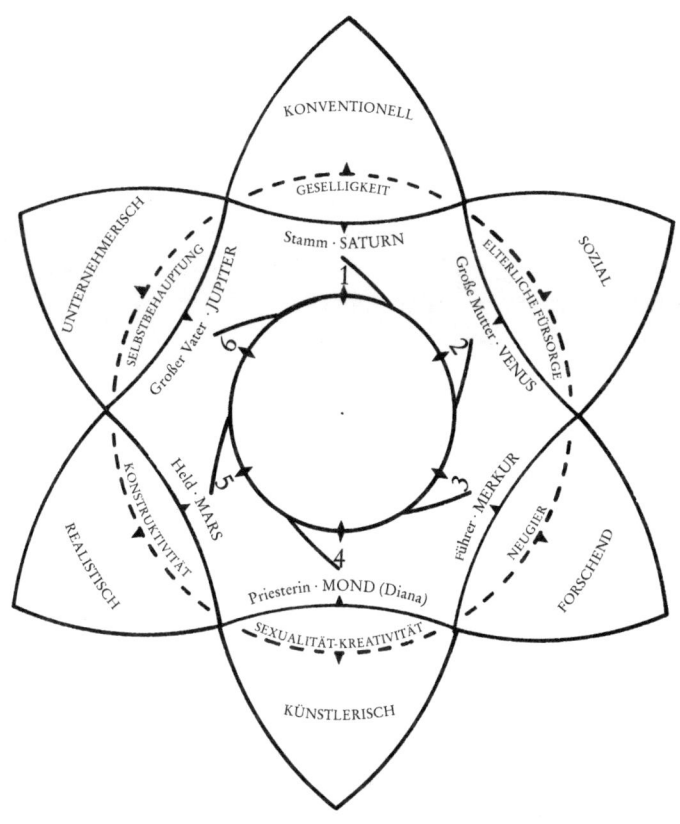

Der Lotos des Selbst II

In der obenstehenden Abbildung beziehen sich die Begriffe jeweils von außen nach innen auf:

- *Hollands Persönlichkeitstypen*
- *Cattells Motive*
- *Jungs Archetypen, Planetengötter*
- *1–6 = Chakren*

9 Der Lotos des Selbst III: Das Zentrum

«Dreißig Speichen treffen die Nabe /
Die Leere dazwischen macht das Rad.
Lehm formt der Töpfer zu Gefäßen /
Die Leere darinnen macht das Gefäß.
Fenster und Türen bricht man in Mauern /
Die Leere damitten macht die Behausung.
Das Sichtbare bildet die Form des Werkes.
Das Nicht-Sichtbare macht seinen Wert aus.»

Tao Te King, II

Wir könnten die moderne westliche Kultur fast als eine Kultur des «nicht vorhandenen Zentrums» bezeichnen. In der Newtonschen Physik gibt es kein spezielles Zentrum des Kosmos. Die Schwerkraft existiert einfach, eine Kraft, die zwischen materiellen Körpern besteht, wo auch immer sie sich befinden. In der westlichen Medizin hat der Körper weder ein vitales Zentrum noch eine umfassende Integrität; vielmehr gilt er als eine Ansammlung von Teilen – Herz, Lunge, Nieren, Gehirn usw. –, die jeweils gesondert untersucht werden. In unserem westlichen Bildungssystem gibt es keine tiefgehende Vorstellung vom gebildeten Menschen oder von Bildung *an sich*. Wir lehren unsere Kinder nur «Gegenstände» – Mathematik, Geographie, Englisch, Chemie. In unseren herkömmlichen westlichen Religionen ist Gott etwas «da draußen», an dem wir uns «hier drinnen» orientieren.

Entsprechend hat das Selbst oder die Persönlichkeit in der westlichen Psychologie kein Zentrum. Wir sind schlicht eine Kombination aus Wesenszügen und unbewussten Motiven, eine Menge von Verhaltenseigenschaften, eine Menge genetischer Tendenzen, eine Kollektion neuronaler Vorgänge. Wenn die Psychologie ansetzt, uns dabei zu helfen, dass wir uns selbst kennen lernen, nimmt sie auf diese oberflächlichen Eigenschaften Bezug. Sie bietet uns keinen inneren Punkt der Konzentration an, von dem aus wir uns selbst und unsere Erfahrung vereinheitlichen und transformieren könnten. In der Sprache dieses Buches ausgedrückt: Die moderne Psychologie hat keinen Begriff von einer spirituellen Intelligenz.

Die am Anfang des Kapitels zitierte Passage aus dem *Tao Te King* veranschaulicht die ganz andere Philosophie der östlichen Traditionen. Im Osten – wie auch in der Quantenfeldtheorie der Physik des 20. Jahrhunderts – hat Leere etwas von einer schwangeren Fülle; die Stille ist die Zeugin der Wahrheit. Dinge, Dasein, das Selbst, der Körper werden von einem alles durchdringenden Zentrum, das selbst nicht beobacht- oder beschreibbar ist, zusammengehalten. Das Selbst ist nur leb- und verstehbar mit Bezug auf das Zentrum, bei dem es sich um die Ganzheit der Schöpfung handelt, die in dieser als «Ich» erlebten psychischen Realität zum Ausdruck kommt. «Ich bin der Kosmos, und die Buddhas sind in mir», heißt es in östlichen Texten. Das kosmische Licht ist in uns, eine geheimnisvolle Allgegenwart, wenn auch von Irrtum getrübt.[1] Die Hindus sprechen vom in uns weilenden Selbst, das nicht hervorscheint und doch in allen Dingen verborgen ist,[2] und vom göttlichen Licht, das geheimnisvoll gegenwärtig ist und in jedem von uns scheint.[3]

Auch im christlichen Mystizismus westlicher Prägung gibt es ein Gefühl für ein in uns weilendes Zentrum, das mit dem Ursprung aller Dinge verbunden ist und den Schlüssel zum wahren Wissen darstellt. Im Buch Hiob lesen wir: «Aber der Geist ist es in den Leuten und der Odem des Allmächtigen, der sie verständig macht» (Hiob, 32:8). Der Apostel Lukas sagt in seinem Evangelium: «Das Reich Gottes ist inwendig in euch» (Lukas, 17:21), und in anderen Abschnitten bei Lukas und Johannes wird dieses «inwendige Reich» mit einem winzigen Samen verglichen, der zu einem großen Baum heranwachsen kann.

Der christliche Mystiker San Juan de la Cruz (Johannes vom Kreuz) definierte das Zentrum der Seele als Gott: «... und wenn die Seele Ihn erreicht hat, mit dem ganzen Vermögen ihres Seins und entsprechend der Kraft ihres Wirkens, wird sie zum letzten und tiefsten Zentrum vorgedrungen sein.»[4] In ähnlichem Sinne glaubte der moderne Mystiker unter den amerikanischen Mönchen, Thomas Merton, die Seele sei keine unabhängige, individuelle Essenz, «sondern ein Punkt im Nichts im Zentrum unseres Seins, das vollständig zu Gott gehört».[5] Dieser Punkt des Nichts ist ein Punkt großer Einsamkeit, und gerade in unserer größten Einsamkeit treffen wir mit Gott zusammen: «Dieses innere ‹Ich›, das immer allein ist, ist immer allumfassend, denn in diesem innersten ‹Ich› trifft sich meine Einsamkeit mit der aller anderen Menschen und mit der von Gott.»[6]

In jüdischen mystischen Texten aus dem 17. und 18. Jahrhundert werden ähnliche Gedanken zum Ausdruck gebracht: «Wissen über das Selbst bedeutet Wissen über Gott, den Schöpfer, und ebenso Wissen über das geschaffene Universum», schrieb Rabbi Schneur Zalman. Der Eckpfeiler der sokratischen Philosophie war das «Erkenne dich selbst»; das Wissen über das Selbst sollte zu Wissen über das Wahre, Gute und Schöne führen. Und schließlich ist das Wissen über ein tiefes Selbst und ein tiefes Zentrum nicht allein Mystikern oder Philosophen vorbehalten. Der zeitgenössische britische Bildhauer Anish Kapoor, in dessen Lebenswerk eine schwangere Leere sowohl innerhalb des Selbst als auch der Realität dargestellt wird, beschreibt das Zentrum des Selbst als «einen Ort der Ruhe und Einzigartigkeit». Und in P. W. Martins Beschreibung eines Soldaten, der im Ersten Weltkrieg Kriegshandlungen und den Schrecken des Todes erlebt, lesen wir, dass der Soldat auf dem Höhepunkt der Schlacht erkennt, dass es in ihm ein Zentrum gibt, das «absolut unzerstörbar» ist:

«Im Sommer 1916 bewegte ich mich mit meinem Bataillon auf die Front zu. Wir waren kampfbereit und ziemlich nervös. Es war unsere erste aktive Kriegserfahrung. Der letzte Fußmarsch vor den Schützengräben musste am späten Nachmittag und nachts absolviert werden. Schwer beladen wankten wir über Straßen mit Kopfsteinpflaster. Der Regen prasselte und durchnässte uns vollständig. Wir marschierten bis Mitternacht weiter und kamen im Dunkeln in ein halb zerstörtes

Dorf. Alles war ruhig, fast friedlich. In den Scheunen und Bauernhöfen, die noch Wände und eine Decke hatten, bezogen wir Quartier; wir kämpften uns aus unserer Ausrüstung und schliefen ein, kaum dass der Leib den Boden berührte. Ich wachte erschreckt auf; ein Kreischen in den Ohren und einen Krach wie von den Posaunen des Jüngsten Gerichts. Für einige Sekunden Stille, nur unterbrochen vom Geräusch herunterfallender Granatsplitter. Wieder das gespenstische, lang gezogene schrille Surren und eine weitere ohrenbetäubende Explosion. Wie ich da am Boden lag, aus den Tiefen des Schlafs gerissen, spürte ich eine Angst, wie ich sie nie zuvor erlebt hatte. Von den Hüften abwärts bebte ich; ein Zittern, das nicht steuerbar war; es war schrecklich. Im selben Bruchteil einer Sekunde streckte sich der obere Teil von mir, mit einem tiefen Atemzug, instinktiv nach etwas, das jenseits meines Wissens lag.

Ich hatte das Erlebnis, aufgefangen zu werden, so wie ein Baseball von einem guten Feldspieler sauber und genau aufgefangen wird. Ein Gefühl unbeschreiblicher Erleichterung durchströmte mein ganzes Sein. Ich wusste mit einer Gewissheit, wie es keine andere Gewissheit geben könnte, dass ich sicher war. Es gab keine Garantie dafür, dass ich nicht im nächsten Augenblick in Stücke gerissen werden würde. Ich rechnete damit. Aber ich wusste, dass es, auch wenn mir dieses Schicksal drohte, nicht von großer Bedeutung war. Da war etwas in mir, das unzerstörbar war. Das Zittern hörte auf; ich war gesammelt und ruhig. Eine weitere Granate kam und zerplatzte, aber sie hatte ihren Schrecken verloren.»[7]

In moderner psychologischer Begrifflichkeit könnten wir das Zentrum des Selbst am ehesten mit dem Ursprung des menschlichen Vorstellungsvermögens in Verbindung bringen, jenem Ort im Selbst, von dem aus wir träumen oder uns das Unmögliche beziehungsweise das Noch-nicht-Vorhandene ausdenken. Im Zen-Buddhismus ist das Zentrum noch tiefer, ein Ort jenseits aller Vorstellungskraft.

«Wir können tatsächlich über die Tiefen des kollektiven Unbewussten des menschlichen Wesens hinaus vordringen und da zum unerschöpflichen Meer von der Art des Buddha gelangen. Wenn wir über das kollektive Unbewusste hinausgehen und dabei die letzte Barriere der unbewussten Schichten des Selbst durchbrechen, erleben wir die wahre Geburt auf neue Art und Weise im Ozean der Leere. Dies ist unendliche Freiheit des Nicht-Selbst, des Nicht-Geistes, der Nicht-Idee; dies ist vollständig bedingungsloses Leben selbst. Hier im unendlichen Nicht-Geist finden wir Blumen, den Mond, unsere Freunde und Familien und alle Dinge so, wie sie sind; wir empfinden unser alltägliches Leben als Wunder.»[8]

Das Zentrum ist eine Quelle in uns selbst, die überreich gefüllt und unerschöpflich ist, und zugleich ist es das Herz einer umfassenderen, vielleicht heiligen oder göttlichen Wirklichkeit. Es ist das, was uns speist, und zugleich das, woraus wir unsere Kreativität speisen.

Die feinfühligeren unter den modernen Wissenschaftlern sprechen von einer tiefen Quelle innerhalb des Selbst, aus der ihre Kreativität entspringt. In *Faith of a Physicist* schreibt D. H. Huntley, dem Physiker dränge sich aus eigener Erfahrung die Schlussfolgerung auf, dass seine Persönlichkeit über Tiefen und Ressourcen verfügt, die jenseits des analysierenden bewussten Verstandes liegen und in denen Synthese-, Wertschätzungs- und Verstehenskräfte enthalten sind; dass es eine latente Fähigkeit und eine Weisheit gibt, die dem, woran sein Bewusstsein gewöhnt ist, überlegen sind. Damit wird angedeutet, dass das mit einer Unmenge von Tatsachen angefüllte Gerüst der Physik in geistigen Bereichen geschaffen wurde, in denen die Wirklichkeit im Vergleich zur Synthese sekundär ist.[9]

Huntleys abschließende Worte kommen dem sehr nahe, was wir über die Dynamik der vereinheitlichenden neuronalen 40-Hz-Oszillationen wissen – und über die Synthese von Gedanken, Emotionen, Symbolen, Assoziationen und Wahrnehmungen, mit denen sie zusammenhängen. Die neuere Forschung über die Rolle, die diese Oszillationen in unserem bewussten und unbewussten geistigen Leben spielen, ist die spezifisch wissenschaftliche Darstellungsweise eines Zentrums für das Selbst.

Dieses Zentrum ist der Hauptgegenstand dieses Buches. Unsere spirituelle Intelligenz entwickelt sich genau aus den vereinheitlichenden Hirnaktivitäten des Zentrums und aus der Rolle, die das Zentrum sowohl im Selbst als auch in der kosmischen Wirklichkeit spielt. Etwas über das Zentrum zu wissen, zu wissen, was man darüber aussagen kann und was nicht, zu wissen, wie es erfahren werden kann und wie es die Persönlichkeit durchströmen kann, ist der Schlüssel dazu, wie wir unseren SQ verbessern und einsetzen können.

Umgekehrt ist Nichtwissen hinsichtlich des Zentrums, ein Versiegen des Wissens darüber, dass unser Selbst ein Zentrum hat, die Hauptursache für spirituelle Stummheit. Wir sprechen heute oft davon, «uns selbst finden» zu wollen. Wenn wir jedoch keine Beziehung zu unserem Zentrum haben, dann «finden» wir uns auf einem der äußersten Lotosblütenblätter, auf einer oberflächlichen Ebene des Ichs.

Was also ist dieses Zentrum des Selbst, dieses tiefe Selbst, die Quelle all dessen, was wir wissen und sind, die Quelle jeglicher persönlicher Synthese und Transformation? Welche Versuche sind in der Mythologie und mit Jungs Archetypen unternommen worden, darüber zu sprechen? Mit welchen Motiven und Chakra-Energien ist es verbunden? Kann die Wissenschaft des 20. Jahrhunderts unserem Wissen über das Zentrum etwas hinzufügen?

Symbole für das Zentrum

Die Sonne ist die Quelle von Licht, Hitze und Lebensenergie. Sie ist das Zentrum, um das die anderen Planeten kreisen. Wie das Zentrum des Lotos ist sie eine Metapher für das Zentrum der Persönlichkeit. Doch wenn es darum geht, das Formlose, das Unbeschreibliche einiger mystischer Erfahrungen auszudrücken, versagt diese Metapher. Leerer Raum – oder Quantenvakuum – kommt dem näher.

Jungs Archetypus des Selbst ist das westliche Gegenstück,

das unserem Zentrum des Lotos am nächsten kommt. Im Unterschied zu Freud, der das Ich als das vorherrschende Strukturprinzip der Persönlichkeit und deshalb das wache Bewusstsein als den Schlüssel zur Einheit der Person betrachtete, beschreibt Jung das Selbst als etwas, das sowohl das Bewusste als auch das Unbewusste umfasst, «sowohl das Zentrum als auch den Umfang» der Person. In anderen Schriften jedoch stellt Jung das Selbst als das Zentrum der Persönlichkeit, als den zentralen Archetypus und als das Zentrum des Energiefelds der Persönlichkeit dar.

Dieses offensichtliche Paradoxon löst sich von selbst auf, wenn wir erkennen, dass Jung den Begriff in drei unterschiedlichen Bedeutungen verwendet hat. Das *ursprüngliche Selbst*, das nach Auffassung einiger Analytiker von Geburt an vorhanden ist, lässt später das Ich und andere Komplexe sowie das *zentrale Selbst* des Erwachsenen entstehen. Dieses Bild ähnelt der ursprünglichen Wolke eines verdünnten Gases, die, als sie sich zusammenzog, die heutige Sonne und ihre Planeten entstehen ließ; es ähnelt auch dem Wurzelstock eines Lotos, der die Blüte mit ihrem Zentrum und den Blütenblättern entstehen lässt. Jungs dritte und wichtigste Bezugnahme auf das Selbst meint einen *integrierenden oder transformierenden Aspekt der Persönlichkeit*.

Jung hat mehrfach den Gedanken geäußert, dass das Selbst nur für Menschen nach der Midlife-Crisis zugänglich sei. Zusammen mit der von ihm beschriebenen «transzendenten Funktion» beginnt der Archetypus des Selbst zu diesem Zeitpunkt, Gegensätze innerhalb der Persönlichkeit, wie etwa Denken und Fühlen, zusammenzuführen. Der Archetypus des Selbst und die transzendente Funktion waren Symbole für den Prozess der Selbsttransformation. Jung war der Auffassung, dass Selbsttransformation ihren Platz in den späteren Lebensphasen habe, wohingegen ich sie mit spiritueller Intelligenz in Zusammenhang bringe und der Meinung bin, dass sie potentiell während des ganzen Lebens stattfinden kann.

In einer Begrifflichkeit, die dem, was ich über den SQ gesagt habe, recht ähnlich ist, meinte Jung, dass der Archetypus des Selbst nicht von der im psychologischen Sinne integrierenden

Rolle abgespalten werden könne, die dem Streben nach Sinn und Ziel im Leben zukommt. Ein jungscher Wissenschaftler, Andrew Samuels, weist darauf hin, dass in Jungs Erörterung des Selbst Wörter auftauchen wie «Einheit», «Ordnung», «Organisation», «Ganzheit», «Ausgewogenheit», «Integration» und «Totalität». «Die Vielfalt der Begriffe würde kaum etwas besagen, wenn es hier nicht um den fundamentalen Zusammenhang zwischen dem Selbst und der Frage nach dem Sinn ginge.»[10]

Unter den existierenden Symbolsystemen wird die tiefe psychische Energie des Zentrums mit dem siebten der Hindu-Chakren, dem Scheitel-Chakra, in Verbindung gebracht. Es befindet sich über dem Kopf, außerhalb des Körpers, und wird in den religiösen Bildern der westlichen Tradition oft als Heiligenschein dargestellt. Hier handelt es sich um reine leuchtende Energie, «reines Licht, das eine Licht, jenseits von Namen und Formen, jenseits von Gedanken und Erfahrung, ja jenseits von Begriffen wie ‹Sein› und ‹Nicht-Sein›». Dargestellt durch einen Lotos mit tausend Blütenblättern, die Strahlen von Mondlicht aussenden, verwirklicht das Scheitel-Chakra die reine Vereinigung der menschlichen Seele mit allem, was wir «Gott» nennen. «Während sich in seinem Zentrum, leuchtend wie ein Blitz, das höchste Yoni-Dreieck [Schöpfungssymbol] befindet und darin, gut verborgen und sehr schwer zugänglich, die große strahlende Leere, in deren Dienst insgeheim alle Götter stehen.»[11]

Obwohl die Energien des Scheitel-Chakras neue Symbole und Formen *schaffen* können, ist dieses Chakra jenseits jedes existierenden Symbols und jeder existierenden Form. Wir können diese reine Energie in der spontanen mystischen Erfahrung der Einheit erleben, und es wird sehr oft im Zusammenhang mit todesnahen Erlebnissen von ihr berichtet. Dante beschreibt eine solche Erfahrung in *Das Paradies*:

«Ein Augenblick nur ist mir längeres Träumen,
Als fünfundzwanzighundert Jahre waren,
Seit einst Neptun ob Argos Schatten staunte.
So war mein Geist gespannt und unbeweglich,
Vollkommen der Betrachtung hingegeben
Und mit dem Schauer immer mehr entbrennend.

In jenem Licht muss man also werden,
Dass man unmöglich sich entschließen könnte,
Sich einem andern Bilde zuzuwenden.»[12]

Zur Neurologie und Physik des Zentrums

Im *Shurangama-Sutra* stellt Buddhas wichtigster Schüler
Ananda folgende Frage: «Buddha, mein Herr, du hast über die
ausschließliche Einheit und das Einssein des reinen, geheimnisvollen und ewigen Wesens gesprochen, doch verstehe ich
das nicht ganz. Sobald meine sechs Sinnesorgane diese Wirklichkeit wahrnehmen, erscheint sie in so vielen Emanationen.
Wie kann das Eine in so Vielem auftreten?» Zur Antwort holt
Buddha ein Taschentuch hervor. «Du siehst», sagt er, «dass dies
ein einziges Taschentuch ist. Jetzt werde ich es mit sechs Knoten versehen. Nun haben wir hier sechs Knoten, aber es handelt sich immer noch um ein Taschentuch.»[13]

Bis ins späte 20. Jahrhundert hinein ist die Einheit stiftende
Energie, die sich im Zentrum des Selbst und des Daseins findet,
nur in dieser Art von Sprache beschrieben worden. Doch solche
Beschreibungen sprechen den modernen Verstand nicht an.
Heute verlangen solche Fragen nach wissenschaftlichen Antworten, nach Hirnphänomenen, die wir «wiegen und messen»
können, nach Experimenten, über die wir lesen können.

Neurologisch, das haben wir im 4. Kapitel gesehen, geht die
Einheit stiftende Erfahrung auf die synchronen neuronalen
40-Hz-Oszillationen zurück, die sich über das gesamte Gehirn
ausbreiten. Sie stellen einen «Teich» oder «Hintergrund» dar,
auf dem sich stärker angeregte Hirnwellen kräuseln können,
um damit die reiche Palette unserer bewussten und unbewussten Erfahrung hervorzubringen. Diese Oszillationen sind das
«Zentrum» des Selbst, der neurologische Ursprung, aus dem
sich das «Ich» entwickelt. Sie sind das neurologische Fundament für unsere vereinheitlichende, Zusammenhang stiftende, transformative spirituelle Intelligenz. Durch diese Oszillationen stellen wir unsere Erfahrung in einen Rahmen von Sinn
und Wert und legen unser Lebensziel fest. Sie sind eine verein-

heitlichende Quelle psychischer Energie, die all unsere disparaten geistigen Erfahrungen durchströmt.

Was die Physik betrifft, die das Zentrum des Kosmos am besten beschreibt, müssen wir uns an die Quantenfeldtheorie halten, die Variante der Quantenphysik, die im späten 20. Jahrhundert entwickelt wurde. Sie beschreibt alle existierenden Dinge als Zustände oder Muster dynamischer, oszillierender Energie. Sie und ich, die Stühle, auf denen wir sitzen, die Nahrung, die wir zu uns nehmen – allesamt Muster dieser Energie. Und worauf oszilliert diese Energie? Im 4. Kapitel haben wir gesehen, dass der Grundzustand allen Seins ein stiller «Ozean» ist oder ein Hintergrundzustand nicht angeregter Energie, genannt Quantenvakuum.

Dieses Vakuum ist die wissenschaftliche Variante von Buddhas Taschentuch – das eine Ding, das in vielen Erscheinungsformen zum Ausdruck kommt, wenn an ihm viele «Knoten» geknüpft werden (wenn es in vielen unterschiedlichen Energiezuständen angeregt wird). Alle Dinge, die es gibt, sind Anregungen des Quantenvakuums, und deshalb existiert das Vakuum in allen Dingen als das Zentrum. Vakuumenergie liegt dem Kosmos zugrunde und durchdringt ihn. Weil wir selbst Bestandteil des Kosmos sind, liegt Vakuumenergie dem Selbst zugrunde und durchdringt es. Wir sind «Wellen» auf dem «Ozean» des Vakuums; das Vakuum ist das höchste Zentrum und der letzte Ursprung des Selbst. Ist das Selbst wahrhaft zentriert, ist es im Grund allen Seins zentriert. In unserer Abbildung zum Lotos des Selbst ist das Quantenvakuum der «Schlamm», aus dem der Stängel des Lotos heranwächst.

Wie nutzen wir den Lotos des Selbst?

Der Lotos des Selbst ist eine Landkarte oder ein Mandala, ein Bild von den Schichten der menschlichen Seele – von dem außen liegenden rationalen Ich über die unbewusste assoziative Mitte bis zum Zentrum mit seiner transformativen psychischen Energie. Jedes Blütenblatt, jeder Persönlichkeitstyp auf der Ebene des Ichs, kann isoliert von den anderen Ich-Eigenschaften existieren, von den persönlichen oder mythischen Ebenen des assoziativen Unbewussten und vom Zentrum. Doch das Ergebnis ist, wie wir im 10. Kapitel sehen werden, eine spirituell verkümmerte Person. Im spirituell intelligenten Selbst ist eine stärkere Vereinheitlichung vonnöten. Als Arzt beispielsweise braucht man sowohl geistige als auch soziale Fähigkeiten. Führende Wissenschaftler gehen über den engeren Bereich ihres Fachwissens hinaus und nutzen ihr Wissen, um zur philosophischen oder spirituellen Weisheit im Hinblick auf den umfassenderen Zusammenhang des menschlichen Lebens beizutragen. Große Künstler greifen auf die mythische, unbewusste Ebene jenseits des Ichs zurück, und sie müssen heute mit dem Zentrum selbst Kontakt aufnehmen, wenn ihre Werke echte Vitalität ausstrahlen sollen. Genau genommen müssen wir alle mit diesem Zentrum in Kontakt treten, wenn wir spirituell intelligent sein und aus unserem Leben eine vitale Schöpfung machen wollen. Das soll in den Kapiteln 10 und 11 ausführlicher erörtert werden.

Diesen Teil möchte ich mit dem abschließen, was Thomas Merton, ein amerikanischer Mönch aus dem 20. Jahrhundert, über den Zweck des Mandalas gesagt hat. Eine bessere Beschreibung des Ziels, dem die Nutzung der «Karte», des Lotos des Selbst, dienen soll, kann ich mir nicht denken:

«Wozu dient das Mandala? ... Man meditiert über dem Mandala, um die Kontrolle zu erlangen über das, was in einem vorgeht, statt ‹von ihm kontrolliert zu werden›. Beim Meditieren über dem Mandala ist man imstande, die inneren Gestalten willentlich zu konstruieren und aufzulösen. Man meditiert nicht, um eine religiöse Doktrin zu ‹erlernen›..., sondern um der Buddha zu werden, der im eigenen Zentrum thront.»[14]

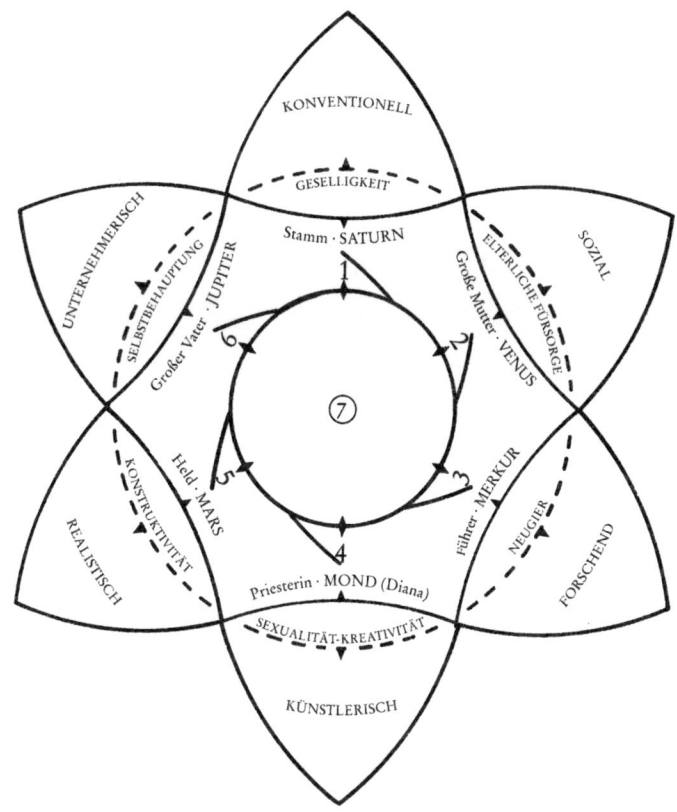

Der Lotos des Selbst III

In der obenstehenden Abbildung beziehen sich die Begriffe jeweils von außen nach innen auf:

- Hollands Persönlichkeitstypen
- Cattells Motive
- Jungs Archetypen, Planetengötter
- 1–7 = Chakren

Vierter Teil
Den SQ nutzen

10 WIE WIR SPIRITUELL VERKÜMMERN

«Alles Wirkliche ist im Erdzentrum. Wenn das Erdzentrum aber mit der Erdoberfläche zusammentrifft, könnte ich zerbrechen.»

Richard, ein schizophrener Patient

In diesem Kapitel möchte ich aufzeigen, wie wir dadurch, dass wir spirituell verkümmern oder spirituell krank werden, psychisch zersplittern oder zerbrechen. Zunächst muss ich also erklären, was ich mit spirituell krank meine.

In der Freudschen Psychologie geht es um Psychopathologie – um die Art und Weise, wie die Psyche aus dem Gleichgewicht geraten oder durch Ärger, Angst, fixe Ideen, Verdrängung, Zwanghaftigkeit usw. Schaden nehmen kann. Freud war der Auffassung, dass derartige Erkrankungen auf ein dynamisches Ungleichgewicht zwischen Es, Ich und Über-Ich sowie auf Anforderungen aus dem im allgemeinen unbewussten Bereich zurückgehen. Zu den Verursachern gehören demnach unsere Eltern, die uns nicht ausreichend geliebt, zu viel von uns erwartet oder uns beigebracht haben, unsere Triebe zu verdrängen, was uns sexuelle Probleme eingetragen hat. Ursache sind aber auch die Moralvorstellungen unserer Gesellschaft, die unsere natürlichen Triebe verkümmern lassen.

Spirituelle Krankheit und eine Verringerung des SQ resultieren daraus, dass wir Schwierigkeiten haben, mit dem Zentrum des Selbst in Beziehung zu treten. Ursache dafür ist, dass wir von den nährenden Wurzeln des Selbst abgeschnitten werden, die sowohl das Ich als auch die assoziative Kultur transzendieren und sich in den Grund des Daseins erstrecken. Manche mögen das «existentielle Krankheit» nennen. Jung hat sich intensiv mit solchen spirituellen oder existentiellen Krankheiten beschäftigt und gesagt, dass man jede Psychoneurose letztendlich als eine leidende Seele verstehen könne, die ihren Sinn nicht gefunden habe.[1] Der irische Gesundheitsberater Dr. Michael Kearney nennt diese Art von Leiden «Seelenpein». Nach Kearney nimmt diese zu, wenn ein Individuum von den tiefsten Bestandteilen seiner selbst abgeschnitten wird oder uneins mit ihnen ist. Ebenso wie Verbundenheit mit der Seele Ganzheit und ein Gefühl für Sinn schaffen kann, beschreibt «Seelenpein» eine Erfahrung der Zersplitterung, Entfremdung und Sinnlosigkeit.[2] Kearney, der in einem Dubliner Hospiz für Sterbende arbeitet, argumentiert, dass Seelenpein sowohl die Wurzel vieler körperlicher Leiden ist als auch die Ursache des Schmerzes, der mit ihnen einhergeht.

Es gibt drei Arten, spirituell verkümmert zu sein:

- überhaupt keine Seite des Selbst entwickelt zu haben;
- eine bestimmte Seite übermäßig bzw. auf negative oder zerstörerische Weise entwickelt zu haben;
- eine konflikthafte oder gar keine Beziehung zwischen verschiedenen Seiten des Selbst zu haben.

In der Sprache unserer Landkarte, des Lotos des Selbst, befindet sich die spirituelle Verkümmerung weit außen auf einem der Blütenblätter des Lotos, die von den anderen Blütenblättern (Persönlichkeitsaspekten) abgeschnitten, von der Mitte (verbreitete Symbole und Mythologien der entsprechenden Kultur) abgekapselt oder umschlungen und, vor allem, von den integrierenden Kräften des belebenden Zentrums getrennt sind.

In einer spirituellen Pathologie haben wir es mit den gleichen Krankheiten zu tun, die auch in der gängigen westlichen Psychologie und Psychiatrie vorkommen – manisch-depressive Störung, Sucht, Paranoia usw. –, doch der Unterschied besteht darin, dass wir diese Zustände auf Sinn- und Wertprobleme sowie auf eine sich daraus ergebende Unfähigkeit zurückführen, die Persönlichkeit einheitlich und ausgewogen werden zu lassen. Eine spirituelle Pathologie führt uns auch in Bereiche, mit denen man sich in der gängigen Psychologie und

Psychiatrie normalerweise nicht beschäftigt – Verzweiflung, die abgewiesene oder «dunkle Seite» des Selbst, Besessenheit und Bösartigkeit.

Die Schizophrenie ist eine klassische Krankheit, die ich so beschreiben würde, dass sie ihren Ursprung In Problemen mit dem Zentrum und mit einer chronisch niedrigen spirituellen Intelligenz hat. Der Schizophrene kann sich oder seine Welt nicht zu einem einheitlichen Bild zusammenfügen. Seine Erfahrungen, Emotionen und Wahrnehmungen scheinen aus dem Zusammenhang gerissen. Was sich die Psychiater als psychologische Komponente der Schizophrenie vorstellen – als die Auswirkungen der Umwelt, der Beziehungen, der persönlichen Reaktion und der persönlichen Entscheidung –, lässt sich meiner Meinung nach besser als spirituelle Komponente beschreiben – als eine Unfähigkeit des schizophrenen Patienten, mit den belebenden und vereinheitlichenden Energien des Zentrums Kontakt aufzunehmen und sie zu nutzen. Richard, der auf S. 183 zitiert wurde, ist vom Zentrum in den Bann gezogen, aber entsetzt bei dem Gedanken, zulassen zu sollen, dass das Zentrum auf seine Oberfläche, auf sein bewusstes Ich trifft. Ich möchte Richards Geschichte erzählen, weil sie veranschaulicht, was ich mit der spirituellen Qualität eines menschlichen Lebens meine und wie dieses Leben durch einen Mangel an spiritueller Intelligenz verkümmern kann.

Richard ist 35 und hatte über die letzten zehn Jahre hinweg sporadisch schizophrene Schübe, die ihn im Großen und Ganzen unfähig machten, den Anforderungen des täglichen Lebens gerecht zu werden. Er wird träumerisch und verliert sich in Unterhaltungen mit sich selbst, er schläft sehr wenig, verliert sein Geld und sein Eigentum oder gibt es weg, knüpft seltsame und manchmal gefährliche Bekanntschaften, und seine Rede ist ein Strom ausgedehnter, aber mit tiefem Sinn befrachteter Assoziationen.

Die frühe Phase seines Lebens hat seine emotionale Entwicklung schwer belastet. Weil er von seiner Mutter verlassen wurde, gab man ihn zu einer Arbeiterfamilie in Pflege; es handelte sich um ein Zuhause, in dem sein hoher IQ nur unangemessen stimuliert wurde. Mit 14 zeigte Richard Verhaltensstörungen und wurde von der Schule verwiesen. Danach lebte er bei seinem Vater und einer Stiefmutter; in dieser häuslichen Umgebung wurde ihm ein reichhaltiges geistiges Leben geboten, aber emotional wurde er noch nicht genügend gestützt. Er suchte Zuflucht in Büchern und intellektuellen Problemen. Nach einem hervorragend absolvierten Studium stand er vor der Herausforderung, ins reale Leben eintreten zu müssen, und hatte seinen ersten Schub. Seit dieser Zeit lebt er allein, verrichtet niedere Arbeiten und hat nur wenige Freunde.

Was mich an Richards Geschichte am meisten interessiert, ist der Umstand, dass er in seiner Persönlichkeit und seinen Fähigkeiten grundlegend verschieden ist – je nachdem, ob er sich wohl fühlt oder krank ist. Fühlt er sich wohl, ist er nüchtern und emotionslos; dann unterhält er sich gern über abstrakte geistige Themen. Er nimmt die Probleme anderer aufmerksam wahr, aber auf kalte, klinische Weise. Es ist, als hätte er keine Persönlichkeit. Obwohl er wirklich gut aussieht, geht keinerlei sexuelle Energie von ihm aus; er scheint nicht zu seinem Körper zu gehören. Über Gefühle spricht er nie.

Wenn Richard krank ist, nützt sein hoher IQ ihm nur wenig, weil die Schübe ihn von seinem rationalen und praktischen Denken loslösen. Aber der Rest seiner Persönlichkeit sprüht vor Leben, und das mit einer verblüffenden emotionalen Intelligenz. Er strahlt Wärme und Charisma aus. All seine Gedanken weisen eine profunde archetypische Schicht auf und sind von umfassenderem Sinn durchdrungen; seine Intuition ist ausgeprägt, er bringt seine Emotionen und seine Verletzlichkeit frei zum Ausdruck. Er hat sexuelle Energie und scheint sich in seinem Körper wohl zu fühlen. Seine Beziehungen zu anderen sind gut, er wird offen, zeigt großes Einfühlungsvermögen und hat Sinn für Humor.

Wenn wir uns unsere Seele als einen Kanal zwischen unserer äußeren Persönlichkeit und einer inneren Welt tieferen Sinns vorstellen, würden wir sagen, dass Richards Seele gebrochen ist. Er ist ein «geteiltes Selbst» im Laingschen Sinn – geteilt in ein zerbrechliches, geistig gesundes äußeres Ich und ein warmes, intuitives und zutiefst sinnerfülltes inneres Leben, zu dem er nur über eine Geistesstörung Zugang hat. Wir würden sagen, dass er nur dann mit seinem Inneren in Berührung kommt, wenn er gestört ist.

Richards Geschichte veranschaulicht zwei entgegengesetzte Pathologien des Spirituellen, zwei extreme Arten, wie uns Sinnprobleme krank machen können. Wenn er geistig gesund ist, hat er überhaupt keine Verbindung zu seinem spirituellen Kern. Er kann keinen Kontakt mit existentiellem Sinn aufnehmen. Wenn er dagegen krank ist, ist er vollständig davon vereinnahmt. Was er braucht, ist eine Kombination aus beidem.

Unsere schizoide Gesellschaft

Viele von uns sind ein wenig wie Richards «geistig gesunde» Seite; wir sind vom Sinn isoliert durch etwas, das uns das Gefühl vermittelt, in einem Glaskasten zu sitzen. Wir betrachten die Welt, als wären wir Schauspieler, die sich an ein Drehbuch halten, über das sie sich nicht ganz im Klaren sind; wir können beim Spielen einer Rolle, die wir nicht verstehen, zwar die Bewegungen ausführen, aber wir können nicht wirklich *fühlen*. Eine trockene Alkoholikerin beschrieb ihren Suchtzustand einmal folgendermaßen: «Es war, als befände ich mich in einem Vakuum, einer Leere, so als sei ich an einem toten Ort, auf einem toten Feld. Ich fühlte mich von mir, von den anderen um mich herum und von Gott abgeschnitten.»

In den Romanen von Kafka haben alle Figuren diese Eigenschaften. In ihrem gewissermaßen versteinerten Leben sind sie Schlafwandler in einer gesellschaftlichen Landschaft, und ihr Unvermögen, sich aus der Welt und den Ereignissen einen Sinn zusammenzureimen, nimmt nahezu albtraumhafte Dimensionen an. In der Literatur der Moderne wimmelt es von solchen Darstellungen – Sartres «Ekel», «Entfremdung» und «Arglist», Kierkegaards «Krankheit zum Tode», Heideggers «Geworfenheit» und selbst Camus' «Fremder». All dies beschreibt eine Art der Abgetrenntheit vom Selbst und von den anderen. Treten diese Symptome bei seelisch gesunden Menschen auf, werden sie als Anzeichen für einen Zustand gewertet, der als «schizoid» bekannt ist. Im 5. Kapitel haben wir gesehen, dass dieser

Zustand mit einer erhöhten Aktivität in den Temporallappen des Gehirns einhergeht. Das andere, weniger verbreitete Symptom dieses seelischen Zustands ähnelt Richards verrückter Seite. Man kann es bei Menschen beobachten, die so offen für lange Assoziationsketten sind, dass sie einen träumerischen und unentschlossenen Eindruck machen, unfähig, sich für einen klaren Lebensweg zu entscheiden, eigenartig und exzentrisch in ihrem Denken und Verhalten, irgendwie von ihrem Innenleben vereinnahmt, impulsiv und unrealistisch. Wie wir gesehen haben, treten diese Wesenszüge oft in Verbindung mit Kreativität auf.

Ich beschreibe unsere Gesellschaft als eine schizoide, weil dieser seelische Zustand so verbreitet ist und weil er so eng mit Sinnproblemen und Problemen beim intelligenten Umgang mit Sinn zusammenhängt. Die meisten Psychiater und Psychologen, die etwas über schizoide Persönlichkeitsmerkmale schreiben, merken an, dass diese im 20. Jahrhundert viel stärker verbreitet sind als früher, dass sie für das Leben in diesem Jahrhundert *charakteristisch* sind.

Der Psychologe Rollo May, der Mitte des 20. Jahrhunderts lebte, schrieb vor Jahren, die meisten Patienten, die zu ihm in Behandlung kämen, litten unter schizoiden Persönlichkeitsstörungen. Es sei, sagte er, die Krankheit unserer Zeit. Viktor Frankl beschreibt den Zustand als ein «existentielles Vakuum» und bringt ihn mit dem vor allem unter jungen Leuten verbreiteten, alles durchdringenden Gefühl der Langeweile in unserer Kultur in Verbindung. Er schreibt, eine statistische Umfrage habe ein mehr oder weniger stark ausgeprägtes existentielles Vakuum zutage gebracht. Unter seinen amerikanischen Studenten mache der Anteil der davon Betroffenen nicht 25, sondern 60 Prozent aus.[3]

Frankl hat diese Umfrage in den späten fünfziger Jahren durchgeführt. Im 5. Kapitel haben wir gesehen, dass psychiatrische Erhebungen aus den späten neunziger Jahren darauf hindeuten, dass in den entwickelten Staaten 60 bis 70 Prozent der Bevölkerung nach allgemeiner Auffassung unter einem gewissen Maß an schizoider Desorientierung leiden. Darunter ist die große Zahl derer, die ihren Hausarzt wegen Depression, Müdigkeit, Essstörungen, Stress und Sucht – also wegen «Sinnkrankheiten» – aufsuchen. In anderen Fällen handelt es sich bei diesen Beschwerden um Anzeichen für weitere seelische Erkrankungen. Wenn wir Zusammenhänge zwischen Stress und Krankheiten wie Krebs und Herzerkrankungen dazuzählen, haben unter den Gründen, warum moderne westliche Menschen den Rat eines Arztes einholen, seelische beziehungsweise emotionale Krankheiten den größten Anteil. Zusammengenommen stechen sie auch bei den Menschen hervor, die wegen einer mit einer Persönlichkeitsstörung verknüpften Straftat im Gefängnis sind.

Als Kultur werden wir verrückt. Warum? Die These dieses Buches lautet, dass die Gründe dafür vor allem spirituelle sind, dass sich unsere persönliche und kollektive seelische Instabilität aus der besonderen Erscheinungsform der Entfremdung ergibt, die mit der Entfremdung vom Zentrum zusammenhängt – Entfremdung von Sinn, Wert, Ziel und Vision, Entfremdung von den Wurzeln und Gründen unseres Menschseins.

Die drei Ebenen der spirituellen Entfremdung

Im Lotos des Selbst haben wir gesehen, dass es drei grundlegende Ebenen des Selbst gibt. Im Zusammenhang mit seelischer Ganzheit kommt allen dreien ihre eigene Rolle zu. Entsprechend können auf jeder einzelnen der Ebenen bestimmte Formen der Entfremdung vom integrierenden Zentrum auftreten, was uns auf unterschiedliche Weise spirituell verkümmern lässt.

In der modernen, verwestlichten Kultur ergibt sich die am häufigsten auftretende Form spiritueller Verkümmerung daraus, dass unsere stark überbordende Ich-Schicht von der Mitte und/oder vom Zentrum abgekapselt wurde. Wir sind zu rational, zu selbstbewusst, wir neigen zu stark zu Spielen und zum Einnehmen von Posen. Wir sind zu sehr von unserem Körper und seinen Energien abgeschnitten, von unseren Träumen und den tiefen Quellen unserer Imagination. In der Regel führt dies zu einem merklichen Abfall unserer emotionalen Intelligenz. Wir lassen uns leicht von Ärger, Angst, Habgier und Neid mitreißen. Wir geraten aus dem Gleichgewicht und können nicht damit umgehen, wenn andere aus dem Gleichgewicht geraten. Aber wir verlieren auch den Kontakt zu unserer spirituellen Intelligenz. Wenn wir Spiele spielen und Posen einnehmen, so heißt das gewöhnlich, dass wir ganz damit beschäftigt sind, Rollen zu spielen, ganz darin befangen, aus einem kleinen Teil unserer selbst zu leben. Obwohl wir das Potenzial haben, von allen sechs Persönlichkeitstypen etwas in uns zu erkennen, bleiben wir beim Drehbuch für nur einen Typ hängen: Wir sind zu sehr mit Macht beschäftigt, vertrauen zu sehr auf Konventionen, sind zu besessen von Einzelheiten, ergeben uns zu sehr der Rebellion oder welchen Dingen auch immer.

Ist unser SQ hoch und stehen wir mit unserer Ganzheit in Kontakt, haben wir etwas von einer Führungspersönlichkeit an uns, etwas von einem Künstler, etwas vom Intellektuellen, etwas vom Bergsteiger, etwas vom fürsorglichen Elternteil usw. Unsere Phantasie wird sowohl von Mars als auch von Venus, sowohl von Merkur als auch von Saturn beflügelt. Wir haben etwas vom Männlichen und etwas vom Weiblichen, etwas vom Kind und etwas vom weisen Mann beziehungsweise von der weisen Frau. Ist unser SQ niedrig, werden wir zu Karikaturen unserer selbst, und unsere Emotionen und emotionalen Muster werden zu Karikaturen einer gesunden menschlichen Reaktion. Unsere Reaktionen an sich sind dann begrenzt und zersplittert.

Persönlichkeitstyp	Normale Reaktionen	Verwirrte oder zersplitterte Reaktionen
Konventionell	Verwandtschaft mit der Gruppe	Blinde Loyalität gegenüber der Gruppe (Fanatismus)
	Entfremdung von der Gruppe	Abspaltung von der Gruppe (Narzissmus)
Sozial	Einfühlung in Menschen	Sucht, Masochismus

	Antipathie gegenüber Menschen	Soziopathie Unvermögen, mit anderen zu fühlen Sadismus
Forschend	Erkundung von Problemen oder Situationen	Zwangsgedanken
	Rückzug von Problemen und Situationen	Hysterie oder phobische Reaktionen, Verdrängung
Künstlerisch	Freude am Schaffen oder an Leistung, Feiern	Manie oder nicht angemessene Euphorie
	Traurigkeit darüber, dass man sein Ziel nicht erreicht hat; Trauer	Depression
Realistisch	Ganzheit, Spontaneität, Zentriertheit	Maßlosigkeit
	Scham, Minderwertigkeitskomplex	Überzogenes Minderwertigkeitsgefühl, Selbsthass
Unternehmerisch	Übernahme von Verantwortung, von Führungsrollen, Loyalität gegenüber einem Ideal	Machtmissbrauch Großmannssucht
	Demoralisierungsgefühle, Ablehnen der Verantwortung, Leugnen der Situation	Selbstzerstörung, Paranoia, Projektion

Bei jedem der sechs Persönlichkeitstypen, die wir in der Ich-Schicht des Lotos des Selbst kennen gelernt haben (siehe S. 138 f), gibt es zwei gesunde oder normale emotionale Reaktionen auf Menschen, Situationen oder Ereignisse sowie zwei verwirrte oder gespaltene Reaktionen.

Der *konventionelle Persönlichkeitstyp* (Sekretärin, Buchhalter, Verwaltungsangestellter, Angestellter im Rechenzentrum usw.) ist hin- und hergerissen zwischen Gefühlen der Verwandtschaft mit seiner Gruppe und der Entfremdung von ihr. Ist das Ich jedoch von den tieferen Schichten der Mitte und des Zentrums losgelöst, können diese Reaktionen in blinde Loyalität gegenüber der Gruppe einerseits beziehungsweise in narzisstischen Entzug des Interesses andererseits umschlagen. Sowohl Fanatismus als auch Narzissmus sind spirituell verkümmerte Reaktionen.

Der *soziale Persönlichkeitstyp* (Lehrer, Therapeut, Berater, mittleres Management usw.) ist hin- und hergerissen zwischen Einfühlung in andere oder Zuwendung und einer Art von Antipathie. Beides ist unter angemessenen Umständen normal und ganz gesund. Ist das Ich jedoch von den tieferen Schichten des Selbst losgelöst, kann aus der Einfühlung ein masochistisches Selbstopfer werden, und schlichte Antipathie kann zu Sadismus oder einem soziopathischen Unvermögen werden, Mitgefühl mit anderen zu entwickeln. Sowohl Abhängigkeit als auch Soziopathie sind spirituell verkümmerte Reaktionen.

Der *forschende Persönlichkeitstyp* (hoch qualifizierter Intellektueller, Hochschullehrer, Forscher, Arzt usw.) ist hin- und hergerissen zwischen der Hinwendung zu Problemen/Situationen und dem Gegenteil, dem Rückzug aus Problemen/Situationen. Bei der verwirrteren Erscheinungsform kann die Hinwendung zum Zwang werden und ein einfacher Rückzug zu Hysterie, vollständiger Verdrängung oder einer phobischen Reaktion. Sowohl beim Zwang als auch bei der Hysterie (oder Phobie) handelt es sich um spirituell verkümmerte Reaktionen.

Der *künstlerische Persönlichkeitstyp* (Schriftsteller, Dichter, Musiker, Maler, Inneneinrichter usw.) kann variieren zwischen Freude am Feiern, Freude am Schaffen und am Erreichen einerseits und Trauer beziehungsweise dem Bedauern, das selbst gesetzte Ziel nicht erreicht zu haben, andererseits. Doch wenn sich diese normalen Reaktionen von der Mitte und dem Zentrum des Selbst abspalten, kann Feiern zur Manie werden, zu einer unangemessenen Euphorie, einem unrealistischen «High» oder einem falschen Gefühl, etwas erreicht zu haben. Trauer kann andererseits zu einer Depression führen, zu einer übertriebenen und manchmal tragischen Unfähigkeit, an einer Situation, einer Beziehung oder einem Vorhaben noch irgendetwas Positives zu sehen. Die manisch-depressive Störung – die beiden Seiten dieser verwirrten Reaktionen – findet sich bei kreativen Persönlichkeiten in einem abnorm hohen Niveau. Sie ist ein spirituell verkümmerter Zustand, weil sie diejenigen, die unter ihr leiden, der Perspektive, des Zusammenhangs und von daher der Ganzheit beraubt.

Der *realistische Persönlichkeitstyp* (Fahrer, Pilot, Ingenieur, Landwirt usw.) reagiert normalerweise mit Selbstbewusstsein und Freude am Erfolg oder mit Scham. Wenn diese Reaktionen aber vom Zentrum abgeschnitten sind, kann aus Freude am Erfolg Maßlosigkeit werden und aus Scham Selbstmitleid. Beide verengen den Blick fürs Ganze. Sie sind Zeichen spiritueller Verkümmerung.

Der *unternehmerische Persönlichkeitstyp* (Politiker, Manager, Polizist, Soldat usw.) reagiert emotional positiv damit, dass er Verantwortung übernimmt, seinem Ideal treu bleibt, die führende Rolle zu spielen. Ist diese Reaktion negativer, aber immer noch innerhalb des Normalbereichs, kann er sich demoralisiert fühlen und die Verantwortung missbrauchen. Doch wenn das Ich dieses machtorientierten Persönlichkeitstyps sich von seinen tieferen Schichten abspaltet, können all die positiven Eigenschaften der Führungspersönlichkeit in Großmannssucht und Machtmissbrauch entgleiten. In gleicher Weise kann das Gefühl, im Stich gelassen worden zu sein, in einen ungesunden Verfolgungswahn und die Überzeugung abgleiten, dass andere einen verraten haben.

Der Hauptfaktor bei ungesunden Reaktionen ist eine Entfremdung von einem Teil der eigenen Persönlichkeit, bildlich könnte man sich zwei streitende Freunde vorstellen. Die eigene Persönlichkeit enthält genau genommen eine Anzahl von

Unterpersönlichkeiten; dies wird von fast allen Therapeuten anerkannt – Freuds Ich, Über-Ich und Es, Jungs Komplexe und Archetypen usw.

Keiner von uns ist im Beruf, unter guten Freunden und bei gesellschaftlichen Anlässen immer genau dieselbe Person; und das wäre auch nicht sinnvoll. Unsere Träume sind ein unendlicher Strom weiterer Unterpersönlichkeiten. Der gesunde Zustand besteht darin, eine freundliche Beziehung zu allen Seiten der eigenen Persönlichkeit zu haben, sodass sie sich nicht gegenseitig beeinträchtigen und ich leicht von einer in die andere schlüpfen kann, je nachdem, welche unter bestimmten Umständen gefragt ist. Doch einige meiner Teilpersönlichkeiten sind unversöhnliche Feinde. Und wieder andere sind schwer zu finden, sodass sie «Löcher» in meiner Persönlichkeit erzeugen. Daraus ergeben sich weitere Herausforderungen an mein persönliches Wachstum und an meine Einheit als Person.

Besessenheit, Bösartigkeit und Verzweiflung

Wie wir gesehen haben, kann Entfremdung viele Formen annehmen und viele Arten geistiger oder seelischer Krankheit zur Folge haben. Diejenigen, die ich bisher beschrieben habe, sind der westlichen Psychiatrie wohlvertraut, auch wenn sie ihnen keine spirituellen Ursachen zuschreibt. Das liegt daran, dass sie vor allem auf das Problem eines abgespaltenen Ichs zurückgehen und dass die westliche Psychologie und Psychiatrie sehr ich-orientiert sind.

Am Ende von Joseph Conrads Roman *Herz der Finsternis* äußert der Antiheld Kurtz folgende fröstelnde Worte: «Oh, der Schrecken. Der Schrecken.» Kurtz ist ein europäischer Kaufmann, der in den afrikanischen Dschungel ging und schließlich eingeborener wurde als die Eingeborenen. Als eine Expedition, die ausgeschickt wurde, ihn vor dem Fieber und vor sich selbst zu retten, ihn findet, thront er inmitten einer bestialischen Szene voll Sadismus und Tod. Er sitzt in der Dschungelnacht mit trommelnden Stammesangehörigen um ein Feuer herum, und die Männer schwenken auf Pfähle gespießte Schädel hin und her. Die Luft ist von schaurigen Schreien erfüllt. Kurtz ist besessen. Als Halbgott der Eingeborenen ist er sich selbst zum Fremden geworden. Seine Augen sind glasig, sein Körper fast starr, seine Aufmerksamkeit auf irgendeinen unsichtbaren Punkt in der Ferne gerichtet; seine Seele ist Sklave eines Rufs von jenseits seiner selbst. Kurtz nimmt nicht mehr einfach nur an einem primitiven Ritual teil, er ist in ein inneres Drama verstrickt, dem er nicht entrinnen kann. Das Ritual hat in ihm ein Eigenleben angenommen und in der Folge Gewalt über sein Leben erlangt.

Die Menschheitsgeschichte ist voller Berichte über Besessenheit, voller Geschichten von Schamanen und Medizinmännern, die die Sorgen und Krankheiten ihres Volkes in sich aufnehmen und dann in andere Seinsbereiche transportiert werden; Geschichten von Fanatikern, die in der Wüste Stimmen hören oder vor brennenden Büschen niedersinken. Und es gibt düstere Geschichten über junge Mädchen, die von Hexen besessen sind; von jüdischen Körpern, in denen die Seelen Verstorbener wohnen; von Christen, die vom Teufel besessen sind; von tibetischen Buddhisten, die im Wahn meinen, in ihnen seien Dämonen. In all diesen Fällen wird die besessene Person von etwas «getrieben», das außerhalb ihrer Kontrolle liegt.

Viele aus dem 20. Jahrhundert stammende Geschichten über Besessenheit sind wie jene von Kurtz, sie erzählen von Menschen, die zu sadistischen oder satanischen Ritualen getrieben werden. Andere sind weltlicher: Der Alkoholiker, der sein Bedürfnis, Alkohol zu trinken, einfach nicht in den Griff bekommt, weil er von einem tiefen psychischen Schmerz umgetrieben wird; einem Schmerz, der heftiger ist als irgendein körperlicher Schmerz; einem Schmerz, der fälschlicherweise verspricht: «Lindere mich, und du wirst dich besser fühlen.» Der Mensch, der «berufen», genötigt, unkontrollierbar dazu getrieben wird, sich an finsteren, seltsamen oder verbotenen sexuellen Ritualen zu beteiligen, die den Rahmen seines bewussten Denkens überschreiten und ganz sicher außerhalb seines normalen Verhaltensspektrums liegen. Der Mensch, der gelegentlich etwas wagen muss, um «dem Schatten» zu begegnen, der Bordelle oder Spelunken frequentieren oder mit unsicheren Kumpanen verkehren, sich an unerlaubten Geschäften beteiligen und Risiken mit möglicherweise selbstzerstörerischen Folgen eingehen muss.

Besessenheit ist wie Sucht, nur stärker. Sucht richtet sich auf einen Stoff oder ein Verhalten – Alkohol, Drogen, Sexualität, Glücksspiel, Geld ausgeben. Besessenheit wirkt über eine Kraft, die eine Person dazu drängt, gegen ihre bewusste Kontrolle einem Ruf zu folgen, der von jenseits des eigenen Selbst kommt. Besessenheit scheint archetypisch zu sein, versklavt von einem Archetyp, der selbst seine Bande zum Zentrum gelockert hat. Zu sagen, dass jemand, der besessen ist, von Dämonen verfolgt wird, heißt, dass er oder sie im Griff anarchisch gewordener übersinnlicher Kräfte ist. Für einen religiös Gläubigen, der Gott sucht, ist die Stimme, die in der Wildnis ruft, die eines Engels. Die Stimme kommt vom Zentrum. Sie hat ihre Wurzeln im Kontakt zum Göttlichen, im Kontakt zu etwas, das im Leben des Gläubigen einen positiven Sinn ergibt. Für einen Schizophrenen, der jeglichen Kontakt zu seinem Zentrum verloren hat, ist die Stimme, die in der Küche dazu aufruft, das Messer zu erheben, die eines Dämons. Die Stimme ist losgelöste, nicht zentrierte, anarchische psychische Energie. Die Stimme, die den Alkoholiker zum Trinken aufruft, die ansonsten normale Person auffordert, sich an selbstzerstörerischen sexuellen Handlungen zu beteiligen, oder die gar eine Kultur dazu aufruft, einem bösartigen Führer wie Hitler zu folgen – das ist die Stimme eines Dämons, der eine Psyche verfolgt, die ihre Verankerung verloren hat.

In der Sprache der Physik des 20. Jahrhunderts sind Archetypen wahrscheinlich Muster psychischer Energie der Art, die als «seltsame Attraktoren» bekannt sind – Energiemuster, die uns in ihr Feld ziehen. Ist dieses Feld im Zentrum verwurzelt, macht der Archetyp uns größer, als wir in der Ich-Schicht sind, und vermittelt uns ein Muster, nach dem wir leben können. Ist der Archetyp anarchisch, bringt er uns dazu, außer Kontrolle zu geraten und von Kräften besessen zu werden, die stärker sind als wir selbst.

Obwohl Jung dies nicht so beschrieben hat, glaube ich, dass alle Archetypen – der Große Vater, die Große Mutter, der Liebhaber, der Krieger, das Kind, die Priesterin usw. –, die ihre Bande zum Zentrum gelockert haben, unter die Herrschaft des Archetypus des Schattens geraten. Der Schatten ist die dunkle, ungeliebte, nicht akzeptable Seite jeder Persönlichkeit, die abgelehnte Seite unserer selbst. Der Archetypus des Schattens besteht aus jenen abgelehnten Dingen, die sich zur Kraft einer archetypischen Energie erheben; er kann der anarchische Ausdruck eines jeden Archetyps sein. Wenn er uns im Griff hat, sind wir besessen: Wir werden gezerrt, «gerufen», von einer Energie fortgerissen, die stärker ist als wir, die wir nicht kontrollieren können und die selbst außer Kontrolle ist.

Der «Ruf» der Besessenheit ist in Wahrheit ein fehlgeleiteter Ruf nach Ganzheit. Die abgespaltene archetypische Energie, die uns ruft, wenn wir besessen sind, steht für die abgelehnten Seiten unserer selbst. Besessenheit ist ein schmerzhaftes Verlangen nach jenen verlorenen oder zerbrochenen beschädigten Teilen unserer selbst. Aber der Ruf ist fehlgeleitet, weil Besessenheit eine archetypische Energie ist, die keine Wurzeln hat, eine Energie, die vom Zentrum abgespalten ist. Und nur Energien, die ihren Grund im Zentrum haben, können uns zu etwas Ganzem machen.

Das Böse ist archetypische Energie, die außer Kontrolle ist. Der oberste Archetyp ist hier der Teufel. Als der Beliebteste aller Engel Gottes, der aus Stolz den Himmel (das Zentrum) ablehnt, herrscht der Teufel über alle, die wir als böse bezeichnen. Der Teufel ist negative, unverbundene archetypische Energie *schlechthin*. Aber ist er böse *an sich*? Kann überhaupt jemand wirklich böse *sein*, oder befinden sich manche Menschen einfach im Griff des Bösen? Kommt jemand böse auf die Welt, wird jemand böse, oder ist Bösartigkeit einfach die äußerste Form der Besessenheit?

Um einen Zeitungsartikel über ein Gruppengesprächsexperiment zu schreiben, das mit gewalttätigen männlichen Sexualstraftätern durchgeführt wurde, besuchte ich in den späten neunziger Jahren ein Hochsicherheitsgefängnis. Als ich den Gruppenraum des Gefängnisses, in dem 45 Sexualstraftäter inhaftiert waren, das erste Mal betrat, erlebte ich eine heftige persönliche Reaktion: Mir wurde übel, und ich bekam starke Kopfschmerzen. Zu der Gruppe gehörten Vergewaltiger und

Kindermörder, die Wiederholungstäter waren. Einen Serienmörder erkannte ich aufgrund von Fotos wieder, die in den Zeitungen veröffentlicht worden waren. Mein erster Eindruck schien all meine schlimmsten Vorannahmen über Männer, die derartige Verbrechen begehen, zu bestätigen. Die meisten hatten allem Anschein nach einen sehr niedrigen IQ, ihr Gesichtsausdruck war verzerrt und entstellt, einige hatten einen unförmigen Schädel. Es waren nur zwei Gefängniswärter und der Gesprächsleiter anwesend; ich war die einzige Frau. Die spürbare Nähe des Bösen und seine im Raum schwebende Bedrohlichkeit löste Fluchtgedanken in mir aus. Doch es waren diese scheinbar untermenschlichen Ungeheuer, von denen ich am meisten darüber gelernt habe, was es heißt, menschlich zu sein.

Das Konzept der Gesprächsgruppe ist ein Weg, wie Menschen lernen können, miteinander zu sprechen, sich selbst und einander kennen zu lernen. Sie wurde zwar von der gruppenpsychologischen Bewegung der vierziger Jahre neu erfunden, ursprünglich geht sie aber auf das antike Athen und auf Sokrates zurück; hier wurden unablässig Fragen gestellt und Diskussionen geführt, um die Vorannahmen und festgefahrenen Vorstellungen des Gesprächspartners zu überwinden. Sokrates war der Auffassung, dass diese Technik es uns ermögliche, noch im Unwissendsten verborgenes Wissen zu finden und in jedem Menschen das Gute zu entdecken.

Die Häftlinge waren zornig und frustriert; ihr Wortschatz beschränkte sich weitgehend auf Schimpfwörter. Doch im Verlauf der drei Stunden dauernden Sitzung fanden viele von ihnen ihre Stimme wieder. Sie sprachen von ihrer völligen Isolierung. «Alle Welt hält uns einfach nur für Abschaum. Wir sind Abschaum, aber nicht *nur* Abschaum.» Als man sie mit dem Leiden ihrer Opfer konfrontierte, sprachen einige von ihrer Schuld und von ihrem geschwächten Selbstwertgefühl. Andere waren offensichtlich bestürzt und verstanden gar nicht ganz, was man ihnen vorwarf oder warum sie im Gefängnis waren. Der kollektive Schmerz im Raum war intensiv zu spüren. Viele der Männer waren als Kinder missbraucht und/oder verlassen worden, und sie sprachen darüber. Ihr Zorn war Ausdruck ihres Verlangens, als Menschen anerkannt zu werden, und indem sie eine Stimme erhielten, kamen einige grundlegende menschliche Eigenschaften zum Vorschein, etwas unwiderstehlich Liebenswertes.

Einer der Wärter gab den Kommentar ab, dass er vorher nichts mit diesen Männern habe zu tun haben wollen. «Aber jetzt, nachdem ich bei dieser Gruppe gesessen habe, würde ich mich freuen, mit jedem Einzelnen von ihnen zu reden.» Meine eigenen Gefühle gingen darüber noch hinaus. Viele der Gefängnisinsassen hatten mich angesprochen. Die meisten ihrer Straftaten hatten sich gegen Frauen und Kinder gerichtet, und sie schienen mich vor allem zu brauchen, um etwas jenseits ihrer Verbrechen zu sehen, etwas, das sie für das eigene Selbst hielten. Es war eine der stärksten Erfahrungen meines Lebens, und sie hat in mir eine unauslöschliche Erkenntnis hinterlassen: Es gibt keine an sich bösen Menschen, sondern jeder von uns trägt die Fähigkeit zum Bösen in sich. Das Böse ist ein Potenzial des Menschen – ein Extrempotenzial des zersplitterten, dezentrierten, spirituell verkümmerten Selbst.

Die integrierende Lebenskraft ist in jedem Lebewesen vorhanden, und durch die Eigenart unseres Bewusstseins vor allem in den Menschen. Viele von uns nehmen von unserer Beziehung zum Selbst keine Notiz, sie wissen nicht, dass die gesamte universale Wirklichkeit in uns aufsteigt. Viele von uns sind davon entfremdet. Doch sie ist immer da, auch wenn sie nicht erreichbar ist.

Jeder Einzelne von uns ist eine Kakophonie aus Teilpersönlichkeiten, die zueinander wie die Mitglieder einer nicht funktionierenden Familie in Beziehung treten. Wir haben ein dominantes «Ich», das wir als «Ich» wahrnehmen, doch die verdrängten anderen verfolgen uns und überwältigen uns manchmal. Das Böse ist etwas real Vorhandenes, eine Kraft, die in uns wirken und uns überwältigen kann. Es gibt böse Handlungen mit schrecklichen Konsequenzen. Doch das Böse ist eine Form von Besessenheit, ein Mangel an Reaktion auf die tiefere Wirklichkeit in uns. Es gibt keine bösen Menschen; es gibt nur Menschen, die vom Bösen besessen sind.

Im Hebräischen ist das Wort für Teufel *Shitan*. Wörtlich bedeutet es «keine Reaktion» oder «er kann nicht reagieren». In der biblischen Mythologie war der Teufel so stolz, dass er nicht als Teil von Gottes Reich leben konnte. Das Bemerkenswerte sowohl an der Besessenheit im Allgemeinen als auch am Bösen im Besonderen ist die Unfähigkeit der besessenen Person, auf eine umfassendere Wirklichkeit und auf die Menschen in der Umgebung zu reagieren. In einem psychotischen Sadisten reagiert nichts auf die Bitten oder das Leiden des Opfers; er identifiziert sich nicht mit dem Opfer als einem Mitmenschen. Die Nazis haben die Juden als «Judenschweine» bezeichnet, die Künstler, die sie ermordeten, als «Entartete». US-amerikanische Soldaten, die in Vietnam für Massentötungen verantwortlich waren, nannten ihre Opfer *geeks*, «Narren». Das Böse wird nur möglich, wenn es gegen «den anderen» begangen wird, gegen jenen, dem gegenüber wir keine Reaktion empfinden.

Der lateinische Ursprung des englischen Wortes «response» (Reaktion) ist derselbe wie von «Spontaneität». Im alltäglichen Sprachgebrauch wird «spontan sein» nicht von «impulsiv sein» oder «launenhaft handeln» unterschieden. Doch hier handelt es sich nicht um die ursprüngliche Bedeutung. Wenn wir Spontaneität als eine Reaktion auf das Zentrum begreifen – das in uns selbst, das in anderen und das der universalen Existenz selbst –, dann bedeutet «spontan sein», in einem begnadeten Zustand zu sein, einem Zustand tiefer Verbundenheit. Der spontane Mensch ist mit anderen verbunden wie die Wellen mit dem Meer. Er ist mit diesem Meer verbunden wie die Welle mit dem Wasser, dessen Form sie ist. Der jüdische Mystiker des 20. Jahrhunderts Abraham Heschel definierte Spontaneität als Augenblicke der Unmittelbarkeit in der Vereinigung des Selbst mit der Wirklichkeit.[4]

Spirituelle Verkümmerung besteht im Wesentlichen in einem Zustand des Mangels an Spontaneität und einem damit verbundenen niedrigen Niveau der Reaktionen auf das Zentrum. Unser Ich verfängt sich in Spielen, Posen und Verstellungen. Wir haben zu viel Selbstbewusstsein, beschäftigen uns zu sehr mit Form und Erscheinung, sind zu wenig offen für das, was wirklich wichtig ist. Wir verfangen uns «auf einem Blütenblatt des Lotos». Wenn sich unsere archetypischen Energien vom Zentrum lösen, lässt uns unser Mangel an Spontaneität offen werden für die Kräfte der Besessenheit und des Bösen. Und wenn es uns so sehr an Spontaneität fehlt, dass wir nicht einmal mehr auf die eingeschlossene oder entstellte psychische Energie reagieren können, sinken wir in Verzweiflung.

Es war die Verzweiflung, die der dänische Philosoph Sören Kierkegaard «die Krankheit zum Tode» nannte. Verzweiflung ist der endgültige Verzicht auf Leben, eine Art unausgesetzter Quasiselbstmord. Der Verzweifelte hat aufgegeben, er kann keinen Sinn finden, weder ein Ding noch einen Menschen von Wert, nichts, worauf er reagieren kann. Seine Tage sind ununterbrochene graue Eintönigkeit, seine Nächte oft erfüllt von düsterem Grauen. Tod, Mangel an Leben, Mangel an Reaktionen auf alles Lebendige verfolgen ihn. Er fürchtet den Tod, empfindet Panik beim Gedanken daran, und zugleich fühlt er sich davon angezogen – wie der Mensch, der an einem Abgrund steht und einen nahezu unwiderstehlichen Sog verspürt. Der Selbstmord ist der letzte Akt der letzten Verzweiflung, die endgültige Kapitulation vor Sinnlosigkeit. Er ist der totale Verlust der Spontaneität.

In modernen Gesellschaften haben Selbstmord oder Selbstmordversuche vor allem unter jungen Menschen etwas von einer Epidemie an sich. In einem Artikel in der Londoner *Sunday Times* aus den späten neunziger Jahren heißt es, dass ungefähr 22 Prozent der jungen Frauen zwischen 16 und 25 einen Selbstmordversuch unternehmen sowie 16 Prozent der jungen Männer der gleichen Altersgruppe. Die Zahl der jungen Männer sei einfach deswegen niedriger, weil Männer bei diesen Versuchen häufiger Erfolg hätten als Frauen. Manche dieser jungen Leute versuchen, sich zu töten, weil sie keinen Sinn in ihrem Leben erkennen können. Andere tun es, weil sie jede Perspektive aus dem Blick verloren haben: angesichts einer zerbrochenen Beziehung oder schlechter Examensnoten fühlen sie sich, als sei das Ende der Welt nahe. Beides sind Hinweise auf einen niedrigen SQ – ein Unvermögen, über den Augenblick hinauszusehen oder Dinge in einen umfassenderen Rahmen von Sinn und Wert einzuordnen.

Verzweiflung, die uns zum Selbstmord treibt, ist die ausgeprägteste Form spiritueller Verkümmerung. Es handelt sich um die Verleugnung des Geistes an sich. Aber alle Formen und alle Stadien spiritueller Verkümmerung verursachen uns Schmerz und bringen uns oft genug dazu, anderen Schmerz zuzufügen. Das alles bedeutet, dass wir ein gewisses Maß jener Spontaneität verloren haben, die uns zu Menschen macht, und dass wir in der Folge etwas von unserer Fähigkeit eingebüßt haben, auf das Leben und auf andere Menschen zu reagieren. Am Ende verkrüppelt dieser Verlust an Spontaneität und Reaktion unsere Fähigkeit, Verantwortung für unser Leben und unsere Handlungen zu übernehmen. Ein niedriger IQ macht uns unfähig, rationale Probleme zu lösen; ein niedriger EQ veranlasst uns, uns in den Situationen, in denen wir uns befinden, wie Fremde zu verhalten; ein niedriger SQ aber setzt den Kern unseres Seins außer Funktion.

Wie können wir uns selbst heilen? Wenn prinzipiell in jedem Menschen das Potenzial zu einem hohen SQ vorhanden ist, wie finden wir dann Zugang dazu? Was heißt es, vom Zentrum her, mit vollkommener Spontaneität und deshalb mit ausgeprägten Reaktionen zu leben? Wie kann unser SQ uns helfen, unsere Spiele und Verstellungen aufzugeben, wie kann er uns von unseren Zwängen befreien und uns über unser negatives Potenzial zu Bösartigkeit und Verzweiflung hinausführen? Dies sind Fragen, mit denen wir uns als Nächstes genauer beschäftigen werden.

«Die innere Sammlung vergegenwärtigt mich mir selbst,
indem sie zwei Aspekte oder Aktivitäten meines Seins zu-
sammenführt, als wären sie zwei Objektive an einem
Fernrohr. Ein Objektiv ist die grundlegende Erscheinungsform meines spirituellen Seins, die nach innen gerichtete Seele, der tiefe Wille, die spirituelle Intelligenz.
Das andere ist meine nach außen gerichtete Seele, der Wille, der sich an den Aktivitäten des Lebens beteiligt.»

Pater Thomas Merton[1]

Die innere Sammlung ist eines der drei Schlüsselelemente des
christlichen Mönchsgebets. Wie Thomas Merton es beschreibt,
führt Sammlung unsere Innenwelt und unsere Außenwelt zusammen, das innere Selbst und seine angeborene Weisheit oder
spirituelle Intelligenz einerseits und das äußere Ich und seine
irdischen Sorgen, Strategien und Aktivitäten andererseits begegnen einander. Die Seele ist, wie wir gesehen haben, nichts
anderes als der Kanal oder, noch besser, dieses Gespräch zwischen innen und außen, diese spontane Verbindung zwischen
dem rationalen, bewussten Geist und seinem Zentrum und dem
Zentrum allen Seins.

Wird dieser Kanal oder dieses Gespräch wie bei Richard, dem
schizophrenen Patienten aus dem 10. Kapitel, unterbrochen, ist
die Seele zerbrochen. Dann sind wir zersplittert und spirituell
krank. Strömen Einsicht und Energie durch diesen Kanal unge-
hemmt von innen nach außen (wie bei dem georgischen Tenor
im 2. Kapitel), kann die Seele uns heilen und vielleicht auch jene,
mit denen wir in Kontakt kommen. Wir werden zentriert und

ganz. Unser SQ (die einheitlichen neuronalen 40-Hz-Oszillationen des Gehirns) arbeitet daran, alle Ebenen des Seins zu vereinheitlichen.

Spirituelle Krankheit ist ein Zustand der Zersplitterung, der vor allem vom Zentrum des Selbst ausgeht. Spirituelle Gesundheit ist ein Zustand der zentrierten Ganzheit. Spirituelle Intelligenz ist das Mittel, mit dessen Hilfe wir von einem Zustand zum anderen gelangen können; das Mittel, mit dessen Hilfe wir uns selbst heilen können. In ihrer altenglischen Ableitung gehen die Begriffe «Health» (Gesundheit), «Wholeness» (Ganzheit) und «Healing» (Heilen) alle auf eine Wurzel zurück. Und innere Sammlung, die Trägerin der spirituellen Intelligenz, bedeutet «Wieder-Einsammeln», «Auflesen» oder «Versammeln» der zersplitterten Stücke unserer selbst.

In dem Buch *Charakter und Bestimmung* beschreibt der Jungsche Psychologe James Hillman seine «Eicheltheorie» über unseren Ursprung. Wir sind nicht einfach, sagt er, ein Zusammenwirken von Genetik, Umwelt und Erziehung. Jeder Einzelne von uns hat ein einzigartiges Schicksal, das wir dadurch, dass wir geboren werden, mit auf die Welt bringen. Er vertritt die Auffassung, «dass jeder Mensch Einzigartigkeit in sich trägt, die gelebt werden will und die bereits vorhanden ist, bevor sie gelebt werden kann».[2] Diese ursprüngliche Einzigartigkeit ist eine ursprüngliche Ganzheit, und es ist nach Hillman unser Schicksal, sie wieder zu sammeln und zu leben.

Als Säuglinge beginnen wir die Lebensreise in einem Zustand einer Ganzheit, die mit der Umwelt verschmolzen ist. Nach Auffassung der systemischen Familienpsychologen und -psychotherapeuten bildet sich der Säugling – das Kleinkind – in der Beziehung vor allem zu seiner Mutter und der familiären Umwelt seine Welt und sich selbst. Diese Umwelt ist für den Säugling der Rahmen. Er hat spirituelle Intelligenz, ein Bedürfnis, nach einem größeren Zusammenhang zu suchen, doch in diesem Stadium steht ihm nichts zur Verfügung, woran er eine Situation überprüfen könnte, die für ihn möglicherweise einen solchen Zusammenhang darstellt. Ist die Mutter ein zersplitterter Mensch oder ist die Familie ein zersplittertes System, wächst das Kind in diesen Zustand der Zersplitterung hinein. Seine eigene Spontaneität («Unschuld») arbeitet gegen das Kind und gegen seine ursprüngliche Ganzheit an, indem sie darauf hinwirkt, dass es sich an die zersplitterte Familie anpasst. Ein Kleinkind mit einem gewalttätigen und sadistischen Vater wird gewalttätigen Sadismus mit Liebe gleichsetzen. Es wird später im Leben darauf aus sein und mit hoher Wahrscheinlichkeit sein eigenes Kind misshandeln. Ein Kind mit einer kalten und abweisenden Mutter wird diese Eigenschaften mit Liebe gleichsetzen und wird wiederum darauf aus sein, sie in den Beziehungen seines Erwachsenenlebens verstärkt einzusetzen.

Wenn wir uns später im Leben an unsere Erfahrung erinnern, tun wir dies aus der Perspektive eines umfassenderen Rahmens. Wir können die Kindheitserfahrungen nun in einen größeren Zusammenhang des Lebens und der Erfahrung eines Jugendlichen oder Erwachsenen einordnen. Und wenn es sich um die Erfahrung unserer kulturellen Anpassung handelt, haben wir nun die Reife, uns selbst von der Kultur zu distanzieren. Der SQ gestattet uns die Einsicht, dass mit bestimmten Reaktions-, Beziehungs- oder Verhaltensmustern Konsequenzen einhergehen, die wir nicht wollen. Eben auf diese Weise entwickeln und wandeln sich sowohl Individuen als auch Kulturen. Hier handelt es sich um eine der Triebkräfte für eine gute Psychotherapie. Sie ist auch einer der wesentlichen Grundbestandteile von Meditation und Gebet.

Innere Sammlung ist nicht einfach nur Erinnerung. Sie ist das Erinnern aus dem Blickwinkel eines unverbrauchten neuen Rahmens. Sie ist eine Gelegenheit, die Familiengeschichte neu zu schreiben, indem man ihr ein anderes Ergebnis ermöglicht, das ursprüngliche Selbst (die Eichel) zurückzuerobern und das reife Selbst und seine Kultur neu zu erfinden. Innere Sammlung ist SQ in Aktion.

Innere Sammlung in Zeiten einer spirituellen Krise

Wie kommen wir dazu, uns innerlich zu sammeln? Warum oder wann «steuert» unser SQ «etwas bei»? Viele von uns sind in einem bestimmten Maße spirituell verkümmert – in unserer modernen, vom Ich beherrschten Gesellschaft ist ein gewisses Maß an persönlicher Zersplitterung nahezu unvermeidlich. Doch das tiefe Selbst ist immer da. SQ ist eine angeborene Begabung des Gehirns, und wir müssen keine spirituellen Helden sein, um ihren Ruf zu hören. Die Seele ist immer zur Sammlung fähig. Rabbi Heschel sagt: «Es gibt eine Einsamkeit in uns, die zuhört. Wenn die Seele sich von der Begleitung des Ichs und dessen Gefolge belangloser Eitelkeiten trennt, wenn wir aufhören, alle Dinge auszubeuten und stattdessen beten, kann der Aufschrei der Welt, der Seufzer der Welt, unsere Einsamkeit die lebendige Gnade jenseits aller Macht hören.»[3] Diese Einsamkeit kann durch Erfahrungen wie unsere Träume, den kreativen Umgang mit Leid oder den Tod eines nahe stehenden Menschen ausgelöst werden. Sie kann hervorgerufen werden, weil die lebenslang wirkenden Ich-Strategien, mit denen wir solche Dinge bewältigen, nicht mehr funktionieren – weil der Seelenkleister, mit dem unser zersplittertes Selbst zusammengehalten wird, plötzlich nicht mehr klebt. Wenn wir den Ruf hören, ist eine spirituelle Krise die Folge.

In einer spirituellen Krise wird der ganze Sinn und vielleicht Wert unseres Lebens in Frage gestellt. Wir fühlen uns möglicherweise überlastet oder deprimiert, wenden uns zur vorübergehenden Linderung Drogen oder Alkohol zu, werden lethargisch oder funktionieren nicht mehr oder brechen sogar im Wahn zusammen. Solche Krisen sind immer schmerzlich, doch wenn man sie mutig angeht und *nutzt*, bieten sie eine Gelegenheit zur Sammlung und zur darauf folgenden Besserung und Transformation des Selbst.

Hinter diesem Buch steckt eine persönliche Geschichte, die als konkretes Beispiel für das dienen kann, was ich mit einer spirituellen Krise meine; es handelt sich um ein Beispiel für die Suche nach innerer Sammlung, für die rettende Gnade, die sie bedeutet, und für eine spirituelle Intelligenz, die auf Heilung und Wachstum abzielt. Obwohl es für einen Autor schmerzlich und durchaus riskant sein kann, die persönlichen Dinge mitzuteilen, auf die die eigene Arbeit zurückgeht, lege ich meine Erfahrungen hier dar, welches Licht sie auch immer auf die Vorgänge werfen mögen, die ich zu beschreiben versuche.

Von dem Tag, an dem mir die Idee zu diesem Buch kam, bis zu dem, an dem ich in der Lage war, mit dem Schreiben zu beginnen, verging ein volles Jahr. Mein «annus horribilis» (schreckliches Jahr) begann, kurz nachdem meine Familie und ich für eine Weile nach Katmandu aufgebrochen waren, wo ich einige Vorarbeiten erledigen wollte. Ich war seit Monaten gereist und hatte Vorträge gehalten; ich war sowohl geistig als auch emotional ausgebrannt. Nachts, wenn meine Familie friedlich schlief, lag ich mit einem schrecklichen Brennen und Schmerzen im Bauch wach. Wenn ich dann endlich einschlief, hatte ich immer wieder verwirrende Träume, in denen ich mich fühlte wie in der Falle der Familiensituation meiner Kindheit. Bald entwickelte ich Schlafstörungen, die monatelang anhalten sollten. Als wir nach England zurückkehrten, versuchte ich vergeblich, wieder zu schreiben.

Die nächsten Monate ging es so weiter: des Nachts Schlaflosigkeit und verstörende Träume, immer wieder über die Kindheit. Tagsüber schlief ich zwölf bis sechzehn Stunden. War ich wach, saß ich bei zugezogenen Gardinen im abgedunkelten Wohnzimmer und trank heftig. Meine Körperenergie war durcheinander geraten, meine Glieder fühlten sich an, als seien sie nur lose mit dem Rumpf verbunden, mein Zentrum war leer und wurde nur durch etwas zusammengehalten, das sich anfühlte wie ein fester Metallring. Ich war nicht imstande, das Haus zu verlassen, und sagte alle öffentlichen Verpflichtungen ab. Ich wollte keine Freunde sehen. Das Einzige, was mich während dieser Zeit erreichte, war Musik. Ich hörte Bach und Bartók, Keith Jarrett und Blues; ich spielte immer wieder dieselben CDs.

Während ich unbeweglich in meinem Haus saß, verkaufte unser Verleger Lizenzen für das neue Buch an einen ausländischen Verlag nach dem anderen. Seine Erwartungen und die der anderen wurden täglich höher. «Wie läuft es mit dem Schreiben?», fragten sie. Ich war verzweifelt und beschloss am Ende, einen Therapeuten zu konsultieren. Gemeinsam gingen wir der Frage nach, was die Kindheitsträume und das Gefühl, völlig ausgebrannt zu sein, mir sagen wollten.

Mein Vater war Alkoholiker und ein ungebildeter Bahnarbeiter irisch-polnischer Herkunft; meine Mutter war Lehrerin für alte Sprachen, hochintelligent und von Tablettenmissbrauch gezeichnet. In der Ehe kam es häufig zu Gewalttätigkeiten, und meine Eltern ließen sich scheiden, als ich fünf Jahre alt war. Von da an hielt man mich davon ab, meinen Vater zu besuchen. Er war der «Schatten» der Familie, der verdrängt und vergessen werden musste. Als ich in der Schule gute Noten bekam, Auszeichnungen erhielt und an der Universität gute Leistungen zeigte, war ich das gute Kind meiner Mutter. «Ich liebe dich, weil du erfolgreich bist», wiederholte sie viele Male. Tat ich irgendetwas Schlechtes, versagte ich irgendwo oder wirkte ich als Jugendliche tölpelhaft, war ich die «kleine Loganinsky»; das war eine diffamierende Verballhornung des Namens meines Vaters und eine Anspielung auf seine polnische Herkunft. Ich versuchte immer, das gute Kind zu sein. Meinen Vater besuchte ich nie; selten dachte ich bewusst an ihn.

Als reife Erwachsene begann ich eine erfolgreiche Karriere als Schriftstellerin. Nach der Veröffentlichung von *Quantum Self* und den darauf folgenden Büchern wurde ich im bescheidenen Rahmen zu einer international bekannten Figur, die immer wieder gebeten wurde, Vorträge zu halten und Interviews zu geben. Wie meine Mutter wurde ich «Lehrerin». Doch als die Lobpreisungen und die Anforderungen zunahmen, nahm auch das Gefühl zu, eine Schwindlerin zu sein, innen «schlecht» zu sein, im Zentrum meines Seins ein verderbtes, verfaulendes schwarzes Etwas zu verbergen. Je begeisterter die Reaktionen auf meine Vorträge ausfielen, desto heftiger war die Depression, die mich danach befiel. Nachdem meine Mutter Selbstmord begangen hatte, konnte kein Lob die Depression lindern. All das war mir in Katmandu durch den Kopf gegangen; etwas in mir war zerbrochen, und ich konnte nur noch sagen: «Ich will das Spiel meiner Mutter nicht weiterspielen.» Es ging so weit, dass ich meine «Lehrerinnen»-Rolle zu hassen begann; mein bewusster Wille hatte keine Macht mehr über mich, und ich flirtete offen mit der Selbstzerstörung.

Monate nach dieser Starre fuhren wir nach Griechenland in Urlaub, wo ich einen entscheidenden Traum hatte. In diesem Traum beschloss ich, als Erwachsene meinen Vater anzurufen.

Er lebte mit drei alten Hexen zusammen, die versuchten, mich abzuweisen, indem sie sagten, mein Besuch käme nicht gelegen. Es war klar, dass die Hexen ein Alkoholproblem hatten und dass mein Vater eine Etage weiter oben schlief, weil er sich von der vergangenen Nacht erholen musste. «Das ist in Ordnung, ich habe auch ein Problem mit dem Trinken. Ich verstehe.» Mein Vater kam die Treppe herunter, um mich zu begrüßen; sein Gesicht war vom Alkohol aufgedunsen und vom Schlaf verquollen. Ich mochte ihn sofort, und er freute sich, mich zu sehen. Wir machten aus, uns von Zeit zu Zeit zu treffen, und er brachte mich an die Tür. Doch vor dem Haus meines Vaters standen zwei Polizisten und fragten mich: «Was machen Sie bei diesem Zuhälter und Drogenhändler?» Ich erkannte, dass mein Vater ein lasterhaftes Leben führte.

Mein Vater und ich trafen uns oft tagsüber, aber er ließ nicht zu, dass wir uns abends sahen. Ich wusste, dass er seine Nächte im Rotlichtviertel der Stadt verbrachte, und ich beschloss, ihn dort ausfindig zu machen. Ich begab mich also in die Eingeweide der Stadt, doch mein Vater beauftragte zwei Muskelmänner, mich von ihm fern zu halten: «Er sagt, wir können nicht zulassen, dass Sie ihn hier finden.» Da erkannte ich, dass mein Vater der König der Unterwelt war.

Ich erwachte mit einem Gefühl der Heiterkeit und der Erleichterung. «Soso», sagte ich, «mein Vater ist ‹der Teufel›. Ich bin die Tochter des Teufels. Aber er möchte mich beschützen.» Ich fühlte große Wärme für meinen Vater und spürte, dass er (der Teufel) gewissermaßen einen edlen Geist hatte. In meinem Denken liefen all die Assoziationen über den Teufel als gefallenen Engel ab, über den Engel, den Gott am meisten geliebt hat und der nun dazu verdammt ist, über die Unterwelt zu herrschen. Ich betrachtete ihn als tragische Figur.

Mein Traum könnte in diesem Buch als «spirituell intelligenter» Traum bezeichnet werden. Spirituell zu sein, heißt, mit der Ganzheit in Kontakt zu stehen, buchstäblich ein Gefühl für die eigene Integrität zu haben. Der Traum brachte mich mit einer vergessenen, «dunklen» Seite meiner selbst in Kontakt und verleitete mich dazu, sie besitzen zu wollen. Er brachte mich dazu, mich zu sammeln und mich ganz zu machen. Der Traum verlieh den Ereignissen meiner Kindheit, die einfach zu schmerzlich gewesen waren, als dass ich mich ihrer erinnern und mit ihnen leben konnte, eine zusätzliche «mythologische» Dimension.

Doch das Bedürfnis, sich zu sammeln und ganz zu werden, steht erst am Anfang dessen, was ein langer, schmerzhafter Prozess sein kann. Monate nach dem Traum sehnte ich mich danach, meinen Vater kennen zu lernen, und trauerte, weil das nicht möglich war; er war Jahre zuvor verstorben. Die Botschaft des Traums, dass mein Vater nicht wollte, dass ich ihn in den «Eingeweiden der Stadt» finde, nahm ich nicht zur Kenntnis; bisweilen war ich regelrecht besessen von dem Gedanken, ihn dort finden zu wollen; dabei machte ich ein inneres Ritual durch, das ich «Absteigen» nannte. Ich trank immer heftiger und besuchte, in welcher fremden Stadt ich auch gerade einen Vortrag hielt, düstere Nachtlokale. Ich suchte beim «Absteigen» nach meinem Vater. Ich war mir der Tatsache, dass ich versuchte, eine eigene vergessene Seite zurückzuerobern, noch nicht bewusst. Das trat erst in einem Traum offen zutage, den ich Monate später während eines weiteren Aufenthalts in Katmandu hatte.

In dem früheren Traum hatte mein Vater mir ausdrücklich verboten, ihn in den dunklen «Eingeweiden der Stadt» aufzusuchen. Ich musste ihn irgendwo im Licht des Tages treffen. Ich deutete das nun so, dass ich ihn in mir selbst finden musste. In dem neuen Traum war ich eine Tänzerin, die sich unabhängig von der Macht des eigenen Willens anmutig bewegte. Zunächst dachte ich, meine Arme und Beine würden an Fäden bewegt wie die einer Marionette, doch dann erkannte ich, dass ich *von innen* bewegt wurde, dass da eine Kraft in meinem Körper, in meinem Sein residierte, die diese anmutigen Bewegungen dirigierte.

Nach dem Traum hatte ich tief in mir ein geradezu körperliches Gefühl von Spontaneität, das deutliche Gefühl, dass es in dieser geschenkten Anmut (im Traum symbolisiert durch die Anmut meiner Bewegungen) ein aktives Zentrum gab. Es handelte sich um eine Spontaneität, die ich nicht nur bei den Menschen in Nepal bewundern, sondern die ich auch mit nach Hause nehmen konnte. Es war der heilende Ruf meines SQ.

Wie wir unseren SQ hervorstrahlen lassen

Wenn wir vom tiefen Zentrum unseres Selbst – durch Zersplitterung, Einseitigkeit, Schmerz oder auch nur Ablenkung – abgeschnitten sind, dann ist es so, als gingen wir im Dunkeln einen matschigen Pfad entlang und hätten, um den Weg zu finden, nur eine kleine Taschenlampe zur Verfügung. Wir bewegen uns vorsichtig von einem Matschloch zum nächsten, unser Blickwinkel beschränkt sich jeweils auf einen einzigen stockenden Schritt. Gehen wir denselben Weg tagsüber, können wir viel mehr überblicken. Wir sehen die Matschlöcher in einem größeren Zusammenhang und können sie selbstbewusst und mit Leichtigkeit meiden. Was die «Matschlöcher» des Lebens angeht, hat der SQ diesen Effekt.

Wenn wir unsere spirituelle Intelligenz nutzen, betrachten wir die Dinge vom Zentrum aus. Wir stellen Gefühle und Ereignisse in einen größeren Zusammenhang, setzen Dinge zueinander in Beziehung, die uns getrennt zu sein schienen; wir sehen und schaffen Zusammenhänge und Muster. Wir leben den gesamten Lotos des Selbst. Doch wie bewerkstelligen wir es, mit diesem inneren Licht zu sehen? Müssen wir immer aus eigener Kraft dahin gelangen, oder steht uns dabei Hilfe zur Verfügung?

Wir haben anhand sowohl der neurologischen als auch der physikalischen Grundlagen des Bewusstseins erkannt, dass der SQ eine in unserem Gehirn angelegte Fähigkeit ist, mittels derer es zur umfassenderen Wirklichkeit in Beziehung tritt. Das Licht des SQ muss uns nicht gegeben werden; wir müssen ihn nicht erlernen, wir müssen ihn nicht erben. Das tiefe Selbst ist unser angeborenes Menschenrecht, und es ist als Zeuge der Entfaltung unseres Lebens immer da. Es ist da, wann immer wir nach Sinn streben und entsprechend handeln. Aber unser bewusstes Ich-Selbst mag um diesen Begleiter nicht immer wissen. Unser SQ kommt nie abhanden; lediglich unsere Fähigkeit, ihn zu sehen, und von daher auch unsere Fähigkeit, ihn zu nutzen, kann blockiert sein. Eine solche Blockade kann darin bestehen, dass wir nach dem SQ suchen, als wäre er ein Objekt außerhalb unserer selbst. Aber der SQ ist ebenso im Sehenden wie im Gesehenen (eine Welle, die nach dem Ozean sucht). Was wir zunächst finden, kann eine schmerzliche Leere sein, doch wenn wir imstande sind, diese dunkle Nacht der Seele aufmerksam zu überstehen, können wir immer etwas Wirkliches und Neuartiges finden.

Manchmal, wie etwa bei meiner eigenen spirituellen Krise, kann die Belastung, die es bedeutet, eine innere Spaltung zu leben, so groß werden, dass wir erst weiterkommen, wenn dieses innere Licht durchbricht. Ich konnte einfach nicht so weiterleben, als ob eine Hälfte meiner selbst nicht existierte. Die innere Einsamkeit, jene «Einsamkeit, die zuhört», wie Rabbi Heschel es ausdrückt, verschafft sich am Ende Gehör. Die Erfahrung der spirituellen Krise ist selbst eine Form des Hörens.

Wir sind nicht allein. Wir alle sind Bestandteil einer langen Suche der Menschen nach Sinn und Bestandteil der Traditionen, Symbole, Assoziationen, heiligen Orte und Bilder, die dieser Suche Ausdruck verliehen haben. Selbst unsere Sprache ist, wie der Philosoph Heidegger sagt, «ein Haus des Seins», und wir alle wohnen in diesem Haus. Wir tragen die gesamte Geschichte des Universums in unserem tiefen Unbewussten, das Teil des kollektiven Unbewussten der Menschheit ist. Jeder Einzelne gehört der großen Gemeinschaft der Menschen an, und die meisten gehören zu einer kleineren, persönlichen Gemeinschaft von Freunden und Familie. Auf all diese Dinge können wir uns stützen.

Uns kann bei unserem Bestreben, uns selbst zu heilen, auf vielerlei Weise geholfen werden, beispielsweise durch das Mitgefühl eines nahe stehenden Menschen, von einem guten Priester oder Rabbi, von einem weisen Therapeuten oder Berater; dadurch, dass wir der Natur nahe sind oder uns auf eine persönliche Interpretation spiritueller Symbole stützen; durch etwas, das uns etwas bedeutet wie etwa das Kreuz, den Davidstern, das *Shema Israel*, den Baum des Lebens, eine Buddhastatue, ein Kerzenlicht; indem wir ein Gedicht lesen oder uns an ein Gedicht erinnern, das unser Unbewusstes aufwühlt; indem wir ein Lied singen, das einen Sinn für uns hat; dadurch, dass wir andere in ihrem Leben und in ihren Handlungen inspirieren; durch Aufmerksamkeit für unsere Träume und durch eine mutige Bereitschaft, unseren Dämonen gegenüberzutreten. Wie ein tibetischer Lama einmal sagte, können wir den Sinn des Lebens sogar finden, indem wir ein Glas Wasser trinken, wenn wir es nur im rechten Geist tun.

Der spirituelle Notfall ist nicht der einzige Weg

Bislang war davon die Rede, wie man das Licht des SQ und damit das eigene Zentrum auf dem Weg über eine spirituelle Krise oder im Extremfall über das finden kann, was der Psychologe Stanislav Grof spirituelle Notfälle nennt.[4] Solche Augenblicke bieten, wenn man weise damit umgeht, zweifellos eine Gelegenheit, in Richtung Ganzheit zu wachsen, aber sie sind nicht der einzige Weg, wie wir unseren SQ erfahren und nutzen können. Viele Menschen haben auch ohne Krise erfahren, wie es ist, wenn das Licht des SQ hervorscheint, und viele andere sehnen sich so sehr danach, dass ihre Suche selbst sie spirituell intelligenter macht.

Kinder beispielsweise weisen nach der in diesem Buch vertretenen Definition ein hohes Maß an spiritueller Intelligenz auf. Sie fragen immer «Warum?», suchen in ihren eigenen Handlungen und denen anderer Menschen immer nach dem Sinn, ringen unentwegt darum, Gefühle und Ereignisse in einen umfassenderen, Sinn gebenden Zusammenhang einzuordnen. Kinder sind noch nicht befangen in einer Menge von Annahmen oder in einer vorgegebenen Art und Weise, die Dinge zu sehen. Für sie ist alles neuartig.

Die natürliche Spiritualität von Kindern, über die zum Beispiel der Amerikaner Robert Coles schreibt,[5] geht auf ihren hohen SQ zurück. In ihrem zarten Alter und mit ihrer Vorliebe dafür, nach dem Wie und Warum zu fragen, möchten Kinder auf natürliche Weise etwas konstruieren, das Erwachsene einen metaphysischen Rahmen für ihr Leben nennen würden. Sie möchten wissen, wer sie sind, warum sie geboren wurden, woher sie gekommen sind, woher die Welt kommt, warum die Leute sich so verhalten, wie sie es tun. Als mein eigener Sohn fünf Jahre alt war, fragte er mich eines Abends beim Zubettgehen: «Mami, warum habe ich ein Leben?» Das war eine spirituell intelligente Frage. Aber zu oft tun Eltern und Lehrer die Fragen von Kindern einfach ab oder reagieren herablassend darauf, indem sie Antworten geben, die sie selbst nicht akzeptieren würden. Das kann im späteren Leben zu Zynismus, Verzweiflung oder schlicht zu Konformität führen, was jeweils für sich genommen eine schädliche Auswirkung auf den ursprünglich hohen SQ haben kann.

In gleicher Weise können wir zynischen oder spirituell verkümmerten Erwachsenen manchmal das Licht des SQ in uns finden, indem wir unser inneres Kind wiedererlangen, indem wir ein Ereignis oder eine Beziehung mit der Verwunderung und Unerfahrenheit des kindlichen Auges in uns betrachten. Hier handelt es sich um eine der wohl bekannten Freuden von Eltern. Diese kindgleiche Sichtweise wird gemeinhin auch mit Kreativität bei Erwachsenen in Verbindung gebracht. Isaac Newton sagte, ihm gehe es mit der Physik so wie einem kleinen Jungen mit den schönen Steinen und Muscheln, die es am Strand zu entdecken gebe. Und auch der Maler Henri Matisse sagte einmal, wir müssten lernen, die Welt wieder mit den Augen eines Kindes zu sehen.

Jedes Mal, wenn wir über unsere Vorannahmen oder gewohnheitsmäßigen Sichtweisen hinausgehen; jedes Mal wenn uns der Durchbruch gelingt zu einer neuen Einsicht, die unser Verhalten in einen umfassenderen, Sinn gebenden Zusammenhang einordnet; jedes Mal wenn wir unser Ich transzendieren und von unserem Zentrum aus handeln; jedes Mal wenn wir das Fesselnde einer Schönheit oder Wahrheit erleben, die umfassender ist als wir selbst; wenn wir die Erhabenheit eines Musikstücks erfahren, die majestätische Großartigkeit eines Sonnenaufgangs in den Bergen, die überzeugende Einfachheit eines neuen Gedankens, die Tiefen der Meditation oder das Wunder des Gebets – erfahren wir unseren SQ und nutzen ihn zumindest in einem geringen Umfang, um uns zu heilen.

Joseph Campbell erzählt die Geschichte von zwei jungen Polizisten, die in Hawaii über einen Bergpass fuhren. Dort gab es eine Brücke, die sowohl bei Touristen als auch bei Selbstmördern beliebt war; als die Polizisten näher kamen, sahen sie einen jungen Mann, der im Begriff war, sich in die Schlucht zu stürzen. Einer der beiden sprang aus dem Wagen, ergriff den jungen

Mann und wäre fast mit ihm in die Tiefe gefallen, wäre ihm nicht sein Kollege zu Hilfe gekommen.

«Begreifen Sie», fragt Campbell, «was mit diesem Polizisten, der sich mit einem unbekannten Mann dem Tod in den Rachen geworfen hatte, geschah? Alles andere in seinem Leben war von ihm abgefallen – die Verpflichtung gegenüber seiner Familie, die Verpflichtung gegenüber seinem Beruf, die Verpflichtung gegenüber seinem eigenen Leben –, alle seine Wünsche und Hoffnungen waren einfach verschwunden. Er war dem Tode nahe. Warum?» Campbell nimmt Bezug auf den Philosophen Schopenhauer, der sagt, eine solche Krise stelle den Durchbruch zu einer metaphysischen Erkenntnis dar – der Erkenntnis, dass man selbst und der andere eins sind, dass es keine Getrenntheit gibt, dass man selbst und der «Fremde» zwei Aspekte eines Lebens sind. Unsere wahre Realität liege in unserer Identität und Einheit mit allem Leben.

«Der Held», sagt Campbell, «zeichnet sich dadurch aus, dass er sein leibliches Leben einer bestimmten Form der Erkenntnis dieser Wahrheit geweiht hat.»[6] Indem er das tut, gewinnt dieses physische oder Ich-Leben an Bedeutung, und er wird in gewisser Weise geheilt.

Es gibt Todeserfahrungen beziehungsweise Erfahrungen nahe dem Tode, die ebenfalls dazu führen, dass das Licht hervorscheint. Im Angesicht des offensichtlich kurz bevorstehenden Todes im Konzentrationslager Auschwitz, sagt Frankl, habe er den Sinn des Lebens gefunden:

«Während die Bekümmerung der meisten der Frage galt: Werden wir das Lager überleben? Denn, wenn nicht, dann hat dieses ganze Leiden keinen Sinn – lautete demgegenüber die Frage, die mich bedrängte, anders: Hat dieses ganze Leiden, dieses Sterben rund um uns, einen Sinn? Denn, wenn nicht, dann hätte es letztlich auch gar keinen Sinn, das Lager zu überleben. Denn ein Leben, dessen Sinn damit steht und fällt, dass man mit ihm davonkommt oder nicht, ein Leben also, dessen Sinn von Gnaden eines solchen Zufalls abhängt, solch ein Leben wäre eigentlich nicht wert, überhaupt gelebt zu werden.»[7]

Marie de Hennezel, eine Psychologin, die in einem Pariser Krankenhaus mit todkranken Menschen arbeitet, sagt:

«Ich weiß, dass ich eines Tages sterben werde, wenngleich ich nicht weiß, wie und wann. Diese Gewissheit kommt aus meinem tiefsten Innern. … Dieses so tiefe und geheime Wissen ist paradoxerweise das, was ich mit allen Menschen gemeinsam habe, und deshalb berührt mich der Tod eines anderen. Er führt mich zu der zentralen Frage: Welchen Sinn hat mein Leben?»[8]

Tod bringt einen umfassenderen Zusammenhang und Sinn in unser Leben.

Und schließlich denke ich an den Bestseller *Gespräche mit Gott* von Neale Donald Walsch. Auf der einen Ebene können wir diese Unterhaltungen mit Gott wörtlich nehmen und sagen, dass Walsch einen direkten Draht zu einem höchsten Wesen außerhalb des weltlichen Systems der Dinge hat, einen direkten Draht zum jüdisch-christlichen Gott, der die Welt und uns geschaffen hat. Aber auf einer hintergründigeren und für mich glaubwürdigeren Ebene können wir sagen, dass Walsch sich in Wirklichkeit mit seinem eigenen SQ unterhält. In Walschs System der Dinge stellt Gott den höchsten Rahmen für Sinn und Wert dar, er ist der höchste Vermittler eines Zusammenhangs; Gott kann Walsch die umfassende Vorstellung vermitteln. Genau das leistet unser SQ für uns – er ordnet die Dinge in den umfassendsten Sinnzusammenhang ein, der uns in den einzelnen Stadien unseres spirituellen Wachstums zur Verfügung steht, und stellt sie in einen neuen Rahmen. Wenn wir zu Gott «sprechen» oder beten, geben wir unser Möglichstes, diese angeborene Weisheit im Herzen unseres Seins, die uns mit der gesamten Wirklichkeit in Kontakt bringt, zu erreichen. Wenn er antwortet, kommt das, was wir hören, aus dem Tiefsten unseres Selbst. Doch genau aus diesem Grund kann «Gottes Wort» oder die heilende Kraft unseres eigenen SQ nie letztgültig sein. Es handelt sich um einen unaufhörlichen Kommunikationsprozess, um einen Dialog. «Gott» verändert sich fortlaufend.

Es gibt keine große Erlösung

Das westliche Denken glaubt an das große dramatische Ende, an den Tag des letzten Gerichts, an Millenniumkatastrophen und an Erlösung. Selbst die hintergründigeren östlichen Philosophien lenken unsere Aufmerksamkeit auf ein letztes Nirwana, in dem der Kreislauf von Wiedergeburt und Leiden enden wird. Doch sowohl die Evolutionsvorgänge als auch die vereinheitlichenden Kräfte unseres Gehirns sind ein Indiz dafür, dass das Leben eher aus einer Reihe kleiner Erlösungen besteht als aus einer großen Errettung.

Der Grundzustand des Universums, das Quantenvakuum, befindet sich in ständigem Austausch mit den Energieanregungen, die das Dasein ausmachen. Die Dinge entstehen aus dem Vakuum und versinken wieder darin, um anderswo als etwas anderes wiedergeboren zu werden. In einer einfachen Wilsonschen Nebelkammer, einem Gerät zur Beobachtung der Spuren kleiner geladener subatomarer Teilchen, können wir ganz deutlich sehen, wie dieser Prozess vor sich geht. Die Teilchen tauchen unvermittelt aus dem Dampf der Nebelkammer auf, durchqueren den Raum über eine kurze Strecke und verschwinden genauso plötzlich wieder im Dampf. Dann tauchen neue Teilchen auf. Dieser Vorgang der Schöpfung, Vernichtung und Wiedergeburt von Teilchen wird so lange anhalten, wie das Universum besteht. Und so verhält es sich auch mit der Geburt und dem Tod von Sternen, Galaxien und Planeten.

In der Biologie gibt es kein Ende der Evolution. Solange unser Planet die Bedingungen für Leben bietet, wird dieses Leben sich verändern und entwickeln, ständig neue Formen hervorbringen.

Ebenso verhält es sich mit unserem Gehirn. Das Gehirn selbst verdrahtet sich, wie wir gesehen haben, in Folge von Erfahrung ständig neu. Mein Gehirn von heute ist nicht dasselbe wie mein Gehirn von gestern. Die 40-Hz-Oszillationen, die mich zum SQ befähigen, müssen ständig neue Erfahrungen integrieren, ständig Sinn in einen neuen Rahmen und Zusammenhang stellen, immer schon in dem Moment, in dem sie sich entwickeln, über Probleme und Krisen hinauswachsen. Selbst ein spirituell intelligentes Leben kann uns bestenfalls eine Reihe von Mini-Erlösungen bieten, eine momentane Heilung, zu der das Wissen gehört, dass in der Zukunft weitere Herausforderungen auf uns zukommen werden. Heute finde ich möglicherweise ein einzelnes fehlendes Teil meiner selbst; andere Teile meines zersplitterten Selbst warten noch auf ihren Auftritt. Aber diese Einsicht kann selbst bereits eine Form der Heilung herbeiführen, indem sie uns im Hinblick auf die tiefen und weiter im Leben und in der Seele ablaufenden Vorgänge nicht ungeduldig sein lässt, sondern uns ein Gefühl akzeptierenden Friedens vermittelt. Als Bilbo Baggins in J. R. R. Tolkiens *Herr der Ringe* zu seinem großen Abenteuer antritt, sagt er:

«Die Straße gleitet fort und fort,
Weg von der Tür, wo sie begann.
Weit über Land, von Ort zu Ort,
Ich folge ihr, so gut ich kann.
Ihr lauf ich raschen Fußes nach,
Bis sie sich groß und breit verflicht
Mit Weg und Wagnis tausendfach.
Und wohin dann? Ich weiß es nicht.»[9]

Wie wir sehen werden, wenn wir uns mit dem SQ und unserer tiefen Spontaneität beschäftigen, gestattet uns die spirituelle Intelligenz, den Erfahrungen, die auf uns zukommen, mit einem zutiefst friedvollen, ausgewogenen Vertrauen zu begegnen. Wir brauchen nicht zu fragen, weil wir auf alles reagieren und Verantwortung dafür übernehmen können.

12 Unsere Richtschnur für den Grenzbereich: Wie wir den SQ nutzen können, um eine neue Ethik zu entwickeln

«How can I go forward when I don't know which way I'm facing?»
(«Wie kann ich vorwärts gehen, wenn ich nicht weiß, in welche Richtung ich blicke?»)

John Lennon

«Man muss hinauskommen über das, was man tun möchte, und über das, was man meint, tun zu *sollen;* erst dann kann man das klare Licht sehen, das einem zeigt, was man tun *muss.*»

Mann bei einer Quäker-Zusammenkunft

Vor kurzem beklagte sich meine 15-jährige Tochter bei mir: «In meinem Alter hat man es heutzutage wirklich nicht leicht. Du und Papi, ihr werft immer alles wieder um, wovon ihr gesagt habt, dass es richtig oder in Ordnung ist, und auch sonst weiß keiner, was er tut. Immer muss ich alles für mich selbst ausknobeln.» Noch trostloser war die Schlussfolgerung einer Frau, der ich bei einem Treffen «religiöser Zweifler» in der örtlichen Kirchengemeinde begegnete: «Jetzt, da die Wissenschaft nachgewiesen hat, dass Gott überhaupt nicht existiert», sagte sie, «ist es doch egal, wie wir uns verhalten. Es liegt alles bei uns.»

Fragen zu richtig und falsch belasten uns heute, Fragen dazu, wie wir selbst auf einem geraden Weg bleiben und wie wir unsere Kinder auf den richtigen Weg führen können. Herkömmliche Religion und die damit zusammenhängende Ethik haben keinen Bestand mehr, Familienstrukturen sind im Fluss und verändern sich ständig, und unsere Denkmuster in Bezug auf Gemeinschaftsgefühl und Tradition sind in sich zusammengebrochen. Irgendjemand hat die moralischen Zielvorstellungen verschoben, und wir wissen nicht mehr, welches Spiel wir spielen, geschweige denn, wie die Regeln zustande kommen. Der Historiker Eric Hobsbawm behauptet, in den letzten fünfzig Jahren seien mehr Veränderungen vor sich gegangen als in all den Jahrhunderten seit der Steinzeit. Über unsere Zeiten schreibt er, Ungewissheit und Unvorhersagbarkeit seien zu Hindernissen geworden, Kompassnadeln hätten keinen Norden mehr, Landkarten seien nutzlos geworden.[1]

Als Folge davon fühlen sich viele Menschen verloren, desorientiert, ja sogar verängstigt. Der Dichter Rainer Maria Rilke (1875–1926) aber vergleicht Ängste und Schrecken mit Drachen und sagt: «Vielleicht sind alle Drachen unseres Lebens Prinzessinnen, die nur darauf warten, uns einmal schön und mutig zu sehen. Vielleicht ist alles Schreckliche im tiefsten Grunde das Hilflose, das von uns Hilfe will.»[2] Im *Tibetischen Buch vom Leben und vom Sterben* des Lehrers Sogyal Rinpoche heißt es, die Angst, die Vergänglichkeit in uns auslöst, die Angst davor, dass nichts wirklich und von Dauer ist, sei, wie wir allmählich entdeckten, unser größter Freund, weil sie uns antreibe zu fragen: Wenn alles stirbt und sich verändert, was ist dann wirklich wahr? Gibt es etwas hinter den Erscheinungsformen, etwas Grenzenloses und unendlich Räumliches, etwas, in dem der Tanz von Veränderung und Vergänglichkeit vor sich gehen kann?[3]

Vielleicht bietet uns der Tod der alten Ethik und der Geisteshaltung, auf der sie beruhte, eine kostbare Gelegenheit, eine neue Ethik zu entwickeln, die auf unserer angeborenen spirituellen Intelligenz beruht. Wenn wir unseren SQ nutzen, können wir mit Ungewissheit leben und dennoch ein inneres Gleichgewicht finden. Wir können nicht trotz der Ungewissheit kreativ leben, sondern gerade weil sie da ist. Ungewissheit kann uns inspirieren, weil sie Bedingungen schafft, unter denen wir eine Wahl treffen müssen. Sie gibt uns Freiheit und schafft die Voraussetzungen dafür, dass wir Verantwortung übernehmen.

Die alte Ethik

Irgendwo in unserer Evolutionsgeschichte haben wir Menschen unsere instinktiven Vertäuungen verloren, die das Leben so viel vorhersagbarer machen als das einfacherer Tiere. Damit waren wir in der Lage, die unumschränkten Regeln und Zwänge der Natur zu durchbrechen, ein neues und komplexes Leben aufzubauen, das auf dem freien Willen und seinen Ausdrucksformen basierte. In dem Maße, in dem wir die Fesseln des Instinkts abgeworfen haben, haben wir zumindest im Westen versucht, sie durch Regeln und Gewissheiten zu ersetzen, die uns von unseren Göttern und von unserem Verstand auferlegt werden.

Moses stieg vom Berg Sinai herab und brachte auf Steintafeln die Zehn Gebote mit. Das Christentum und der Islam erkannten diese Gebote an und fügten ihnen weitere hinzu. Für die philosophische Tradition des antiken Griechenland galten objektive, universale Prinzipien des Guten und Gerechten als Kernbestandteile jedes ernst zu nehmenden Ethiksystems.[4] Genau genommen kann man den Universalismus, den Glauben an objektive Wahrheiten und Wahrheitskriterien, die sich auf alles und jeden anwenden ließen, als Grundlage der westlichen Kultur betrachten. In der Tradition der Aufklärung wurde der westlichen Menschheit im 17. Jahrhundert die Vernunft zur unfehlbaren Richtschnur für das, was richtig und gut war. Die Naturwissenschaft von Isaac Newton folgte denselben Prinzipien, mit Naturgesetzen, die jedes Ereignis im physikalischen Universum bestimmten. Die Newtonsche Naturwissenschaft war eine Wissenschaft des Absoluten – absoluter Raum und absolute Zeit, absolute Gesetze, absolute Gewissheit, Vorhersagbarkeit und Kontrolle.

Während die offizielle Religion die Gewissheiten von Moses und die Philosophen und Logiker die Gewissheiten des antiken Griechenland am Leben erhielten, verstärkten die Sozialwissenschaften des 17., 18. und 19. Jahrhunderts die Gewissheiten des Newtonschen Absolutismus. Freuds Psychologie, Lockes Demokratietheorie, Adam Smiths Wirtschaftswissenschaft, Marx' eiserne Gesetze der Geschichte, Darwins Gesetze der Evolution und Frederick Taylors Theorie der wissenschaftlichen Betriebsführung, mit all diesen Ansätzen wurde versucht, Pendants zu den drei Bewegungsgesetzen zur Anwendung kommen zu lassen. Im Alltagsleben sind Gewissheiten durch Sitte und Tradition, durch die Familie und die Gemeinschaft aufrechterhalten worden.

Das Unschärfeprinzip

Das Unschärfeprinzip, das der Physiker Werner Heisenberg im 20. Jahrhundert entdeckte, ist einer der Hauptbestandteile der Quantentheorie. Mehr noch als Einsteins Relativitätstheorie, die unsere Stellung in Raum und Zeit beziehungsweise deren Wahrnehmung in Frage stellt, stellt das Unschärfeprinzip unsere Fähigkeit in Frage, jemals etwas absolut zu wissen. Wissen, so Heisenberg, ist immer begrenzt. Wissen wir «x» über eine Tatsache oder über eine Situation, dann können wir «y» nicht kennen und umgekehrt. Die Quantenrealität, die Heisenberg beschreibt, enthält eine unendliche Anzahl möglicher Ausdrucksformen; sie alle sind notwendig, jede von ihnen ist auf eine bestimmte Weise gültig. Doch wir können nur den Aspekt der Realität kennen, nach dem wir gerade suchen. Unsere Antworten werden immer nur die Antworten auf die Fragen sein, die wir stellen. Und wenn wir andere Fragen stellen, werden wir andere Antworten erhalten.

Im Jahre 1997 gab die Londoner *Sunday Times* zwei unterschiedliche Gallup-Umfragen darüber in Auftrag, wie es um den religiösen Glauben in Großbritannien bestellt ist. In der ersten Erhebung wurden die Menschen gefragt, ob sie sonntags zur Kirche gingen. Nur zehn Prozent antworteten mit Ja, weshalb man aus der Umfrage schloss, Großbritannien sei kein sehr religiöses Land. Doch in der zweiten Erhebung, die sechs Monate später durchgeführt wurde, lautete die Frage: «Glauben Sie an Gott?» Da bejahten 80 Prozent, und die Meinungsforscher schlossen daraus, dass Großbritannien ein sehr religiöses Land *ist*. Hier sehen wir das Unschärfeprinzip in der Praxis.

Einstein und Heisenberg haben dazu beigetragen, dass unser Verhältnis zu Wahrheit und Ethik sich grundlegend verändert hat. Die alte Methode war deduktiv, ein Versuch, die verloren gegangenen Gewissheiten unserer biologischen Vergangenheit mit Bezugnahme auf eine von außen auferlegte Menge von Wahrheiten zu ersetzen. Aber sowohl Heisenberg als auch Einstein sagen, dass alles auf entscheidende Weise von *uns* abhängt. Wahrheit hängt von unserem Standpunkt ab, von den Fragen, die zu stellen wir uns entscheiden. Dies ist eine induktive Wahrheit, die in einem grundlegenden Sinne von innen kommt. Es handelt sich meiner Meinung nach um eine Wahrheit, zu der wir nur über unsere spirituelle Intelligenz Zugang haben können.

Die zufälligen Nebenprodukte wissenschaftlicher Entdeckungen, Technologien und der allgemeinen geistigen Einstellung wissenschaftlichen Fragens haben einen Einfluss auf uns alle. Doch noch revolutionärer als die *Entdeckungen* der Wissenschaft war der *Geist* der Wissenschaft. Deduktive Wahrheit basiert auf Glauben: Ethische Systeme beruhen auf Einverständnis, auf einem Glauben an eine äußere Autorität. Doch die kreative Wissenschaft ist induktiv; sie basiert auf *Beobachtungen*, auf der *Überprüfung* von Theorien, darauf, dass Tatsachen *in Frage gestellt* werden. Als Wissenschaftler, der in der Tradition des Unschärfeprinzips ausgebildet wurde, interessiert man sich nicht nur für Antworten. Man möchte mehr über *Fragen* wissen, darüber, welche anderen Realitäten durch weitergehende und tiefgründigere Fragen beobachtet werden können. Ist es da ein Wunder, dass Jugendliche im 20. Jahrhundert darauf bestehen, das Rad neu erfinden zu wollen, dass fast alle fragen: «Was ist möglich?», bevor sie fragen: «Was ist richtig?» Der Geist der Wissenschaft ist zum bestimmenden Geist unserer Zeit geworden.

Es hat immer schon religiöse oder spirituelle Bewegungen gegeben, die induktive Wahrheit anerkannt haben. Die Mystiker aller an Abraham orientierten Religionen, die Taoisten, die Hindus, die Buddhisten und in neuerer Zeit die Quäker haben die Bedeutung der inneren Erfahrung und eines inneren Pfads zum Heiligen immer betont. Sie lehnen die Auffassung ab, dass auf dem Weg zur Wahrheit allein der Glaube oder der Gehorsam ausreicht, und betonen, dass wir an uns selbst arbeiten müssen, wenn wir ein inneres Licht finden wollen. Menschen dieser

Einstellung sind von den Hauptströmungen der westlichen Religionen immer abgelehnt, ja oft sogar verfolgt worden, aber vielleicht ist ihre Zeit jetzt gekommen.

Unschärfe ist nicht gleich Relativismus

Moralischer Relativismus ist die Auffassung, dass Wahrheit, weil es keine absolute Wahrheit beziehungsweise keine absoluten Wahrheitskriterien gibt, etwas Relatives ist. Die Wahrheit ist lediglich das, was ich zufällig glaube oder aus Bequemlichkeit für gültig erkläre. Es gibt demnach keine Objektivität, sondern nur Subjektivität.

Diese Art von Skeptizismus entspringt der philosophischen Schule der Sophisten im antiken Griechenland. Sie liegt implizit Nietzsches und Freuds Auffassung zugrunde, dass die Menschen glauben, was sie bei der Verfolgung ihrer individuellen Antriebe als angenehm empfinden. Die Ethnologen des 20. Jahrhunderts berichten von miteinander im Konflikt stehenden Glaubensvorstellungen zu richtig und falsch, die in unterschiedlichen Stämmen und Kulturen vorzufinden sind, wobei fast alle Kulturen Betrug und Mord verbieten. Viele Philosophen des 20. Jahrhunderts berufen sich auf die Arbeiten von Einstein und Heisenberg, um den moralischen Relativismus zu begründen. Einstein, so behaupten sie, zeige anschaulich, dass wir immer in einem bestimmten Raum-Zeit-Rahmen befangen sind und dass es von daher keine Sicht der Realität aus dem Auge Gottes gebe. Heisenbergs Unschärfeprinzip, meinen sie, beweise, dass Wahrheit nur davon abhänge, wie wir die Dinge betrachteten und welche Fragen wir zufällig gerade stellten. Diese beiden Schlussfolgerungen sind ein Missverständnis dessen, was die Naturwissenschaft des 20. Jahrhunderts über Wahrheit und Realität zu sagen hat, und ihnen entgeht die aufregende und hintergründige Sichtweise, die diese Wissenschaft im Hinblick auf die Wahrheit vermittelt.

Die Auffassung, dass «alles relativ ist», wird durch Einsteins Arbeiten nicht gestützt. Sie enthalten sehr wohl objektive Beschreibungen. Einstein bietet uns in abstrakten Begriffen eine einzigartige vierdimensionale Raum-Zeit-Beschreibung der *realen* Welt; und diese enthält die Perspektiven aller möglichen Beobachter als *Aspekte* der Wahrheit. Die individuellen Perspektiven sind durch die abstrakte Beschreibung des Ganzen miteinander verbunden. Es gibt eine Sicht aus dem Auge Gottes, aber sie ist allein Gott zugänglich. Wir können nur danach streben, so viele Perspektiven wie möglich kennen zu lernen, und ein Ganzes akzeptieren, das größer ist als das, was wir wahrnehmen können.

In ähnlicher Weise sagt Heisenberg, dass die Quantenrealität mit einem unendlichen Potenzial (der unendlichen Wahrheit) gefüllt ist, dass wir aber nur imstande sind, einige Aspekte davon zu kennen. Als Beobachter befinden wir uns in einem gemeinschaftlich-kreativen Austausch mit dieser unendlichen Hintergrundrealität, und was wir sehen, hängt von den Fragen ab, die wir stellen. Wahrheit ist nicht begrenzt oder unscharf, aber unsere Sicht darauf wird es immer sein. Auch ein Heisenbergscher Beobachter fördert umso mehr Seiten der zugrunde liegenden Wahrheit wie möglich zutage, je mehr Fragen er stellt.

Die Wissenschaft des 20. Jahrhunderts lädt uns dazu ein anzuerkennen, dass Realität und Wahrheit jenseits unseres endlichen Verständnisses sind. Zugleich lädt sie uns dazu ein, diesen Facettenreichtum der Wahrheit zu begrüßen und für unsere Rolle bei seiner Entfaltung Verantwortung zu übernehmen. Wir werden das ganze Ausmaß nie kennen, doch jeder Einzelne von uns spielt seinen Part in einem universellen Schauspiel. Meine endlichen Handlungen mögen mir klein und isoliert erscheinen, doch jede einzelne trägt zur Zukunft des Ganzen bei.

An der Grenze sein

Viele Menschen sprechen heute davon, dass sie «am Rande von etwas» sind, aber sie wissen oft nicht, was das bedeutet. «Der Rand» ist ein Begriff aus der Chaostheorie, einer relativ neuen wissenschaftlichen Schule, die das unvorhersagbare Verhalten von Phänomenen wie dem Wetter, dem Herzschlag des Menschen, Bienenvölkern oder Aktienmärkten beschreibt. In der Chaostheorie ist der Rand der Punkt, an dem Ordnung und Chaos, Bekanntes und Unbekanntes zusammentreffen. In der Natur ist dies der Bereich, in dem es zu Kreativität und Selbstorganisation kommt, wo neue Informationen erzeugt werden.

Wir erhalten ein gutes konkretes Bild vom Rand zum Chaos, indem wir uns vorstellen, wie wir auf einer Brücke stehen und auf einen Strom schauen, in dem das Wasser ruhig und spiegelglatt dahinfließt. Das ist Ordnung. Information ist nichts anderes als nichtzufällige Ordnung; daher enthält das glatte Fließen des Stroms eine gewisse begrenzte Informationsmenge. Wenn wir den «Code» des Stroms kennen, haben wir Zugang zu dieser Information. Genauso verhält es sich mit den Regeln eines deduktiven ethischen Kodexes. Als Anhänger dieses Kodexes können wir seine Regeln lesen und uns entsprechend verhalten.

Während das Wasser unter der Brücke dahinfließt, trifft es auf Zweige oder Steine und bildet Strudel. Jenseits der Strudel, weiter stromabwärts, gleitet es über ein Gefälle, wird schneller und stürmisch. Das ist das Chaos. Chaos mag Informationen enthalten, aber der Code ist so komplex, dass wir niemals auch nur hoffen können, Zugang dazu zu haben. Wir «schwimmen» – wie Menschen, die kein Gefühl dafür haben, bei welchem Spiel sie gerade mitspielen.

An der Stelle, an der das Wasser stürmisch wird, ist der Strom an den Rand des Chaos gekommen. Er bildet einen neuen Code, er erzeugt neue Informationen. An diesem Punkt der Selbstorganisation befinden wir uns in nicht kartiertem, aber trotzdem navigierbarem Territorium. Es gibt gute wissenschaftliche Ansätze, die sich mit der Ordnung beschäftigen, und es gibt überzeugende wissenschaftliche Ansätze, die sich mit dem Chaos beschäftigen; aber ein wissenschaftlicher Ansatz, der sich mit Kreativität beschäftigen möchte, konzentriert sich auf den Rand, die Grenze zum Chaos. Genau dort «ereignen sich» lebende Systeme wie wir.

Alle biologischen Systeme schweben am Rande des Chaos. Gerade dadurch werden wir offen und adaptiv, was lebende Systeme so erstaunlich flexibel macht. Das Immunsystem des Menschen zum Beispiel baut jede denkbare Verteidigung gegen

Viren und Bakterien auf, indem es sich auf immer neue Varianten einstellt. Wenn der menschliche Geist den SQ nutzt, befindet auch er sich im Grenzbereich.

An der Grenze zu sein, ermöglicht Leben und Kreativität, kann uns aber auch zusätzlich ängstigen – die Lebensziele sind dort nicht so sicher abgesteckt. Heute leben wir, ob uns das nun gefällt oder nicht, alle an einer Grenze. Wir können die Risse in der alten Tradition und der herkömmlichen Ethik nicht einfach zukleistern. Wir können auch nicht einem nihilistischen Relativismus Raum geben, der den Realitätsgehalt auch nur irgendeiner Wahrheit leugnet. Wir müssen uns neue Begriffe ausdenken und unsere Urteilskategorien neu definieren. Eine Ethik, nach der wir heute kreativ leben können, wird zwangsläufig an der Grenze sein.

In seinem Buch *Also sprach Zarathustra,* in dem er den Tod der alten Ordnung ankündigte, schrieb Nietzsche, man müsse Chaos in sich haben, um einen tanzenden Stern zu gebären, und wir alle hätten Chaos in uns. Er meinte die Fähigkeit zur Selbstorganisation, die Fähigkeit, etwas neu zu erfinden, über die herkömmlichen Kategorien von Gut und Böse, die uns von deduktiven Religionen auferlegt worden sind, hinauszugehen. Nietzsches zentrales Bild dafür ist das eines Drahtseilartisten, der zwischen den Türmen der Gewissheit hin und her gehen muss. Er schafft es nicht: Er fällt herunter und wird getötet. Zarathustra merkt dazu an, dass er noch nicht bereit war. Das schrieb Nietzsche gegen Ende des 19. Jahrhunderts. Bei Anbruch des 21. Jahrhunderts balancieren wir immer noch auf diesem Drahtseil, aber wissen wir besser, was von uns gefordert wird? Wenn wir lernen, uns auf unseren SQ zu verlassen, werden wir weniger ängstlich sein, wir werden uns daran gewöhnen, uns mehr auf uns selbst zu verlassen; wir werden eher bereit sein, uns dem Schwierigen und dem Unbequemen zu stellen und an der Grenze zu leben.

Der SQ und das «Auge des Herzens»

Ich mag Nietzsches Bild vom Drahtseilartisten, weil solche Künstler eine innere Balance haben, wie es sich ja auch beim SQ um ein Gefühl für inneres Gleichgewicht handelt. Im Unterschied zum IQ, der sich an Regeln orientiert, und zum EQ, der von der jeweiligen Situation geleitet wird, beleuchtet der SQ unseren Weg durch das hindurch, was die Mystiker das «Auge des Herzens» genannt haben. Ein Mensch, der Gott kennt, sagt Bahya Ibn Paquda, wird ohne Augen sehen, ohne Ohren hören, Dinge wahrnehmen, die seine Sinne nicht wahrnehmen können, und ohne Verstand begreifen. «Mein Herz sah dich und glaubte an dich. Ich habe dich mit dem Auge des Herzens gesehen», so drückte es Yehuda Halevi aus.[5]

Das Herz des spirituell intelligenten Selbst ist letztlich das Quantenvakuum, der Grund des Seins selbst. Es handelt sich um einen ruhigen und sich verändernden Grund, und das Herz, das darum weiß, ist ein ruhiges und sich veränderndes Herz.

Für die mittelalterlichen jüdischen und christlichen Mystiker war das «Auge des Herzens» eine Metapher für Intuition. In vielen Traditionen steht das rechte Auge für die Sonnenwahrnehmung des Aktiven und der Zukunft, für das Licht des Verstandes, während das linke Auge die Mondwahrnehmung des Passiven und der Vergangenheit oder die Sicht repräsentiert, die auf die Emotion zurückgeht. Aber es gibt auch ein drittes Auge, das eine Synthese aus beidem ist und uns Weisheit gibt. Im Hinduismus sitzt dieses dritte Auge in der Mitte der Stirn des Gottes Shiva: «Dieses dritte Auge entspricht dem Feuer. Es verwandelt alles in Asche.» Im Buddhismus ist es das alles sehende Auge des Buddha, das «am Rand» zwischen Einheit und Vielfalt, zwischen Leere und Nichtleere sitzt. Wer nach Nepal oder Tibet reist, sieht dieses Auge in lebendiger Weise auf die Türme der großen Tempel oder Stupas gemalt.

Auf dem Umschlag seiner CD *The Eyes of the Heart* schreibt der Jazz-Komponist und Pianist Keith Jarrett, eine Improvisation gelinge am besten, wenn jeder der beteiligten Musiker sich einer Absicht bewusst sei, die seine eigene überschreite – und von daher umso mehr seine eigene sei.[6] Wenn wir unseren SQ nutzen, um eine neue Ethik zu entwerfen, dann erfordert dies ähnliches Improvisieren, und das wiederum setzt ein Verständnis «meiner selbst» voraus, das mich über die engstirnigen Beschränkungen meines Ichs und über die gefährlichen Untiefen des Relativismus hinausführt. Der moderne westliche Begriff vom Selbst leistet dies nicht. Wir, die wir in der westlichen Welt des 20. Jahrhunderts geboren sind, haben nur wenig Sinn für ein tieferes Selbst, zu dem das Auge des Herzens gehört.

Der Begriff vom Selbst, den wir von Freud ererbt haben, hat etwas Isoliertes und Flaches an sich. Das spirituell intelligente Selbst ist ein vollständigeres Selbst, das von einem tiefen Sinn für die wechselseitige Verbundenheit des Lebens und all seiner Unternehmungen erfüllt ist. Dieses vollständigere Selbst ist sich dessen bewusst, dass alle Bestrebungen des Menschen Teil des umfassenderen, reichhaltigeren Gebäudes des ganzen Universums sind. Es empfindet Demut und Dankbarkeit gegenüber dem Ursprung, aus dem es selbst und alle anderen Dinge entstehen. Und es hat einen Sinn für Verpflichtung und Verantwortung. Es erkennt, dass der Einzelne nicht ganz sein kann, ohne das große Ganze zu bejahen, von dem jeder Einzelne von uns ein untrennbarer Bestandteil ist.

Das spirituell verkümmerte Selbst kann keine Ethik hervorbringen, die auf dem SQ oder auf dem Auge des Herzens basiert. Es hat keine tiefe Quelle, aus der es seine Weisheit oder Intuition schöpfen könnte. Doch jenes Selbst, das ich als spirituell intelligentes Selbst beschrieben habe, wird uns dazu befähigen, auf dem Drahtseil zwischen den Türmen der Gewissheit hin und her zu gehen. Wir können Zugang zu etwas in uns finden, das unseren Fragen eine größere Gültigkeit verleiht, als irgendeine partielle Antwort haben kann, und eine Richtschnur für unsere Werte und unser Benehmen darstellt, die wahrhaftiger ist als irgendein auferlegtes Dogma. Wir können immer noch vom Drahtseil fallen, doch es gibt einen Zustand der tiefen inneren Sammlung und Freude, von dem aus gesehen selbst diese Möglichkeit nicht das Wichtigste ist.

Wie wir unsere tiefe Spontaneität nutzen

Im Hebräischen gehen die Wörter für «Kompass» *(matzpen)*, «Gewissen» *(matzpoon)* und «die verborgene innere Wahrheit der Seele» *(tsaffoon)* alle auf dieselbe Wurzel zurück. Ein Gewissen zu haben, ist gleichbedeutend damit, mit der verborgenen inneren Wahrheit der Seele in Kontakt zu sein, und wenn dies der Fall ist, haben wir einen inneren Kompass, der uns in unserem Verhalten leitet. Im Altgriechischen gehen die Wörter für «Intelligenz» *(euphyia)* und für «Natur» *(physis)* auf die Wurzel *phiame* zurück. *Euphyia* bedeutet wörtlich «der, der gut wächst», und *physis* «das, was sich allmählich entwickelt». Wir wachsen gut, sind intelligent, wenn wir zulassen, dass sich in uns etwas entwickelt. Das griechische Wort für «Wahrheit» *(alithia)* bedeutet wörtlich «nicht vergessen» – nicht das zu vergessen, was wir bereits wussten. Diese beiden alten Sprachen sagen uns, dass es eine Quelle für wahres Wissen in uns gibt.

In Platons *Menon*-Dialog wendet sich Sokrates an einen unwissenden Sklavenjungen und entlockt ihm alle Grundprinzipien der Geometrie, indem er ihm eine Reihe von Fragen stellt. Sokrates sagt, daran zeige sich, dass dieser Junge bereits alle Grundlagen der Geometrie gekannt habe, er habe sie nur vergessen. In Platons Lehre vom Wissen kommen die Menschen allwissend auf die Welt. Wissen ist angeboren, einschließlich des Wissens um gut und böse, um richtig und falsch. Ein Säugling ist der Wahrheit sehr nahe, aber wenn er heranwächst, vergisst er sie und verfällt in Unwissen.

Sokrates und Platon übertreiben etwas, und das liegt an ihrer Überzeugung, dass jede Wahrheit, die existiert, immer war und also da war, um gewusst zu werden. Die Lektion des 20. Jahrhunderts lautet im Gegensatz dazu, dass Wahrheit ein unendlicher, sich entfaltender *Prozess* ist. Aber die Wissenschaft stimmt Sokrates insoweit zu, als sie sagt, wir kämen auf die Welt und hätten für unser weiteres Leben ein *Potenzial* an Wissen und gleichzeitig eine Verpflichtung gegenüber der Wahrheit. Wegen unserer Neigung, uns, wenn wir älter werden, in eine Welt von Gewohnheiten, Annahmen, Regeln und Glaubenssystemen einzuschließen, verfallen wir in Unwissen. R. D.

Laing formuliert es so, dass das Kind auf Ekstase verzichte, um sich an die Welt anzupassen.[7]

Als Erwachsene haben die meisten von uns ihr ursprüngliches tiefes Selbst und die unergründliche Weisheit, die uns eigen ist, vergessen. Mit Ausnahme der seltenen Augenblicke kindlicher Spontaneität, in denen wir mit etwas konfrontiert werden, das uns zutiefst berührt, vergessen wir, dass unser Selbst ein Zentrum des Wissens ist. Wir vergessen, wie wir auf etwas reagieren können, das in uns ist. Wir verlieren den Glauben an uns selbst und nehmen äußere Regeln als Leitfaden an. Die Herausforderung besteht darin, die verlorene kindliche Spontaneität wiederzuerlangen, die durch Disziplin, Erfahrung, Weisheit des Erwachsenen in Schranken gehalten wird – und ständige Demut. Wir müssen immer bereit sein, unsere «innere Wahrheit» im Hinblick auf ihre Konsequenzen in der Außenwelt zu überprüfen.

Sowohl Spontaneität als auch Disziplin sind für den westlichen Menschen schwierige Begriffe. Wir neigen dazu, Spontaneität herunterzuspielen und Disziplin nach außen zu verlagern. Der Freudsche Einfluss auf die westliche Psychologie stellt das bewusste Ich als unglückliches Opfer dar, das zwischen den Launen, der Verantwortungslosigkeit und den Trieben einerseits (unserer Spontaneität) und der dominanten Stimme des Über-Ichs mit seinen elterlichen und gesellschaftlichen Erwartungen andererseits (unserer Disziplin) in die Zwickmühle geraten ist. Die angenommene Spontaneität des Es wird in scharfen Gegensatz zur von abstrakten Begriffen geleiteten Disziplin des Über-Ichs gestellt. Wir sind gefangen zwischen «reinem Gefühl» und rationaler Steuerung. Wie der Quäker, der auf S. 219 zitiert wird, sagt, werden wir zerrieben zwischen dem, was wir tun möchten, und dem, was wir meinen, tun zu sollen. Das bringt uns dazu, unseren Trieben gegenüber argwöhnisch zu sein, unserer Spontaneität zu misstrauen, uns schuldig zu fühlen und uns auf eine von außen aufgezwungene Disziplin zur Selbststeuerung zu verlassen. Diese abgeschwächte Spontaneität im Freudschen Sinne ist nicht die gleiche wie jene, die es uns erlaubt, unseren SQ als inneren Kompass zu nutzen.

Dass die englischen Worte für «Spontaneität» *(spontaneity)*,

«Reaktion» *(response)* und «Verantwortung» *(responsibility)* alle dieselbe lateinische Wurzel haben, sagt uns etwas Wichtiges über die wahre Bedeutung der Spontaneität. Spontaneität ist eine Reaktion auf etwas, für das wir Verantwortung übernehmen müssen. Es handelt sich ursprünglich um eine Reaktion auf unsere Verpflichtung gegenüber dem sich entfaltenden Schauspiel einer grundlegenden Realität. Wie Heisenbergs Unschärfeprinzip zeigt, sind es unsere *Verpflichtung gegenüber* und unsere *Reaktion auf* die Realität, die die Realität sich ereignen lassen. Wir werden somit dafür verantwortlich, dass sich die Realität entfaltet. In diesem Sinne kann Spontaneität nicht reine Laune oder Impulsivität sein. Es handelt sich nicht um die Reaktion auf einen Schokoriegel oder ein neues Auto. Es geht um die Reaktion auf etwas, das ich weiß, ohne dass es mir gesagt wurde, eine Reaktion auf meinen eigenen inneren Kompass. Und es ist der SQ, der mir die Fähigkeit verleiht, darauf zu reagieren.

SQ ist eine *tiefgehende* Form von Spontaneität, eine Reaktion auf den innersten Kern des Selbst und auf den Kern des Seins, in dem dieses Selbst seinen Grund hat. Wenn ich tiefgreifend spontan bin, bin ich auf natürliche Weise in Verbindung mit meinem inneren Selbst, mit allen anderen, die ein Teil jenes Selbst sind, mit der ganzen Natur und den in ihr ablaufenden Vorgängen, die ein Teil jenes Selbst sind, und mit dem Ganzen einer universellen Realität, die ein Teil jenes Selbst ist. Wenn ich tiefgreifend spontan bin, kenne ich mein Selbst, weiß, dass ich die Welt bin, und kann von daher Verantwortung für die Welt übernehmen. Ich übernehme Verantwortung für andere, weil ich auf andere reagiere und weiß, dass sie ein Teil von mir sind. Ich brauche keine Regeln oder Gewissheiten oder Festlegungen für die Praxis, um zu wissen, wie ich mit anderen umgehen muss. Solche Dinge können für mein wahrhaft spontanes Wissen nur ein Hindernis sein. Natürlich bringt das auch Ungewissheit und Risiko mit sich. Ich werde Fehler machen, aber ich hoffe, aus ihnen zu lernen.

Im II. Kapitel sprach ich von einem Traum, in dem ich eine Tänzerin war, die von innen heraus bewegt wurde, deren Bewegungen von einer inneren Musik gelenkt wurden. Ich habe erklärt, dass dieser Traum mir ein sicheres Gefühl dafür vermittelt hat, was wahre Spontaneität ist und in welcher Beziehung sie zu spiritueller Intelligenz steht. Kurz vor seiner Kreuzigung sprach Jesus zu seinen Jüngern über etwas Vergleichbares.

Die *Johannesgeschichte*, eines der frühen gnostischen Evangelien (die Gnostiker waren eine Sekte, die Urchristentum mit Mystizismus und anderen Philosophien vereinte), erzählt, wie Jesus in Gethsemane am Abend vor der Kreuzigung seine Jünger zu sich rief und sie bat, einen Kreis zu bilden und einander die Hände zu reichen. Dann trat er in die Mitte des Kreises und fing an zu singen:

«Zum Universum gehört der Tänzer. Amen.
Derjenige, der nicht tanzt, weiß nicht, was geschieht. Amen.
Wenn du jetzt meinem Tanz folgst, sieh dich in mir, der ich spreche...
Du, der du tanzt, denke darüber nach, was du tust, denn dein ist
die Passion des Menschen, die ich erleiden werde. Denn du hättest auf keinen Fall verstehen können, was du erleidest, wäre ich nicht als Logos vom Vater zu dir geschickt worden ... Lerne, wie man leidet, und du wirst imstande sein, nicht zu leiden.»[8]

In einem anderen gnostischen Evangelium, dem Thomasevangelium, sagt Jesus zu seinen Jüngern: «Wenn ihr wisst, wer ihr seid, werdet ihr sein, wie ich bin.» Demnach sah er sich selbst nicht als göttlich an, sondern eher als jemanden, der von einer göttlichen Kraft in ihm erweckt war. Er spürte, dass diese göttliche Kraft in uns allen ist. Mit Jesus zu tanzen, heißt, diese Kraft zu spüren. Spontan mit dem Dasein zu tanzen, ist gleichbedeutend damit, die aktive Kraft unserer spirituellen Intelligenz zu spüren und zu wissen, was sie weiß.

Disziplin und Mitgefühl

Spontaneität, die mit Reaktion und Verantwortlichkeit verbunden ist, hängt auch mit Disziplin und Mitgefühl zusammen. Die Spontaneität, mit der ich mit meinem inneren Selbst Kontakt aufnehme, wird dadurch erreicht, dass ich mich im Zentrum stark mache. Ich lerne es, meine Launen und unbedachten Wünsche durch Maßnahmen der Selbstdisziplin wie Meditation oder Gebet zu steuern, durch die ständige Übung meiner Fähigkeiten und Künste, durch tiefe Reflexion und ständige Bewusstheit. Meine Disziplin wird innerlich. Sie ist ein Schwebezustand, den die alten Chinesen *Tao* nannten, den Weg – das tiefe, innere Gesetz des Seins. Einer der großartigsten Kommentatoren von Laotses *Tao Te King*, Chuang Tzu, erzählt von der inneren Disziplin des Meisterschlachters:

«Der Koch Ting zerlegte einen Ochsen für Herrn Wen-hui. Bei jeder Berührung seiner Hand, jedem Wuchten auf seine Schulter, jeder Bewegung seines Fußes, jedem Stoß seines Knies – Sip! Supp! – glitt das Messer in einem Schwung herunter; und alles befand sich in vollendetem Rhythmus, als führe er den Tanz der Maulbeerhöhle aus oder bewege sich im Takt der Ching-shou-Musik.

‹Oh, das ist wunderbar!›, sagte Herr Wen-hui. ‹Stell dir vor, eine Fähigkeit erreicht solche Höhen!›

Der Koch Ting legte sein Messer nieder und erwiderte: ‹Womit ich mich beschäftige, das ist der Weg, der über die Fähigkeit hinausgeht. Als ich anfing, Ochsen zu zerlegen, war alles, was ich sehen konnte, der Ochse selbst. Nach drei Jahren sah ich nicht mehr den ganzen Ochsen. Und jetzt – jetzt mache ich mich mit dem Geist daran und sehe nicht mit meinen Augen. Wahrnehmen und Verstehen haben aufgehört, und der Geist bewegt sich, wohin er will...

Ein guter Koch wechselt einmal im Jahr sein Messer – weil er damit schneidet. Ein mittelmäßiger Koch wechselt einmal im Monat sein Messer – weil er damit hackt. Ich habe dieses Messer schon neunzehn Jahre, ich habe Tausende von Ochsen damit zerlegt, und trotzdem ist die Klinge noch so gut und so scharf, als käme sie gerade vom Schleifstein.»[9]

Auch wir disziplinieren uns durch Mitgefühl und oft durch das Leiden, das damit einhergeht, Mitgefühl zu erlernen. *Compassion*, das englische Wort für Mitgefühl, bedeutet wörtlich «gemeinsam fühlen mit». Wenn ich Mitgefühl habe, zeige ich die tiefste Form einer spontanen Reaktion; doch häufig verlangt das von mir, rationale Vorstellungen und Vorurteile sowie die Konventionen unterworfenen Beziehungsformen auf dem Ich-Niveau zu transzendieren.

In Dostojewskis großem Roman *Schuld und Sühne* geht es um diese Themen. Ein junger, armer Student, Raskolnikow, lehnt alle herkömmlichen Moralvorstellungen ab. «Ein Mann wie ich», behauptet er, «steht über dem Gesetz.» Für ihn sind Gesetze bloße äußere Formen, die dem Menschen von anderen auferlegt werden; als intelligenter und vernünftiger Mann – genau genommen als überlegener Mann – sollte er, so meint er, die Freiheit haben, sich seine eigenen Moralvorstellungen zu bilden. Um dies zu beweisen, schickt er sich an, «eine nutzlose alte Frau» zu ermorden und zu zeigen, dass er über die Strafe erhaben ist. Zu diesem Zeitpunkt nimmt er sein Verbrechen als eine rein theoretische Angelegenheit wahr, als einen Akt des Verstandes oder des Ichs.

Kurz danach wird Raskolnikow von schrecklichen Schuldgefühlen und einem schweren Fieber heimgesucht. Bei seiner Schuld geht es nicht so sehr darum, dass er die alte Frau getötet hat, sondern darum, dass er in seiner Arroganz und Willkür eine Tat verübt hat, durch die das Göttliche in ihm selbst Schaden genommen hat. Er erkennt, dass er ein inneres moralisches Gesetz gebrochen und eine Sünde gegen sein eigenes Gewissen begangen hat. Damit kann er nicht weiterleben.

Außer für seine Mutter und seine Schwester hat Raskolnikow für kaum jemanden mitmenschliche Gefühle gehegt, seine Kommilitonen lehnen ihn wegen seines Überlegenheitsgestus ab. Nach dem Mord ist er der Meinung, er müsse sogar mit seiner Familie brechen, und ist nun völlig isoliert. An diesem Punkt trifft er die Prostituierte Sonya, ein Opfer all jener gesellschaftlichen Verbrechen und Vorurteile, über die Raskolnikow hergezogen war. Unterdrückt, ruiniert und krank, zeigt sie Raskolnikow trotz aller Widrigkeiten innere Stärke und moralischen Mut. Ihre Stärke liegt im Glauben und in der christlichen Nächstenliebe; aber die Stärke, die sie Raskolnikow vermittelt, erwächst aus dem Mitgefühl, das er für sie empfindet.

Später, als Raskolnikow verurteilt und zur Zwangsarbeit in ein Lager geschickt wird, weitet er diese Einstellung auf seine Mitgefangenen aus, auf Männer, die er vorher als «Angehörige des Ameisenhaufens» beschrieben hätte. Über Mitgefühl wird Raskolnikow zum Mitglied der menschlichen Gattung und kann nun auch sein eigenes Leiden akzeptieren. Er erkennt seine Schuld gegenüber der Gesellschaft an – dass er ihre Gesetze gebrochen hat –, wichtiger aber ist, dass die Liebe zu Sonya und seinen Mitgefangenen ihm durch innere Transformation ein neues Leben vermittelt. Durch ebendiese Transformation lernt er Demut.

Raskolnikows ursprüngliches Verbrechen wurde nur möglich, weil er keine Notiz von seinem inneren Kompass nahm. Sein SQ war durch die nackte Gewalt seines intellektuellen Stolzes blockiert, der ihn für seine Zugehörigkeit zur Menschheit blind machte. So gesehen hat ihn seine subjektiv angenommene moralische Überlegenheit zu nichts als Kriminalität geführt. Das Mitgefühl, das er schließlich kennen lernt, erlaubt es ihm, zu seinem Zentrum Kontakt aufzunehmen, die Lektionen seines Gewissens zu lernen und seinen SQ zu nutzen; so kann er beginnen, sein Leben neu aufzubauen und in die Welt einzutreten.

13 WAS FÜR EIN PERSÖNLICHKEITSTYP BIN ICH?

Der folgende Fragebogen kann jedem von uns eine Vorstellung von seinem Persönlichkeitstyp (beziehungsweise seinen Persönlichkeitstypen) vermitteln, und so können wir uns auf den Blütenblättern des Lotos des Selbst finden. Die Fragen sind «durchschaubar», aber es ergibt keinen Sinn, sie falsch zu beantworten. Es geht um nichts anderes als eine gewisse Einsicht in die eigene Persönlichkeit.

Bei den ersten sieben Fragen für jeden Persönlichkeitstyp geht es um Interessen in Beruf und Freizeit. Die Fragen basieren auf dem Berufsinteressentest von Holland; sie enthalten nichts, was sich auf konkrete Fähigkeiten bezieht. Die letzten fünf Fragen für jeden Persönlichkeitstyp stehen im Einklang mit Cattells Arbeit zur Motivation und Jungs Arbeit zu Persönlichkeitstypen, wie sie im Myers-Briggs-Persönlichkeitsfragebogen weiterentwickelt wurden. All dies ist im 8. Kapitel beschrieben worden. Die Fragen, die hier gestellt werden, entstammen nicht im Wortlaut früher entwickelten Tests, und sie sollen lediglich als vorläufige Richtschnur dienen.

Beantworten Sie alle Fragen, und benutzen Sie für jede Zwölfergruppe von Fragen ein gesondertes Blatt Papier (insgesamt sechs Blätter). Antworten Sie auf jede einzelne Frage mit J (also «ja, wahrscheinlich») oder mit N (also «nein, unwahrscheinlich») – entscheiden Sie sich für die Antwort, die näher an der Wahrheit liegt. Wenn Sie fertig sind, zählen Sie die Anzahl der J-Antworten auf jedem Blatt zusammen.

Konventionelle Persönlichkeit
(Jungs extravertiertes Wahrnehmen)

Welche der folgenden fünf Berufe beziehungsweise zwei Freizeitaktivitäten (oder welche ähnlichen Tätigkeiten) könnten Sie interessieren oder zu Ihnen passen, wenn Sie über die dafür erforderlichen Fähigkeiten verfügten?

❏ Verwaltungsangestellte(r)
❏ Empfangsdame (-herr)
❏ Bibliotheksassistent(in)
❏ Buchhalter(in)
❏ Bauaufsichtsbeamte(r)
❏ Sammeln (z.B. von Antiquitäten, Briefmarken, Münzen)
❏ Karten spielen (Rommé, Bridge)

Beantworten Sie jede Frage mit «J» oder «N»:
❏ Ich führe Aufgaben gern ordentlich und methodisch zu Ende.
❏ Meine Meinungen und mein Verhalten entsprechen in der Regel denen der Mehrheit.
❏ Mein Zuhause und mein Lebensstil sind so praktisch und bequem wie möglich.
❏ Ich schätze die Traditionen meiner Bezugsgruppen (Familie, Kollegen, Nachbarn).
❏ Ich bin stärker an aktuellen Tagesereignissen interessiert als an künstlerischen oder philosophischen Diskussionen darüber.

Soziale Persönlichkeit
(Jungs extravertiertes Fühlen)

Welche der folgenden fünf Berufe beziehungsweise zwei Freizeitaktivitäten (oder welche ähnlichen Tätigkeiten) könnten Sie interessieren oder zu Ihnen passen, wenn Sie über die dafür erforderlichen Fähigkeiten verfügten?
❏ Krankenschwester/Pfleger
❏ Lehrer(in)

- ❏ Erziehungsberater(in)
- ❏ Pfarrer(in)/Priester(in)/Rabbi
- ❏ Hausfrau/Hausmann (Partner/Elternteil)
- ❏ Sport (z.B. Tennis, Skifahren)
- ❏ Mitgliedschaft in einem Verein

Beantworten Sie jede Frage mit «J» oder «N»:
- ❏ Ich unterhalte mich gern mit einer breiten Vielfalt von Menschen.
- ❏ Ich bin gewöhnlich taktvoll, wenn ich meine Kritik und meinen Widerspruch zum Ausdruck bringe.
- ❏ Ich helfe Menschen gern und tausche mich gern mit ihnen aus.
- ❏ Ich habe Spaß an kooperativen Situationen.
- ❏ Manchmal habe ich das Gefühl, einem Menschen gegenüber mehr Wärme zum Ausdruck gebracht zu haben, als ich tatsächlich empfinde.

Forschende Persönlichkeit
(Jungs introvertiertes Denken)

Welche der folgenden fünf Berufe beziehungsweise zwei Freizeitaktivitäten (oder welche ähnlichen Tätigkeiten) könnten Sie interessieren oder zu Ihnen passen, wenn Sie über die dafür erforderlichen Fähigkeiten verfügten?
- ❏ Programmierer(in)
- ❏ Labortechniker(in)
- ❏ Übersetzer(in)
- ❏ Arzt/Ärztin
- ❏ Hochschullehrer(in), Wissenschaftler(in)
- ❏ Brettspiele (z.B. Scrabble, Schach)
- ❏ Sachbücher lesen

Beantworten Sie jede Frage mit «J» oder «N»:
- ❏ Ich bemühe mich, das, was man zu mir sagt, genau zu verstehen.
- ❏ Ich schätze die intelligente Diskussion über Inhalte.

❑ Wenn möglich, denke ich eine Sache – so lange es auch dauern mag – ganz zu Ende, bevor ich eine Entscheidung treffe.
❑ Es liegt mir daran, bei den letzten Neuigkeiten im Bereich der Kunst und Wissenschaft beziehungsweise in meinem Beruf und in meiner Nachbarschaft auf dem Laufenden zu sein.
❑ Manchmal lehne ich einen neuen Standpunkt zunächst ab, erkenne dann aber später, dass er vielleicht einiges für sich hat.

Künstlerische Persönlichkeit
(Jungs introvertiertes Wahrnehmen)

Welche der folgenden fünf Berufe beziehungsweise zwei Freizeitaktivitäten (oder welche ähnlichen Tätigkeiten) könnten Sie interessieren oder zu Ihnen passen, wenn Sie über die dafür erforderlichen Fähigkeiten verfügten?
❑ Schriftsteller(in)
❑ Designer(in)
❑ Schauspieler(in)
❑ Musiker(in)
❑ Architekt(in)
❑ Fotografieren
❑ Tanzen

Beantworten Sie jede Frage mit «J» oder «N»:
❑ Ich äußere mich oft impulsiv.
❑ Gelegentlich gelte ich als etwas streitsüchtig; hin und wieder finden Leute mein Verhalten schockierend.
❑ Ich finde viele neue Ideen, aber auch vernachlässigte Themen interessant.
❑ An anderen bewundere ich Originalität.
❑ Ich interessiere mich stärker für den allgemeinen Eindruck (Schönheit, Sinn) als für die konkreten Einzelheiten.

Realistische Persönlichkeit
(Jungs introvertiertes Fühlen)

Welche der folgenden fünf Berufe beziehungsweise zwei Freizeitaktivitäten (oder welche ähnlichen Tätigkeiten) könnten Sie interessieren oder zu Ihnen passen, wenn Sie über die dafür erforderlichen Fähigkeiten verfügten?

- ❏ Koch/Köchin
- ❏ Tischler(in)
- ❏ Optiker(in)
- ❏ Ingenieur(in)
- ❏ Bauer/Bäuerin
- ❏ Heimwerkerarbeiten
- ❏ Segeln oder Boot fahren

Beantworten Sie jede Frage mit «J» oder «N»:

- ❏ Bei gesellschaftlichen Anlässen bin ich lieber mit einigen wenigen Menschen zusammen, die ich wirklich achte und denen ich vertraue.
- ❏ Ich neige dazu, was immer die Leute auch sagen, fest bei meinen Meinungen und Plänen zu bleiben.
- ❏ Ich habe Spaß an handwerklichen Aktivitäten und an körperlicher Betätigung, für mich allein oder als Mitglied einer Mannschaft.
- ❏ Ich mache keine Versprechungen, wenn ich mir nicht sicher bin, dass ich sie auch halten kann.
- ❏ Andere Menschen halten mich manchmal für kalt und gleichgültig, obwohl ich in der fraglichen Situation starke Gefühle habe.

Unternehmerische Persönlichkeit
(Jungs extravertiertes Denken)

Welche der folgenden fünf Berufe beziehungsweise zwei Freizeitaktivitäten (oder welche ähnlichen Tätigkeiten) könnten Sie interessieren oder zu Ihnen passen, wenn Sie über die dafür erforderlichen Fähigkeiten verfügten?

- ❏ Handelsvertreter(in)
- ❏ Reisekaufmann (-frau)
- ❏ Manager(in), Vorstand
- ❏ Politiker(in)
- ❏ Rechtsanwalt/Rechtsanwältin
- ❏ Spiele mit Geldeinsatz (z.B. Bingo, Poker)
- ❏ Reisen

Beantworten Sie jede Frage mit «J» oder «N»:
- ❏ Wenn ich ausgehe, bemühe ich mich, elegant gekleidet zu sein.
- ❏ In einer Gruppe stehe ich gern im Zentrum der Aufmerksamkeit.
- ❏ Bei der Arbeit oder bei Freizeitaktivitäten nehme ich gerne leichte Risiken in Kauf.
- ❏ Ich habe Spaß an Wettbewerbssituationen.
- ❏ Ich werde manchmal in Verpflichtungen oder Aktionen «hineingezogen», die ich nachträglich bedauere.

Bei jedem Persönlichkeitstyp werden Sie einen Wert zwischen 0 und 12 gehabt haben, der anzeigte, wie ausgeprägt Ihre Interessen in diesem Lebensbereich sind. Ein durchschnittlicher Erwachsener wird bei vielleicht drei der fünf Persönlichkeitstypen einen Wert von 6 und mehr haben. Beispielsweise könnten Sie den höchsten Wert (sagen wir 9) beim künstlerischen Typ haben, aber auch einen Wert von 7 beim unternehmerischen Typ und 6 beim forschenden Typ. Das wären dann die drei Blütenblätter auf dem Lotos des Selbst, denen Sie am stärksten ähneln; sie deuten auf die Pfade der Entwicklung hin, die für Sie am leichtesten gangbar sein werden. Äußere Umstände oder ein größeres Bedürfnis nach einem inneren Gleichgewicht können Sie dazu bringen, sich auch in anderen Bereichen zu entwickeln.

Im 14. Kapitel werde ich sechs spirituelle Wege skizzieren, denen der Einzelne folgen könnte, um spirituell intelligenter zu werden. Mindestens drei dieser Wege können von Belang sein, aber zu jedem gegebenen Zeitpunkt wird einer wahrscheinlich am deutlichsten in den Vordergrund treten.

Fünfter Teil
Können wir unseren SQ verbessern?

«Ein Durchschnittsmensch sorgt sich darum, ob die Dinge wahr oder falsch sind, ein Krieger aber tut das nicht. Ein Durchschnittsmensch verhält sich in einer bestimmten Weise zu Dingen, von denen er weiß, dass sie wahr sind, und in einer anderen Weise zu Dingen, von denen er weiß, dass sie nicht wahr sind. Wenn die Dinge als wahr gelten, dann handelt er und glaubt an das, was er tut. Aber wenn die Dinge als unwahr gelten, dann macht er sich nicht die Mühe zu handeln, oder er glaubt nicht an das, was er tut. Ein Krieger hingegen handelt in beiden Fällen. Wenn die Dinge als wahr gelten, dann handelt er, um zu tun. Wenn die Dinge als unwahr gelten, dann handelt er trotzdem, um nicht-zu-tun.»

Carlos Castaneda, *Die Lehren des Don Juan*[1]

Im Westen haben wir immer sehr an den *einen* Weg, die *eine* Wahrheit und den *einen* Gott geglaubt. Wir bewundern Menschen, die ihren Weg früh im Leben finden und dann dabei bleiben; wir misstrauen dem Zweifel, der Ungewissheit und der Unstetigkeit hinsichtlich des Ziels. Mit einem «Weg» meine ich, dass man seinen eigenen tiefsten Sinn und seine tiefgründigste Einheit findet, dass man aus seinen innersten Motiven heraus handelt und dass man dafür sorgt, dass sich diese Handlung auf die Familie, die Gemeinschaft, das Land usw. auswirkt. Mein Weg ist meine Reise durchs Leben, durch meine Beziehungen, meine Arbeit, meine Ziele, meine Träume. Einem Weg mit spiritueller Intelligenz oder einem Pfad mit Herz zu folgen, heißt, zutiefst engagiert zu sein und sich zu widmen.

Ein Mensch kann das Glück haben, früh auf einen echten

Lebensweg mit Herz zu treffen – sagen wir, Arzt oder Lehrer zu werden. Ist das der Fall, handelt er von seinem Zentrum her, folgt einem seiner innersten Motive und befindet sich auf einem spirituell intelligenten Weg. Aber allzu oft kann der Druck, schon früh Verpflichtungen einzugehen und dann dabei zu bleiben, Menschen dazu verleiten, die Reichhaltigkeit der Wege, die vor ihnen liegen, nicht wahrzunehmen oder, schlimmer noch, sie auf einen Weg drängen, dem es sowohl an spiritueller Intelligenz als auch an Herz fehlt. Ein Mensch kann durch die Erwartungen der Eltern oder der Gesellschaft auf einen Weg gezwungen werden oder ihn aus oberflächlichen Motiven heraus wählen, etwa um persönlicher Anerkennung willen, weil er persönliche Macht oder großen materiellen Gewinn anstrebt. Einige stolpern einfach auf einen Weg, weil sie durch die Umstände dorthin geraten sind und nicht wissen, wie sie wieder fortkommen können. Wieder andere meinen, sie folgten in ihrem Leben überhaupt keinem Weg.

Anders, der schwedische Manager, dessen Fall ich im 2. Kapitel beschrieben habe, ist auf einem solchen Weg. Von einem frühen Alter an wusste er, dass er dienen wollte. Bei seiner Persönlichkeit und seinen Begabungen beschloss er, im Geschäftsleben zu dienen; doch er beharrt leidenschaftlich darauf, dass sein Leben in der Wirtschaft ein Leben im Dienst von etwas sein soll, ein Leben, über das er seiner Familie und der Gemeinschaft voll Stolz erzählen kann, ein Leben, durch das die Welt besser wird, als er sie vorgefunden hat. Dieses tief gehende Motiv zentriert ihn, und tatsächlich kommt es aus seinem innersten Zentrum. In ihm begegnen wir einem Mann, dessen Persönlichkeit Integrität ausstrahlt. Er inspiriert uns.

Ein erster Schritt zur Verbesserung des SQ besteht darin, sich bewusst zu machen, dass solch ein Leben möglich ist. Der nächste Schritt besteht darin, zu sagen, dass «ich diese Art von Leben möchte», und die schwierige und oft schmerzliche Aufgabe anzugehen zu entdecken, wo mein Zentrum ist, welches meine tiefgründigsten Motive sind. Mich einem Weg zu verpflichten, führt mich wiederum weiter. Und die Erkenntnis, dass es mehrere Wege gibt und dass im Verlauf meines Lebens mehrere oder bis zu einem gewissen Grade sogar alle zu beschreiten meine größte Erfüllung sein kann, ist vielleicht die bisher höchste Erkenntnis meiner spirituellen Intelligenz.

Wir müssen begreifen, dass es viele Wege gibt – es gibt nicht nur einen Weg, spirituell intelligent zu sein, und auch keinen optimalen. Für alle Wege gibt es gute Gründe, alle sind notwendig. Die Welt braucht spirituell intelligente Köche, Lehrer, Ärzte, Monteure, Eltern, Schauspieler, Therapeuten, Geschäftsleute usw. Jeder dieser Wege erfordert seine eigene Auswahl an SQ, und jeder passt besser zu einem bestimmten Persönlichkeitstyp als zu einem anderen. Es gibt keine Aufgabe und keinen Beruf, die nicht mit einem höheren SQ effektiver ausgeführt werden könnten; es gibt kein Leben, das damit nicht zutiefst erfüllender sein könnte.

Unseren SQ zu nutzen und ihn zu verbessern, ist auch nicht nur eine bestimmte Art von Aktivität. Vielmehr wird der SQ bei einer Aktivität durch die Tiefe bestimmt, durch die Nähe zum Zentrum, durch die Motive, die dieser Aktivität zugrunde liegen, worum auch immer es sich handeln mag. Wir können beten oder meditieren, aber auch kochen, arbeiten, lieben oder einfach ein Glas Wasser trinken, solange dieses Tun nur von einer zentrierten Leidenschaft ausgeht, von den tiefsten Motiven und Werten unseres Lebens.

Sechs Pfade

Der Lotos des Selbst bietet uns eine grundlegende Landkarte für die sechs Persönlichkeitstypen; jeder einzelne von ihnen geht mit seinen eigenen tiefsten Motiven, psychischen Energien und dadurch mit einem eigenen Zugang zum Zentrum einher. Daran können wir ein Muster sechs unterschiedlicher Lebenswege erkennen, die zu großer spiritueller Intelligenz führen – sechs Wege, denen jeder von uns folgen könnte, um ein Leben mit einem größeren Herzen leben zu können. Von der Art und Weise her, wie der Lotos des Selbst konstruiert ist, wissen wir aber auch, dass wir uns jederzeit auf mehr als einem Weg befinden können.

Die Stile der Ich-Persönlichkeit, aus denen der äußere Ring des Lotos konstruiert ist – der konventionelle Typ, der soziale

Typ, der künstlerische Typ usw. –, sind aus Hollands weltweit verwendetem Berufsberatungstest übernommen (siehe Kapitel 8); dieser Test zeigt anschaulich, dass jeder Einzelne eine Kombination aus verschiedenen Ich-Stilen ist. Jeder Stil steht mit einem der sechs spirituellen Wege in Zusammenhang; deshalb wird wahrscheinlich jeder etwas finden, das für ihn und die Verbesserung seines SQ von Bedeutung ist; dazu sollten wir mehrere Wege betrachten, wobei sich jedoch vermutlich zeigen wird, dass wir jeder einen Hauptweg haben.

Im Verlauf einer Lebensspanne verändert sich der spirituelle Hauptweg eines Menschen viele Male. Das kann allmählich geschehen oder abrupt in der Midlife-Crisis in den Vierzigern oder ein Jahrzehnt später. Handelt es sich hier um einen echten Energiewechsel und nicht nur um eine traumatische Episode, ist es wahrscheinlich, dass wir weiterhin eine gute Beziehung zu unseren früheren Wegen haben, während wir ihnen weitere Dimensionen hinzufügen. Der Hinduismus beispielsweise kennt die klassischen Lebensphasen des Kindes, des Schülers, des Haushaltsvorstands und des heiligen Mannes; eine stützt sich auf die andere, wodurch jede neue reichhaltiger wird. Tatsächlich haben alle großen spirituellen Traditionen der Erde das Bedürfnis nach einer Vielfalt von spirituellen Wegen oder Praktiken zumindest stillschweigend anerkannt.

Eine klassische Art und Weise, wie wir bei der Nutzung unseres SQ in eine Sackgasse geraten können, ist der Versuch, die Probleme, die mit dem einen spirituellen Weg zusammenhängen, mit Methoden zu lösen, die für einen anderen angemessen wären. Ein künstlerischer oder ein realistischer Typ (vierter beziehungsweise fünfter Weg) kann seine Probleme tiefer Einsamkeit nicht lösen, indem er einem herkömmlichen Stamm oder einer herkömmlichen Gruppe beitritt (erster Weg). Ein sprachloser, introvertierter, forschender Typ wird nicht einfach dadurch zum extrovertierten öffentlichen Redner, dass er Mitglied einer Kommission wird (sechster Weg). Und nicht alle Eheprobleme (meistens eine Kombination aus dem vierten und fünften Weg) können durch schlichte Erziehung gelöst werden (zweiter Weg). Wenn wir nicht bessere Alternativen kennen, geraten wir auf diese Weise in eine Sackgasse. Der Philosoph

Ludwig Wittgenstein hat es so ausgedrückt: «Ist alles, was man hat, ein Hammer, dann sieht alles wie ein Nagel aus.» Wenn ich im Folgenden die sechs grundlegenden spirituellen Wege skizziere, so verfolge ich die Absicht, eine Vision von einem praller gefüllten «Werkzeugkasten» anzubieten. Einiges von diesem Material wird Ihnen aus dem 8. Kapitel vertraut sein, doch der Vollständigkeit halber wird es hier noch einmal aufgeführt. «Religiöser Schwerpunkt» bezieht sich auf Schlüsselthemen oder -begriffe, wie sie sich in religiösen Schriften finden; Praktik meint praktische Betätigungen wie etwa Beten oder Kochen.

Erster Weg: Der Weg der Pflicht

«Siehe, ich habe dir heute vorgelegt das Leben und das Gute, den Tod und das Böse, der ich dir heute gebiete, dass du den Herrn, deinen Gott, liebest und wandelst in seinen Wegen und seine Gebote, Gesetze und Rechte haltest und leben mögest und gemehrt werdest und dich der Herr, dein Gott, segne in dem Lande, in das du einziehst, es einzunehmen. Wendest du aber dein Herz und gehorchst nicht, sondern lässest dich verführen, dass du andere Götter anbetest und ihnen dienst, so verkündige ich euch heute, dass ihr umkommen werdet ... Ich nehme Himmel und Erde über euch zu Zeugen: ich habe euch Leben und Tod, Segen und Fluch vorgelegt, dass du das Leben erwählest und du und dein Same leben mögest...»

5. Buch Mose 30:15-19

Persönlichkeitstyp	konventionell
Motive	Geselligkeit, Gruppenzugehörigkeit, Sicherheit
Archetypen	Saturn, der Stamm, «participation mystique»
Religiöser Schwerpunkt	Befolgung der Gebote
Mythos	Bündnis zwischen Gott und Menschheit

Praktik	seine Pflicht tun
Chakra	Basal- bzw. Wurzel-Chakra
	(Sicherheit, Ordnung)

Bei diesem Weg geht es um die Zugehörigkeit zur Gemeinschaft, die Zusammenarbeit mit ihr, den Beitrag für sie und die Erziehung durch sie. Sicherheit und Stabilität hängen davon ab, ob und wie wir, in der Regel von der Säuglingszeit an, Verwandtschaft mit anderen und mit unserer Umwelt erfahren. In diesem Maße ist es für uns alle wichtig, diesem Weg zu folgen. Doch für zehn bis fünfzehn Prozent der Erwachsenen im Westen bleibt er der wesentliche.

Das oben angeführte Zitat aus dem Alten Testament veranschaulicht, wie dieser Weg im westlichen Bewusstsein üblicherweise verstanden wird. Der zentrale Mythos in seiner engsten Auslegung ist der, dass es einen Pakt zwischen Gott und unserem Stamm gibt. Wir dienen ihm; er beschützt uns. In einer offeneren Auslegung besagt der Mythos, dass es ein heiliges Bündnis zwischen Gott und der Menschheit gibt. Doch wie immer man es sieht, es existieren gewisse Regeln, die zu befolgen sind; Pflichten, die ausgeführt werden müssen; Segnungen, die entgegengenommen werden sollen. Die Betonung liegt immer darauf, dass man sich anpasst, etwas auf eine annehmbare Weise tut.

Bei allen sechs Wegen, die hier erörtert werden, gibt es eine spirituell schwache Art und Weise, so zu leben, und die Möglichkeit, zu höherer spiritueller Intelligenz aufzusteigen. Zu einem höheren SQ zu gelangen, setzt voraus, dass die Motive hinter dem eigenen Handeln an die Oberfläche kommen und dass es einem, falls erforderlich, gelingt, aus tieferen und echteren Motiven heraus zu handeln – dass man lernt, aus dem Zentrum heraus zu handeln. Diejenigen, die den Weg der Pflicht auf natürliche Weise gehen, sind im besten Fall typischerweise ordentlich, gehorsam, systematisch und traditionell. Wird der Weg jedoch auf spirituell schwache Weise befolgt, kann er zu Dogmatismus führen, zu Vorurteil, Kleingeisterei, zu einem Mangel an Vorstellungskraft und Antrieb.

Die spirituell schwächste Art und Weise, diesen Weg zu leben, besteht darin, auf der Grundlage des Schattenmotivs des Narzissmus zu handeln. Dies ist ein Motiv, sich vollständig von der Gruppe und von Beziehungen zurückzuziehen, den kreativen Kontakt zu seiner Umwelt zu verlieren und ganz mit sich selbst beschäftigt zu sein. Zu den Verhaltensweisen, die gewöhnlich mit Narzissmus verbunden sind, zählen Psychologen starkes Rauchen und Trinken, lange im Bett Liegen, übertriebenen Konsum von Nahrung, übermäßige Sexualität und allgemein das Bedürfnis, sich selbst zu verwöhnen, während man andere und deren Probleme vernachlässigt. Es wird angenommen, dass die Ursprünge des Narzissmus in einem tiefen Trauma liegen – in Schmerz und/oder Vernachlässigung im Säuglingsalter oder einem traumatischen Ereignis, das später im Leben auf die Beziehungen einwirkt. Ein Mensch, der in der narzisstischen Phase verharrt, kann keine Fortschritte machen, ohne dass das ursprüngliche Trauma (oder die Traumen) durch eine Therapie oder Beratung angegangen wird.

Andere Möglichkeiten, auf dem Weg der Pflicht spirituell schwach zu sein, bestehen darin, die Regeln und den Kodex der Gruppe einfach aus Furcht, Gewohnheit, Langeweile oder nur deshalb zu befolgen, weil man aus egoistischen oder Schuldmotiven heraus mit der Masse übereinstimmt. Der erste Schritt zu größerer spiritueller Intelligenz besteht dann darin, dass man sich selbst verstehen und ein kreativeres Leben führen *will*. Der nächste Schritt ist es, die Motive für die eigenen Handlungen an die Oberfläche zu bringen und sie zu «klären». Möglicherweise muss ich eine Phase durchlaufen, die die Buddhisten «Umkehr» nennen, ein Gefühl tiefer Unzufriedenheit mit meinen ursprünglichen Motiven. Oder man kann eine Phase der Rebellion durchlaufen und zum verlorenen Sohn werden.

Um den Weg der Pflicht auf spirituell intelligente Weise befolgen zu können, muss ich zu meiner Gruppe gehören *wollen*, muss mich innerlich auf eine Verpflichtung gegenüber der Gruppe zubewegen, mich tatsächlich für eine Zugehörigkeit zu ihr *entscheiden* und die Gründe dafür verstehen. Auf der tiefgehendsten Ebene überhaupt lebe ich, um zu meiner Gemeinschaft zu gehören und ihre täglichen Routinen als heiligen Akt zu praktizieren. Einem solchen inneren Entschluss pflegte man früher durch Initiationszeremonien Ausdruck zu verleihen, aber in unserer heutigen Kultur sind nur noch wenige davon übrig. All dies verlangt, dass ich die Ursprünge dessen aufdecke, was meine Gemeinschaft zu dem macht, was sie ist. Was sind ihre innersten Werte, ihr zentraler Mythos, ihre «Totems»?

Der zentrale Mythos des Weges der Pflicht ist, wie wir gesehen haben, dass meine Gemeinschaft ein Bündnis mit Gott oder einer tiefsitzenden Entwicklungsmöglichkeit des menschlichen Geistes eingegangen ist. Sowohl die Französische Revolution als auch die amerikanische Unabhängigkeitserklärung basieren auf einem heiligen Glauben an die Menschenrechte, die wiederum auf einem tieferen Glauben an das Wesen der Menschheit beruhen. Das Römische Reich war von der Leidenschaft beseelt, der ganzen Menschheit die Rechtsstaatlichkeit zu bringen. Das britische Empire basierte auf der Vorstellung, den «rückständigen» Völkern eine höhere Form der Kultur, die Prinzipien von Gerechtigkeit und Fairness sowie christliche Werte bringen zu wollen. Die Außenpolitik der USA wird heute noch, obwohl dies nicht immer sehr weise ist, von der Vorstellung geleitet, dass es «offenkundig das Schicksal» des Landes sei, für das Gute im Kampf gegen das Böse verantwortlich zu sein.

Das nationalsozialistische Deutschland nutzte die nordischen Mythen von arischer Überlegenheit und Stärke und Heldentum im Kampf aus, um ein neues «Reich aufzubauen». Selbst Banden und Fußballvereine haben ihre Mythen und Totems, ihren Ehrenkodex und die Uniformen, Flaggen und Ehrenzeichen, die diese symbolisieren.

Wenn man erkennt, worum es sich bei diesen Mythen handelt, und bewusst seine Treue und Pflicht ihnen gegenüber schwört, geht man auf dem Weg der Pflicht über das reine Ich oder die konformistische Ebene hinaus. Tue ich das, komme ich in Kontakt mit der archetypischen mittleren Schicht des Lotos des Selbst, auf der ich an etwas Umfassenderem teilhabe als nur an meinem Ich-Selbst und meine Ergebenheit gegenüber etwas beschwöre, das sich nicht immer in rationaler oder logischer Begrifflichkeit definieren lässt. Ich *empfinde* Loyalität gegenüber meiner Gruppe, ich *diene* ihren Interessen, ich *achte* ihren Kodex und ihre Rituale. Ich *liebe* sie.

Aber wenn man auf dem Weg der Pflicht in diesem Stadium verharrt, so sind damit auch offenkundige Schwierigkeiten verbunden. Der Einzelne, der an seiner Gemeinschaft auf diesem Niveau teilhat, mag einen *persönlichen* Fortschritt in Richtung auf einen höheren SQ erzielt haben, doch dadurch kann er auch Teil einer größeren Bewegung sein, die selbst *nicht* spirituell intelligent ist. Der tiefgehendste und heiligste Weg der Pflicht muss mich über den begrenzten Horizont meiner Gruppe hinausführen, über die Mythen und Praktiken hinaus zu einem Ort, von dem aus ich den SQ meiner begrenzten Gruppe aus einer neuen Perspektive sehen kann. Der geheiligte Aspekt des konventionellen Lebens geht auf das *Zentrum* des Lotos zurück, auf das Zentrum sowie den Ursprung des Selbst und des Seins – und damit auf den Ursprung meiner Gruppe oder Gemeinschaft, auf den Ursprung *jeder* Gruppe oder Gemeinschaft. Meine oberste Pflicht auf dem Weg der Pflicht gilt diesem Ursprung.

Aus der tieferen und spirituell intelligenteren Perspektive des Zentrums erkenne ich, dass die Pflicht meiner konventionellen Persönlichkeit der Heiligkeit des Alltäglichen gewidmet ist und dass die höchste Gemeinschaft in der Gemeinschaft aller zu Gefühlen fähigen Wesen besteht. Von dieser Warte aus kann ich erkennen, dass meine Gruppe eine von vielen legitimen Gruppen ist, dass ihre Regeln neben einer Vielzahl anderer legitimer Regelmengen bestehen, dass meine Gebräuche, Praktiken und täglichen Gewohnheiten jene anderer Menschen widerspiegeln. Ich entkomme Vorurteil und Dogmatismus, und ich schütze mich davor, meiner Gruppe in Irrtum oder zu Bösem blind zu folgen. Wenn ich aus dieser weiten Perspektive meine Schnürsenkel zubinde, eine Mahlzeit zubereite, liebe, die Umsätze eines Kunden zusammenzähle, mein Kind zurechtweise, an einem Stadtteilfest teilnehme, Golf oder ein anderes Spiel spiele, dann führe ich mein Leben der Pflicht auf die spirituell intelligenteste Weise, die mir möglich ist. Jeder Aspekt meines scheinbar nüchternen konventionellen Lebens wird eigentlich wie ein heiliger Akt vollzogen; mit allem, was ich tue, mit jeder Einstellung, die mir teuer ist, zelebriere ich, wie die Pflicht dem Zentrum und dem Ursprung des Daseins dient.

Es spielt keine Rolle, wie ich es benenne, am Ursprung sind alle Namen des Heiligen letztlich eins. Ich erreiche es, indem ich meine tiefsten Lebensabsichten verfolge und indem ich mit Bewusstheit und Verpflichtung dem diene, was ich wahrhaft liebe und schätze.

Zweiter Weg: Der Weg des Nährens

Persönlichkeitstyp	sozial
Motive	elterliche Fürsorge, Sicherheit
Archetypen	Venus (Aphrodite), die große Mutter
Religiöser Schwerpunkt	Liebe, Mitgefühl, *agape*
Mythos	die große Mutter
Praktik	Nähren, Beschützen, Heilen
Chakra	Unterleibs-Chakra (Sexualität, Einfühlungsvermögen, Nähren)

«Erde, göttliche Königin, Mutter Natur, die du alle Dinge geschaffen und immer aufs Neue die Sonne aufgehen lässt, die du den Völkern geschenkt hast; Hüterin des Himmels und des Meeres und aller Götter und Mächte; durch deinen Einfluss wird alle Natur stumm und sinkt in den Schlaf ... Und wiederum schickst du, wenn es dir gefällt, das glückliche Licht des Tages und nährst das Leben mit deiner ewigen Gewähr; und wenn der Geist des Menschen hinscheidet, kehrt er zu dir zurück. Mit Recht bist du die Große Mutter der Götter genannt; Sieg ist dein göttlicher Name.»

Lateinischer kräuterkundlicher Text aus dem 12. Jahrhundert[2]

Bei diesem Weg geht es darum, zu lieben, zu pflegen, zu schützen und fruchtbar zu machen. Es handelt sich um den Weg der Göttin, sei es nun die Liebesgöttin wie in Venus (Aphrodite) oder die Muttergöttin, die gebärt und dann für ihren Nachwuchs sorgt. Sie ist auch Mutter Erde, die uns ein Fundament und die Gabe ihrer Fruchtbarkeit schenkt. Sie ist im Hinblick auf viele ihrer Aspekte das ewig Weibliche, obwohl ihr innerer Archetyp bei einigen Männern ebenso die tiefsten Motive begründet wie bei vielen Frauen. Wie wir gesehen haben, sind etwa 30 Prozent der erwachsenen Bevölkerung vom sozialen Persönlichkeitstyp und befinden sich auf dem Weg des Nährens. Man findet diese Menschen unter Eltern, Lehrern, Krankenschwestern, Therapeuten, Beratern, Sozialarbeitern und Heiligen. Es handelt sich auch um den Weg des Heilens, der mit den heilenden Eigenschaften des Wassers und der Ganzheit sowie mit der kosmischen Kraft verbunden ist, die die Chinesen Ying nennen.

Nachdem die Menschheit den Übergang von den Jägern und Sammlern zu bäuerlichen Gemeinschaften mit festen Häusern vollzogen hatte, wurde die Fruchtbarkeit der Felder, der Haustiere und der menschlichen Familien zur Hauptsache. In vielen Regionen entstanden Mythen von der großen Mutter, die Tausende von Jahren Bestand hatten. Kleine Statuen aus der Neusteinzeit, die sie mit üppigen Brüsten und einem vollen stattlichen Becken darstellen, zeugen davon. Religionen mit einer Muttergöttin waren weit verbreitet und haben sich lange gehalten, bis sie durch patriarchalischere Strukturen entstellt oder gestürzt wurden, die mit dem Aufstieg der großen Städte, mit der Häufigkeit von Krieg, mit der großen indogermanischen Völkerwanderung und mit der Ausbreitung des Gesetzes zusammenhingen. In Mesopotamien kam es gegen 3500 vor Christus zu diesem Wandel. Das goldene Kalb, das von Moses Vatergott abgelehnt wurde, war ein göttinnenhaftes Fruchtbarkeitssymbol.

Die frühen Fruchtbarkeitsgöttinnen und der damit verbundene religiöse Kult hatten viele Seiten. Die sumerische Göttin Inanna (etwa 4000 vor Christus) beispielsweise war Mutter, sexuelles Wesen, politische Persönlichkeit und Schutzgottheit des Schreibens. Überlebt haben kraftvolle und erotische Hymnen an sie, in denen ihr Einfluss auf die Ernte besungen wird, ihr Beteiligtsein an Stürmen und Regen sowie die erzeugenden und heilenden Kräfte ihres Schoßes und ihrer großen Brüste. Aus dem Inanna-Kult sind der der Ishtar (Babylon), der der Aphrodite (Griechenland) und der der Venus (Rom) hervorgegangen; sie alle wurden mit dem Planeten Venus, der neben der Sonne und dem Mond das hellste Objekt am Firmament ist, in Verbindung gebracht.

In den östlichen Traditionen ist die Muttergöttin eine starke Kraft geblieben, die sowohl einen nährenden als auch einen sexuellen Aspekt hat. Die Hindu-Göttinnen Shakti und Kali kontrollieren Schöpfung und Zerstörung. Kwan Yin ist die mächtige chinesische Göttin des Mitgefühls. Die buddhistische Tara, die aus einer Träne des Buddha des Mitgefühls entstanden ist, trägt Unglückliche über den Fluss des Leidens.

Doch je stärker die patriarchalischen Kräfte den Westen beherrschten, desto mehr verringerten sich Macht und Verbreitung der großen Mutter-Göttinnen, weshalb aus Venus eine reine Göttin der Liebe und der sexuellen Sehnsucht sowie die Jungfrau Maria ein Muttersymbol geworden ist. Bis zu einem gewissen Grad konnte man im 20. Jahrhundert beim Öko-Feminismus, in mancher Hinsicht bei der New-Age-Bewegung und bei manchen alternativen Heilmethoden eine Rückkehr zu diesen Göttinnen beobachten. Viele Menschen halten diese Phänomene für Vorboten einer im großen Stil sich vollziehenden erneuten Hinwendung zu ihnen.

Wie bei anderen Wegen auch gibt es eine ganze Vielfalt spirituell schwacher und spirituell intelligenter Arten, den Weg des Nährens zu gehen. Die spirituell schwächste und deformierteste ist die Schattenform, das Gegenteil von Liebe und Nähren, nämlich Hass und Rache. Liebe kann geduldig und freundlich sein, aber auch ungestüm, verbittert und zerstörerisch. Ebenjene Eigenschaften, die uns nähren können, können uns auch in Stücke zerreißen, man denke an jene griechischen Anti-Heldinnen, die ihre eigenen Kinder verschlingen. Medusa, die Frau mit dem Haupt voller Schlangen, steht für den mythologischen Aspekt dieser dunklen Seite der Frau.

Medusa war eine wunderschöne und unschuldige Priesterin im Tempel der Athene, gleichzeitig Göttin und Mädchen, die alle positiven Eigenschaften einer jungen Muttergöttin besaß.

Doch dann wurde sie vom Meeresgott Poseidon mit Gewalt entführt. Athene verwandelte Medusa aus Wut und Eifersucht in die grässliche Gorgo, eine hasserfüllte Frau, deren Haar ein Nest sich windender Schlangen war und deren Blick allein schon Männer in einen Stein verwandeln konnte. Medusa hat die Zeiten überdauert als das mächtigste Symbol sowohl für eine Frau, die ungerecht behandelt wird, als auch für die zerstörerische Wut, die dadurch freigesetzt wird. Medusa erzählt, wie sie ihre Unschuld verlor, als sie in die Hände von Poseidon fiel und dessen List und Niedertracht ausgesetzt war; sie sagt:

«Wir sind dazu da zu lieben -
Wir Frauen, und das Unrecht, das
Den Honig unseres Lebens in Galle verwandelt, verwandelt
Den Engel in einen Unhold. Denn es ist süß,
Das schreckliche Gefühl von Stärke kennen zu lernen und zu quälen
Und den Tyrannen plötzlich tot liegen zu lassen; oh, wie süß!
In dieser glühenden Lust der Macht, das Leben zu töten,
Das nicht verletzte ...»[3]

Über die Jahrtausende hinweg war die Medusa-Figur vielen Verwandlungen ausgesetzt. Im ursprünglichen griechischen Mythos wird das geflügelte Pferd Pegasus aus ihrem toten Torso geboren, nachdem Medusa von Perseus geköpft worden ist; und es zeigt sich, dass das Blut, das aus ihrem abgetrennten Kopf tropft, heilende Kräfte hat. Medusa selbst und somit der Hass, den sie verkörpert, wird oft ambivalent gesehen – als hässlich und gefährlich natürlich, aber vielleicht auch als eine Quelle für Fruchtbarkeit und Inspiration. Sie ist die dunkle Seite der Mutterrolle und der sexuell aktiven Frau, doch wie die dunkle Seite aller psychischen Energien hat sie eine gewaltige, potenziell transformierende Kraft. Frauen oder Männer, die auf der Schattenseite dieses Wegs gehen, sind «an der Grenze». Wut kann sie selbst oder andere zerstören, sie kann sich aber auch in heftige und heilende Liebe verwandeln.

Weniger dramatisch ist die Mutter oder die Liebende, die erstickt, deren Liebe den Adressaten lähmt und einengt, statt ihn zu nähren und zu befreien. Sie möchte den Geliebten besitzen, muss stärker *geliebt* oder gebraucht *werden*, als sie lieben kann. Eine solche Figur ist in den Witzen aus der Zeit vor Political Correctness die «jüdische Mutter» mit ihrer Hühnersuppe, ihrer übertriebenen Sorge um Darmbewegungen und ihrem Ehrgeiz für «meinen Sohn, den Arzt».

Die Ernährerin, die erstickt, steht in einem engen Zusammenhang mit der übereifrigen Ernährerin: mit der Lehrerin, die dem Schüler nicht ausreichend Gelegenheit gibt, etwas selbst herauszufinden; mit den Eltern, die Angst haben, ein Kind seine eigenen Fehler machen und es daraus lernen zu lassen; mit der Frau, die den Geliebten vor ihren eigenen Schwächen retten möchte. Diese «Helfer» helfen zu sehr. Weil sie nicht ausreichend auf die Ressourcen und die Wachstumsprozesse derer, denen sie helfen möchten, vertrauen, ist ihr vermeintliches Nähren nur Verhätschelung und kann Schaden anrichten. Das andere Extrem ist natürlich das gänzliche Versagen im Nähren, sind Egoismus und Vernachlässigung der Bedürfnisse anderer.

Und schließlich ist da noch die spirituell schwache, zu engstirnige Mutter, Helferin oder Liebende: der Tierschützer, der Briefbomben an Wissenschaftler schickt; die Abtreibungsgegnerin, die Ärzte umbringt; der Spendensammler für Flüchtlinge, der nie einen Beitrag für seine eigene Gemeinschaft leistet. All diese Menschen sind geizig und engstirnig mit ihrer Liebe.

Solche Menschen sind auf dem Ich-Niveau der Liebe stehen geblieben, ihnen fehlt eine umfassendere Perspektive, die die Lebensbedürfnisse anderer einschließt. Diese enge Sichtweise bringt sie weder über sich selbst hinaus, noch lässt sie sie Teil von etwas Umfassenderem werden. Darum ist es bei ihnen nicht Liebe, die aus dem tiefsten Motiv dieses Wegs, nämlich der Fürsorge, und aus dem tiefsten Wert, nämlich dem Nähren, hervorgeht.

Um auf dem Weg des Nährens spirituell intelligenter zu werden, müssen wir offener für den Menschen oder die Menschen werden, die uns wichtig sind. Wir müssen lernen, aufnahmefähig zu werden und mit unserem *wahren Selbst* gut zuzuhören. Wir müssen bereit sein, uns zu öffnen, ungeschützt zu sein, müssen es riskieren, uns anderen gegenüber zu offenbaren. Kurz gesagt, wir müssen *spontan* sein.

Diana, Princess of Wales, konnte intensiv zuhören und hatte den Mut, ihre eigene Verletzlichkeit zu zeigen. Sie erreichte, dass ihr ganzes Selbst für andere *da* war. Sie war zutiefst spontan. Sie liebte und brauchte selbst Liebe – sie wollte die Königin der Herzen sein. Es waren ebendiese Eigenschaften, die das Herz und die Vorstellungskraft der Welt für sie einnahmen; sie war ein gutes Beispiel für einen Menschen, der auf dem Weg des Nährens spirituell intelligent ist.

Die humanistische Psychotherapie von Carl Rogers, die in den dreißiger Jahren entwickelt wurde, aber auch heute noch beliebt ist, stellt ein weiteres gutes Beispiel für dieses Niveau des Nährens dar. Rogers fasste die Kerneigenschaften mit den folgenden Worten zusammen:

«Wie kann ich eine Beziehung herstellen, die dieser Mensch zu seiner eigenen Persönlichkeitsentfaltung nutzen kann? Kein Ansatz, der sich auf Wissen, auf Training, auf die Annahme irgendeiner *Lehre* verlässt, kann von Nutzen sein. Ich habe herausgefunden, dass eine Beziehung umso hilfreicher sein wird, je ehrlicher ich mich verhalten kann. Nur indem ich die authentische Realität, die in mir ist, biete, kann der andere mit Erfolg nach der Realität in sich suchen ... Die Beziehung ist ... für das Maß bedeutsam, in dem ich den anhaltenden Wunsch verspüre zu verstehen ... Dies meint auch eine völlige Freiheit von irgendeiner moralischen oder diagnostischen Bewertung.»[4]

Rogers' Vision ist die weltliche Variante der bekannten Definition von Liebe, die der Apostel Paulus im Neuen Testament gibt:

«Und wenn ich all meine Habe den Armen gäbe und ließe meinen Leib brennen und hätte der Liebe nicht, so wäre mir's nichts nütze.
Die Liebe ist langmütig und freundlich, die Liebe eifert nicht, die Liebe treibt nicht Mutwillen, sie blähet sich nicht, sie stellet sich nicht ungebärdig, sie suchet nicht das Ihre, sie lässt sich nicht erbittern, sie rechnet das Böse nicht zu, sie freuet

sich nicht der Ungerechtigkeit, sie freuet sich aber der Wahrheit,
sie verträgt alles, sie glaubet alles, sie hoffet alles, sie duldet alles.
Die Liebe höret nimmer auf.»

1. Korinther, 13:3-8

Hier wird in den vielleicht großartigsten Worten, die je über Liebe geschrieben worden sind, auf die spirituell intelligenteste Art und Weise hingewiesen, wie man den Weg der Liebe und des Nährens gehen kann. Denn es geht nicht nur darum, in Bezug auf Liebe einfach nur emotional intelligent zu sein. Es reicht nicht aus, den anderen so, wie wir ihn vorfinden, zu akzeptieren; es reicht nicht aus, die vom anderen geäußerten Bedürfnisse zu befriedigen; mit der Realität, wie sie dem anderen vorgegeben ist, zurechtzukommen. Bei der tiefen Spiritualität, beim zutiefst spirituellen Zentrum des Selbst geht es um ein Potenzial; es geht um das, was aus uns und/oder dem anderen möglicherweise wird oder was wir trotz der Dinge, die wir zum Ausdruck bringen, sind. Liebe von hoher spiritueller Intelligenz hat eine transformierende Wirkung – sie befreit uns dahingehend, dass wir uns selbst in einer höheren Weise ausdrücken, und erlaubt dem anderen, etwas jenseits seiner selbst anzustreben.

Bei der richtig verstandenen Elternrolle geht es darum, das Potenzial in unseren Kindern zu fördern. Spirituell intelligente Eltern zwingen ihren Kindern nicht einfach nur die eigenen Werte und Erwartungen auf. Sie bieten einen Freiraum, einen Nährboden, in dem die Kinder über ihre Eltern und sogar über sich selbst hinauswachsen können.

Es ist vielleicht einfach, unsere Kinder auf diese Weise zu lieben. Doch ist es auch wichtig, das Potenzial in jenen zu erkennen und zu fördern, die wir auf den ersten Blick nicht sofort sympathisch finden. Die Sexualstraftäter, über die ich auf S. 197f geschrieben habe, erschienen mir zunächst abstoßend – eigentlich waren es ihre Verbrechen. Sind wir jedoch imstande, mit der Menschheit und dem nicht ausgelebten Potenzial solcher gebrochenen Menschen zusammenzukommen und es lieb zu gewinnen, dann können wir ihnen einen Spiegel für das Gute in ihnen vorhalten. Wir können sie das tiefere Selbst spüren lassen, das in uns allen steckt; und indem wir das tun, transformieren wir sie und uns selbst, tragen wir auch dazu bei, die Welt zu transformieren. Mutter Teresa ist den Weg des Nährens auf diesem Niveau gegangen.

Dritter Weg: Der Weg des Wissens

Persönlichkeitstyp	forschend
Motive	verstehen, wissen, erkunden
Archetypen	Merkur (Hermes), Feuer, Führer
Religiöser Schwerpunkt	verstehen, lernen
Mythos	Platons Höhlengleichnis
Praktik	seine Pflicht tun
Chakra	Nabel-Chakra (feurige Hitze und Licht)

«Denn der Herr, dein Gott, ist ein verzehrendes Feuer...»
5. Buch Mose 4:24

«Eine Eigenschaft der Heiligkeit, eine Eigenschaft der Kraft,
Eine Eigenschaft der Furchtsamkeit, eine Eigenschaft der Erhabenheit,
Eine Eigenschaft des Zitterns, eine Eigenschaft des Schüttelns
Ist die Eigenschaft des Gewandes von Soharariel, JAHWE, Gott Israels,
Der gekrönt auf den Thron des Ruhms kommt...
Und die Augen, es zu erblicken, sind nicht die eines Lebewesens,
Nicht die Augen von Fleisch und Blut, und nicht die Augen seiner Diener.
Und bei dem, der es erblickt oder sieht oder einen flüchtigen Blick wagt,
Wirbeln die Augäpfel im Kreis hin und her,

Und die Augäpfel senden feurige Fackeln aus,
Und diese entfachen ihn und diese verbrennen ihn...»

Sohar, mystischer jüdischer Text aus dem 13. Jahrhundert[5]

Der Weg des Wissens reicht vom Verstehen allgemeiner praktischer Probleme über die tiefstgehende philosophische Suche nach Wahrheit bis zur spirituellen Suche nach Wissen um Gott und all seine Wege sowie zur höchsten Form der Vereinigung mit ihm über Wissen. Selbst John Lennons Frage, die oben zitiert wurde («Wie kann ich vorwärts gehen, wenn ich nicht weiß, in welche Richtung ich blicke?»), zeigt, dass jede zielgerichtete Aktivität im Leben zumindest eine elementare Landkarte voraussetzt, auf der unsere Ziele verzeichnet sind. Dies ist auf allen Ebenen so, angefangen bei der Planung eines gesellschaftlichen Ereignisses über die Wahl des Berufs oder des Partners bis hin zur Entwicklung einer tiefgehenden Perspektive auf den Kosmos und unsere Stellung darin.

Hier handelt es sich um einen Weg, der mit einfacher Neugier und einem praktischen Bedürfnis beginnt, uns aber auch, wenn das Verlangen tiefer wird, an die Grenze dessen bringt, was unser Verstehen und sogar unser Sein enthalten kann. Der Gott der Juden sprach zu seinem Volk durch eine Feuersäule. Das tiefste Wissen kann uns, wenn wir es erreichen, verschlingen.

In der frühen Kulturgeschichte galten Wissen und Verstehen als das Spezialgebiet von Schamanen und Priestern. Gewöhnliche Menschen nahmen deren Rat entgegen oder taten, was man ihnen sagte. Der Gedanke, dass eine breite Vielfalt von Menschen durch Wissen und Verstehen spirituelle Fortschritte machen könnte, kam durch den Orphismus in den Westen, eine griechische Religion, die ihre Blütezeit um 800 vor Christus hatte. Orpheus glaubte, die Menschen seien teils himmlischen, teils irdischen Ursprungs. Durch «enthusiastisches» Wissen, das man als eine Art trunkener Leidenschaft ansah, konnte eine Person von ihrer irdischen Natur gereinigt werden und eine Vereinigung mit Gott erreichen. Dies konnte mehrere Leben erfordern, zwischen denen die Seele des Toten jeweils eine Quelle im Haus des Hades aufsuchte und entscheiden musste, ob sie vom Strom des Vergessens oder vom Strom des Erinnerns trinken wollte. Nur wenn sie vom letzteren trank, kam die Erlösung, weil dieser Wissen voraussetzt und das Wissen wiederum das Erinnern.

Der orphische Enthusiast besaß jetzt mystisches Wissen, das auf keine andere Art verfügbar war. Der große griechische Philosoph Pythagoras war ein Anhänger des Orphismus, und durch ihn gelangte die Auffassung, dass man das mystische Wissen retten müsse, in die westliche Tradition. Platon glaubte, dass dieses Wissen uns eine tiefere Wahrnehmung der Wirklichkeit vermittelt, dass es uns das Potenzial eröffnet, die reinen Formen des Schönen, Wahren, Guten und Einen wahrzunehmen. Er veranschaulicht das mit Hilfe seines berühmten Höhlengleichnisses.

Nach diesem Gleichnis hausen Menschen tief in einer Höhle; ihre Körper sind dort angekettet und ihr Hals so gefesselt, dass sie nur nach vorn an die Höhlenwand blicken können. An der Wand sehen sie Schatten künstlich hergestellter Dinge, die von Vorübergehenden dorthin projiziert werden. Die Höhlenbewohner begreifen diese Schatten als die Wirklichkeit selbst. Aber durch mystisches Wissen erreichen sie langsam die Befreiung. Sie bewegen sich auf die Öffnung der Höhle zu, und ihre Augen sind vom Licht zunächst wie geblendet. Doch dann lernen sie, ins Licht zu blicken, und lernen die Wirklichkeit so kennen, wie sie wahrhaftig ist. Sie erkennen, dass sie in ihrem Unwissen nur die Schatten der Dinge gesehen haben. Das Ziel der platonischen Philosophie bestand darin, eine solche Erkenntnis voranzutreiben.

Ein Großteil der Christenheit, des Gnostizismus, der Zauberei und der Alchimie der Renaissance, der modernen Wissenschaft und der Werke von großen modernen Denkern wie Freud und Marx war von der Suche nach einer wahreren Wirklichkeit hinter den Erscheinungen beseelt. Sowohl das Unbewusste bei Freud als auch das proletarische Bewusstsein bei Marx sollten uns den Schleier des Unwissens erkennen lassen. Die Wahrheit liegt nicht auf der Hand, sondern muss durch eine Spezialdisziplin aufgedeckt werden, sei es nun Gebet oder Meditation, Lernen, ein Laborexperiment, die Überwindung der psychischen Abwehr (Freud) oder der Klassenkampf (Marx). In der

Begrifflichkeit des Wissenschaftstheoretikers Thomas Kuhn setzt ein wahres, wirklich tieferes Verstehen voraus, dass man einen «Paradigmenwechsel» vollzieht – dass man lernt, die Dinge auf eine völlig neue Weise zu sehen.

Der Weg des Wissens wird von denjenigen gegangen, deren Motiv als eine Liebe zum Lernen und/oder als ein tiefes Erkenntnisstreben – wie etwa bei Gelehrten, Forschern und Ärzten – bezeichnet werden kann. Das weltweit verbreitete Symbol für die Medizin ist der Caduceus, ein Stab, auf dem zwei Schlangen umeinander verschlungen sind und der ursprünglich von Hermes (Merkur), dem Götterboten und Anführer der Männer, getragen wurde. Das dritte der Hindu-Chakren, das Nabel-Chakra, wird mit dem Verstehen und auch mit feuriger Hitze und Licht in Verbindung gebracht. Hier geht es um ein Verstehen, das umfassender ist als reine Logik oder reiner Verstand. Wenn es am tiefsten ist, handelt es sich um das Verstehen der Seele, das über die Einsichten von Literatur, Kunst, Poesie und großer Wissenschaft vermittelt und als intensive Erfahrung empfunden wird. Denken Sie an Archimedes, wie er nackt aus dem Bad sprang, durch die Straßen lief und «Heureka!» schrie. Er hatte das Gesetz des physikalischen Auftriebs entdeckt.

Wissen und Verstehen sind etwas Leidenschaftliches; sie bringen uns dazu, uns tief auf die Welt um uns und in uns einzulassen. Die Schattenform dieses Wegs ist der Mann oder die Frau, der oder die sich zurückzieht, sich auf nichts mehr einlässt und nicht mehr verstehen will. Meine Mutter sagte oft, ich würde zu viele Fragen stellen, das werde mir nichts als Leid eintragen. «Ich dagegen», sagte sie, «ich schalte einfach ab.» Solche Menschen empfinden es als gefährlich oder schmerzlich, über ihre Erfahrungen nachzudenken, und bleiben deshalb auf der Oberfläche der Dinge haften – oder verirren sich unter den Schatten an der Höhlenwand.

Auch auf der Schattenseite dieses Wegs, aber ganz anders als die Menschen, die nicht wissen wollen, befindet sich der legendäre Faust. Er wünscht sich die Macht, die ihm ein großes Wissen verleiht, so sehr, dass er, um in den Besitz des Wissens zu gelangen, bereit ist, seine Seele an den Teufel zu verkaufen. Manche Wissenschaftler, die jede noch so moralisch bedenkliche Forschungsmethode anwenden werden, um die Macht oder den Nervenkitzel der Entdeckung um ihrer selbst willen zu spüren, sind aus demselben Holz geschnitzt.

Eine weitere spirituell schwache Methode, den Weg des Wissens zu gehen, ist die kalte oder langweilige Pedanterie, die sich übermäßig stark in irgendeinen winzigen Wissensbereich oder isoliertes geistiges Problem vertieft. Solche Menschen entwickeln oft eine große Vorliebe für ihren Beruf, aber sie ist an die Beschäftigung mit Kleinigkeiten gekoppelt, und so sind diese Menschen von einem tieferen Verständnis des umfassenderen Lebens und der wahren Wirklichkeit abgeschnitten. George Eliots Casaubon, aus ihrem Roman *Middlemarch*, ist der Archetyp eines Pedanten, ein engstirniger Mann mit einer dünnen und spitzen Nase, der sein gesamtes Leben der Ausführung seines «großen Werks» widmet – einer nutzlosen Sammlung banaler Mittelmäßigkeiten ohne eine erlösende Vision. Viele Wissenschaftler entsprechen diesem Typ – engstirnige Menschen ohne ein Mindestmaß an gesundem Menschenverstand, die über einen winzigen Bereich sehr viel wissen.

Eines der eher negativen Vermächtnisse, die Newton uns hinterlassen hat, ist die Möglichkeit, den Weg des Wissens auf eine spirituell schwache Weise zu gehen. Der Newtonsche Archetyp, sei er nun Wissenschaftler, Pädagoge oder ein Managementberater, isoliert Wissensbereiche und konzentriert sich auf kleine Ausschnitte davon. Er isoliert das Wissen über die *Dinge* von einem umfassenderen Wissen über Menschen, Vorgänge und das Leben im Allgemeinen. Er beschränkt sich auf das, was sich in Zahlen fassen lässt, misstraut Emotionen und verlässt sich weitgehend auf Logik und Verstand. Er hat sich in seiner Newtonschen Variante der Höhle und ihrer Schatten verfangen.

Das natürliche Fortschreiten zu einem höheren SQ führt von der Reflexion über das Verstehen zu Weisheit. Die Methode, ein Problem praktischer oder geistiger Art auf eine spirituell intelligente Weise zu lösen, besteht darin, es von einer umfassenderen Warte aus zu betrachten, von der aus man es deutlicher erkennen kann. Die am weitesten reichende Perspektive geht auf das Zentrum, auf den letzten Sinn und Wert zurück, die der Situation oder dem Problem innewohnen. Um diese Perspektive zu erlangen, beginnt man mit einfacher Reflexion – man blickt auf den Tag oder das Projekt zurück, konzentriert sich darauf zu erkennen, wo die Schwierigkeiten liegen, und denkt darüber nach, wie diese Schwierigkeiten entstanden sind. Eine solche Reflexion ist eine tägliche Notwendigkeit für das spirituell intelligente Leben. Der nächste Schritt besteht darin, sich mögliche Auswege zu überlegen und darüber nachzudenken, welche Ergebnisse es wahrscheinlich nach sich zöge, wenn man einen dieser anderen Wege ginge. Erst dadurch verstehen wir, wie die Situation verbessert werden kann, beziehungsweise *ob* sie überhaupt verbessert werden kann.

Es könnte beispielsweise sein, dass ich eine schwere Krankheit habe. Meine erste Aufgabe bestünde dann darin, darüber nachzudenken, wie ich krank geworden bin, und über die Mittel und Wege, wie die Krankheit zu heilen sein könnte; dazu gehört auch, Experten zu Rate zu ziehen. Aber es kann auch sein, dass ich eine tödliche Krankheit habe. Hier würde mich mein Verständnis dazu bringen, meine Krankheit im größeren Zusammenhang von Leben und Tod, mein Leben im Zusammenhang mit seiner Endlichkeit zu sehen. Dies würde zu immer tieferer Reflexion darüber führen, wie ich die Zeit, die mir noch bleibt, verbringen und wie ich meinen Tod «leben» möchte. Dies wiederum würde zwangsläufig zu weiterer Reflexion darüber führen, was im Leben ich wirklich schätze, was für mich der Sinn des Lebens war, was meiner Hoffnung nach von mir bleiben soll, wenn ich fortgegangen bin, was Fortgehen für mich bedeutet. Wenn ich in diesem Reflexionsprozess eine Perspektive für meinen bevorstehenden Tod zu entwickeln vermag, die ich als umfassend genug empfinde, kann ich Weisheit und damit Frieden erlangen.

Alles wirklich tiefe Wissen bedeutet, sich auf das Zentrum einzulassen. Jesus sagte: «Du musst für das Alte sterben, um für das Neue geboren zu werden.» Neues Wissen ordnet das, was ich bereits wusste, in einen anderen Zusammenhang ein und setzt es bisweilen außer Kraft. Tiefgehendes Wissen transformiert den Kern meines Seins, und dabei setzt es mich dem Feuer einer Prüfung aus, die vernichten kann, was ich einmal war. Aus diesem Grund erfordert der Weg des Wissens die Selbstdisziplin, die mit Reflexion, Gebet, Meditation und Lernen einhergeht. In der jüdischen mystischen Tradition gibt es eine allgemein bekannte Geschichte, die das veranschaulicht.

Rabbi Akiba und drei weitere Männer gehen in den Wald. Aber noch ehe sie wieder aus dem Wald herauskommen können, stirbt einer von ihnen, einer wird abtrünnig und der dritte verrückt. Nur der Rabbi gelangt unversehrt aus dem Wald heraus. Der Wald ist hier ein Symbol für mystisches Wissen, jene Art von Wissen, die den Wissenden mit dem vereint, was ihm am heiligsten ist. Die Moral besteht darin, dass sich Rabbi Akiba, bevor er in den Wald des mystischen Weges ging, viele Jahre lang mit dem jüdischen Gesetz und der jüdischen Tradition beschäftigt hatte. Er hatte gebetet und sowohl seinen Geist als auch seine Seele an Disziplin gewöhnt, was ihn in die Lage versetzte, die Prüfung durch das Feuer des mystischen Wissens zu überstehen. Die anderen Männer hatten gehofft, eine spirituelle Abkürzung nehmen zu können.

Vierter Weg: Der Weg der persönlichen Transformation

Persönlichkeitstyp	künstlerisch
Motive	Kreativität, Eros, Lebenstrieb
Archetypen	Mond (Diana), Artemis, der Hexenkessel, weise Frau/der Schatten
Religiöser Schwerpunkt	Ganzheit, die Sichel, Individuation (Jung), Ritual
Mythos	Reise in die Unterwelt, der Gral
Praktik	Traumarbeit, Gespräch
Chakra	Herz (Verpflichtung)

Menschen, die den Weg der persönlichen Transformation gehen, bringen ein bis dahin nicht in Erscheinung getretenes Potenzial hervor – Gefühle, die nie gespürt worden sind, bildliche Vorstellungen, die nie gesehen worden sind, Farben, die in der Vorstellung nie vorhanden waren, Gedanken, die nie in Begriffe gefasst worden sind usw. Schriftsteller, Künstler, Dichter, Musiker usw. machen gerade einmal zehn bis fünfzehn Prozent der Bevölkerung aus. Aber bis zu einem gewissen Grad gehen die meisten von uns diesen Weg, allein weil sie Menschen sind und überhaupt spirituelle Intelligenz besitzen.

Der Kern der psychologischen und spirituellen Aufgabe, mit der diejenigen konfrontiert sind, die den Weg der Transformation gehen, besteht in personaler und transpersonaler Integration. Das heißt, wir müssen unsere Höhen und Tiefen herausfinden und die verschiedenen Bestandteile unseres zersplitterten Selbst zu einer unabhängigen, ganzen Person zusammenschweißen. Bis dahin ist der Weg für uns alle von entscheidender Bedeutung. Seine täglichen Herausforderungen sind ein normaler Bestandteil des Erwachsenenalters und ein vertrauter Aspekt des mittleren Lebensalters (Midlife-Crisis), wobei sie in jedem Alter wieder neu auftreten können. Doch, was den künstlerischen Typ als solchen angeht, führt uns die Reise zu personaler Integration auf ihrem spirituell intelligentesten Niveau zwangsläufig in den Bereich transpersonaler Integration – wir finden verlorene oder zersplitterte Aspekte unseres tiefsten Selbst auf Ebenen, die jenseits des Ichs und der bestehenden Kultur sind, wir schöpfen aus der unendlichen Quelle des Zentrums.

Dieser Weg ist der, der am engsten mit der Aktivität im «God Spot» des Gehirns zusammenhängt, mit jenen Persönlichkeiten, die offen sind für mystische Erfahrungen und für extremere Emotionen, mit jenen, die «exzentrisch» sind oder sich von der Masse absetzen, mit jenen, die oft um ihre seelische Gesundheit kämpfen müssen (und den Kampf oft verlieren). Wir haben im 5. Kapitel gesehen, dass die Aktivität im «God Spot», künstlerische Fähigkeit, spirituelle Erfahrung und seelische Unausgewogenheit insgesamt stark miteinander korrelieren. Aus diesem Grund hält man die Künstler oft für die verletzten Heiler der Gesellschaft (oder Schamanen) – Menschen, die bei dem Versuch, verloren gegangene Teile von sich selbst wiederzuerlangen, furchtbare Reisen ins Unbekannte unternehmen müssen. Sie können dabei erfolglos sein, aber von ihrer Reise bringen sie einen Schatz mit zurück, der uns Übrige heilt. Allein schon diese Wehen sind Gegenstand vieler Bücher der Weltliteratur. Dante etwa spricht über seine eigene Reise in den dunklen Wald, die seine spätere Vision vom Paradies erst ermöglichte:

«Als ich zu eines Hügels Fuß gekommen,
Der als ein Abschluss aus dem Boden trat
Des Tales, drin die Angst mich mitgenommen.

Schaut ich empor und sah des Berges Grat
Bereits in des Planeten Strahlenkleide,
Der recht uns führt auf einem jeden Pfad.

Die Furcht schwand etwas bei der Augenweide,
Sie, die gedauert in des Herzens Schoß
Zur Nacht, die ich erlebt in solchem Leide.

Und so, wie einer, der ganz atemlos,
Dem Meer entronnen, auf des Ufers Zinnen
Zum Wasser umschaut, das an Fährnis groß,

So schaut ich um, die Flucht noch in den Sinnen;
Wollt ich doch ansehn das durchzogene Land,
Das niemals leben ließ ein Wesen drinnen.»[6]

Die nahe liegende Metapher dafür ist die einer Reise in die Unterwelt, in das Reich des Todes oder in das Reich des Schattens: Demeter findet auf dem Weg in den Hades ihre verlorene Tochter Persephone wieder, die von Pluto entführt worden war; oder Orpheus, der in das Reich des Todes absteigt, um seine verstorbene Euridike zurückzubekommen. Jede Nacht begeben sich einige von uns auf diese Reise, wenn sie mit Albträumen ringen. Andere tun dies wegen eines vorübergehenden Wahns oder eines zeitweiligen Zusammenbruchs. Auf jeder dieser Reisen ist das Gefühl vorhanden, auf der Suche nach etwas zu sein, vielleicht auch dauerhaft das Gefühl, ein Opfer bringen zu müssen, um dieses Etwas zu finden.

Die Suche nach dem heiligen Gral in der Artussage ist ein weiterer Mythos, der eindeutig mit dem Weg der Transformation zusammenhängt.[7] Nach dieser Sage ist das Land des Fischerkönigs (Pelles) unfruchtbar; der König ist verwundet, und es kann nur Heilung geben, wenn der Gral gefunden wird. Auch König Artus' Reich muss wieder gesunden. Da sind die 150 Ritter der Tafelrunde, und jeder Einzelne von ihnen begibt sich auf die Suche in den dunklen Wald, aber nur drei *sehen* den Gral auch nur. Nach dem Artusmythos ist es Artus' Schlacht mit seinem unehelichen Sohn Mordred, die sein Königreich bedroht. Artus steht für die Kräfte des Lichts, Mordred für jene der Dunkelheit (des Schattens). Der Gral ist die Kraft, die die Spaltung überwinden könnte, doch das Königreich ist vom Bürgerkrieg zerstört. Der moderne Mythos von den *Star Wars* hat das gleiche Thema, doch mit einem positiveren Ausgang: Luke Skywater rettet seinen Vater, Darth Vader, von der dunklen Seite und befreit das Reich vom Schatten der Zerstörung.

Zwei unterscheidbare Arten von Kunst können sich aus diesem Suchen oder diesen Reisen in die Unterwelt ergeben. Wenn die resultierende Heilung auf der personalen Ebene stattfindet, bekommen wir «Alltag» oder persönliche Kunst – sagen wir ein Gemälde, einen Roman, einen bestimmten Kleidungsstil oder eine tiefe persönliche Beziehung, die den Künstler heilt. Geht die Heilung auf einer transpersonalen Ebene jenseits des Ichs und der bestehenden Kultur vonstatten, bekommen wir transpersonale oder «große» Kunst, die Kunst eines Bach, eines Dante oder eines Dostojewski, die eine ganze Kultur heilen können. Der Romanautor E. M. Forster bezeichnet sie als «prophetische Kunst», weil sie das Neue prophezeit – tatsächlich *schafft* sie das Neue. Auch hier kann die Kunst die Form einer Beziehung, die auf der transpersonalen Ebene liegt, annehmen oder davon inspiriert sein – Dante und Beatrice, Faust und Gretchen.

Die motivierende Energie auf diesem Weg ist Eros oder Freuds Lebenstrieb. Bei Eros geht es um die kreative Anziehung von Gegensätzen und um die Ordnung, die sich daraus ergeben kann. Es handelt sich um Ordnung aus Chaos. In der griechischen Mythologie war zuerst das Chaos da, und dann wurde als einer der frühesten Götter Eros geboren, der etwas Ordnung ins Universum bringen konnte. Das Wesen jeder Kunst besteht darin, dass sie aus Chaos etwas Ordnung schafft. Und die

Schutzgöttin der Kunst ist Diana, die Mondgöttin, deren Wissen das Wissen um die Nacht ist, deren *Licht* das Licht der Nacht ist. Wenn wir diesen Weg gehen wollen, dürfen wir keine Angst vor der Nacht haben, dürfen nicht vor dem Kampf mit dem Schatten zurückschrecken, dürfen dem tiefen Schmerz und der oft lebensbedrohlichen Gefahr, die damit einhergeht, nicht aus dem Wege gehen. Der Künstler hat oft Erfolg, weil er bereit ist, Aspekte der Psyche, der Kultur oder der menschlichen Art zu betrachten, die andere nicht an sich herankommen lassen würden.

Es gibt eine Geschichte über den Zauberer und Dichter Milarepa, einen der größten buddhistischen Lehrer von Tibet. Er lebte im 12. Jahrhundert in abgelegenen Berghöhlen. Eines Tages kehrte er zu seiner Höhle zurück und entdeckte, dass in ihr jetzt sieben grimmige und bedrohliche Dämonen hausten. Er dachte: «Ich könnte weglaufen oder diese Dämonen vertreiben.» Er entschied sich dafür, sie zu vertreiben, und tat dies bei sechs Dämonen einfach mittels seiner traditionellen Zauberkunst. Der siebte Dämon aber weigerte sich zu verschwinden. Daraus schloss Milarepa: «Bei diesem Dämon handelt es sich um ein Geschöpf meiner eigenen Vorstellung, und es existiert nur aufgrund meiner Fähigkeit, Angst zu empfinden.» Schließlich brachte Milarepa dem Dämon gegenüber sein Mitgefühl zum Ausdruck und bot ihm an, die Höhle mit ihm zu teilen. «Mit Freundlichkeit und Mitgefühl und ohne Sorgen um seinen Körper steckte Milarepa seinen Kopf ins Maul des Dämons; aber der Dämon konnte ihn nicht fressen und löste sich wie ein Regenbogen auf.»[8]

Als Milarepa seinen Kopf in den Rachen des Dämons legte, war er bereit, an «die Grenze» zu gehen. Wir haben bereits gesehen, dass jede Kreativität sich am Rande zum Chaos ereignet, an der Grenze …

… zwischen dem Bekannten und dem Unbekannten,
zwischen dem Erkennbaren und dem Unerkennbaren,
zwischen Sinn und Sinnlosigkeit,
zwischen Gewissheit und Verwirrung,
zwischen Heiterkeit und Depression,

zwischen Freude und Verzweiflung,
zwischen Widerstand und Versuchung,
zwischen Gut und Böse,
zwischen Licht und Schatten,
zwischen Leben und Sterben,
zwischen Sicherheit und Schrecken,
zwischen Verzückung und Kontrolle,
zwischen Ekstase und Nichts,
zwischen Liebe und ihrem Verlust,
zwischen Liebe und der Abwesenheit von Liebe
zwischen...

Die Liste hat kein Ende.

Das Risiko dabei, an die Grenze zu gehen, besteht darin, dass wir unseren Kopf verlieren können. Das Maul des Dämons kann schnell zuschnappen. Aber das Risiko, nicht an die Grenze zu gehen, besteht darin, dass wir entweder die Schattenform dieses Wegs leben oder ihn auf spirituell schwache Art und Weise gehen.

Der Schatten der Kreativität ist Destruktivität oder Nihilismus – Freuds Todestrieb. Diejenigen, die diesem Weg folgen, geben sich mit gleicher Leidenschaftlichkeit selbstzerstörerischem Verhalten hin, werden vom Hässlichen getrieben beziehungsweise suchen oder erzeugen es. Hier handelt es sich um Kreativität, die sich gegen sich selbst wendet: Vandalen in Wohnsiedlungen, Straftäter bei sinnlosen Gewaltakten, «Künstler», die die Kadaver verrottender Kühe oder Schüsseln mit abgetriebenen Föten ausstellen. Dies sind Gegner der Form, Gegner des Lebens selbst, aber leidenschaftliche Gegner. Sie suchen mit der gleichen Leidenschaft nach Bösem oder Hässlichem wie der positive Künstler nach Harmonie oder Schönheit.

Weiterhin gehen den Weg der Transformation auf spirituell schwache Weise Ästheten, Menschen, die eine von der Vitalität losgelöste, sterile Form hervorbringen. Ihre Leidenschaft besteht darin, etwas zu erwerben und es zur Schau zu stellen. Und dann gibt es die, die uns um jeden Preis Form aufdrängen wollen, ohne auf organisches Wachstum oder das ursprüngliche Chaos Bezug zu nehmen. Diese Menschen lieben gerade Linien und spitze Ecken; sie können es nicht ertragen, wenn etwas nicht an seinem Platz liegt.

Das Gegenteil von Ordnung ist Chaos; und aus einer spirituell schwachen Vorliebe für Chaos ergibt sich oft ein völliges Durcheinander. Dies sind Menschen, die *Angst* vor Ordnung und Form haben, die sich von Vertrauen geprägten Beziehungen widersetzen, die um der Rebellion willen rebellieren, die «die Masse» bekämpfen, was immer sie tut. Die Unglückseligsten unter ihnen kämpfen sogar gegen die Ordnung in sich selbst; dabei kommen sie zu spät zu Verabredungen, lassen Termine verstreichen oder leiden unter einer «Schreibhemmung».

Die beiden eben erwähnten spirituell schwachen Extreme gehen auf eine mangelnde Bereitschaft oder auf eine Unfähigkeit zurück, sich einem Konflikt zu stellen. Künstlerische Menschen sind in besonderer Weise von Konflikten besessen: Dadurch sind sie möglicherweise zunächst einmal motiviert. Sie haben ein besonderes Gefühl für die Extreme von Licht und Dunkelheit beziehungsweise Hochstimmung und Verzweiflung. Wenn man Angst vor diesen Konflikten hat und sie meidet, ist dies eine Abkehr von spiritueller Intelligenz; wenn man bereit ist, sich ihnen zu stellen, und versucht, sie zu lösen, ist das eine Hinwendung zur spirituellen Intelligenz. Doch Borderline-Persönlichkeiten können zu instabil sein, um diese gefährliche Reise anzutreten.

Eine Bereitschaft, sich an Träume zu erinnern und darüber nachzudenken, mit sich selbst und mit anderen kreative Gespräche zu führen, seinen Kopf in den Rachen des Dämons zu stecken – dies alles führt zu größerer spiritueller Intelligenz. Je extremer die Konflikte, je exotischer die Phantasien und Träume, desto hilfreicher ist es, in irgendeinem Aspekt der täglichen Wirklichkeit verankert zu sein – einer Beziehung, einer Familie, einer Routine, einer Form von Selbstdisziplin. Jung führte es auf seine Familie und seine stark frequentierte Praxis zurück, dass er während seiner siebenjährigen Reise, während der er kurz vor dem Wahnsinn stand, seelisch einigermaßen gesund geblieben ist.

Die spirituell intelligenteste aller Reisen auf diesem Weg ist die Reise zum Zentrum. Es handelt sich um eine Reise von unglaublichem Schrecken, die beachtliches Selbstvertrauen voraussetzt. Und sie erfordert die Bereitschaft, gegebenenfalls das Ich zu opfern; zu akzeptieren, dass möglicherweise nichts davon übrig bleibt außer dem Schatz, den man findet, und der Heilung, die er anderen bringen könnte. Das wiederum setzt die Bewältigung des tiefsten aller Konflikte voraus, der Todesangst.

Fünfter Weg: Der Weg der Bruderschaft

Persönlichkeitstyp	realistisch
Motive	Konstruktivität, Bürgerrecht
Archetypen	Mars (Ares), Gaia, Adam Kadmon, das Schwert
Religiöser Schwerpunkt	universale Brüderlichkeit, Opferbereitschaft
Mythos	Weltseele, Indras Netz
Praktik	Rollenumkehrung, Aufbau des «Gesprächsbehälters»
Chakra	Kehlkopf-Chakra (Verpflichtung)

«Der gleiche Strom des Lebens, der Nacht wie Tag durch meine Adern rinnt, durchströmt die Welt und tanzt in großen Rhythmen weiter.

Es ist das gleiche Leben, das voll Freude
Aus Staub der Erde sprießt in Gräsern ohne Zahl,
In wilden Wogen von Blättern und von Blumen sich ergießt.

Es ist das gleiche Leben, das sich wiegt in Weltmeerwiege
Von Geburt und Tod, in Flut und Ebbe.

Ich fühle meine Glieder schwellen,
Wenn diese Welt von Leben sie berührt.
Mein Stolz ist dieser Herzschlag von Äonen,
Der jetzt in meinem Blute pulst.

Ist es Dir fremd, wenn ich mich freue
Mit der Freude dieses Rhythmus,
Wenn ich geworfen bin,
Verloren und gebrochen in dem Wirbel
Dieser fürchterlichen Heiterkeit.

Alle Dinge rasen dahin, halten nicht inne,
schauen sich nicht um, und hemmen kann sie keine Macht,
sie jagen weiter.

Mit dieser ruhelosen, reißenden Musik
In gleichem Tanzschritte kommen die Jahreszeiten an
Und gehen vorbei. Farben, Klänge, Wohlgerüche
Verströmen sich in endlosen Kaskaden,
Im Übermaße dieser Freude, die sich zerstreut,
die sich verflüchtigt und die stirbt
in jedem Augenblick.»

Rabindranath Tagore[9]

«Mark Smith» ist ein hoch qualifizierter Ingenieur in einer sehr hohen beruflichen Position; er ist bei seiner Firma im mittleren Westen der USA Vizepräsident für die laufenden Geschäfte. Er ist Anfang vierzig und hat eine große Familie mit kleinen Kindern. Mark ist der typische Realist. Er macht nicht viele Worte. Er zeigt kaum Emotionen und spricht nie über Emotionen. Er ist ehrgeizig, wettbewerbsorientiert und will für seine Familie nur das Beste. Er ist sehr stolz auf seinen Beruf und empfindet starke Loyalität gegenüber seinen Kollegen. Er hat ein ausgeprägtes Gerechtigkeitsgefühl. Am Wochenende grillt er gern mit seiner Familie, repariert einen Campingwagen und werkelt an seinen Booten.

Mark unterscheidet sich nur deshalb vom realistischen Durchschnittstyp, weil er sich durch die Ereignisse gezwungen sieht, eine spirituell intelligentere Variante seines Lebenswegs zu gehen. Er hat einen bösartigen Krebs, der möglicherweise zur Folge hat, dass er binnen zwei Jahren stirbt. Er zeigt im Zusammenhang mit diesem Problem nur wenige Emotionen und redet nicht gern darüber; doch die tiefgehenden spirituellen Auswirkungen seiner Krankheit kommen in seiner Persönlichkeit deutlich zum Ausdruck. Während seine Frau (ein sozialer Persönlichkeitstyp) täglich weint und alle Informationsquellen nach Heilungschancen durchsucht, sagt Mark, er wolle einfach sein Leben fortsetzen. «Ich bin jetzt hier», sagt er, «und ich möchte daraus das Bestmögliche machen.» Er strahlt eine ruhige Stärke aus, die seiner Familie und seinen Freunden in dieser drohenden Tragödie Kraft gibt.

Trotz des oft wenig aufregenden und durch nichts erschütterbaren Äußeren des realistischen Persönlichkeitstyps (20 Prozent der Bevölkerung, meistens Männer) kann der Weg, den diese Menschen gehen, der Weg der Brüderlichkeit, einer der spirituell fortgeschrittensten Wege sein. Typischerweise sind sie, wie John Gray in *Männer sind anders. Frauen auch. Männer sind vom Mars. Frauen von der Venus* sagt, vom Holz des Mars geschnitzt – verschlossen, praktisch ausgerichtet, nüchtern, bei offen erkennbaren Gefühlen verlegen. Diese Menschen sind Beispiele für die Ideale des Helden oder des mutigen Kriegers. Hemingways Heroen passen in diese Kategorie. Die Besten von ihnen würden kämpfen und für das, was sie als Gerechtigkeit ansehen, sogar frohen Mutes sterben. Sie lieben ihre Gruppe, ihre Kumpel, und ihr Sinn für Brüderlichkeit ist tief verankert. Ihre Furchtlosigkeit und ihr Mangel an Beschäftigung mit dem Tod haben tiefe philosophische und spirituelle Wurzeln in den Mythen, die sie zu diesem Weg inspirieren.

Bei den alten Griechen erzählte der Philosoph Plotin den Mythos von einer universalen Seele oder einer Weltseele, deren Bestandteile die individuellen Seelen seien. In neuerer Zeit sprachen die Philosophen Hegel und Schopenhauer von der gleichen Wirklichkeit. Die jüdischen Mystiker gaben der Weltseele die Menschengestalt des Adam Kadmon, des vollkommenen Menschen, dessen Teil wir alle sind. Der amerikanische Dichter Ralph Waldo Emerson nannte ihn «jene Einheit, jene Überseele, innerhalb derer besonderes Sein enthalten ist und mit allen anderen eins wird; jenes gemeinsame Herz, all dessen wahrer Umgang die Verehrung ist, dem alles rechte Tun Gehorsam ist».[10] Vielleicht die erstaunlichste Beschreibung von allen geht auf eine buddhistische Sutra zurück: «Man erzählt, im Himmel Indras gebe es ein Perlennetz. Es ist so angeordnet, dass, schaut man eine Perle an, alle anderen darin reflektiert werden. Und ebenso ist jedes Objekt in der Welt nicht nur es selbst, sondern bezieht alle anderen ein und *ist* tatsächlich jedes andere Objekt.»[11] Die moderne Wissenschaft stellt die gleiche holistische Wirklichkeit in einem Hologramm dar, in einer von einem Laser erzeugten Fotografie, bei der das ganze Bild in jedem einzelnen kleinen Bestandteil enthalten ist. Der heute noch moderne wissenschaftliche Mythos von Gaia beschreibt die Erde und alle, die sie bewohnen, als einen lebenden Organismus.

Diese Mythen lassen ihre Anhänger die Angst vor dem Tod überwinden, weil sie in einen Bereich der Seele führen, der nie stirbt, in dem die individuelle Seele ein Teil der größeren, ewigen Weltseele ist und immer sein wird. Nach dem Joga-Philosophen Sri Aurobindo bleiben vor allem diese Eigenschaften der Seele, die auf dem Weg der Brüderlichkeit entwickelt werden, und der daraus folgende Weg der dienstbereiten Führung ewig erhalten. Sie werden wiedergeboren als eine tiefreichende Hintergrund-«Stimmung» in der Person, zu der man im nächsten Leben wird. Die spirituelle Aufgabe derjenigen, die diesen Weg gehen, besteht darin, mit diesem tieferen Reich aller Menschen und allen Seins, in dem ihr Ich-Selbst verwurzelt ist, in Kontakt zu treten. Die spirituelle Disziplin, die dies ermöglicht, ist ein furchtloses und nicht zu Kompromissen bereites Streben nach Gerechtigkeit.

Jene, die den zweiten Weg gehen, also den Weg des Nährens, haben oft eine ungleiche Beziehung zu denen, die sie lieben und um die sie sich sorgen. Es gibt eine natürliche Asymmetrie in den Beziehungen einer Mutter zu ihren Kindern: Sie ist in der Regel parteiisch und betont Hilfestellung und Heilung. Menschen vom zweiten Weg betonen auch Zuwendung und Einfühlungsvermögen und geben ihr Bestes, alle bestehenden Antipathien oder Konflikte herunterzuspielen. Gerechtigkeit setzt die Fähigkeit voraus, positive und negative Emotionen, die Erfolge und die Misserfolge anderer zu erkennen und zu akzeptieren. Gerechtigkeit setzt auf einer bestimmten Ebene einen Sinn für die Gleichheit aller Ansprüche mir gegenüber voraus und das weise Anerkennen der Tatsache, dass die Menschen unterschiedlich und dass Konflikte ein realer Bestandteil des Lebens sind. Um diesen Weg zu gehen, muss ich meine Vorlieben, meine in Aussicht stehenden Belohnungen, meine eigene Position in der Hackordnung der Macht hintanstellen.

Der zeitgenössische Harvard-Philosoph John Rawls beschrieb einmal, wie man mit den Anforderungen an diesen Weg umgehen kann. Nach Rawls muss ich, wenn ich aufgefordert bin, eine Entscheidung zur Verteilung von Rechten oder Gütern zu fällen, dies in völligem Unwissen darüber tun, wo meine eigene Position in dem von mir entworfenen Szenario ist. Ich könnte einer der Protagonisten der Gesellschaft sein, aber ich weiß nicht, welcher, wenn ich entscheide, wer was bekommt. Dementsprechend sollten die Gerechtigkeitsprinzipien, für die ich mich einsetze, von persönlicher Befangenheit frei sein. Als Individuum kann ich bei meinen Entscheidungen immer noch kurzsichtig sein oder nicht ausreichend informiert, sodass ich mich idealerweise in einer Gruppe engagiere, in der jeder Einzelne seinen eigenen Standpunkt einbringt. Hier handelt es sich um die Philosophie, die der idealen Demokratie zugrunde liegt, in der jeder einzelne Mensch das Wohl des Ganzen mit in Erwägung zieht, auch wenn die Politik heutzutage weit davon entfernt ist, dieses Ideal zu verwirklichen. Das erste «Parlament» im antiken Athen, das als Gesprächsgruppe agierte, war da oft erfolgreicher. Heute sind die Quäker oft sehr erfolgreich darin, «ein Gefühl des Zusammenkommens» zu erreichen, wie es auch bei anderen kleinen oder intimen Gruppen der Fall ist.

Die Schattenform dieses Wegs, bei dem Ganzheit und Spontaneität betont werden, ist der Selbstekel: die Person, die nicht an sich glauben kann, der Außenseiter aus eigener Entscheidung, der Feigling. Spirituell schwach zu sein auf diesem Weg, heißt, so engstirnig wie möglich zu leben. Das bedeutet, dass ich nur an meinen eigenen, wenig herausfordernden praktischen Bestrebungen interessiert bin und keine Anstrengungen unternehme, mit anderen zu kommunizieren oder Mitgefühl mit ihnen zu entwickeln, und dass ich emotional faul bin: «Gefühle bereiten mir einfach zu viele Schwierigkeiten!» Dies ist John Grays Marsianer in seiner schlimmsten tätowierten und groben

Ausprägung; er beugt sich den ganzen Tag über sein Motorrad, das er repariert, interessiert sich für nichts außer Maschinen und Sport, schätzt Macht, wenn sie zu seinem eigenen Gewinn ist, ist so wettbewerbsorientiert, dass er nicht mit anderen zusammenarbeitet, hängt mit Kumpeln herum, die so sind wie er; er ist, was seine Frau angeht, emotional verkümmert und im Hier und Jetzt stehen geblieben.

Der erste Schritt hin zu großer oder spiritueller Intelligenz ist für den realistischen Persönlichkeitstyp ein gewisses Gefühl der Unzufriedenheit mit dem Stand der Dinge – eine Langeweile bei seinen begrenzten Interessen, eine Einsamkeit durch seinen Mangel an emotionalem Kontakt, eine Frustration wegen seiner Unfähigkeit, seine Gedanken und Gefühle zum Ausdruck zu bringen. Als Nächstes muss er die Ehrlichkeit aufbringen zuzugeben, dass es sich dabei um von ihm selbst gemachte Fehler handelt. Es liegt nicht nur daran, dass er nicht den richtigen Menschen oder die richtige Gruppe getroffen beziehungsweise nicht das magische Interesse entwickelt hat. Er muss anders sein *wollen*, muss sich danach sehnen, sich selbst und seine Interessensgebiete auszuweiten, sich danach sehnen, einer größeren und vielfältigeren Gruppe anzugehören.

Wie Mark Smith kommen viele realistische Menschen vielleicht durch eine Herausforderung auf diesem Weg weiter – sie schlagen eine Schlacht, kämpfen für die, die sie lieben, für eine Sache, an die sie glauben, ringen darum, eine Gemeinschaft aufzubauen, sich dem Tod zu stellen.

Dies ist letztlich ein Weg des transpersonalen Dienens, der seine Wurzel in der transpersonalen Wirklichkeit jener Teile der Seele hat, die niemals absterben, jener Teile des Selbst, die das personale Ich transzendieren. Wenn sich eine Frau oder ein Mann dieses Persönlichkeitstyps auf diese Ebene konzentrieren kann, kommt die spirituelle Intelligenz zum Vorschein. Ralph Waldo Emerson drückt das folgendermaßen aus:

«Hat er seine Heimat nicht in Gott gefunden, werden sein Benehmen, seine Redeweise, der Bau, so möchte ich sagen, all seiner Meinungen dies unwillkürlich verraten, er mag dagegen trotzen, soviel er will. Hat er seinen Mittelpunkt gefunden, wird die Gottheit durch ihn hindurch scheinen, durch alle Verkleidungen der Unwissenheit, eines unfruchtbaren Temperaments, ungünstiger Verhältnisse. Der Ton des Suchens ist einer, der Ton des Habens ein anderer.» [12]

Bei Gerechtigkeit geht es darum zu erkennen, dass jeder Einzelne seine legitimen Interessen hat; bei Brüderlichkeit geht es um den Wert aller Menschen. Nichts stellt uns so sehr auf die Probe wie die Konfrontation mit unseren Gefühlen gegenüber unseren Feinden. Ein Rollentausch führt oft zu tiefer Achtung nicht nur vor anderen Meinungen, sondern auch für die Menschen, die diese Meinung vertreten. Die Kameradschaft zwischen Soldaten gegnerischer Seiten, die in Kampfpausen aufeinander treffen, ist wohl bekannt. Achtung vor meinem Feind bringt mich auf jenes Niveau der Menschlichkeit und der Ideale, auf dem ihm und mir etwas gemeinsam ist. Sie bringt mich auf ein Niveau, auf dem ich erkenne, dass wir beide eine Rolle in einem umfassenderen evolutionären Drehbuch haben. Auf diesem seelischen Niveau, das sowohl alle Menschen vereint als auch den Tod einer Person überdauert, wachse ich weiter.

Sechster Weg: Der Weg der dienenden Führung

Persönlichkeitstyp	unternehmerisch
Motive	Macht, Erlösung, loyaler Dienst
Archetypen	Jupiter (Zeus), großer Vater, Prophet
Religiöser Schwerpunkt	Hingabe, Einheit mit Gott, Priesterschaft
Mythos	Exodus, die Kreuzigung, der Bodhi-Baum
Praktik	Wissen über das Selbst, Meditation, Guru-Joga
Chakra	Stirn-Chakra (Geist, Gebot)

«O dieses ist das Tier, das es nicht gibt.
Sie wusstens nicht und habens jeden Falls
- sein Wandeln, seine Haltung, seinen Hals,
bis in des stillen Blickes Licht – geliebt.

Zwar *war* es nicht. Doch weil sie's liebten, ward
ein reines Tier. Sie ließen immer Raum.
Und in dem Raume, klar und ausgespart,
erhob es leicht sein Haupt und brauchte kaum

zu sein. Sie nährten es mit keinem Korn,
nur immer mit der Möglichkeit, es sei.
Und die gab solche Stärke an das Tier,

dass es aus sich ein Stirnhorn trieb. Ein Horn.
Zu einer Jungfrau kam es weiß herbei -
und war im Silber-Spiegel und in ihr.» [13]

Alle Menschengruppen – Familien, Kirchen, Konzerne, Stämme, Staaten – brauchen Führungspersönlichkeiten, die ihnen einen Mittelpunkt, ein Ziel, ein planvolles Vorgehen und ein Gefühl für die Richtung, in die es gehen soll, vermitteln. Als wirkungsvolle Führungspersönlichkeit hat ein Mann oder eine Frau gewöhnlich die nach außen gewandte, selbstbewusste Art des unternehmerischen Persönlichkeitstyps. Er oder sie hat ein positives Verhältnis zur Macht. Eine gute Führungspersönlichkeit muss mit anderen in der Gruppe gut zurechtkommen, muss eine integre Persönlichkeit sein (oder zumindest den Anschein erwecken), die die Gruppe für Ideale begeistern kann; und sie darf nicht nur den eigenen Interessen dienen. Eine gute Führungspersönlichkeit dient Zielen, die über sie selbst hinausreichen; eine wirklich große Führungspersönlichkeit dient keinem Geringeren als «Gott». Schließlich bringt eine Führungspersönlichkeit in ihren Anhängern die Art von Sinn hervor, von der sie selbst geleitet wird – oberflächlich oder tiefgehend, konstruktiv oder destruktiv.

Das Einhorn war in der westlichen Kultur immer schon ein besonderes Symbol, ein wildes Tier, das man aus Sehnsucht und aus der menschlichen Fähigkeit zu träumen heraus erfunden hatte. In Rilkes Gedicht ist es durch Liebe verzaubert; jene, die es wagten, an die Möglichkeit zu glauben, dass es existieren könnte, haben ihm einen Raum zum Sein gegeben. In der Vorstellungswelt der Quantenwissenschaft ist die Ganzheit des Daseins ein Feld von Einhörnern – eine Menge von Möglichkeiten, die aus dem unendlichen Meer der Entwicklungsmöglichkeiten des Quantenvakuums herausgerissen werden. Jeder von uns ist ein Diener «Gottes» oder des Quantenvakuums, ein Diener der vielfältigen Potenzialität im Herzen des Daseins.

Führungspersönlichkeiten, die sich der Dienerschaft in diesem Sinne bewusst werden, wissen, dass sie etwas Höherem dienen als nur der Familie, der Gemeinschaft, der Firma oder dem Staat, etwas Höherem als nur «der Vision und den Werten», wie sie normalerweise verstanden werden. Wahrhaft dienstbereite Führungspersönlichkeiten dienen der tiefen Sehnsucht in der menschlichen Seele, die Einhörner hervorzaubert. Sie ermöglichen Dinge, die anderen unmöglich erschienen sind; sie schaffen neue Wege, wie Menschen zueinander in Beziehung treten können; neue Wege, wie Firmen der Gesellschaft dienen können; neue Wege, wie die Gesellschaft *sein* kann. Buddha, Moses und Jesus waren solche Führungspersönlichkeiten. In unserer Zeit hatten wir das Glück, dass Gandhi, Martin Luther King, Nelson Mandela und der Dalai Lama uns dienten und dienen. Viele andere, weniger bekannte Personen haben Gott und der Menschheit gedient, indem sie ihrer Gruppe oder Firma dienten. Letztlich hat jeder Einzelne von uns das Potenzial, eine dienende Führungspersönlichkeit zu sein.

Das Leben der dienstbereiten Führungspersönlichkeit verbessert die Einstellung und den Lebensstil – die Konventionen – ihres Stammes. Auf diese Weise mündet der Dienst des sechsten Weges darin, den ersten Weg neu zu erfinden und damit den Kreislauf des Lotos zu vollenden. Es gibt viele große Mythen des dienstbereiten Führens – von Buddha, der unter dem Bodhi-Baum saß, bis er der ganzen Menschheit die Erleuchtung bringen konnte; von Moses, der sein Volk aus der Gefangenschaft herausführte und der Welt Gottes Gebote überbrachte;

von Christus, der am Kreuz starb, damit alle vom ewigen Leben erfahren konnten. Gandhis Rolle dabei, Indien in die Unabhängigkeit zu führen und seinem Volk eine tiefere spirituelle Vision zu vermitteln, hat die Funktion eines modernen Mythos angenommen.

Dienstbereite Führung ist in einem wichtigen Sinne der oberste der spirituellen Wege. Durch die Begabungen, mit denen sie ausgestattet waren, hatten diese Menschen die Gelegenheit, zu dienen, zu heilen und diejenigen zu erleuchten, die sie angeführt haben, doch der Weg setzt eine große Integrität (Ganzheit) voraus. Die dienstbereite Führungspersönlichkeit muss fähig sein, sich der höchsten vorstellbaren Kraft zu unterwerfen. Unternehmerischen Persönlichkeiten, die auf natürliche Weise Macht ausüben und Menschen beeinflussen, fällt eine derartige Hingabe nicht leicht. Gerade diese Möglichkeit ist ein Akt der Demut.

Die zentrale Energie, die diesen Persönlichkeitstyp umtreibt, ist Macht. Die Verwendung – der richtige oder falsche Gebrauch und der Missbrauch von Macht – bestimmt darüber, ob ein Einzelner den Weg auf spirituell schwache oder auf spirituell intelligente Weise geht. Der Weg von der Dummheit zur Intelligenz führt an all den Fallstricken und Versuchungen der Macht vorbei.

Die Schattenform der dienstbereiten Führung ist der Tyrann, der die Macht zu seinen bösen Zwecken missbraucht. Hier findet sich der Sadist, die Person, die Freude daran hat, kraft ihrer Macht anderen zu schaden oder sie zu erniedrigen. Hitler erweckte den Anschein, einer Sache zu dienen, die jenseits seiner eigenen Person lag – das war es, was ihm sein Charisma verlieh und ihn so gefährlich machte. Aber es handelte sich um eine böse Sache, die an die Kräfte der «dunklen Seite» appellierte, an Folter und Tod – Zerstörung und Beschränkung statt eines Aufblühens der Möglichkeiten. Darth Vader aus *Star Wars* ist eine mythische Figur dieser Schattenform. Oder der kretische Minotaurus, der unschuldige Jugendliche verschlingt, tief in den Felswindungen eines Labyrinths, das König Minos aus Gier nach Macht geschaffen hat.

Die gängige spirituell schwache Art und Weise, den Weg der

Führung zu gehen, besteht darin, Macht im Dienst meiner eigenen Person, meiner eigenen Ziele und meines eigenen Gewinns zu nutzen. Korrupte Politiker, Kleintyrannen und Schlägertypen bedienen sich der Macht auf dem flachsten Ich-Niveau des Selbst. Sie werden oft paranoid und rechnen bei anderen mit der Treulosigkeit, die sie selbst an den Tag legen.

Bezogen auf die spirituelle Intelligenz ist die Führungspersönlichkeit, die ihrer Gruppe, Gemeinschaft, Firma und ihrem Land aus ihren bestehenden Mythen und Traditionen heraus dient, in der Mitte angesiedelt – die Führungspersönlichkeit, die bestehende Möglichkeiten absichert. Wenn wir uns auf dem Lotos des Selbst Konventionalität und Kunst als zwei Extreme in der Art und Weise vorstellen, wie ein Persönlichkeitstyp seine Energien und sein Potenzial nutzen wird, dann werden diese Verwalterführungspersönlichkeiten eher zum Konventionellen neigen. Die Menschen, die sie anführen, inspirieren sie nicht wirklich tief beziehungsweise fordern sie auch nicht, sondern sie beruhigen sie. Sie dienen der mittleren Schicht des Selbst, der Gruppe oder dem Kollektiv, das in uns allen steckt.

Die spirituell intelligenteste Art und Weise, wie man diesen Weg gehen kann, besteht, wie wir gesehen haben, in der dienstbereiten Führung, die neue Visionen und neue Möglichkeiten hervorbringt. Katshuiko Yazaki ist ein heute lebender derartiger Führer. Yazaki ist ein Geschäftsmann Anfang fünfzig. Er besitzt ein weltweit tätiges Versandhaus namens *Felissimo* mit Niederlassungen in Japan, Europa und Nordamerika. In seinem 1994 erschienenen Buch *The Path to Liang Zhi* («Der Weg zu wahrem, innerem Wissen über das Selbst») erzählt er seine eigene Geschichte.

Als sehr junger Mann erbte Yazaki von seinem Vater «eine Firma ohne Geschäfte». Die Waren wurden an der Tür, durch Mundpropaganda und über ein Netzwerk verkauft. Über die Jahre hinweg baute er diese Firma zum erfolgreichsten Versandhaus aus, das ihn sehr reich werden ließ. Mit Mitte vierzig hatte er alles, was er seiner Vorstellung nach erreichen wollte: Erfolg, Reichtum, Sozialprestige, eine glückliche Familie. Aber irgendetwas fehlte. Einige Freunde gaben ihm ein Buch über Zen und erzählten ihm vom Zen-Meister und -Lehrer Kido Inoue.

Für eine Woche ging Yazaki zur Meditation in Meister Inoues Kloster. Es war eine schwierige, manchmal schmerzliche, aber befreiende Erfahrung für ihn. «In einem Augenblick», sagt er, «fühlte ich mich so, als hätte ich Frieden gefunden, in einem anderen fühlte ich mich als Gefangener meiner Selbsttäuschungen. Ich war erstaunt, das zu erkennen, was ich ‹Ich› zu nennen pflegte. Das war das erste Mal, dass ich erkannte, wie viele Selbsttäuschungen in mir waren. Es war auch das erste Mal, dass ich erkannte, wie vielen Selbsttäuschungen ich mich hingab, die zu Hochs und Tiefs in meinem täglichen Leben führten. Bis zu diesem Zeitpunkt hatte ich mich noch nie so direkt mit den Realitäten meiner eigenen Person auseinander gesetzt.»

Yazaki kam nach einer Woche aus seiner Klosterzelle und «erkannte erstmals die Schönheit der Welt». Er erkannte, dass er sein Leben im Schatten gelebt hatte und dass die Welt durch menschliche Schatten Schaden nahm. «Indem die Menschen», schreibt er, «die Welt vom Selbst, die Natur von der Menschheit und das Selbst von anderen trennen, verfangen sie sich, um ihr Ich zu schützen, in Selbsttäuschungen. Zwangsläufig gelangen sie damit in ein erschreckendes Szenario von Scheinheiligkeit und Selbstgerechtigkeit.»

Nach diesen Einsichten richtete Yazaki sein berufliches Leben an neuen Zielen aus. Er wollte seine Firma dazu nutzen, etwas für die Umwelt und für künftige Generationen zu tun. Zu diesem Zeitpunkt benannte er seine Firma in *Felissimo* um, was eine Anspielung auf das spanische und italienische Wort für «sehr glücklich» ist; denn seine Vision von der geeigneten Rolle der Wirtschaft ging in die Richtung, dass sie die Summe des menschlichen Glücks anwachsen lassen solle. Er entwickelte sein neues Konzept vom «Ultrageschäft», einem Geschäft, das «Wert über einen breiten Bereich ansammeln» kann, indem es die Grenzen im Hinblick auf den geographischen Raum und die Jetzt-Zeit überschreitet. Er war der Meinung, er könne seinen Kunden helfen, die Bilder ihres künftigen Selbst zu erkennen und sich einen erfüllenderen Lebensstil vorzustellen, indem er seine Waren weltweit vermarktete und dadurch sowohl die Dienstleistungen als auch das Bewusstsein auf einem universaleren Niveau erweiterte. Er nahm am Umweltgipfel von Rio teil und widmete seine Kraft und einen Großteil seines Geldes dem Zweck, die Umwelt zu retten. Er gründete eine Stiftung, um die Bedürfnisse künftiger Generationen zu erforschen und Projekte im Bildungsbereich zu unterstützen.

«Ich bin der Meinung», sagt er, «dass all diese internationalen Aktivitäten von dem herrühren, was ich in Meister Inoues Kloster gelernt habe.» Dienst auf dieser Ebene heißt, Gott dienen.

Im 19. Jahrhundert sagte der Vedanta-Philosoph Vivekananda: «Das Universum ist einfach eine Sporthalle, in der die Seele trainiert.» Vivekananda war einer von jenen, die Mahatma Gandhi in seiner Sichtweise von der «Trusteeship» (Sachwalterschaft), also in der ihm eigenen Vision einer dienstbereiten Führung, inspirierten. Als Gandhi über die Sachwalterschaft in Wirtschaftsangelegenheiten sprach, sagte er, dass der Einzelne, wenn er mehr als seinen proportionalen Anteil am Reichtum der Welt bekommen wollte, zum Sachwalter jenes Anteils für das Volk Gottes werden sollte. Das Gleiche lässt sich über Macht und Einfluss sagen. Jesus sagte: «Nicht mein Wille geschehe, Herr, sondern deiner.» Durch diese einfachen Worte lässt sich die spirituell intelligente Art und Weise definieren, wie man den Wegen der Führung gehen kann.

Sieben Schritte zu höherer spiritueller Intelligenz:
- Machen Sie sich bewusst, wo Sie jetzt sind.
- Entwickeln Sie in sich ein starkes Gefühl, dass Sie etwas ändern möchten.
- Denken Sie darüber nach, was Ihr Zentrum ist und worin Ihre tiefsten Motivationen bestehen.
- Entdecken Sie Hindernisse und räumen Sie sie aus dem Weg.
- Erkunden Sie viele Möglichkeiten, wie man vorankommen kann.
- Legen Sie sich auf einen Weg fest.
- Bleiben Sie sich der Tatsache bewusst, dass es viele Wege gibt.

Sieben praktische Schritte zu einem höheren SQ

Bei jedem der sechs spirituellen Wege zu einem höheren SQ gibt es ein Voranschreiten vom spirituell Schwachen zum spirituell Intelligenten. Die Arbeit, die man leisten muss, ist für jeden Weg eine andere. Der Weg des Nährens beispielsweise erfordert, dass man sich von der egoistischen, eifersüchtigen oder nicht vorhandenen Liebe zur selbstlosen, nährenden Liebe entwickelt; der Weg der Pflicht setzt voraus, dass ich von einem Menschen, der schlicht mitmacht, was die Masse tut, zu jemandem werde, der die Heiligkeit im Alltag zelebriert. Doch trotz all ihrer Unterschiede weisen die Weiterentwicklungen sieben gemeinsame Schritte auf, die ich im Folgenden zusammenfassen möchte.

Schritt 1: Sie müssen sich darüber klar werden, wo Sie jetzt stehen. Wie sieht Ihre momentane Situation aus? Worin bestehen die Konsequenzen und Rückwirkungen? Fügen Sie mir oder anderen einen Schaden zu? Dieser Schritt setzt voraus, dass man Selbstbewusstheit entwickelt, was wiederum voraussetzt, dass man die Gewohnheit ausbildet, über die eigene Erfahrung nachzudenken. Viele von uns tun das nicht. Wir leben einfach von einem Tag zum nächsten, von einer Aktivität zur nächsten usw. Ein höherer SQ bedeutet, dass man zur *Tiefe* der Dinge vordringt, zum *Denken* über die Dinge, dazu, dass man sich selbst und sein eigenes Verhalten von Zeit zu Zeit, am besten täglich, beurteilt. Dies kann in ein paar ruhigen Augenblicken geschehen, die man bewusst einlegt, durch tägliche Meditation, durch die Arbeit eines Beraters oder Therapeuten oder dadurch, dass man einfach jeden Abend, bevor man einschläft, den Tag noch einmal Revue passieren lässt.

Schritt 2: Wenn Ihre Reflexionen Sie dazu bringen, dass Sie meinen, Sie, Ihr Verhalten, Ihre Beziehungen, Ihr Leben, Ihre beruflichen Leistungen könnten besser sein, müssen Sie sich ändern *wollen*, eine innere Verpflichtung zur Veränderung eingehen *wollen*. Dazu wird auch gehören, dass man ehrlich darüber nachdenkt, welche Kosten mit der Veränderung in Bezug auf Energie und Opfer verbunden sind. Sind Sie darauf vorbereitet, weniger zu trinken oder zu rauchen, mehr Aufmerksamkeit darauf zu verwenden, dass Sie sich selbst und anderen zuhören, oder eine täglich wiederkehrende Übung in Selbstdisziplin wie Lesen, Trainieren oder Haustierpflege auf sich zu nehmen?

Schritt 3: Jetzt ist ein noch tieferes Reflexionsniveau erforderlich. Sie müssen sich selbst kennen lernen, Sie müssen wissen, wo Ihr Zentrum ist und wo die tiefsten Motivationen für Ihr Leben liegen. Würden Sie nächste Woche sterben, was würden Sie dann gern sagen können, welches Ziel Sie in Ihrem Leben erreicht, wozu Sie beigetragen haben? Gäbe man Ihnen ein weiteres Jahr, was würden Sie damit anstellen?

Schritt 4: Worin bestehen die Hindernisse, die sich Ihnen in den Weg stellen? Was hat Sie zuvor davon abgehalten, aus Ihrem Zentrum heraus zu leben? Ärger? Habgier? Schuld? Furcht? Oder einfach Faulheit? Unwissen? Maßlosigkeit? Stellen Sie also eine Liste von dem auf, was Sie abgehalten hat, und versuchen Sie allmählich zu verstehen, wie Sie diese Hindernisse aus dem Wege räumen können. Es kann ein einfacher Akt der Bewusstheit oder Entschlossenheit oder ein kulminierendes Gefühl für das sein, was die Buddhisten «Umkehr» nennen – eine Empfindung von Abscheu gegenüber der eigenen Person. Aber genauso sehr kann es ein langer, allmählicher Prozess sein, für den Sie einen Führer brauchen – einen Therapeuten, einen guten Freund oder einen spirituellen Berater. Dieser Schritt wird oft übersprungen, ist jedoch entscheidend und erfordert unsere Aufmerksamkeit immer wieder.

Schritt 5: Welche Praktiken oder Übungen zur Selbstdisziplin sollten Sie ausführen? Welchem Weg sollten Sie folgen? Welche Verpflichtung wäre es wert, sie einzugehen? In diesem Stadium müssen Sie sich dessen bewusst sein, dass es verschiedene Möglichkeiten gibt voranzuschreiten. Strengen Sie sich geistig und spirituell an, einige dieser Möglichkeiten zu erkunden, lassen Sie sich diese durch den Kopf gehen, finden Sie heraus, worin die praktischen Voraussetzungen dafür bestehen, und entscheiden Sie, wie praktikabel jede einzelne davon für Sie ist.

Schritt 6: Jetzt müssen Sie sich für einen Lebensweg entscheiden und, wenn Sie ihn denn gehen, auf das Zentrum hinarbeiten. Denken Sie wieder jeden Tag darüber nach, ob das, was Sie tun, das Beste für Sie selbst und für andere ist, ob Sie aus der

Situation so viel wie möglich bekommen, ob Sie Frieden und Befriedigung bei der Art und Weise empfinden, wie die Dinge ablaufen, und ob das für Sie einen *Sinn* ergibt. Einen Weg hin zum Zentrum zu leben, heißt, Ihre alltäglichen Gedanken und Aktivitäten auf das vor sich gehende Mysterium auszurichten und die natürliche Heiligkeit zum Vorschein kommen zu lassen, die in jeder sinnvollen Situation enthalten ist.

Schritt 7: Und schließlich sollten Sie sich, während Sie den von Ihnen selbst gewählten Weg mit Demut gehen, immer der Tatsache bewusst bleiben, dass es andere Wege gibt. Erweisen Sie denen, die sie gehen, und dem entsprechenden Anteil in Ihnen selbst Ihre Ehrerbietung, die Sie eines Tages brauchen könnten, um einen anderen Weg zu gehen.

Alle Wege führen zum Zentrum und von ihm fort

Es trifft auf alle spirituellen Wege zu, dass ich, wenn ich sie mit spiritueller Intelligenz gehe, in Kontakt mit dem tiefsten Zentrum des Selbst handle. Von diesem Zentrum ausgehend bin ich eine unerschütterliche Ursache, die alle Dinge bewegt, weil ich und all meine Handlungen ihren Ausgangspunkt im Zentrum des Daseins haben. Sie sind nichts als einige der unendlichen Entwicklungsmöglichkeiten dieses Zentrums, die sich selbst zum Ausdruck bringen. Es handelt sich hier um einen Ort jenseits des Ichs und jenseits aller besonderen Formen, über die ich meine eigene Tradition selbst ausdrücken kann – jenseits aller bekannten Symbole, jenseits von allem, was ich in Worten ausdrücken kann. In der Sprache Meister Eckharts sind ich und Gott eins. In der Sprache eines weiteren Bildes, das ich in diesem Buch verwendet habe, bin ich eine Welle auf dem Meer und erkenne, dass ich und das Meer eins sind. Dieses Bild hat der indische Dichter Kabir im 15. Jahrhundert gebraucht, um zu fragen:

«Ich dachte an den Unterschied
zwischen Wasser
und den Wellen darauf. Ansteigend

ist Wasser immer noch Wasser, zurückgehend
ist es Wasser, willst du mir einen Hinweis geben,
wie ich sie unterscheiden kann?
Nur weil jemand das Wort
‹Welle› ersonnen hat, muss ich es dann
von Wasser unterscheiden?

Es gibt ein geheimes Eins in uns;
die Planeten in all den Galaxien
bewegen sich durch seine Hände wie Perlen.

Das ist die Perlenschnur, die man
strahlenden Auges betrachten sollte.»[14]

Die Mystiker aller großen Traditionen haben von diesem großen Ort in unserem Selbst gesprochen. Es ist das reine Licht, das Feuer, das in uns scheint oder brennt, der Ursprung von allem, was die Seele der Welt bringt. In solchen Begriffen ausgedrückt klingt das Zentrum Ehrfurcht gebietend – inspirierend, anziehend und heilig –, aber für viele von uns zu abstrakt, als dass wir es begreifen könnten. Doch wir alle leben es und erfahren es, wenn wir unser alltägliches Leben auf spirituell intelligente Weise führen. Es handelt sich um das Gefühl der Heiligkeit, das alltäglichen Gegenständen und Ereignissen anhaftet, das Gefühl des Geheiligten im Liebesakt, die fast unerträgliche Ekstase, die wir spüren, wenn wir etwas erstmals tiefgründig verstehen, das Gefühl der Hochstimmung, wenn wir etwas Neues auf die Welt bringen, das Gefühl tiefer Befriedigung, wenn wir erkennen, dass Gerechtigkeit geschieht, das tiefe Gefühl des Friedens, wenn wir wissen, dass etwas, dem wir dienen, Gott dient.

Alle sechs spirituellen Pfade führen zum Zentrum, zu einer Erfahrung, die man als «Erleuchtung» bezeichnen könnte. Aber wenn wir auf die bestmögliche Weise spirituell intelligent leben, führen auch alle Wege *vom* Zentrum zurück zur Welt. Buddha machte viele Jahre der Suche und des Leidens durch, um die Erleuchtung zu erreichen; doch als das bei ihm geschehen war, gestattete er sich nicht, einfach ins Nirwana fortzugehen. Buddha kehrte vielmehr auf die Welt zurück, damit alle erleuchtet werden konnten. Ein gewöhnlicher Mensch mit einem hohen SQ sucht nicht einfach nach dem Segen des Wissens über das Zentrum, sondern reagiert spontan darauf und übernimmt dann die Verantwortung dafür, das Licht, das er gesehen hat, die Energie, die er bekommen hat, und die Einheit, die er erlebt hat, der Welt zurückzubringen, um das mit allen gemeinsam zu teilen. Er wird ein erleuchteter Elternteil, ein erleuchteter Lehrer, ein erleuchteter Koch, ein erleuchteter Liebender usw.

Auf allen Wegen, die durch den Lotos des Selbst skizziert werden, gibt es eine Spirale des Daseins hin zu und weg vom Zentrum und auch um jedes Blütenblatt des Lotos herum. Keiner von uns ist wirklich vollständig, wirklich ganz, wirklich erleuchtet, bis er in einem gewissen Grade *alle* sechs spirituellen Wege gegangen ist – bis er eine kreative Weise gefunden hat, wie man Konventionen mit Leben erfüllt, bis er kennengelernt hat, wie man tief und ohne Selbstsüchtigkeit liebt, wie man versteht, bis er etwas gefunden hat, das er hervorbringen kann, bis er seinen Mitmenschen gedient hat und bis er die dienstbereite Führung kennen gelernt hat, die Gott dient.

Es gibt auch eine Spirale des Daseins, die von einem Leben zum nächsten führt, von da, wo wir das letzte Mal zum Zentrum zurückkehren, das man Tod nennt, und dann erneut wiedergeboren werden. Als Jugendliche habe ich eine Wilsonsche Nebelkammer gebaut. Das ist ein wissenschaftliches Hilfsmittel, mit dem man die Spuren von Atomen im Nebeldampf sichtbar machen kann. In der Nebelkammer kann man sehen, wie geladene Atomteilchen plötzlich aus dem Nichts des Dampfes auftauchen: Sie ziehen ihre einige Zentimeter lange Bahn und verschwinden dann wieder im Dampf – um dann zu einem anderen Zeitpunkt an einem anderen Ort wieder aufzutauchen. Die Quantenfeldtheorie sagt uns, dass wir alle wie diese geladenen Teilchen sind. Wir sind «Energieanregungen» im Quantenvakuum, die aus dem Nichts auftauchen, für eine Weile durch diese Welt ziehen und dann wieder mit dem Vakuum verschmelzen – nur um als anderes Energiemuster zu einem anderen Zeitpunkt wieder aufzutauchen. Der Tod ist eine Reise durchs Leben: Er ist ein Weg ins Zentrum jeden Weges, ein wesentlicher Bestandteil der Spirale des Daseins.

Wenn wir unsere eigenen oder bis zu einem bestimmten Maße alle spirituellen Wege hin zum Zentrum und von ihm weg leben, hat der hohe SQ oder die Erleuchtung, die wir erreichen, etwas von einer unglaublichen Anmut des Alltäglichen an sich. Im Zen-Buddhismus gibt es einen Spruch: «Bevor ich erleuchtet wurde, fällte ich Bäume und zog Wasser aus dem Brunnen nach oben. Nach der Erleuchtung fällte ich Bäume und zog Wasser aus dem Brunnen nach oben.» Damit soll nicht gesagt werden, dass die Erleuchtung keinen Fortschritt und keine Transformation bringt, sondern vielmehr, dass eine echte Transformation uns an den Ort zurückbringt, der unser Ausgangspunkt war, nur dass wir jetzt unser Leben völlig lebendig und bewusst führen.

Im *Manual of Zen Buddhism* von D. T. Suzuki befinden sich zehn Reproduktionen von chinesischen Zeichnungen aus dem 15. Jahrhundert zusammen mit den dazugehörigen kurzen Gedichten, die veranschaulichen, was ich mit der Spirale des Daseins und dem Zen-Verständnis der Erleuchtung meine.[15] Sie verwenden die Allegorie eines Mannes, der eine Herde Ochsen hütet.

Der Herr sucht nach dem Ochsen (nach seinem wahren Selbst).

Er entdeckt die Fußspuren des Ochsen
(er begreift die Lehre vom Leben und dem Selbst).

Der Mann nimmt den Ochsen wahr (er macht zum wiederholten
Mal Erfahrungen der Einheit mit dem Ursprung des Daseins).

Er fängt den Ochsen ein, doch erkennt, daß er den Ochsen ausbilden muss, wenn er möchte, daß dieser gehorcht.

Der Mann zähmt den Ochsen (er übt seine eigene Seele).

Er reitet auf dem Ochsen nach Hause (er bringt seine Erfahrung der Einheit mit dem Ursprung in seinen Alltag ein).

Der Ochse verschwindet, weil der Mann lernt, daß jede spezielle Ausprägung der Realität einschließlich des Weges, dem er folgte, nicht von Dauer ist und daß er transformiert werden kann.

*Alles verschwindet: Sowohl der Ochse als auch das Selbst, das den
Ochsen wahrnahm, werden transzendent.*

«Peitsche, Seil, Person und Ochse -- alles verschmilzt im Nicht-Ding.
Dieser Himmel ist so unendlich, daß ihn keine Botschaft beflecken kann,
Wie viele Schneeflocken gibt es in einem lodernden Feuer?
Dies sind die Fußspuren der Familienoberhäupter.»

*Der Mann beginnt die kosmischen Kräfte von Schöpfung und Zerstö-
rung von einem Standpunkt jenseits davon wahrzunehmen, aber er
kann dies nicht zu den alltäglichen Ebenen in Beziehung setzen. Er ist
«der Verrückte auf dem Berg», ein wenig von seiner eigenen Vision
überschattet.*

Der Mann, jetzt ein Herr, ist wieder auf dem Marktplatz. «Ich suche nicht nach etwas, ich lebe ein gewöhnliches Leben, doch alles, was ich anschaue, wird erleuchtet.»

In «Little Gidding» aus den *Vier Quartetten* von T. S. Eliot wird die gleiche Spirale des Daseins und der Sinn, der hinter den Bildern vom Ochsen-Hüten verborgen ist, zum Ausdruck gebracht:

«Angezogen durch diese Liebe, und die Anrufung dieser Stimme
Werden wir nicht nachlassen in unserm Kundschaften
Und das Ende unseres Kundschaftens
Wird es sein, am Ausgangspunkt anzukommen
Und den Ort zum erstenmal zu erkennen.
Durch das unbekannte, erinnerte Tor,
Wenn der letzte Fleck Erde, der zu entdecken bleibt,
Jenes ist, das den Anfang gebildet;
An dem Quellengrund des längsten Stromes
Die Stimme des verborgenen Wasserfalls,
Und die Kinder im Apfelbaum,
Unerkannt, weil nicht erwartet,

Aber gehört, halb-gehört, in der Stille
Zwischen zwei Wellen der See.
Rasch nun, hier, jetzt, immer -
Ein Zustand vollendeter Einfalt
(Der nicht weniger kostet als alles)
Und alles wird gut sein,
Jederlei Ding wird gut sein und
Wenn die Feuerzungen sich nach innen falten
Zum Schifferknoten aus Feuer
Und eins werden Feuer und Rose.»[16]

Alle Wege führen hin zum Zentrum und von ihm weg. Ihnen zu folgen, ist eine Suche, doch ab einem gewissen Punkt ist es ein Akt der Hingabe, sie zu erkennen. Am Ende schwindet sogar das Verlangen danach, erleuchtet zu werden.

15 Die Erfassung meines SQ

Im Unterschied zum IQ, der linear, logisch und rational ist, lässt sich die spirituelle Intelligenz nicht zahlenmäßig erfassen. Die folgenden Fragen sind einfach eine Übung zum Nachdenken. Sie sind in sieben Abschnitten zusammengefasst, in einen für jeden Persönlichkeitstyp oder jedes Blütenblatt des Lotos, und einen siebten, der anzeigt, wie stark Sie sich den Energien des Zentrums genähert haben. Es wird vorausgesetzt, dass Sie den Fragebogen zu den Persönlichkeitstypen im 14. Kapitel vollständig ausgefüllt haben. Wie wir dort gesehen haben, verfügen wir alle über eine Kombination aus Eigenschaften, die mindestens drei Persönlichkeitstypen zuzuordnen sind. Dementsprechend werden hier für jeden Einzelnen mindestens drei der spirituellen Wege von Belang sein. Dennoch empfehle ich, sich pro Tag nur mit den Fragen zu beschäftigen, die mit *einem* Weg verbunden sind, sodass zwischendurch Zeit zum Nachdenken bleibt.

Für jeden spirituellen Weg oder Persönlichkeitstyp gibt es vier Gruppen von Fragen. Sie beziehen sich auf:

- eine allgemeine Erfassung Ihrer relevanten Erfahrung;
- verbreitete Hindernisse für die Weiterentwicklung;
- einige mögliche Themen zur Weiterentwicklung;
- einige transpersonale oder, im konventionelleren Sinne, spirituelle Aspekte jedes vorgegebenen Weges.

Es versteht sich von selbst, dass in diesen Fragen, auch wenn sie Ihnen viel zu denken geben werden, das, was die Reise eines Lebens sein kann, gerade einmal angerissen wird.

1. Weg: Pflicht

1. Welchen Gruppen haben Sie in Ihrem Leben gern angehört? Familie? Freunde? Kollegen? Nachbarschaft? Nation? Ethnische Gruppe? Keiner?

2. Von welcher dieser Gruppen haben Sie sich entfremdet (wenn überhaupt von einer)? Warum? Sind bei Ihnen irgendwelche schlechten Gefühle zurückgeblieben? Misshelligkeiten? Traumatische Ereignisse? Schuld? Fühlen Sie sich noch an Teile der Regeln oder Gebräuche der Gruppe gebunden? Wenn ja, warum?

3. Gibt es eine Gruppe, zu der Sie gern in stärkerem Maße gehören würden? Ist das realisierbar?

4. Welchen Moralkodex haben Sie zur Zeit? Worauf geht er zurück? Wie stark lassen Sie sich von ihm leiten? Haben Sie über eine Veränderung nachgedacht, die eine der Gruppen, denen Sie angehören, für alle (oder fast alle) Betroffenen verbessern könnte? Haben Sie bereits etwas in dieser Richtung unternommen? Haben Sie während des letzten Jahres einen wichtigen Entschluss gefasst und sind dabei geblieben?

2. Weg: Nähren

1. Gibt es derzeit (oder gab es in der Vergangenheit) Menschen, denen Sie gern mehr geben würden, als Sie von Ihnen bekommen? Gibt es derzeit (oder gab es in der Vergangenheit) Menschen, von denen Sie gern mehr bekommen würden, als Sie geben?

2. Gibt es Menschen, die Sie momentan vernachlässigen, denen Sie Schaden zufügen oder denen gegenüber Sie einen Groll empfinden? Haben Sie in dieser Hinsicht irgendwelche positiven oder negativen Entscheidungen gefällt?

3. Gibt es (jetzt oder in der Vergangenheit) Menschen, denen Sie helfen wollen oder wollten, aber nicht können oder konnten? Welche Gefühle haben Sie im Hinblick darauf? Können Sie enge Freundschaften beibehalten, wenn die Freunde Ihre Hilfe oder Ihren Rat nicht brauchen? Können Sie in intimen Beziehungen offen und ehrlich über schwierige Themen sprechen?

4. Werden Sie so eingeschätzt, dass man gut mit Ihnen reden kann? Helfen Sie manchmal jemandem, der Sie anspricht, auch wenn er nicht zu Ihrem Freundes- und Bekanntenkreis gehört?

3. Weg: Verstehen

1. Interessieren Sie sich aktiv für den Lebensstil der Menschen in Ihrer Umgebung? Familie? Kollegen? Nachbarschaft? Momentane Liebesverhältnisse? Haben Sie in letzter Zeit etwas gelesen oder diskutiert, das mit Psychologie, Philosophie, Ethik oder ähnlichen Themen zu tun hat?

2. Wenn Sie das Gefühl haben, bei einem Problem in eine Sackgasse geraten zu sein, wenden Sie sich dann normalerweise ab oder versuchen Sie es mit einem anderen Lösungsweg? Sind bei Ihnen noch irgendwelche Entscheidungen offen? Wissen Sie bei einem Thema oder bei langfristigen praktischen Schwierigkeiten nicht weiter? Was müsste Ihrer Ansicht nach geschehen, damit es bei einem dieser Probleme zu einem Fortschritt kommt?

3. Können Sie normalerweise bei einer Auseinandersetzung beiden Standpunkten positive Seiten abgewinnen? Wenn ja, was geschieht dann? Gelangen Sie über diesen Punkt hinaus? Sind Sie häufig von Menschen überrascht, oder liegen Sie mit Ihrer intuitiven Einschätzung öfter richtig als falsch?

4. Sind Sie geistig auf der Suche nach etwas? Versuchen Sie, näher zu bestimmen, was genau Sie gern besser verstehen würden. Was könnte Ihnen dabei helfen? Was behindert Sie dabei? Wie wichtig ist diese Sache für Sie? Können Sie, ohne aufzugeben, akzeptieren, dass Sie sie momentan nicht vollständig verstehen?

4. Weg: Persönliche Transformation

1. «Besitzen können wir nur, was wir zuerst mit Leidenschaft besitzen.» Inwiefern trifft dies auf Ihr Leben zu (die Beziehungen und persönlichen Angelegenheiten, die Kunst, eine Berufung etc.)? Gibt es Gefühlslagen, die Sie zu vermeiden suchen?

2. Erinnern Sie sich an eine Person, einen Traum, einen Tagtraum oder eine Geschichte, die Sie mit einer leidenschaftlichen oder schwärmerischen Sehnsucht erfüllt hat, wobei es aber nicht zu einem ganz und gar glücklichen Ende kam? Fehlte damals etwas in Ihrem Leben, war es unvollständig? Haben Sie versucht, Ihren Traum zu verwirklichen? Wenn ja, was ist geschehen? Haben Sie aus Schmerz, Erniedrigung oder Zynismus aufgegeben? Wenn nicht, was hat Sie dann zurückgehalten – die Moral, berechtigte Vorsicht, Furchtsamkeit oder alles zusammen? Finden Sie einen Weg, einen Teil dieser Emotion oder dieses Themas jetzt zum Ausdruck zu bringen, vielleicht durch ein Gedicht, durch Schreiben, Tanzen, Musikhören oder dadurch, dass Sie mit einer Vertrauensperson sprechen. (Dabei kommt es weniger auf Talent als auf Authentizität an.) Gibt es für Sie in einer beliebigen vorgegebenen emotionalen Situation viele mögliche Arten, Ihre Gefühle zu äußern?

3. Können Sie erkennen, dass Ihre Emotionen und Sehnsüchte von der gleichen Art sind wie die von Schriftstellern, Künstlern oder Musikern, vor denen Sie großen Respekt haben? Beschäftigen Sie sich mit einem Kunstwerk, das Sie berührt. Informieren Sie sich über den Schöpfer des Werks, und vergleichen Sie sein Leben mit Ihrem. Erkennen Sie, dass selbst Schmerz, wenn er in einen Zusammenhang gestellt und transformiert wird, anderen etwas bringen kann?

4. Denken Sie an ein Beispiel persönlichen Verhaltens, das Sie zutiefst bewegt. Worin bestehen die Vor- und die Nachteile? Versuchen Sie nun, ein ergänzendes Beispiel zu finden oder eins, das ein Gegengewicht darstellt. Testen Sie, ob beide in einen befriedigenden Dialog treten können. Gibt es irgendwelche Beispiele von Rebellen oder Schurken, mit denen Sie sich identifizieren oder für die Sie Sympathie hegen? Was lernen Sie daraus über sich selbst?

5. Weg: Brüderlichkeit

1. Wären Sie idealerweise gern in der Lage, ein Gespräch mit irgendeiner beliebigen Person zu führen? Greifen Sie sich eine Zusammenkunft mit anderen heraus, die Sie interessiert hat. Können Sie sich vorstellen, mit einem der Beteiligten – oder mit allen – die Rollen zu tauschen? Sind Sie aktiv in der Kommunal- oder in der Bundespolitik engagiert?

2. Gibt es einige Menschen, in deren Gegenwart Sie sich unwohl fühlen können? Warum? Was fühlen Sie dabei (Langeweile, Furcht, Ärger, Konkurrenz, Verachtung, Bedauern, etwas anderes)? Meinen Sie, dass Sie sich anders verhalten würden als diese Leute, wenn Sie den gleichen Hintergrund hätten und in der gleichen Situation wären?

3. Ist Gerechtigkeit für Sie wichtig? Gerechtigkeit für jedermann oder nur für einige Gruppen, denen Sie emotional nahe stehen? Wenn es Ihnen nur um Gerechtigkeit für einige Gruppen geht, was haben Sie mit denen gemeinsam?

4. Beunruhigt Sie das Thema Tod, oder bringt es Sie in Verlegenheit? Glauben Sie an irgendeine Form von Leben nach dem Tod? An den Himmel? An Wiedergeburt? Das Überleben Ihrer Ideen oder den Fortbestand Ihrer Familie? Haben Sie je die Erfahrung gemacht, alle Lebewesen zu lieben oder eins mit ihnen zu sein? Hatten Sie je das Gefühl, dass Sie Ihr Leben für bestimmte Menschen oder eine Sache opfern würden?

6. Weg: Dienende Führung

1. Sind Sie je von einer Gruppe als Führungspersönlichkeit akzeptiert worden? Welche Gefühle rief das in Ihnen hervor? Hatten Sie je Visionen oder Sehnsüchte, in denen es darum ging, wie eine ideale Gruppe oder Gesellschaft leben könnte? Haben Sie in dieser Richtung irgendetwas unternommen, wie geringfügig es auch immer war? Haben Sie das aufgegeben? Warum? Bringt Ihre Vision Sie weiter? Muss sie noch genauer ausgearbeitet werden?

2. Haben Sie einige Ihrer Auffassungen über die Gesellschaft

und Ihre Rolle darin «geerbt»? Das heißt: Haben Sie zu einem früheren Zeitpunkt in Ihrem Leben, ohne groß nachzudenken, gewisse Gedanken und Sichtweisen einfach übernommen? Haben Sie akzeptiert, was Eltern, Freunde, Kollegen oder Ehefrau bzw. Ehemann von Ihnen erwarteten oder wünschten? Haben Sie, wenn Sie beunruhigt oder belastet waren, hastige Entscheidungen getroffen? Wie weit sind Sie dem entwachsen? Ist eine abgewandelte Form solcher ererbter Ziele für Sie noch von Interesse?

3. Bringen Sie trotz aller Schwierigkeiten immer die Energie auf, in einem Notfall zu handeln? Wenn Ihre Vision in Frage gestellt wird, geben Sie dann auf? Werden Sie dogmatisch, weil sie es «ja am besten wissen»? Diskutieren Sie demokratisch über das Thema?

4. Sind Sie bereit, aufzustehen und für das einzutreten, was für Sie das Höchste ist, auch wenn die Chance, dass es von den anderen akzeptiert wird, gering ist? Haben Sie je die Erfahrung gemacht, dass es etwas Heiliges, eine Quelle intelligenter Energie jenseits Ihrer Person gibt? Haben Sie versucht, das auf irgendeine Weise, bis zu einem gewissen Grad zum Ausdruck zu bringen? Können Sie sich in der Praxis Strukturen vorstellen, in denen es zum Ausdruck kommt?

Das Zentrum

1. Haben Sie je das Gefühl gehabt, von einer mächtigen spirituellen Kraft, die über Ihr alltägliches Selbst hinausgeht, beseelt zu sein? Wenn ja, war dann ein Gefühl der Liebe gegenüber allen Dingen und des Einsseins mit ihnen damit verbunden? Haben Sie dabei eine intelligente und geheiligte Energiequelle gespürt, die außerhalb Ihrer Person lag? War die Erfahrung jenseits von Zeit, Raum und Form – eine unbeschreibliche Leere, derer Sie sich bis dahin noch nie bewusst geworden waren? Sind irgendwelche Erfahrungen dieser Art für Sie von Bedeutung geblieben?

2. Haben Sie oft Albträume? Haben Sie manchmal das Gefühl, dass Ihr ganzes Schicksal, im Bösen wie im Guten, von ver-

borgenen Kräften gelenkt wird? Fällt es Ihnen schwer, sich jemandem nahe zu fühlen? Haben Sie oft das Gefühl, dass das Leben sinnlos ist? Sind Sie wirklich ungern allein? (Hier handelt es sich in allen Fällen um negative Formen spiritueller Energie, die Sie überwinden müssen, wenn Sie einen höheren SQ anstreben.)

3. Wenn Sie nach langwierigen Auseinandersetzungen mit Ihren Kollegen in einem zentralen Punkt immer noch nicht übereinstimmen würden, was täten Sie dann? Stellen Sie sich mehrere unterschiedliche Situationen und die möglichen Ergebnisse vor.

4. Gibt es bei Ihnen Augenblicke nicht nur der Freude, sondern auch tiefer Befriedigung? Was tun Sie dann gewöhnlich gerade? Inspirieren diese Momente Sie, oder geben Sie Ihnen in anderen Zeiten Kraft? Müssten Sie heute Nacht sterben, wären Sie der Auffassung, dass Ihr Leben sich auf die eine oder andere Weise gelohnt hat? Auf welche?

Ein amerikanischer Geschäftsmann stand am Pier eines Dorfes an der mexikanischen Küste, als gerade ein kleines Boot mit nur einem Fischer an Bord anlegte. Im Boot lagen mehrere große Gelbflossenthunfische. Der US-Amerikaner gratulierte dem Mann zur Qualität seiner Fische und fragte ihn, wie lange es gedauert habe, sie zu fangen.

Der Mexikaner erwiderte: «Ein Weilchen, nicht lange.»

Der US-Amerikaner fragte ihn, warum er nicht länger draußen bleibe und mehr Fische fange.

Der Mexikaner sagte, er habe genug, um den unmittelbaren Bedarf seiner Familie zu decken.

Darauf fragte der Geschäftsmann: «Aber was fangen Sie mit Ihrer übrigen Zeit an?»

Der Mexikaner sagte: «Ich schlafe lange, fische ein bisschen, spiele mit meinen Kindern, halte mit meiner Frau Maria Siesta, gehe jeden Abend im Dorf spazieren, wo ich einen Schluck Wein trinke und mit meinen *Amigos* Gitarre spiele. Ich führe ein erfülltes und geschäftiges Leben, *Señor.*»

Der US-Amerikaner spottete: «Ich habe in Harvard Betriebswirtschaft studiert und könnte Ihnen helfen. Sie sollten mehr Zeit auf das Fischen verwenden und von den Erlösen ein größeres Boot kaufen. Von den Erlösen, die Sie mit dem größeren Boot erzielen, könnten Sie weitere Boote kaufen. Am Ende hätten Sie eine Fischereiflotte. Statt Ihren Fang an einen Zwischenhändler zu geben, sollten Sie ihn direkt an die Fisch verarbeitende Industrie verkaufen und eines Tages Ihre eigene Fischkonservenfabrik aufmachen. Dann hätten Sie die Kontrolle über das Produkt, die Verarbeitung und den Vertrieb. Sie müssten dieses Dorf verlassen und nach Mexiko City ziehen, später nach Los Angeles und schließlich nach

New York, von wo aus Sie Ihr expandierendes Unternehmen leiten würden.»

Der Fischer fragte: «Aber, *Señor*, wie lange würde das alles dauern?»

«Fünfzehn bis zwanzig Jahre.»

«Und was dann, *Señor*?»

Der Geschäftsmann lachte und sagte, dann komme das Beste. «Wenn der Zeitpunkt stimmt, gehen Sie an die Börse und werden reich. Sie könnten Millionen machen.»

«Millionen, *Señor*? Aber was dann?»

«Dann würden Sie sich zur Ruhe setzen, in ein kleines Fischerdorf ziehen, jeden Tag lange schlafen, ein wenig fischen, mit Ihren Kindern spielen, mit Ihrer Frau Siesta halten und abends ins Dorf gehen, um einen Schluck Wein zu trinken und mit Ihren *Amigos* Gitarre zu spielen.»

Es ist leicht zu erkennen, dass der US-amerikanische Geschäftsmann in dieser Geschichte spirituell schwach ist, während der mexikanische Fischer spirituell intelligent ist. Warum? Der Fischer hat ein intelligentes Gefühl für die eigentlichen Ziele in seinem Leben, für seine tiefsten Motive. Er hat einen Lebensstil entwickelt, in dem seine eigenen Bedürfnisse und die seiner Familie befriedigt werden; er nimmt sich Zeit für die Dinge, die ihm wichtig sind, er lebt in Frieden und ist zentriert. Der Geschäftsmann dagegen ist ein Kind seiner spirituell stummen Kultur. Er steht unter Dampf, er muss um der Leistung willen etwas leisten, er hat den Kontakt zu den Dingen im Leben, die jemanden wie den Fischer motivieren, verloren; er ist gefesselt von Zielen, die nicht allein deswegen einen Sinn ergeben, weil er sie in Harvard gelernt hat. Der Fischer hat höchstwahrscheinlich ein langes Leben vor sich und wird in Frieden sterben. Der Geschäftsmann ist prädestiniert für einen Herzinfarkt mit 45 und wird mit dem Gefühl sterben, dass er seine Ziele nicht erreicht hat.

Seine tiefsten Motive erkennen

Unsere Motive – manche Menschen bezeichnen sie auch als Lebensintentionen oder Lebensziele – sind psychische Energie von tiefgehender Art. Sie bewegen Entwicklungsmöglichkeiten vom Zentrum des Selbst an die Oberfläche oder in die Ich-Schicht. Aufgrund unserer Motive *handeln* wir in und auf der Welt. Einige unserer Motive sind uns bewusst. Ich weiß, dass ich gut für meine Kinder sorgen möchte; ich weiß, dass ich Bücher schreiben möchte; ich weiß, dass ich genug Geld verdienen möchte, um mir den Lebensstil zu ermöglichen, den ich mir wünsche, usw. Einige dieser Motive haben eine unbewusste Schicht, die in unserem personalen Unbewussten oder im gemeinsamen Unbewussten unserer Gattung verborgen ist. Wir haben gesehen, dass Grundmotive wie Geselligkeit, Vertrautheit, Neugier, Konstruktivität, Selbstbehauptung und Kreativität die meisten von uns auf einer unbewussten Ebene anregen. Die Motive Vertrautheit und (elterliche) Fürsorge sind die Grundlage dafür, dass wir gut für unsere Kinder sorgen wollen; das Motiv Kreativität verstärkt meinen Wunsch, Bücher zu schreiben; zu dem Lebensstil, für den ich mich entschieden habe, gehört ein gewisses Maß an Selbstbehauptung usw. Noch tiefer jedoch sitzen die primären Motive im Zentrum meines Selbst – ein Streben nach Sinn, ein Streben nach Ganzheit oder Integrität, ein Streben danach, im Verlauf meines Lebens eine Entwicklung und Transformation durchzumachen.

In einer spirituell schwachen Kultur werden unsere Motive entstellt. Die gesellschaftlichen und wirtschaftlichen Kräfte, die auf uns einwirken, drängen uns dazu, irrtümlicherweise Wünsche mit Bedürfnissen gleichzusetzen. Und sie drängen uns dazu, *mehr* zu wollen, als wir brauchen, ständig und unersättlich zu wollen. Das, wonach Erfolg sich in unserer Gesellschaft bemisst, treibt uns dazu, mehr Eigentum zu wollen, mehr Geld, mehr Macht, mehr «Fische». Das Übergewicht, unter dem so viele westliche Menschen leiden, ist eine der am weitesten verbreiteten spirituellen Krankheiten – hervorgebracht durch eine entstellte Motivation. Wir essen, um eine Leere zu füllen, die nicht vergeht.

Ein Weg, im Hinblick auf persönliche Motivation spirituell intelligenter zu werden, besteht darin, nach dem zu forschen, was wirklich hinter einer oberflächlichen Wunschvorstellung steckt. Folgen wir dem vorprogrammierten Reaktionsmuster, das unsere Kultur unterstützt, gehen wir, wenn wir etwas wollen, normalerweise direkt dazu über, es zu kaufen oder zu tun. Nur selten werden wir dazu ermutigt, innezuhalten, nachzudenken und uns zu fragen: «Welches tiefere Bedürfnis steckt hinter diesem Wunsch? Wird dieses tiefere Bedürfnis durch die Erfüllung des Wunsches wirklich befriedigt?» Spirituelle Intelligenz appelliert an uns, über das, was wir zu wollen meinen, gründlicher nachzudenken, den jeweiligen Wunsch in einen umfassenderen Rahmen unserer innersten Motive und Lebensziele einzuordnen.

Die Halbherzigkeit der Motivation, in der unsere spirituell schwache Kultur uns unterstützt, macht nicht beim materiellen Besitz Halt. Sie hat einen weit reichenden Einfluss auf unsere Berufswahl, unsere Beziehungen und unsere Freizeitaktivitäten. Fühlen sich die Menschen leer, können sie in eine verrückte Disco gehen oder Drogen nehmen. Wenn sie sich unzulänglich fühlen, jagen sie der sexuell attraktivsten Person hinterher, die zugegen ist. Aber diese Reaktionsweise wird ein tiefes Bedürfnis nach Sinn, persönlicher Integrität und Entwicklung wahrscheinlich nicht befriedigen. Um meinen Motiven gerecht zu werden und meine Bedürfnisse auf diesem Niveau zu befriedigen, muss ich lernen, *mich selbst* auf einer tiefen Ebene zu erkennen.

Ein hohes Maß an Selbstbewusstheit

Selbstbewusstheit ist eines der wichtigsten Kriterien für hohe spirituelle Intelligenz; in unserer spirituell schwachen Kultur genießt sie jedoch wenig Ansehen. Vom ersten Schultag an bekommen wir beigebracht, eher nach außen als nach innen zu schauen, uns auf Fakten und praktische Probleme der äußeren Welt zu konzentrieren, an Zielen ausgerichtet zu sein. Im westlichen Bildungssystem ermutigt uns praktisch nichts dazu, über uns selbst, unser Innenleben und unsere Motive nachzudenken. Man unterstützt uns nicht darin, unseren Vorstellungen freien Lauf zu lassen. Da alle allgemein akzeptierten Religionen nahezu tot sind, werden wir nur wenig darin bestärkt, darüber nachzudenken, was wir glauben und was für uns von Wert ist. Wenn wir «freie» Zeit haben oder Ruhe einkehrt, wird vielen von uns sogar unbehaglich. Wir füllen unsere Zeit mit ständiger Aktivität, und wenn es nichts weiter als Fernsehen ist, und unsere Ruhe füllen wir mit Lärm.

Wenn man seinen SQ erhöhen will, hat es großen Vorrang, mehr Selbstbewusstheit zu entwickeln. Der erste Schritt kann nur sein, sich dieses Problems bewusst zu werden. Ich muss mir bewusst machen, wie wenig ich über «mich» weiß. Dann muss ich mich auf einige einfache tägliche Übungen einlassen, die meine Kommunikation mit mir selbst verbessern werden. Ich kann zum Beispiel:

- meditieren, was anhand vieler leicht zugänglicher Quellen erlernt werden kann;
- ein Gedicht lesen oder einige Seiten aus einem Buch, das mir etwas bedeutet, und darüber nachdenken, warum das so ist;
- spazieren gehen, in der Natur sein – mein Denken von aller geschäftigen, zielorientierten Aktivität abwenden, indem ich mir eine «Auszeit» nehme, die mir Raum zum Denken lässt;
- einem Musikstück wirklich lauschen und den geistigen und emotionalen Assoziationen, die ich dazu habe, nachgehen;
- eine Szene oder ein Ereignis des Tages vor dem geistigen Auge Revue passieren lassen, noch einmal durchgehen und dabei auf die hintergründigeren Nuancen und Assoziationen achten;
- ein Tagebuch führen, in dem ich nicht nur die Ereignisse festhalte, sondern auch, wie ich auf sie reagiert habe und warum;
- meine Träume in einem Tagebuch notieren und über sie nachdenken;
- am Ende des Tages alles noch einmal durchgehen: Was waren die Dinge, die mich am meisten erstaunt oder beeinflusst haben? Was hat mir an diesem Tag Spaß gemacht? Was bedaure ich? In welcher Weise hätte der Tag anders verlaufen können?

Wie hätte *ich* anders empfinden oder wie mich anders verhalten können, und welche Auswirkung hätte das gehabt?

Ein zentraler Bestandteil von Selbstbewusstheit ist es, die Grenzen der eigenen Behaglichkeitszone zu erforschen. Hierbei handelt es sich um eine andere Art, die Frage zu stellen: Wo ist mein Grenzbereich? Was ist das für ein Ort am Rand meiner persönlichen oder beruflichen Beziehungen oder Aktivitäten, an dem ich mich ins Zeug legen muss, an dem ich gefordert bin? Mein Grenzbereich ist mein Wachstumspunkt, der Ort, an dem ich mich transformieren kann. Unsere spirituell schwache Kultur zwingt uns nur selten dazu, uns diesem Bereich zu stellen; vielmehr spinnt sie uns in einen Kokon aus leicht verfügbaren Ablenkungen und einfachen Möglichkeiten ein. Welcher wäre der schwierigere Weg? Ich muss lernen, mir Fragen zu stellen wie die folgenden: Was würde ich lernen oder erreichen, wenn ich mich für die schwierigere Möglichkeit entschiede? Geht es nur um größere Selbstdisziplin, größere Aufopferung, weniger Egoismus, mehr Verpflichtung? Was hält mich davon ab, die Anstrengungen auf mich zu nehmen?

Auf das tiefe Selbst eingehen

Und schließlich gibt es da das tiefe Selbst, das in jedem von uns lebt; es ist im Kosmos als Ganzem verankert und entsteht mit dem menschlichen Bedürfnis nach Sinn, Vision und Wert. Ein hoher SQ verlangt von uns auch, dass wir diesem tiefen Selbst mit Bewusstheit dienen.

Es ist nicht immer möglich, das tiefe Selbst in mir zu erkennen; zu fühlen, was mich im Innersten motiviert; zu wissen, was mir zutiefst etwas wert ist. Unsere spirituell schwache Kultur ermutigt uns nicht zu dieser Tiefe persönlicher Einsicht; sie bietet nur wenige Mythen oder kollektive Werte, die die assoziative, mittlere Schicht des Selbst nähren. Das moderne kollektive Unbewusste vibriert im Takt der Konsumentenwerbung, hallt wider vom Sex und von der Gewalt unmittelbarer Bedürfnisbefriedigung. Nur sehr wenige von uns werden stärker durch eine lebendige spirituelle Vision, die unser Leben in den tiefer gehenden und umfassenderen Zusammenhang einordnet, in dem das Zentrum des Selbst verwurzelt ist. Trotzdem ist dieses Selbst in uns vorhanden. Erkannt oder unerkannt, wohlgenährt oder ausgehungert – es ist da und macht uns, mehr als alles andere, zu dem, was wir sind. In seltenen Augenblicken der Intimität, der Freude oder des Staunens bricht es durch, manchmal auch in Augenblicken größter Sorge oder wenn wir mit schlimmster Angst konfrontiert sind. Auch wenn wir es in uns selbst nicht spüren – das Nachdenken über die Eigenschaften oder das Handeln anderer, in der Wirklichkeit oder in der Phantasie, kann uns das menschliche Potenzial bewusst machen und uns etwas über unser eigenes tiefes Selbst lehren.

Eine Fähigkeit, Schwierigkeiten zu nutzen und zu transzendieren

Unsere spirituell schwache Kultur ist eine Opferkultur. Meine unglückliche Kindheit hat meine Motivationen und meine Persönlichkeit schon früh deformiert. Keime dringen in meinen Körper ein, und ich werde krank. Ich werde in der Firma schikaniert.

In diesem Zusammenhang ist der erste Schritt in Richtung spirituelle Intelligenz der, die Verantwortung für das eigene Leben wieder zu übernehmen. Ich muss die Spontaneität, die ich dank meines angeborenen SQ habe, nutzen, um auf meine Umwelt und auf die Situation, in der ich mich befinde, ehrlich und unverdorben zu reagieren. Und ich muss Verantwortung übernehmen für die Rolle, die ich darin spiele. Ich bin vielleicht in einer schmerzlichen oder unangenehmen Situation, aber es liegt allein bei mir, wie ich auf sie reagiere. Nur ich kann meine Einstellung zu den Dingen, die mir zustoßen, festlegen. Nur ich kann dem, was mit mir geschieht, einen Sinn zuweisen. Ich mag eine unheilbare Krankheit haben, aber wie ich darauf reagiere, entscheide ich. Es ist mein Tod.

In seinem Buch *Der Mensch vor der Frage nach dem Sinn* weist

Viktor Frankl darauf hin, dass unsere Fähigkeit, unseren Schmerz zu nutzen und zu transzendieren, eine der größten Freiheiten ist, über die wir verfügen. Als Häftling im Konzentrationslager Auschwitz kannte er das schrecklichste Leiden, aber er hat auf seine Weise darauf reagiert und sein Leiden transzendiert, um einen Sinn für sein Leben zu finden. Wir können Schmerz, Leid oder Not als bedrohlich oder behindernd empfinden, doch genauso können wir es auch als Herausforderung und sogar als Möglichkeit betrachten. Im extremsten Fall trifft dies auch auf meinen nahenden Tod zu. Ich kann «gut sterben», in Frieden mit dem Leben und mit mir selbst, oder ich kann in einem heftigen Todeskampf sterben. Ich kann meine Firma für meine sinnlose Arbeit verantwortlich machen, ich kann die Firma von innen heraus verändern, oder ich kann mir eine andere Stelle suchen. Ist nichts dergleichen möglich, kann ich immer noch meine Einstellung in dieser Arbeit in den Griff bekommen und meine Beziehungen zu Kollegen verändern. Uns beflügeln Geschichten über behinderte Menschen, die mit den Zehen Romane schreiben; über Krebspatienten, die im Dienste der Krebsforschung an einem Marathonlauf teilnehmen; über verwaiste Eltern, die zum Andenken an ihre verstorbenen Kinder eine Stiftung gründen. Wie viel leichter haben es die meisten von uns, einfach dadurch kleine Helden zu sein, dass Sie Verantwortung für ihr Leben übernehmen und alltägliche Hindernisse überwinden?

Sich gegen die Masse stellen

Unsere Kultur ist eine Massenkultur. Die Medien bestärken uns in dem Glauben, wir alle hätten die gleichen Gedanken und Auffassungen. Die Massenproduktion lässt die Vielfalt der Geschmäcker schrumpfen, während die Massenwerbung alles daran setzt festzulegen, welche Geschmacksvarianten gerade angesagt sind. Wir haben eine Kultur der Moden: Wenn es «in» ist, das Rauchen aufzugeben, drücken wir unsere Zigarette aus. Unsere Intellektuellen beschäftigen sich alle mit den gleichen modischen Gedanken, unsere Managementberater verkaufen alle die gleichen «Transformations»-Pakete, unsere Esoteriker wenden sich alle den gleichen Kristallen und Tränken zu. Wir wissen nicht mehr, wie man selbst denkt.

Eines der Hauptkriterien für hohe spirituelle Intelligenz besteht darin, das zu sein, was Psychologen als «feldunabhängig» bezeichnen. Das bedeutet, in der Lage zu sein, sich gegen die Masse zu stellen, eine unpopuläre Meinung zu vertreten – wenn es denn die ist, von der ich zutiefst überzeugt bin. Doch hier kommen wir wieder zu der Notwendigkeit von Selbstbewusstheit und dem Wissen um das eigene Zentrum. Existiere ich lediglich durch die Ich-Schicht meines Selbst, bin ich nur eine Ansammlung individualisierter Bewältigungsmechanismen, die ich in Reaktion auf meine Erfahrung entwickelt habe. Deshalb bin ich dann in negativer Weise immer noch von den Reaktionen und Meinungen anderer abhängig. Und wenn ich durch die assoziative, mittlere Schicht meines Selbst lebe, bin ich Teil der Gruppe.

Ein hoher SQ setzt voraus, dass wir ein funktionierendes Ich haben und normal am Gruppenleben teilnehmen, doch beides muss im Zentrum unseres Selbst verankert sein. Durch diese zentrierte Sichtweise – die wir auch «subversiv» nennen könnten – grenze ich mich ab, aber ich kann jetzt auch etwas beitragen – meine Sichtweise. Ich weiß, wer *ich* bin und woran *ich* glaube. Dabei handelt es sich nicht um Egoismus, sondern um wahre Individualität, und die erfordert oft sehr viel Mut.

Der kleine Sohn des chilenischen Biologen Umberto Maturana wurde in der Schule zunehmend unglücklich, weil er meinte, seine Lehrer machten es ihm unmöglich zu lernen. Sie wollten ihm beibringen, was sie wussten, statt aus ihm hervorzulocken, was er zum Lernen brauchte. Dadurch angeregt schrieb Maturana «Das Schülergebet»; die folgende Übersetzung ist eine gekürzte Fassung. Der Text bringt in vollkommener Weise zum Ausdruck, wie ein spirituell intelligentes Individuum reagiert, wenn Eltern, Lehrer, Chefs oder die Masse versuchen, Konformitätsdruck auszuüben.

«Zwingt mir nicht auf, was ihr wisst,
Ich möchte das Unbekannte erkunden

und es zur Quelle meiner eigenen Entdeckungen werden
lassen.
Lasst das Bekannte meine Befreiung, nicht meine Sklaven-
arbeit sein.

Die Welt eurer Wahrheit kann für mich eine Einschränkung
sein,
eure Weisheit meine Verleugnung.
Unterweist mich nicht; lasst uns zusammen einen Weg gehen.
Lasst meinen Reichtum da beginnen, wo eurer aufhört.

Zeigt mir, dass ich stehen kann
auf euren Schultern.
Gebt euch zu erkennen, damit ich
etwas anderes sein kann.

Ihr meint, dass jeder Mensch
lieben und etwas erschaffen kann.
Dann verstehe ich eure Furcht,
wenn ich euch bitte, entsprechend eurer Weisheit zu leben.

Ihr werdet nicht wissen, wer ich bin,
indem ihr nur auf euch selbst hört.
Unterweist mich nicht; lasst mich sein.
Euer Versagen besteht darin, dass ich so sein soll wie ihr.»[1]

Widerwillen dagegen, Schaden zu verursachen

Unsere Kultur ist atomistisch. Sie trennt mich von Ihnen, sie
trennt «uns» von jenen, die anders sind; sie isoliert die Menschen voneinander, von anderen Lebewesen und von der Natur
im Allgemeinen. Freud hat erklärt, dass Liebe und Intimität unmöglich sind: Wir können unseren Nächsten nicht so lieben wie
uns selbst.

Spirituelle Intelligenz setzt voraus, dass wir uns unseres tiefen Selbst, unseres Zentrums bewusst werden, das im Zentrum
des Daseins, im Quantenvakuum verankert ist. Nach der Quan-

tenfeldtheorie ist, wie wir gesehen haben, jeder Einzelne von uns eine Energieanregung, ein Muster oder eine Welle auf dem «Teich» des Vakuums. Wir können keine Grenzlinie zwischen den Wellen und dem Teich ziehen; auch können wir keine unumstößliche Grenze zwischen uns und anderen Wellen ziehen. Ich bin in Ihnen und in jedem Lebewesen und in jedem Stückchen Sternenstaub, und all dies ist in mir. Wir alle sind individuelle Formen, in denen das gleiche Zentrum existiert. Ein Mensch mit einem hohen SQ weiß, dass er sich selbst schadet, wenn er anderen schadet. Wenn ich die Atmosphäre mit meinem Abfall oder mit meinem Ärger verschmutze, verschmutze ich meine eigene Lunge und meine eigene Seele. Wenn ich anderen in egoistischer oder unnötiger Weise Leiden zufüge, kehrt dieses Leiden als Schmerz in mein eigenes Sein zurück, als etwas, das mich entstellt, mich «hässlich» macht. Wenn ich mich gegen andere abgrenze, isoliere ich mich von dem tiefen Meer aus Energie und Potenzial, das mein eigenes Zentrum ist. Ein hoher SQ setzt voraus, dass ich meine Spontaneität nutze, um auf alle anderen, auf alles, was ist, zu reagieren und Verantwortung für meine Rolle zu übernehmen, indem ich mich der Menschen und der Dinge annehme. Wenn ich unnötig Schaden verursache, weise ich die Verantwortung, die der tiefste Zweck und Sinn meines Lebens ist, zurück.

In religiösen Fragen spirituell intelligent sein

Ganz am Anfang dieses Buchs haben wir gesehen, dass ein hoher SQ nicht zwangsläufig mit Religion verbunden sein muss. Ein sehr religiöser Mensch kann spirituell schwach sein; ein überzeugter Atheist kann spirituell intelligent sein. Dennoch ist die Herausforderung, eine hohe spirituelle Intelligenz zu erreichen, keinesfalls antireligiös. Die meisten von uns brauchen einen gewissen «religiösen» Rahmen als Leitlinie: die Gedanken großer Lehrer, die Taten von Heiligen, Anhaltspunkte für ein Verhalten, das einem ethisch begründeten Moralkodex entspricht. Die meisten von uns halten an bestimmten Grundsätzen, an Dingen, an die sie glauben, fest. Ohne diese Überzeugungen wären die meisten verloren. Tatsächlich weist das Vorhandensein eines «God Spot» in der neurologischen Ausstattung unseres Gehirns darauf hin, dass die Fähigkeit zu irgendeiner Form religiöser Erfahrung und/oder religiösen Glaubens einen evolutionären Vorteil für unsere Art darstellt. Der «God Spot» verschafft uns Zugang zu Sinn und Wert, er bringt uns dazu, etwas anzustreben, er gibt uns ein Gefühl für ein Ziel, für einen Zusammenhang.

Was ist also der Unterschied zwischen spirituell schwacher und spirituell intelligenter Religion? Es handelt sich gewiss nicht um einen Unterschied zwischen einzelnen Religionen; jede Religion auf dem Planeten existiert in spirituell schwachen und spirituell intelligenten Varianten. Es kommt allein auf meine Einstellung an, auf die Qualität meines Fragens und Suchens, die Tiefe und Vielfalt meiner Glaubensvorstellungen, darauf, wie tief die *Quelle* meines Glaubens ist.

Der SQ hat, wie wir wissen, seinen Ursprung im innersten Zentrum des Selbst, das seinen Grund wiederum im gesamten unendlichen Entwicklungspotenzial des Quantenvakuums hat. In der Natur kann das Vakuum jede Form annehmen; es durchströmt jede Form. Deshalb enthält jedes religiöse System, das mit dem Zentrum in Berührung ist, seine eigene Version der gesamten im Quantenvakuum enthaltenen Wahrheit. Jede im Zentrum verankerte religiöse Form ist ein begründeter Ausdruck beziehungsweise eine begründete Form des Zentrums. Das ist das Höchste und das Beste, was jeder Einzelne oder jede Glaubensvorstellung, jede Tradition, sein kann – ein begründeter Ausdruck, eine begründete Form des Selbst. Ich kann mich vom Christentum am ehesten angesprochen fühlen, doch wenn ich ein spirituell intelligenter Christ bin, ist das, was ich an meiner Religion am meisten schätze, die Tatsache, dass sie das letzte, tiefste Meer der Entwicklungsmöglichkeit im Universum zum Ausdruck bringt – ich weiß, dass sie eine schöne Form ist, die Gott annehmen kann. Doch Gott hat, daran erinnern uns die jüdischen Mystiker, «zehn» Gesichter (mit anderen Worten «viele» Gesichter); und der wahre Mystiker ist der, der möglichst viele dieser Gesichter kennt, weil er dann den Gott, der sich hinter jedem von ihnen verbirgt, umso besser kennt.

Als spirituell intelligenter Christ, Moslem, Buddhist oder was auch immer schätze und achte ich meine Tradition – aber ich schätze sie, weil sie eine der vielen Formen ist, in denen das Entwicklungspotenzial des Zentrums zum Ausdruck kommt. Ich habe eine tiefe und andauernde Achtung vor anderen Traditionen und anderen Formen; ich kann mir sogar vorstellen, mich eines Tages auch nach einigen jener anderen Traditionen zu richten. Der Sufi-Mystiker aus dem II. Jahrhundert, Ibn al' Arabi, sagt es so:

«Mein Herz ist zu jeder Form fähig geworden: Es ist eine Weide für Gazellen und ein Kloster für christliche Mönche und ein Tempel für Götzen und die Kaaba der Pilger und die Torahtafeln und das Buch des Korans.
Ich halte mich an die Religion der Liebe: Welchen Weg die Kamele der Liebe auch einschlagen, das ist meine Religion und mein Glaube.»[2]

In Bezug auf den Tod spirituell intelligent sein

Als am spirituell schwächsten erweist die moderne Kultur sich vielleicht in unserer Unfähigkeit, mit dem Tod umzugehen. Er bringt uns in Verlegenheit, er schreckt uns, und deshalb leugnen wir ihn. In den meisten westlichen Ländern gibt es nur wenige sinnvolle Todesrituale. So gut wie niemand hat eine umfassendere Sichtweise, innerhalb derer der Tod als natürlicher Bestandteil des Lebensprozesses betrachtet werden kann. Sensible Ärzte wie der Ire Michael Kearney haben gezeigt, dass ein Großteil des körperlichen Schmerzes, den wir im Verlauf des Sterbens empfinden, in Wahrheit darauf zurückgeht, dass wir uns vor einem Vorgang ängstigen, den wir nicht verstehen. Patienten, die diese Angst überwinden, empfinden viel weniger Schmerzen und brauchen zu deren Behandlung weit weniger Medikamente.[3]
Unsere Todesangst entsteht aus einem Mangel an Perspektive, aus unserer Unfähigkeit, den Tod in einen umfassenderen Rahmen zu stellen. Aber hier versagen wir nicht nur darin, den

Tod zu verstehen. Vielmehr versagen wir darin, das Leben zu verstehen und zu schätzen, das Leben in eine umfassendere Perspektive von Sinn und Wert einzuordnen.

Das Zwischenspiel auf S. 130 f erzählt die Geschichte unserer Ursprünge und Entwicklungszyklen. Wir sind Teil einer langen Geschichte unaufhörlicher Schöpfung und Zerstörung, einer Geschichte von Materie und Bewusstsein, die aus dem Quantenvakuum entstehen, für eine kurze Weile Raum und Zeit durchqueren und dann zum Vakuum zurückkehren. Wir sind die Form, die das unendliche Potenzial kurzfristig annimmt; am Ende nimmt es uns zurück, um andere Formen hervorzubringen.

An einem Abend im letzten Jahr wurde ich mir während meiner Meditation mit der tiefsten Gewissheit und einem friedvollen Gefühl der Tatsache bewusst, dass ich meinen Tod immer mit mir trage. Mein Tod ist ein ständiger Begleiter meines Lebens, ein ständiger weiterer Zustand meiner momentanen Existenz. Tod ist kein «Nach», kein «Enden», sondern vielmehr ein Zustand fortlaufenden Seins, ein weiteres Niveau meines Seins. Die Quantenfeldtheoretiker würden sagen, meine augenblickliche Lebensform ist ein Zustand angeregter Energie, während der Tod der tiefere Zustand jener stillen Energie ist, die ich mit mir trage und in die ich eines Tages wieder absorbiert werde. Die Physiker sagen uns, dass alle Energie erhalten bleibt. Die Energiemenge im Universum verändert sich nicht; die Energie, die ich jetzt bin, die Energie, die sich in meinem gegenwärtigen lebendigen Körper konkretisiert, wird für immer vorhanden sein. Der Vorgang des Lebens und Sterbens bedeutet einfach, dass die geliehene Energie, die ich bin, eines Tages eine andere Form annehmen wird. Mein eigentliches *Sein*, jenes Meer von Entwicklungsmöglichkeiten, auf dem mein momentanes Leben nichts weiter ist als eine Welle, hat keinen Anfang und kein Ende.

Leben und Tod sind also Teil eines Zyklus; Energie erhebt sich aus dem Quantenvakuum, nimmt für kurze Zeit eine Form an und löst sich wieder ins Quantenvakuum auf. Immer und immer weiter, solange Universen geboren werden und absterben. Die Zyklen der Natur auf der Erde bringen immer wieder das gleiche Schauspiel hervor, und so ist es auch mit den einzelnen Molekülen in unserem Körper; sie kommen und gehen mit dem zeitweilig festgelegten Energiemuster, das wir sind. Tod ist schlicht und einfach ein notwendiger und natürlicher Bestandteil der ständigen Energietransformation, die Leben ist und die wir immer wieder (und ohne Angst) beim Wechsel der Jahreszeiten beobachten. Rilke wusste davon, als er in der neunten Duineser Elegie vom «vertraulichen Tod» schrieb:

«Erde, ist nicht dies, was du willst: *unsichtbar*
in uns erstehn? – Ist es dein Traum nicht,
einmal unsichtbar zu sein? – Erde! unsichtbar!
Was, wenn Verwandlung nicht, ist dein drängender Auftrag?
Erde, du liebe, ich will. Oh glaub, es bedürfte
nicht deiner Frühlinge mehr, mich dir zu gewinnen –, *einer*,
ach, ein einziger ist schon dem Blute zu viel.
Namenlos bin ich zu dir entschlossen, von weit her.
Immer warst du im Recht, und dein heiliger Einfall
ist der vertrauliche Tod.
Siehe, ich lebe. Woraus? Weder Kindheit noch Zukunft
werden weniger ... Überzähliges *Dasein*
entspringt mir im Herzen.»[4]

Ein spirituell intelligentes Todesverständnis bedeutet, den umfassenden Zusammenhang des Seins zu erkennen, innerhalb dessen der Tod nur ein Zustand in einem fortlaufenden Prozess ist.

Sich an die Fragen erinnern

Wir kommen nun zum Schluss dieses Buches. Für mich war es eine lange und zeitweise schmerzliche Reise, denn die Anforderungen der spirituellen Intelligenz sind nicht gering. Ein hoher SQ verlangt, dass wir uns selbst gegenüber ganz und gar ehrlich sind, uns unserer selbst zutiefst bewusst werden. Er verlangt, dass wir uns mit Entscheidungen auseinander setzen und erkennen, dass es bisweilen schwierig ist, die richtige Entscheidung zu treffen. Ein hoher SQ erfordert die intensivste persönliche Integrität. Er erfordert, dass wir uns jenes tiefen Zentrums unseres Selbst bewusst werden, das alle Bruchstücke, in die unser Leben zersplittert, transzendiert, und dass wir es ausleben. Er erfordert, dass wir uns wieder sammeln, einschließlich der Teile unseres Selbst, die zu besitzen schmerzlich oder schwierig war. Doch zuallererst erfordet ein hoher SQ, dass wir offen sind für Erfahrung, dass wir unsere Fähigkeit wiedergewinnen, das Leben und andere neu zu sehen wie mit den Augen eines Kindes. Er erfordert, dass wir aufhören, bei dem Zuflucht zu suchen, was wir wissen; dass wir unaufhörlich erkunden und vom Unbekannten lernen. Er erfordert, dass wir eher die Fragen als die Antworten leben.

Ich schließe, indem ich noch einmal Rilke zitiere:

«... ich möchte Sie, so gut ich es kann, bitten, (...) Geduld zu haben gegen alles Ungelöste in Ihrem Herzen und zu versuchen, *die Fragen selbst* lieb zu haben wie verschlossene Stuben und wie Bücher, die in einer sehr fremden Sprache geschrieben sind. Forschen Sie jetzt nicht nach den Antworten, die Ihnen nicht gegeben werden können, weil Sie sie nicht leben könnten. Und es handelt sich darum, alles zu leben. *Leben* Sie jetzt die Fragen. Vielleicht leben Sie dann allmählich, ohne es zu merken, eines fernen Tages in die Antwort hinein.»[5]

Anhang

Viele psychologische Klassifikationssysteme sind eng mit dem Lotos des Selbst verbunden. In der unten aufgeführten Tabelle sind diese Systeme zusammengefasst, die meines Wissens eine Überlappung von mindestens 75 Prozent mit dem Lotos des Selbst haben. Einige Klassifikationssysteme sind ausgelassen worden, weil sie keinen sinnvollen Zusammenhang aufweisen (die sieben Farben des Regenbogens oder die sieben Himmel), und andere, weil sie nicht allgemein bekannt sind. Hier noch einige Hinweise für die weitere Auseinandersetzung mit den 15 dargestellten Systemen:

1. Siehe Kapitel 6 bis 9 in diesem Buch.
2. Siehe Kapitel 7 in diesem Buch, aber auch Briggs Myers und Myers, Kapitel 9.
3. Siehe Kapitel 8.
4. Einige solche Schemata sind in verschiedenen Formen der Psychotherapie verbreitet. White (1993) bringt ein ähnliches Schema mit den Chakren in Zusammenhang.
5. Siehe Tripp (1970) oder Chevalier und Gheerbart (1996), siehe auch Kapitel 8 in diesem Buch.
6. Siehe Chevalier und Gheerbart (1996) bzw. auf Deutsch das Lexikon der östlichen Weisheiten (O. W. Barth).
7. Siehe Samuels (1985) oder Chevalier und Gheerbart (1996) bzw. auf Deutsch das Lexikon der östlichen Weisheiten (O. W. Barth).
8. Myss (1997) bringt die Chakren auf diese Weise mit den Sakramenten in Zusammenhang.
9. Siehe Kapitel 8 in diesem Buch, aber auch White (1993), Campbell (1974), Myss (1977) und Feuerstein (1996).
10. Zum westlichen mystischen oder esoterischen Ansatz bei diesem jüdischen System siehe Knight (1972). Er bringt auch

einen Teil des Lebensbaums mit den sieben Planeten in Zusammenhang; das entspricht in etwa dem, was hier dargestellt wird (nur Saturn befindet sich an einer anderen Stelle).

11. Siehe Evans-Wentz (1960), aber auch Campbell (1974), der die Bardos mit den Chakren ungefähr auf diese Weise in Zusammenhang bringt. Ich habe den Zusammenhang zwischen 1, 2, 3 und den drei Juwelen im Gegensatz zu den drei Giften hergestellt (siehe auch jede Einführung in den Buddhismus).

12. Siehe Wilber (1995). Sieben seiner zehn Niveaus entsprechen in ihrer Reihenfolge den inneren Teilen der Blütenblätter und des Zentrums; allerdings ist seine Anordnung stärker hierarchisch.

13. Siehe Kapitel 13.

14. Siehe Kapitel 9 in diesem Buch, aber auch Guest und Marshall (1997) zu einem ähnlichen Muster.

15. Man würde mehrere Kapitel brauchen, um diese Eigenschaften angemessen zu erörtern.

Lotos-Korrelate

A. EGOISTISCH, WESTLICH	KONVENTIONELL	SOZIAL	FORSCHEND	KÜNSTLERISCH	REALISTISCH	UNTERNEHMERISCH	
1. BERUFE (Holland)							–
2. PERSÖNLICHKEITSTYPEN (Jung)	extravertiertes Wahrnehmen	extravertiertes Fühlen	introvertiertes Denken	introvertiertes Wahrnehmen	introvertiertes Fühlen	extravertiertes Denken	(transzendentale Funktionen)
3. MOTIVE (Cattell)	Gesellschaft	Fürsorge (elterlich)	Neugier	Sexualität (Kreativität)	Konstruktivität	Selbstbehauptung	Religiosität
4. LEBENSPHASEN	Kleinkindzeit (0-1½ Jahre)	frühe Kindheit (1½-6 Jahre)	Latenzzeit (6-11 Jahre)	Jugendalter (11-18 Jahre)	frühes Erwachsenenalter (18-35 Jahre)	reifes Erwachsenenalter (35-70 Jahre)	alle Altersstufen
B. ARCHETYPISCH							
5. PLANETEN: römisch / griechisch	SATURN Kronos	VENUS Aphrodite	MERKUR Hermes	MOND (Diana) Artemis, Hekate	MARS Ares	JUPITER Zeus	SONNE Apollo
6. ELEMENTE etc.	Erde	Wasser	Luft	Feuer	(Raum-Zeit)	(Kausalität)	(Plenum/Vakuum)
7. ALLGEMEIN (Jung etc.)	STAMM Partizipation mystique	MUTTER ERDE	FÜHRER/ Kind/Gauner	SCHATTEN/Held/ Eros/Mädchen	WELTSEELE Agape/Gaia	GROSSER VATER Logos/Erlösung	SELBST
C. RELIGIÖS							
8. SAKRAMENTE (christlich)	TAUFE	ABENDMAHL	BEICHTE	EHE	KONFIRMATION/ FIRMUNG	ORDINATION	EXTREME FUNKTION
9. CHAKREN (hinduistisch)	Basal- oder Wurzel-Chakra	Unterleibs-Chakra	Nabel-Chakra	Herz-Chakra	Kehlkopf-Chakra	Stirn-Chakra	Scheitel-Chakra
10. KABALA (jüdisch)	MALKUTH	NETZACH	HOD	YESOD	GEBURAH	CHESED	TIPLORETH
11. BARDOS (Tibetan Buddhist)	Dharma kontra Sehnen	Sangha kontra Hass	Buddha kontra Unwissen	grimmige Gottheiten kontra Schatten	friedvolle Gottheiten kontra Tod	Schutzgottheit kontra Stolz	primäres klares Licht
D. BEWEGUNG NACH INNEN							
12. EBENEN (K. Wilber)	3. magisch	4. mythisch	5. rational	6. visionär – logisch	7. psychisch	8. subtil	9. kausal
13. WEGE	PFLICHT	NÄHREN	VERSTEHEN	PERSÖNLICHE TRANSFORMATION	BRÜDERLICHKEIT	DIENENDES FÜHREN	(NIRWANA)
14. REAKTIONEN	VERWANDTSCHAFT kontra Entfremdung	ZUSAMMENARBEIT kontra Widerstand	ERKUNDUNG kontra Rückzug	FEIERN kontra Trauern	GANZHEIT kontra Unzulänglichkeit	LOYALITÄT kontra Verrat	GLEICHMUT kontra Verstörung
15. THERAPIE (Inhalt)	Traumata/Schuld	Antagonismus, Projektionen	praktische Probleme, Abwehrmechanismen	Spiele/Aufspaltungen	«Nachtod»-Ereignisse	grundlegende Ziele	–

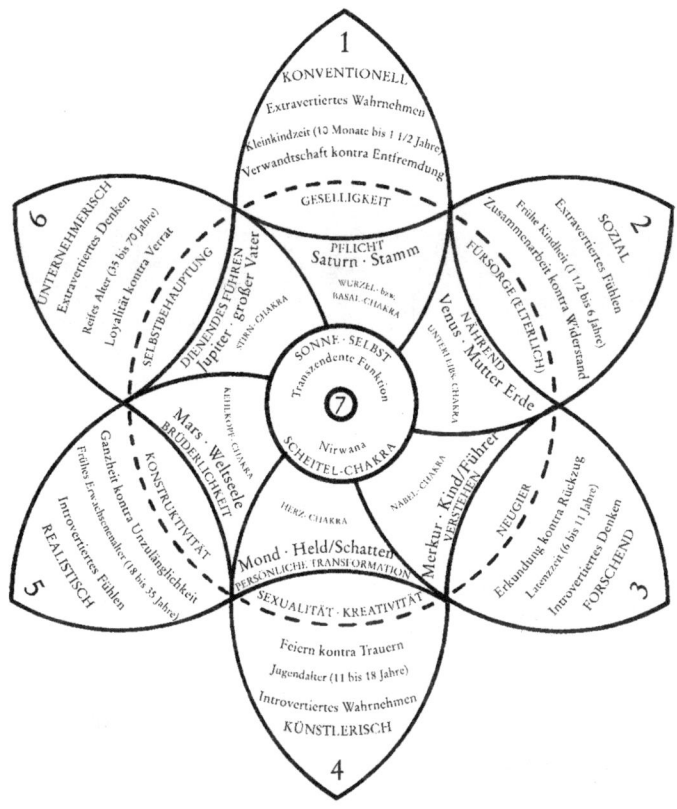

Der Lotos des Selbst

In der obenstehenden Abbildung beziehen sich die Begriffe jeweils von außen nach innen auf:

- Hollands Persönlichkeitstypen
- Jungs Persönlichkeitstypen
- Lebensphasen
- Reaktionen
- Cattells Motive
- Wege nach innen
- Jungs Archetypen, Planetengötter
- Chakren

ANMERKUNGEN

I. KAPITEL

1 Daniel Goleman: *Emotionale Intelligenz*
2 Siehe Terrance Deacon: *The Symbolic Species*
3 Siehe James Carse: *Finite and Infinite Games*
4 T. S. Eliot: «Die Vier Quartette». In: *Gesammelte Gedichte*, S. 389f.
5 Zitiert in Andrew Harvey: *The Essential Mystics*, S. 155f.
6 Abraham Heschel und Ruth Olmesdahl (Hg.): *Gott sucht den Menschen*
7 Zitiert in Richard Olivier: *Shadow of the Stone Heart*, S. 33f.

2. KAPITEL

1 Viktor Frankl: *Der Mensch vor der Frage nach dem Sinn*, S. 100 © Piper Verlag GmbH, München 1979.
2 Siehe K. A. Jobst et al.: «Diseases of Meaning: Manifestations of Health and Metaphor»

3. KAPITEL

1 Titel und ein Großteil des Inhalts entnommen aus I. N. Marshall: «Three Kinds of Thinking»
2 Gerald Edelman: *Göttliche Luft, vernichtendes Feuer – Wie der Geist im Gehirn entsteht*
3 Diese Information findet sich in jedem Lehrbuch der Neurologie, siehe z.B. A. C. Guyton: *The Structure and Function of the Nervous System*, oder auf Deutsch Marco Mumenthaler: *Neurologie*
4 Siehe z.B. B. M. G. Boden: *Computer Models of Mind*, oder: Marvin Minsky: *Computation*
5 James Carse: *Finite and Infinite Games*
6 D. E. Rumelhart und J. L. McClelland (Hg.): *Parallel Distributed Processing*
7 Ebenda

8 E. R. Kandel und R. D. Hawkins: «The Biological Basis of Learning and Individuality»

9 J. Seymour und D. Norwood: «A Game of Life»

10 Ann Treisman: «Features and Objects in Visual Processing»

11 Antonio Damasio: *Descartes' Irrtum* (engl. *Descartes' Error*, S. 34-51)

12 Siehe C. M. Gray und W. Singer: «Stimulus Dependent Neuronal Oscillations in the Cat Visual Cortex Area»; W. Singer und C. M. Gray: «Visual Feature Integration and the Temporal Correlation Hypothesis»; W. Singer: «Striving for Coherence»

13 Eine sehr gute Quelle ist H. Benson und M. Z. Klipper: *Gesund im Stress - eine Anleitung zur Entspannungstherapie*, aber auch J. P. Banquet: «Spectral Analysis of the EEG in Meditation»

14 Ken Wilber: *Die drei Augen der Erkenntnis - auf dem Weg zu einem neuen Weltbild*

15 Sogyal Rinpoche: Das tibetische Buch vom Leben und vom Sterben (engl. *The Tibetan Book of Living and Dying*, S. 40)

4. KAPITEL

1 Denis Pare und Rodolfo Llinas: «Conscious and Pre-Conscious Processes As Seen from the Standpoint of Sleep-Waking Cycle Neurophysiology»

2 John Locke: *Versuch über den menschlichen Verstand*, II. 2.

3 Francis Crick: *Was die Seele wirklich ist - die naturwissenschaftliche Erforschung des Bewusstseins*, Artemis & Winkler, 1994 (engl. *The Astonishing Hypothesis*, s. S. 3)

4 Michael Jackson: «Benign Schizotypy? The Case of Spiritual Experience»

5 Francis Crick, a. a. O.

6 Die Beschreibung der Kernspintechnologie ist entnommen aus Riita Hari und Riita Salmelin: «Human Cortical Oscillations: A Neuromagnetic View Through the Skull»

7 Rodolfo Llinas: «‹Mindness› as a Functional State of the Brain», in: Colin Blakemore und Susan Greenfield (Hg.): *Mindwaves*, S. 339.

8 Es gibt auch eine französische Forschergruppe, die interessante Arbeiten über das Bindungsproblem, die 40-Hz-Oszillationen und das Bewusstsein veröffentlicht hat; siehe J. E. Desmedt und C. Tomberg: *Neuroscience Letters*

9 G. M. Ghose und R. D. Freeman: *Journal of Neurophysiology*

10 S. L. Bressler und W. J. Freeman: *Electroencephalography and Clinical Neurophysiology*

327

11 Rodolfo Llinás und Urs Ribary: «Coherent 40-Hz-Oscillation Characterizes Dream State in Humans»

12 Denis Pare und Rodolfo Llinás: «Conscious and Pre-Conscious Processes As Seen from the Standpoint of Sleep-Waking Cycle Neurophysiology»

13 Ebenda, S. 1155

14 David Chalmers: «Moving Forward On the Problem of Consciousness»

15 René Descartes: *Meditationen über die Grundlagen der Philosophie mit den sämtlichen Einwänden und Erwiderungen*

16 In einem Artikel, den Crick vor einigen Jahren veröffentlicht hat, sagt er ganz offen, dass wir ein Verständnis des Bewusstseins möglicherweise über den Sinn entwickeln müssen. Doch wie David Chalmers hervorhebt, gibt es Sinn und Sinn. Ein Reduktionist wie Crick meint mit «Sinn» einfach «gewisse Zusammenhänge mit der Umwelt und gewisse Auswirkungen auf die spätere Verarbeitung» (Chalmers), wohingegen viele von uns meinen, dass «Sinn» auf erhabenere Dinge Bezug nimmt.

17 David Chalmers, a. a. O.

18 Julian Huxley: *Religion without Revelation*

19 C. G. Jung: GW VIII § 418.

20 I. N. Marshall: «Some Phenomenological Implications of a Quantum Model of Consciousness»

21 Die These, dass es im Gehirn eine derartige Quantengrundlage des Bewusstseins gibt, wurde erstmals von Ian Marshall in «Consciousness and Bose-Einstein Condensates» aufgestellt.

22 J. B. S. Haldane: «Quantum Mechanics as a Basis for Philosophy»

23 David Bohm: *Quantum Theory*

24 E. del Guidice et al.: «Water as Free Electric Dipole Laser»

25 S. Hameroff und R. Penrose: «Conscious Events As Orchestrated Time-Space Selections»

26 Ian N. Marshall: «Consciousness and Bose-Einstein Condensates»

27 Danah Zohar: *The Quantum Self*

28 Danah Zohar und Ian N. Marshall: *The Quantum Society*

29 Michael Green: «A Resonance Model Gives the Response to Membrane Potential for an Ion Channel»

30 R. Douglas und K. Martin: «Neocortex»

31 D. R. Tilley und J. Tilley: *Superfluidity and Superconductivity*

32 G. D. Coughlan und J. G. Dodd: «The Ideas of Particle Physics»

5. KAPITEL

1 M. A. Persinger: «Religious and Mystical Experiences as Artefacts of Temporal Lobe Function»

2 V. S. Ramachandran und Sandra Blakeslee: *Phantoms in the Brain*

3 M. A. Persinger: «Feelings of Past Lives as Expected Pertubations Within Neurocognitive Processes That Generate the Sense of Self: Contributions from Limbic Lability and Vectorial Hemisphericity»

4 C. M. Cook und M. A. Persinger: «Experimental Induction of a ‹Sensed Presence› in Normal Subjects and an Exceptional Subject»

5 Peggy Ann Wright: «The Interconnectivity of Mind, Brain and Behavior in Altered States of Consciousness: Focus on Shamanism»

6 Bericht in der Londoner *Sunday Times* vom 2. November 1997. Siehe auch Kapitel 9 von V. S. Ramachandran und Sandra Blakeslee: *Phantoms in the Brain*

7 M. A. Persinger: «Religious and Mystical Experiences as Artefacts of Temporal Lobe Function»

8 William James: *Die Vielfalt religiöser Erfahrung* (engl. *The Varieties of Religious Experience*, S. 17ff.)

9 F. C. Happold: *Mysticism*, S. 134f.

10 William James: *Die Vielfalt religiöser Erfahrung*

11 Michael Jackson: «Benign Schizotypy? The Case of Spiritual Experience» In: Claridge et al. (1997)

12 Geoffry Ahern: «Spiritual/Religious Experience in Modern Society». Über diese Untersuchung wird auch in M. Jackson: «Benign Schizotypy? The Case of Spiritual Experience» in Claridge et al. (1997) berichtet.

13 All dies wird von Michael Jackson in: «Benign Schizotypy? The Case of Spiritual Experience» (S. 238) in Claridge et al. (1997) berichtet.

14 Ebenda, S. 239

15 Michael Jackson: «A Study of the Relationship Between Spiritual and Psychotic Experience»

16 Michael Jackson: «Benign Schizotypy? The Case of Spiritual Experience» (S. 236) in Claridge et al. (1997)

17 Ebenda, S. 237

18 Ebenda, S. 242

19 D. Caird: «Religiosity and Personality: Are Mystics Introverted, Neurotic or Psychotic?»

20 William James: a. a. O.

21 E. Underhill, zitiert nach Michael Jackson: «Benign Schizotypy? The Case of Spiritual Experience» in Claridge et al. (1997)

22 Gordon Claridge et al.: *Schizotypy*, S. 31

23 Zitiert in David Kleinbard: *The Beginning of Terror*, S. 227

24 Zitiert in Gordon Claridge et al.: *Schizotypy*

25 A. J. Richardson: «Dyslexia and Schizotypy». In: Gordon Claridge et al.: *Schizotypy*

26 Felix Post: «Creativity and Psychopathology»

27 Kay Redfield Jamison: *Meine ruhelose Seele. Die Geschichte einer Depression.*

28 Ebenda, Anhang B

29 C. G. Jung: *Erinnerungen, Träume, Gedanken* (engl. *Memories, Dreams and Reflections*, S. 184)

30 Zitiert in David Kleinbard: *The Beginning of Terror*, S. 2

31 J. H. Brod: «Creativity and Schizotypy». In: Gordon Claridge et al.: *Schizotypy*

32 Michael Jackson: «Benign Schizotypy? The Case of Spiritual Experience» (S. 240 f) in Claridge et al. (1997)

33 Ebenda, S. 241

7. KAPITEL

1 Hollands Prozentsätze, die hier angeführt werden, beziehen sich nur auf weiße US-Amerikaner; landesweite oder interkulturelle Ergebnisse liegen noch nicht vor, wobei wohl zu erwarten ist, dass sich die Anteile der verschiedenen Persönlichkeitstypen von einem Land zum anderen beziehungsweise von einer Kultur zur anderen beträchtlich unterscheiden.

8. KAPITEL

1 R. B. Cattell: *Personality and Motivation Structure and Measurement*

2 Joseph Campbell: *The Mythic Image*, S. 341

3 Caroline Myss: *Anatomy of Spirit*

9. KAPITEL

1 Guiseppe Tucci: *Mandala*, S. 14f.

2 Zitiert in Joseph Campbell: *The Mythic Image*, S. 280

3 Guiseppe Tucci: *Mandala*, S. 78

4 San Juan de la Cruz (engl. St. John of the Cross: *The Living Flame of Love*, Stanza I)

5 Zitiert in Robert Inchausti: *Thomas Merton's American Prophecy*, S. 76

6 Ebenda, S. 91
7 P. W. Martin: *Experiment in Depth*, S. 175f.
8 Y. Hogen: *On the Open Way*, S. 27
9 Zitiert in F. C. Happolds: *Mysticism*, S. 28
10 A. Samuels: *Jung und seine Nachfolger*
11 Sri Ramakrishna, zitiert in Joseph Campbell: *The Mythic Image*, S. 381
12 Dante Alighieri: *Das Paradies*, XXXIII
13 «Shurangama Sutra», *The Buddhist Bible*, S. 217
14 Thomas Merton: *The Asian Journal*

10. KAPITEL

1 C. G. Jung: «Psychotherapists or the Clergy», *Collected Works*, Bd. 11, S. 497
2 Michael Kearney: «Working with Soul Pain in Palliative Care», S. 2; zu weiteren Erwägungen Kearneys und zu den Folgen von «Seelenpein» siehe auch: *Schritte in ein ungewisses Land*
3 Viktor Frankl: *Der Mensch vor der Frage nach dem Sinn* (engl. *Man's Search for Meaning*, S. 28)
4 Abraham Heschel: *Gott sucht den Menschen* (engl. *God in Search of Man*, S. 6)

11. KAPITEL

1 Zitiert in F. C. Happold: *Mysticism*, S. 73
2 James Hillman: *Charakter und Bestimmung*, S. 19
3 Abraham Heschel: *Gott sucht den Menschen*
4 Christian Grof und Stanislav Grof: *Das Abenteuer der Selbstentdeckung*
5 Siehe z.B. Robert Coles: *The Spiritual Lives of Children*
6 Joseph Campbell: *Die Kraft der Mythen – Bilder der Seele im Leben des Menschen*, S. 121
7 Viktor Frankl: *Der Mensch vor der Frage nach dem Sinn*, S. 171. ©Piper Verlag GmbH, München 1979
8 Marie de Hennezel: *Den Tod erleben*, S. 11
9 J. R. R. Tolkien, *Der Herr der Ringe*, S. 50

12. KAPITEL

1 Eric Hobsbawm: *Das Zeitalter der Extreme – Weltgeschichte des 20. Jahrhunderts*, Hanser, 1995

2 Rainer Maria Rilke: *Briefe an einen jungen Dichter*, S. 46
3 Sogyal Rinpoche: *Das tibetische Buch vom Leben und vom Sterben*
4 Richard Tarnas: *The Passion of Western Mind*
5 Beides zitiert in Abraham Heschel und Ruth Olmesdahl (Hg.): *Gott sucht den Menschen*
6 Keith Jarrett: *The Eyes of Heart*
7 R. D. Laing: *Phänomenologie der Erfahrung* (engl. *The Politics of Experience and the Bird of Paradise*, S. 118)
8 Zitiert in Elaine Pagels: *Versuchung durch Erkenntnis* (engl. *The Gnostic Gospels*, S. 74)
9 Frei übersetzt aus dem Englischen nach Andrew Harvey: *The Essential Mystics*, S. 27f.

14. Kapitel

1 Carlos Castaneda, Die Lehren des Don Juan. Ein Yaqui-Weg des Wissens. S. 213. © März Verlag, Frankfurt am Main, 1972. Alle Rechte vorbehalten Fischer Taschenbuch Verlag GmbH, Frankfurt am Main.
2 Zitiert in Robert von Ranke-Graves, *Die weiße Göttin – Sprache des Mythos*, Kapitel 4, S. 83
3 Das Buch *Epic of Hades* von L. Morris (1879) wird zitiert in Annis Pratt: *Dancing with the Goddesses*, S. 16
4 Carl Rogers: *Entwicklung der Persönlichkeit aus der Sicht eines Therapeuten*, Kapitel 2
5 Ins Englische übersetzt von Gershom Scholem
6 Dante Alighieri: *Die Göttliche Komödie, Hölle*. Aus dem Italienischen von Wilhelm G. Hertz, (10. Auflage) München (dtv) 1999, S. 7 f
7 John Matthews: *The Arthurian Tradition*
8 Stephen Batchelor (Hg.): *The Jewel in the Lotus*, «Red Rock Agate Mansion», S. 121
9 Rabindranath Tagore: *Gitanjali*, Verse 69 und 70
10 Ralph Waldo Emerson: «Die Überseele» (engl. *The Over-Soul*, S. 206)
11 Ken Wilber: *Das holographische Weltbild* (engl. *The Holographic Paradigm and Other Paradoxes*, S. 25)
12. Ralph Waldo Emerson: «Die Überseele», S. 218
13 Rainer Maria Rilke, *Sämtliche Werke*, Band 2, S. 753
14 Robert Bly, *The Kabir Book*, Nr. 22
15 Eine andere Variante dieser Bilder findet sich in Paul Reps: *Zen Flesh, Zen Bones*.
16 T. S. Eliot, *Little Gidding*. Übersetzt von Nora Wydenbruck. Aus T. S. Eliot, Vier Quartette. Gesammelte Werke. © Suhrkamp Verlag, Frankfurt am Main, 1988.

16. Kapitel

1 «Caring» von Marcial Losada, inspiriert von Umberto Maturanas «The Student's Prayer» (Erstveröffentlichung)

2 Ibn alÁrabi: *The Tarjuman Al-Ashwag*, Buch XI

3 Michael Kearney: *Schritte in ein ungewisses Land*

4 Rainer Maria Rilke: «Duineser Elegien», neunte Elegie. In *Gesammelte Werke*, S. 717–720

5 Rainer Maria Rilke. *Briefe an einen jungen Dichter*. (Insel-Bücherei Nr. 406) Frankfurt 1929 (40. Auflage 1992), S. 21

333

Literaturverzeichnis

Ahern, Geoffry, *Spiritual Religious Experience in Modern Society*, Alastair Hardy Foundation, Oxford 1990.

Allport, Gordon, *The Individual and His Religion*, Macmillan, New York 1950.

Banquet, P. P., «Spectral Analysis of the EEG in Meditation», *Electroencephalography and Clinical Neurology*, 1973, 35, 143-151.

Batchelor, Stephen (Hrsg.), *The Jewel in the Lotus*, Wisdom Publications, London 1987.

Benson, H.; Klipper, M. Z., *Gesund im Stress: eine Anleitung zur Entspannungstherapie*, Ullstein, Berlin 1978.

Blakemore, Colin; Greenfield, Susan, *Mindwaves*, Brasil Blackwell, Oxford 1987.

Bly, Robert, *The Kabir Book*, Beacon Press, Boston 1971.

Boden, Margaret G., *Computer Models of Mind*, Cambridge University Press, New York 1988.

Bohm, David, *Quantum Theory*, Constable, London 1951.

Bressler, S. L.; Freeman, W. J., *Electroencephalography and Clinical Neurophysiology*, 1980, 50, 19–24.

Briggs Myers, Isabel, zusammen mit Myers, Peter B., *Gifts Differing*, Davies-Black Publishing, Palo Alto (Kalif.) 1995.

Brod, J. H., «Creativity and Schizotypy», in Gordon Claridge (Hrsg.), *Schizotypy*, Oxford University Press, Oxford, New York 1997.

Caird, D., «Religiosity and Personality: Are Mystics Introverted, Neurotic or Psychotic?», *British Journal of Social Psychology*, 1987, 26, 345–346.

Campbell, Joseph, *The Mythic Image*, Princeton University Press, Princeton 1974.

Campbell, Joseph, *Die Kraft der Mythen*, Artemis, Zürich 1989.

Campbell, Joseph, *Mythen der Menschheit*, Kösel, München 1993.

Carse, James, *Finite and Infinite Games*, Ballentine Books, New York 1986.

Carlos Castaneda, Die Lehren des Don Juan. Ein Yaqui-Weg des Wissens. © März Verlag, Frankfurt am Main, 1972. Alle Rechte vorbehalten Fischer Taschenbuch Verlag GmbH, Frankfurt am Main.

Cattell, R. B., *Personality and Motivation Structure and Measurement*, World Book Company, New York 1957.

Cattell, R. B., *Die empirische Erforschung der Persönlichkeit*, Beltz, Weinheim, Basel 1973.

Chalmers, David J., «Moving Forward On The Problem of Consciousness», *Journal of Consciousness Studies*, 1997, 4 (1).

Chevalier, Jean; Gheerbrant, Alain (Hrsg.), *The Dictionary of Symbols*, Penguin Books, London 1996 (Original franz. *Dictionnaire des symboles*, Seghers, Paris 1973).

Claridge, Gordon (Hrsg.) *Schizotypy*, Oxford University Press, Oxford, New York 1997.

Coles, Robert, *The Spiritual Life of Children*, Houghton Mifflin, Boston 1990.

Conrad, Joseph, *Herz der Finsternis*, Piper, München 1998.

Cook, C. M.; Persinger, M. A., «Experimental Induction of a ‹Sensed Presence› in Normal Subjects and an Exceptional Subject», *Perceptual and Motor Skills*, 1985, 85 (2), 683–693.

Coughlan, C. D.; Dodd, J. D., *The Ideas of Particle Physics*, 2. Aufl., Cambridge University Press, Cambridge, New York 1991.

Crick, Francis, *Was die Seele wirklich ist. Die naturwissenschaftliche Erforschung des Bewusstseins*, Artemis & Winkler, München 1994.

Damasio, Antonio R., *Descartes' Irrtum. Fühlen, Denken und das menschliche Gehirn*, dtv, München 1998.

Dante, A., *Die göttliche Komödie*, Teil 1: Die Hölle, Teil 3: Das Paradies, übers. von Wilhelm G. Hertz. dtv, München 1999 (10. Auflage).

Deacon, Terrance, *The Symbolic Species*, Allen Lane The Penguin Press, London 1997.

Del Guidice, E.; Preparata, G.; Vitiello, G., «Water as a Free Electric Dipole Laser», *Physical Review Letters*, 1988, 61, 1085–1088.

Descartes, René, *Meditationen über die Grundlagen der Philosophie mit den sämtlichen Einwänden und Erwiderungen*, Meiner, Hamburg 1954.

Desmedt, J. E.; Tomberg, C., *Neuroscience Letters*, 1994, 168, 126–129.

Dostojewski, Fjodor, *Schuld und Sühne*, Winkler, München 1990.

Douglas, R.; Martin, K., «Neocortex», in G. M. Shepherd (Hrsg.), *The Synaptic Organization of the Brain*, 4. Aufl., Oxford University Press, Oxford, New York 1998.

Edelman, Gerald, *Göttliche Luft, vernichtendes Feuer: wie der Geist im Gehirn geschaffen wurde*, Piper, München 1995.

Eliot, T. S., «Vier Quartette», in: *Gesammelte Gedichte*. Übersetzt von Nora Wydenbruck. 2. Aufl., Suhrkamp, Frankfurt am Main 1988.

Emerson, Ralph Waldo, «Überseele», in *Essays*, Erste Reihe, Diogenes, Zürich 1983.

Evans-Wentz (Hrsg.), *Das tibetanische Totenbuch oder die Nachtod-Erfahrungen auf der Bardo-Stufe*, 17. Aufl., Walter, Olten 1989.

Feuerstein, G., *The Shambala Guide to Yoga*, Shambala Press, Boston, London 1996.

Frankl, Viktor E., *Der Mensch vor der Frage nach dem Sinn*, 10. Aufl., Piper Verlag GmbH, München 1998.

Freud, Sigmund, «Das Ich und das Es», in *Gesammelte Werke*, Bd. 13, Fischer, Frankfurt am Main 1968 (1923).

Gardner, Howard, *Multiple Intelligences*, HarperCollins (Basic Books), New York, 1993.

Ghose, G. M.; Freeman, R. D., *Journal of Neurophysiology*, 1992, 58, 1558–1574.

Goleman, Daniel, *Emotionale Intelligenz*, Hanser, München 1996.

Gottfriedson, G. D.; Holland, J. L., *Dictionary of Holland Occupational Codes*, 3. Auflage, Psychological Assessment Resources Inc., Florida 1996.

Gray, C. M.; Singer, W., «Stimulus Dependent Neuronal Oscillations in the Cat Visual Cortex Area», *Neuroscience* (Supplement), 1987, 22, 1301P.

Gray, C. M.; Singer, W., «Stimulus-Specific Neuronal Oscillations in Orientation Columns of Cat Visual Cortex», *Proceedings of the National Academy of Sciences of the United States of America*, 1989, 86, 1698–1702.

Gray, John, *Männer sind anders. Frauen auch. Männer sind vom Mars. Frauen von der Venus*, Goldmann, München 1998.

Green, Michael, «A Resonance Model Gives the Response to Membrane Potential for an Ion Channel», *Journal of Theoretical Biology*, 1998, 193, 475–483.

Greenleaf, Robert, *Servant Leadership: A Journey into the Nature of Legitimate Power and Greatness*, Paulist Press, New York 1977.

Grof, Stanislav, *Das Abenteuer der Selbstentdeckung*, Kösel, München 1987.

Guest, Hazel; Marshall, I. N., «The Scale of Responses: Emotions and Mood in Context», *International Journal of Psychotherapy*, 1997, 2 (2), 149–169.

Guyton, A. C., *Structure and Function of the Nervous System*, W. B. Saunders, Philadelphia, London, Toronto 1972.

Haldane, J. B. S., «Quantum Mechanics as a Basis for Philosophy», *Philosophy of Science*, 1934, 1, 78–98.

Hameroff, S.; Penrose, R., «Conscious Events as Orchestrated Time-Space Selections», *Journal of Consciousness Studies*, 1996, 3 (1), 36–53.

Happold, F. C., *Mysticism*, Penguin, London 1963.

Hardy, Alastair, *The Spiritual Nature of Man*, Oxford University Press, Oxford 1979.

Hari, Riitta; Salmelin, Riitta, «Human Cortical Oscillations: A Neuromagnetic View Through the Skull», *Trends in Neuroscience (FINS)*, 1997, 20 (1), 44–49.

Harvey, Andrew, *The Essential Mystics*, Castle Books, New Jersey 1996.

Hennezel, Marie de, *Den Tod erleben*, Bergisch Gladbach, Lübbe 1996.

Heschel, Abraham, *Gott sucht den Menschen*, Neukirchener Verlag, Neukirchen-Vluyn 1989.

Hillmann, James, *Charakter und Bestimmung: eine Entdeckungsreise zum individuellen Sinn des Lebens*, Goldmann, München 1998.

Hobsbawm, Eric, *Das Zeitalter der Extreme: eine Weltgeschichte des 20. Jahrhunderts*, Hanser, München 1995.

Hogen, Y., *On the Open Way*, Jiko Oasis Books, Liskeard (Cornwall/Großbritannien) 1993.

Holland, J. L., *Making Vocational Choices*, 3. Aufl., Psychological Assessment Resources Inc., Florida 1997.

Houston, Jean, *A Passion for the Possible*, Thorsons, London 1998.

Huntley, D. H., *The Faith of a Ph ysicist*.

Huxley, Julian, *Religion Without Revelation*, New American Library, New York 1957.

Inchausti, Robert, *Thomas Merton's American Prophecy*, State University of New York Press, Albany 1998.

Jackson, Michael, «A Study of the Relationship Between Spiritual and Psychotic Experience», unveröffentlichte Doktorarbeit, Oxford University, Oxford (Großbritannien) 1991.

Jackson, Michael, «Benign Schizotypy? The Case of Spiritual Experience», in Gordon Claridge (Hrsg.), *Schizotypy*, Oxford University Press, Oxford (Großbritannien) 1997.

James, William, *Die Vielfalt religiöser Erfahrung. Eine Studie über die menschliche Natur*, Insel, Frankfurt am Main, 1997.

Jamison, Kay Redfield, *Meine ruhelose Seele. Die Geschichte einer Depression*, Goldmann, München 1999.

Jarrett, Keith, *The Eyes of the Heart*, ECM Records, 78118-21150-2/4.

Jobst, Kim A.; Shostak, Daniel; Whitehouse, Peter J., «Diseases of Meaning: Manifestations of Health and Metaphor», *Journal of Alternative and Complementary Medicine*, 1999.

Jung, C. G., *Psychologische Typen*, 6. Aufl., Rascher, Zürich 1950 (1925).

Jung, C. G., «Die Struktur der Seele», in *Seelenprobleme der Gegenwart*, Walter, Olten 1973 (1931) S. 107–127.

Jung, C. G., *Die Beziehungen der Psychotherapie zur Seelsorge*, 2. Aufl., Rascher, Zürich 1948 (1932).

Jung, C. G., *Erinnerungen, Träume und Gedanken*, Walter, Olten 1971.

Kaku, Michio, *Hyperspace: eine Reise durch den Hyperraum und die zehnte Dimension*, Byblos, Berlin 1994.

Kandel, E. R.; Hawkins, R. D., «The Biological Basis of Learning and Individuality», *Scientific American*, September 1992.

Kearney, Michael, *Schritte in ein ungewisses Land*, Herder, Freiburg 1997.

Kearney, Michael, «Working with Soul Pain in Palliative Care», unveröffentlicht.

Kleinbard, David, *The Beginning of Terror. A Psychological Study of Rainer Maria Rilke's Life and Work*, New York University Press, New York 1993.

Knight, G., *A Practical Guide to Qabalistic Symbolism*, 2 Bände, Helios, Aachen 1972.

Kuhn, Thomas, *Die Struktur wissenschaftlicher Revolutionen*, Suhrkamp, Frankfurt am Main 1973.

Kuffler, S. W.; Nicholls, J. G., *From Neuron to Brain*, Sinauer, Sunderland (Mass.) 1976.

Laing, R. D., *Das geteilte Selbst: eine existentielle Studie über geistige Gesundheit und Wahnsinn*, Kiepenheuer & Witsch, Köln 1994.

Laing, R. D., *Phänomenologie der Erfahrung*, Suhrkamp, Frankfurt am Main 1969.

Lawrence, D. H., *Collected Poems*, Penguin, New York 1993.

Llinas, Rodolfo; Ribary, Urs, «Coherent 40-Hz Oscillation Characterizes Dream State in Humans», *Proceedings of the National Academy of Science, USA*, März 1993, 90, 2078–2081.

Laotse, *Tao Te King, Das Buch vom Lauf des Lebens*, O. W. Barth, Bern, 1995.

Locke, John, *Versuch über den menschlichen Verstand*, 4 Bücher, 3. Aufl., Meiner, Hamburg 1981.

Losada, Marcial, englische Übersetzung und Kurzfassung von Umberto Maturanas Gedicht, das auf Englisch «The Student's Prayer» heißt; bisher unveröffentlicht.

McClelland, J. L.; Rumelhart, D. E., *Parallel Distributed Processing*, Bd. 2, MIT Press, London, Cambridge (Mass.) 1986.

Marshall, I. N., «Consciousness and Bose-Einstein Condensates», *New Ideas in Psychology*, 1989, 7 (1), 73–83.

Marshall, I. N., «Some Phenomenological Implications of a Quantum Model of Consciousness», *Minds and Machines*, 1995, 5, 609–620.

Marshall, I. N., «Three Kinds of Thinking», in S. R. Hameroff; A. W. Kaszniak; A. C. Scott (Hrsg.), *Towards a Scientific Basis for Consciousness*, MIT Press, Cambridge (Mass.), London 1996.

Martin, P. W., *Experiment in Depth*, Routledge & Kegan Paul, London, Boston 1955 (1976).

May, Rollo, *Love and Will*, W. W. Norton, New York 1969.

Matthews, John, *The Arthurian Tradition*, Element Books, Shaffesbury (Großbritannien) 1989.

Merton, Thomas, *The Asian Journal*, New Directions, New York 1968 (1975).

Minsky, Marvin, *Computation*, Prentice-Hall, London 1972.

Mumenthaler, Marco, *Neurologie*, 9. Aufl., Thieme, Stuttgart 1990.

Myss, Caroline, *Anatomy of the Spirit*, Bantam Books, New York 1997.

Olivier, Richard, *Shadow of the Stone Heart: A Search for Manhood*, Pan Books, London 1995.

Pagels, Elaine, *Versuchung durch Erkenntnis: die gnostischen Evangelien*, Insel, Frankfurt am Main 1981.

Pare, Denis; Llinas, Rodolfo, «Conscious and Pre-Conscious Processes As Seen From the Standpoint of Sleep-Waking Cycle Neurophysiology», *Neuropsychologia*, 1995, 33 (9), 1155–1168.

Persinger, M. A., «Religious amd Mystical Experiences as Artifacts of Temporal Lobe Function», 1993.

Persinger, M. A., «Feelings of Past Lives as Expected Perturbations Within the Neurocognitive Processes That Generate the Sense of Self. Contributions from Limbic Lability and Vectorial Hemisphericity», *Perceptual and Motor Skills*, 1996, 83 (3), 1107–1121.

Popper, Karl E.; Eccles, John C., *Das Ich und sein Gehirn*, Piper, München 1989.

Post, Felix, «Creativity and Psychopathology, A Study of 291 World-Famous Men», *British Journal of Psychiatry*, 165, 22–34.

Pratt, Annis, *Dancing with Goddesses*, Indiana University Press, Bloomington, Indianapolis 1994.

Ramachandran, V. S.; Blakeslee, Sandra, *Phantoms in the Brain*, Fourth Estate, London 1998.

Ranke-Graves, Robert von, *Die weiße Göttin*, Rowohlt, Reinbek 1988.

Redlich, F., *Hitler*, Oxford University Press, Oxford, New York 1998.

Reps, Paul, *Zen Flesh Bones*, Penguin, London 1971.

Ribary, V., Llinas, R. et al., «Magnetic Field Tomography of Coherent Thalamocortical 40-Hz Oscillations in Humans», *Proceedings of the National Academy of Science*, USA, 1991, 88, 11037–11041.

Richardson, A. J., «Dyslexia and Schizotypy», in Gordon Claridge (Hrsg.), *Schizotypy*, Oxford University Press, Oxford 1997.

Rilke, Rainer Maria, «Duineser Elegien», in *Gesammelte Werke*, Bd. 2, 683–726, Insel, Frankfurt am Main 1989.

Rilke, Rainer Maria, «Die Sonette an Orpheus», in *Gesammelte Werke*, Bd. 2, 727–773, Insel, Frankfurt am Main 1989.

Rilke, Rainer Maria, *Briefe an einen jungen Dichter*, Insel, Frankfurt am Main 1992 (40. Auflage).

Rinpoche, Sogyal, *Das Tibetische Buch vom Leben und vom Sterben*, O. W. Barth, Bern 1993.

Rogers, Carl, *Entwicklung der Persönlichkeit aus der Sicht eines Therapeuten*, Klett-Cotta, Stuttgart 1976.

Rumelhart, D. E.; McClelland, J. L. (Hrsg.), *Parallel Distributed Processing*, 2 Bände, MIT Press, Cambridge (Mass.) 1986.

Russell, Bertrand, *The Analysis of Matter*, Kegan Paul, London 1927.

Russell, Bertrand, *Philosophie des Abendlandes: ihr Zusammenhang mit der politischen und der sozialen Entwicklung*, Europaverlag, Wien 1978.

Samuels, A., *Jung und seine Nachfolger: neuere Entwicklungen der Analytischen Psychologie*, Klett-Cotta, Stuttgart 1989.

Scholem, Gershom (Hrsg.), *Die Geheimnisse der Schöpfung: ein Kapitel aus dem kabbalistischen Buche Sohar*, Jüdischer Verlag, Frankfurt am Main 1992.

Seymour, J.; Norwood, D., «A Game for Life», *New Scientist*, 1993, 139, 23–26.

Singer, W.; Gray, C. M., «Visual Feature Integration and the Temporal Correlation Hypothesis», *Annual Reviews of Neuroscience*, 1995, 18, 555–586.

Singer, W., «Striving for Coherence», *Nature*, 1999, 397, 391–393.

Skarda, C. A.; Freeman, W. J., «How Brains Make Chaos in Order to Make Sense of the World», *Behavioural and Brain Sciences*, 1987, 10 (2), 161–173.

Suzuki, D. T., *Manual of Zen Buddhism*, Rider, London 1983 (1950).

Tagore, Rabindranath, *Gitanjali*, Macmillan, London 1992 (1912).

Tarnas, Richard, *The Passion of the Western Mind*, Pimlico, London 1996.

Tilley, D. R.; Tilley, J., *Superfluidity and Superconductivity*, Adam Hilger Ltd., Bristol, Boston 1986.

Tolkien, J. R. R., *Der Herr der Ringe*, Teil 1–3 (einbändige Ausgabe), Klett-Cotta, Stuttgart 1991.

Treisman, Ann, «Features and Objects in Visual Processing», *Scientific American*, 1986. 255 (5), S. 106–115.

Tripp, E., *Reclams Lexikon der antiken Mythologie*, Reclam, Stuttgart 1975.

Tucci, Giuseppe, *The Theory and Practice of the Mandala*, Rider, London 1961.

Walsch, Neale Donald, *Conversations with God*, Hodder and Stoughton, London 1995.

White, R., *Working with Your Chakras*, Piatkus, London 1993.

Wilber, Ken (Hrsg.), *Das holographische Weltbild: Wissenschaft und Forschung auf dem Wege zu einem ganzheitlichen Weltverständnis*, Scherz, Bern 1986.

Wilber, Ken, *Die drei Augen der Erkenntnis: auf dem Wege zu einem neuen Weltbild*, Kösel, München 1988.

Wilber, Ken, *Wege zum Selbst*, Goldmann, München 1991.

Wilber, Ken, *Sex, Ecology and Spirituality*, Shambala, Boston, London 1995.

Wright, Peggy Ann, «The Interconnectivity of Mind, Brain and Behavior in Altered States of Consciousness: Focus on Shamanism», *Alternative Therapies*, 1995, 1 (3), 50–55.

Yazaki, Katshuiko, *The Path to Liang Zhi*, Future Generations Alliance Foundation, Kyoto (Japan) 1994.

Yeats, William Butler, *Selected Poems and Two Plays*, hrsg. von M. L. Rosenthal, Collier Books, New York 1962.

Zohar, Danah, *The Quantum Self*, Bloomsbury, London und William Morrow, New York 1990.

Zohar, Danah; Marshall, I. N., *The Quantum Society*, Bloomsbury, London und William Morrow, New York 1994.

REGISTER